博学而笃志,切问而近思。
（《论语·子张》）

博晓古今,可立一家之说;
学贯中西,或成经国之才。

复旦博学·复旦博学·复旦博学·复旦博学·复旦博学·复旦博学

作者简介

俞正樑，曾任复旦大学、上海交通大学国际关系教授和博士生导师，教育部高等学校政治学学科教学指导委员会委员，中国国际关系学会副会长，全国高校国际政治研究会副理事长兼学术委员会主任，上海市国际关系学会副会长，上海国际问题研究院研究员和学术顾问，浙江大学、云南大学、南京航空航天大学等兼职教授，中共中央对外联络部当代世界研究中心特约研究员。享受政府特殊津贴。

陈志敏，复旦大学副校长，国际政治系兼外交学系教授、博士生导师，曾入选教育部长江特聘教授、欧盟让·莫内（Jean Monnet）讲席教授。曾在美国哈佛大学、英国杜伦大学、法国巴黎政治学院、瑞典隆德大学等多所国际知名学府担任访问学者。兼任中国高等教育学会国际政治研究专业委员会理事长、中国政治学会副会长等。出版著作多部，在国内外著名期刊发表论文数十篇。

苏长和，复旦大学国际关系与公共事务学院院长，教授、博士生导师。中国高等教育学会国际政治研究专业委员会秘书长，上海市国际关系学会副会长。主要研究领域为世界政治理论、中国政治与外交、国际组织。

郭树勇，上海外国语大学国际关系与公共事务学院院长、教授、博士生导师，兼任教育部高等学校政治学学科教学指导委员会委员。国家社科基金重大项目"习近平新时代中国特色社会主义外交思想研究"首席专家，上海市国际关系学会副会长。

王义桅，欧盟让·莫内（Jean Monnet）讲席教授，中国人民大学国际关系学院博士生导师，欧洲问题研究中心（欧盟研究中心）研究员、主任，习近平新时代中国特色社会主义思想研究院副院长。曾担任复旦大学美国研究中心教授、美国耶鲁大学福克斯学者（Fox Fellow），中国驻欧盟使团外交官、同济大学特聘教授兼国际与公共事务研究院执行院长。

国际政治与国际关系系列

全球化时代的国际关系

（第三版）

俞正樑　陈志敏　苏长和　郭树勇　王义桅　著

复旦大学出版社

内容提要

本书从全球化视角，通过展示近400年国际关系演变的历史，重点审视当代国际关系在新的历史条件下的发展变化，研究当代国家的行为及其特征，勾勒出全球化时代国际关系行为主体的多元化，以及国际体系的转型，从而揭示了当代国际关系的新走向。

相较第二版，第三版教材的亮点有：（1）重点解析当前世界所面临的百年未有之大变局，强调我们应从多角度分析世界格局之转换，分清本质与现象、主流与支流；（2）全面梳理全球问题及其治理路径，分析人类命运共同体建构、全球公共卫生危机等富有挑战性的全球重要议题，并指出解决全球性问题必须依靠全球治理体系的制度建设和能力建设；（3）探讨总结新时代中国特色大国外交的特点与基本经验，分析阐释具有中国特色、顺应时代潮流、促进人类进步的当代中国外交的基本原则、方针和政策。

本书适宜作为大专院校国际关系、国际政治、外交学、国际政治经济学等相关专业的基本教材，亦可供对国际关系感兴趣的读者阅读，拓展视野，进而确立全球化的理念。

目　录

第一章　国际关系的形成 …………………………………………… 1
　一、早期国家与国际关系 ………………………………………… 1
　　（一）早期国际关系的出现 …………………………………… 1
　　（二）早期国际关系的特点 …………………………………… 10
　二、现代国家与现代国际关系的产生与发展 ………………… 11
　　（一）资本主义与国际关系的变革 …………………………… 11
　　（二）现代国际关系发展初期特征 …………………………… 13
　　（三）国际关系体系的演变 …………………………………… 14

第二章　当代国际关系的演变 …………………………………… 19
　一、国际关系从冷战走向 21 世纪 …………………………… 19
　　（一）雅尔塔体系的终结 ……………………………………… 19
　　（二）百年未有之大变局 ……………………………………… 25
　二、处理国际关系应遵循的基本原则 ………………………… 40
　　（一）主权平等 ………………………………………………… 40
　　（二）互不侵犯 ………………………………………………… 42
　　（三）互不干涉内政 …………………………………………… 44
　　（四）平等互利 ………………………………………………… 45
　　（五）和平共处 ………………………………………………… 47
　　（六）和平解决国际争端 ……………………………………… 47
　　（七）反对霸权主义 …………………………………………… 48

第三章　国际关系中的基本行为者：国家 ……………………… 50
　一、国家和国家主权 …………………………………………… 50

（一）民族国家的兴起 ·· 50
　　（二）当今世界中的国家 ·· 52
　　（三）国家主权 ··· 54
　　（四）主权的衰落 ·· 55
二、国家利益 ·· 58
　　（一）国家利益的概念 ·· 58
　　（二）国家利益的内容 ·· 60
　　（三）国家利益的排序 ·· 61
　　（四）国家利益的碰撞 ·· 63
三、国家权力 ·· 65
　　（一）什么是国家权力 ·· 65
　　（二）有形权力 ··· 66
　　（三）无形权力 ··· 68
　　（四）权力计量 ··· 71
　　（五）权力特点 ··· 72

第四章　国家的对外政策 ··· 75
一、国家对外政策概述 ·· 75
　　（一）对外政策的形成 ·· 75
　　（二）对外政策的目标 ·· 77
　　（三）对外政策的类型 ·· 80
二、对外政策的决策模式及其评析 ·· 83
　　（一）理性决策模式 ··· 83
　　（二）组织过程模式 ··· 85
　　（三）政治过程模式 ··· 86
　　（四）危机决策模式 ··· 88
　　（五）决策的复杂性 ··· 88
三、对外政策的决策者 ·· 90
　　（一）国家最高领导 ··· 90
　　（二）政府职能部门 ··· 91
　　（三）议会 ··· 92
　　（四）利益集团 ··· 94

目 录

　　（五）公众 ································ 96

第五章　对外政策的手段：外交 ················ 98
　一、外交的历史演变 ························· 98
　　（一）外交的概念 ························· 98
　　（二）外交的演变 ························· 100
　二、外交规则和惯例 ························· 102
　　（一）外交承认和建交 ····················· 102
　　（二）外交使团 ··························· 103
　　（三）外交特权和豁免 ····················· 105
　三、外交的功能 ····························· 106
　　（一）情报搜集 ··························· 106
　　（二）外交代表 ··························· 108
　　（三）外交谈判 ··························· 109
　　（四）危机管理 ··························· 111
　四、外交在当代的发展 ······················· 112
　　（一）多边外交 ··························· 112
　　（二）经济外交 ··························· 114
　　（三）公众外交 ··························· 116
　　（四）首脑外交 ··························· 118

第六章　对外政策的手段：武力 ················ 121
　一、武力的历史演变 ························· 121
　　（一）从冷兵器到热兵器 ··················· 121
　　（二）核武器的出现 ······················· 123
　　（三）灵巧武器的时代 ····················· 125
　　（四）太空武器登台亮相 ··················· 127
　二、武力行使的方式 ························· 127
　　（一）武力作为外交的后盾 ················· 128
　　（二）武力威慑和武力威胁 ················· 129
　　（三）武力干预 ··························· 131
　　（四）战争 ······························· 133

三、核武力与对外政策 ·· 134
　　　　（一）核武器的扩散 ·· 134
　　　　（二）核武器的技术进步 ·· 136
　　　　（三）核战略 ·· 137
　　　　（四）核武力与对外政策 ·· 139
　　四、战争、道义和法律 ·· 141
　　　　（一）人类历史上的战争 ·· 141
　　　　（二）正义战争论 ·· 142
　　　　（三）对战争行为的法律约束 ·· 143

第七章　国际组织 ·· 147
　　一、国际组织的发展与特征 ·· 147
　　　　（一）国际组织的发展、特征与类型 ·································· 147
　　　　（二）政府间国际组织与非政府间国际组织的发展 ······················ 151
　　二、国际组织的目标：行动和问题 ······································ 156
　　　　（一）促进国际和平与安全 ·· 156
　　　　（二）社会、经济、环境及其他作用 ·································· 158
　　三、国际组织及其未来 ·· 160

第八章　21世纪国际安全 ·· 165
　　一、恐怖主义与武器扩散问题 ·· 166
　　　　（一）国际恐怖主义的特征与起因 ···································· 166
　　　　（二）国际恐怖主义的发展和表现 ···································· 169
　　　　（三）常规武器与大规模毁灭性武器的扩散 ···························· 172
　　二、地区冲突与国内冲突 ·· 175
　　　　（一）地区冲突的根源及其影响 ······································ 175
　　　　（二）国内冲突的根源及其影响 ······································ 178
　　三、危机管理与国际安全 ·· 179

第九章　经济全球化对国际关系的影响 ·· 184
　　一、经济全球化的动力 ·· 184
　　　　（一）全球化的概念 ·· 184

（二）科技革命及其对全球化进程的影响 ………………… 186
　　（三）市场制度的扩散和延伸 ……………………………… 189
　　（四）跨国公司 ……………………………………………… 191
二、经济全球化过程中的问题 ………………………………… 195
　　（一）发达国家经济的相互依存关系 ……………………… 197
　　（二）南北经济关系中的依附和发展 ……………………… 199
　　（三）国际金融市场的管理 ………………………………… 203
　　（四）国际经济合作 ………………………………………… 205
　　（五）经济全球化与转型中的国际关系 …………………… 208

第十章　全球问题与全球治理 ………………………………… 211
一、全球问题概述 ……………………………………………… 211
　　（一）人口、资源与全球问题 ……………………………… 212
　　（二）贫困与饥荒 …………………………………………… 218
　　（三）环境污染 ……………………………………………… 221
　　（四）全球公共卫生危机等其他全球问题 ………………… 224
二、全球问题的治理 …………………………………………… 234
　　（一）全球行动与国际合作 ………………………………… 234
　　（二）完善国际制度 ………………………………………… 236
　　（三）全球问题治理展望 …………………………………… 238

第十一章　国际关系的发展趋势 ……………………………… 244
一、和平与发展 ………………………………………………… 244
　　（一）两种不同的和平观 …………………………………… 244
　　（二）全球共同发展是大势所趋 …………………………… 250
　　（三）和平与发展的相互关系 ……………………………… 253
二、民族国家和国际关系的组织化 …………………………… 255
　　（一）国际关系的组织化趋势 ……………………………… 255
　　（二）国际关系组织化对民族国家的挑战 ………………… 258
　　（三）民族国家仍将是国际关系的基石 …………………… 263
三、国际关系民主化 …………………………………………… 266
　　（一）国际法基本准则：国际关系民主化的基本内容 …… 267

（二）两项主要制度建设途径 …………………………………… 269
　　（三）国际关系民主化新趋势 …………………………………… 272

第十二章　中国与世界 ………………………………………………… 277
　一、新中国对外关系的历程 ……………………………………………… 277
　　（一）"一边倒"时期的中国外交（20世纪50年代）…………… 277
　　（二）"两个拳头打人"时期的中国外交（20世纪60
　　　　　年代）………………………………………………………… 281
　　（三）"一条线、一大片"时期的中国外交（20世纪70
　　　　　年代）………………………………………………………… 285
　　（四）"大调整"时期的中国外交（20世纪80年代）…………… 290
　　（五）"大融入"时期的中国外交（20世纪90年代至21
　　　　　世纪初）……………………………………………………… 293
　　（六）新时代中国特色大国外交（21世纪10年代至今）…… 300
　二、中国外交的基本经验 ………………………………………………… 303
　　（一）始终坚持党的领导、坚持走社会主义道路 ……………… 304
　　（二）始终奉行独立自主的和平外交政策 ……………………… 304
　　（三）始终倡导以和平共处五项原则为核心的国际关系
　　　　　基本准则 …………………………………………………… 304
　　（四）始终反对霸权主义和强权政治 …………………………… 304
　　（五）始终坚定地同广大发展中国家站在一起 ………………… 305
　　（六）始终坚持维护国家主权、安全、发展利益 ………………… 305
　　（七）始终坚持将维护自身利益与促进人类共同发展相
　　　　　结合 ………………………………………………………… 305
　　（八）始终坚持实事求是、与时俱进、开拓创新 ………………… 306

主要参考文献 …………………………………………………………… 307

第二版后记 ……………………………………………………………… 310

第三版后记 ……………………………………………………………… 311

第一章 国际关系的形成

国际关系是人类历史发展到一定阶段的产物。"国于大地,必有于立。"世界上出现了一个国家,就必然会有其他国家和它一样建立起来,它们之间或多或少总会发生某种交往——原始意义上的国际关系。

一、早期国家与国际关系

(一)早期国际关系的出现

简言之,国际关系是随着国家的产生、国与国发生关系而产生,随着社会生产力的发展、科技的进步、交通和通信的改善而日趋密切,内容也日见丰富和复杂。

古代国际关系时期,古代中国、古印度、古埃及、波斯帝国、古希腊、古罗马等在国际关系中较为活跃,其间还出现了东西方经济、政治制度、文化互相交流和影响的希腊化时代。但是,从总体上来说,古代东西方文明终因距离遥远,鲜有政治、外交和文化上的相互联系。

夏、商、周时期,诸侯林立,到公元前8世纪它们已经成为独立的诸侯国。天子与诸侯以及诸侯之间往来频繁,盟会众多。周武王九年,800名诸侯和部落首领于孟津举行了灭商的誓师仪式,这就是著名的"孟津之誓"的重要盟会。春秋时期,大国争霸。公元前656年,齐桓公大兵压楚境,在召陵与楚订立盟约,成为春秋时期的第一个霸主。此后,齐桓公屡次大会诸侯,使其霸业登峰造极。公元前632年,城濮之战以晋胜楚败告终。战后,晋文公大会诸侯于践土,周襄王册封其为霸主。是年冬,晋文公又召集各路诸侯在温会盟,巩固了晋国的霸主地位。此后的吴越称霸,已是强弩之末。公元前279年秦昭王和赵惠文王的渑池之盟则是战国时期双边首脑会议和订盟的著名实例。

仅据《春秋》记载,在242年间,列国进行了483次战争,朝聘盟会450次。这些都是大国争霸及其对小国的掠夺,"会"与"盟"的频繁,主要意味着在自成一个世界的中国,诸侯国之间的关系趋于密切。"会"即为国际会议的雏形,实际上是多边首脑会议;"盟"则为缔结条约,它包括导言、本文和誓词三部分,形式已十分完备。其中,公元前6世纪的两次弭兵大会在国际关系史上具有重要的意义。公元前579年,宋国约集晋楚,于宋会和,订立盟约,规定彼此不使用武力,互助救难,共伐违命反抗的诸侯。这是外交史上已知的第一个"互不侵犯条约"。公元前546年,在宋都举行了有14国参加的弭兵大会,决议原来晋楚的属国变成双方共同的归附国,对两国尽同样的义务,即所谓"仆仆于晋、楚之廷"。晋楚两大国利用弭兵会议,牺牲中小国家的利益,瓜分霸权,形成均势。

战国时期七国争雄,纷纷采取"合纵连横"的策略。所谓"合纵"是"合众弱以攻一强",以便阻止强国进行兼并;"连横"是"事一强以攻众弱",强国迫使弱国助其兼并。秦国国势强盛,审时度势,采用远交近攻的策略,通过兼并弱小国家的战争,改变了大国间均势,确立了自己的优势地位,逐渐成为实现统一的中心力量。

春秋战国,诸子百家,百花齐放,百家争鸣,它所蕴含的中华优秀传统文化,在世界范围内具有价值整合功能。它的人文精神和价值理想是重视和追求事物的和谐、均衡和稳定。《礼记·中庸》断言:"致中和,天地位焉,万物育焉。"强调只有达到和谐,才能正天地、育万物。这恰恰是国际社会要达到的持久和平、均衡发展、长期稳定的终极目标,缔造一个至安之世。中华民族的先哲们对"和谐"进行了不懈的探索与实践。"四海之内,皆兄弟也",倡导世界范围内的"人和"氛围;"兼相爱,交相利",是以互爱互利的原则来处理国与国的关系,以及一切国际事务;"礼乐"、"仁义"及"忠恕"之道,用以规范国际行为,做到"近者悦,远者来";人类应以"厚德载物"的兼容精神,达到"天人合一"、"民胞物与",实现人类彼此间以及人类与环境的统一与和谐。"大道之行,天下为公","协和万邦,和衷共济,四海一家",这是世界的最高目标——天下普遍和合。

国际社会的和谐必须有保证。"礼之用,和为贵"。它奠定了国际秩序的基本原则。这种贵和思想,要求各种角色举措得当、相互协调、有机结合,重在和谐统一。但是,这种和合并非是同一,而是强调世界多样性的辩证统一,这就是"和而不同"。"和"也是有原则性的,凡事必缘理而不径绝,与人相和而不随波逐流、同流合污,这就是《礼记·中庸》所倡导的"和而不流"。贵和思想追求对立的统一。它在承认差异与矛盾的前提下,用中庸之道来防止冲突激化,并化解冲突,使双方达到协调与均衡。所谓中庸之道,是在两个极端间取其中项,执两用中,无过无不及,即"和必中节"。

中国的先哲追寻"仁"的人道思想与"礼"的现实秩序之间的平衡,人生哲理与社会机制的综和。这是一条"仁""礼"之道。以"仁"为核心的人道思想着力解决身心、人我、天人之大和谐,以适应建构和谐世界急需的道德要求。"礼"则内含实现世界和谐秩序的重要原则。两者的价值取向都是"和",其目标指向和谐世界,并最终归结为中和思想。这种"仁""礼"统一的社会伦理模式,是世界和谐的本质,也是走向和谐世界的途径。

此外,以"孙子兵法"为代表的军事思想,包括战争与外交的战略与策略思想,也是诸子百家中的一朵绚丽之花。

总之,中国优秀传统文化博大精深,有完整的知识系统,涵盖伦理观、价值观、世界观,从春秋战国时期中国先哲们的思想中可见其一斑,只要遵循其内在逻辑,对其基本命题、主要概念作好现代诠释,实现时代转型,中国优秀传统文化在21世纪国际社会中会获得广泛的认同,发挥全方位的作用,成为世界新文明的主要精神支柱之一,新世纪的和平与发展以及全球化进程的主旋律需要它的培育、维护与推进。可以预见,未来国际社会的局部对抗和战争破坏在所难免,族群冲突更为凸显,生态失衡日益加速,伦理道德迅速滑坡,世界秩序的和谐性不断遭到削弱。在这种情况下,把中国优秀传统文化精粹推向世界,普及于民众,不仅具有重要的历史意义,而且还具有紧迫性。特别是在族群冲突中,更应倡导仁爱、族群和谐精神,用"和为贵"、"中庸"之道化解民族矛盾,以"己所不欲,勿施于人"、"己欲立而立人,己欲达而达人"的道德伦理原则来建树新世纪的行为德性规范,按照"天人合一"的思想促进生态平衡,用中国传统的人本主义精神造就和平共处、和谐合作的世界新秩序。

在夏、商、周时期,除了对周边各部落用兵讨伐外,也同他们保持着相互间密切的联系、交流与融合。到了西汉时期,西汉通过陆路和水路交通,与周边国家进行频繁的经济文化交流。张骞两次出使西域,密切了与中亚、西亚各国的外交关系以及经济文化的交流,开辟了著名的国际商道"丝绸之路",中国的丝绸、漆器等远销印度、安息和罗马。张骞在大夏见到从印度买来的蜀布和邛竹杖,说明中印间早就有贸易联系。西汉政府为了适应中西交通往来和经济文化交流,在西边设立亭障,便利各国使节和商旅交通往来。于是,"殊方异物,四面而至"。西汉政府"设酒池肉林,以飨四夷之客"。东汉时期,班超出使西域,加强了中西政治、经济联系。公元97年,班超派遣副使甘英出使大秦国(罗马帝国),抵达波斯湾,欲渡不得,乃归。公元166年,大秦商人来华,以大秦王安敦的名义,向汉桓帝赠礼,东汉同大秦建立了直接海上贸易关系。

古代的中国和印度曾同周边各国互换外交使团,最高统治者互致文告,有证明使节享有全权的文书和信物、使节的述职报告和书面条约,以及外交谈判的特殊礼节。中国早在西周时期,已设立名曰宗伯的典礼官官位,职掌国家的外事礼宾,有一套外交礼仪。另有司市兼管外商外贸,司门办理关税事宜,还设有象胥(翻译)。到春秋战国时期,外交活动非常活跃,已形成礼、信、敬、义等外交规则,即遵守公认的外交规则、诺言、礼仪、国际公理。这些外交规则还有具体的表达方式,例如,取"信"的表达仪式是筑土为坛,杀牲歃血、载书、告神为盟。战国时期还提倡外交高于战争,即所谓"先礼而后兵"。当时外交官已有相、使、介等各个等级,外交使节按其使命分为会盟之专使、聘问通好之使、通命示整之使、庆贺吊丧之使。也有许多诸如"完璧归赵"的外交成功实例。三国时期,诸葛亮促进蜀吴联合,北拒曹操,使三国鼎立之势最终形成,更是外交典型案例。

古埃及甚至设置了"外事办公厅"来掌管外交信件,还出现了一批专门作为急使奉派出使亚洲各国的人员。一位急使写道,当他出使别国时,因害怕遇到狮子和亚细亚人,他为自己的财产立下了遗嘱。公元前16世纪,侵占埃及北部的喜克索斯人向底比斯的法老提出无法接受的条件,并以拒绝就要发动战争相威胁。这是国际关系史上最早提出最后通牒的实例。公元前1296年,埃及与赫梯两国签订的和平友好条约是最古老的条约,它包括军事同盟、引渡政治逃犯等条款。条款规定赫梯在送还政治逃犯前,"不得处罚他们,不得伤害他们的眼睛、嘴和腿"。条约文本镌刻于银板上。

约公元1世纪时的古印度摩奴法典阐述了外交和外交官的基本原

则。它强调国际生活中最复杂的问题,应首先经由外交途径予以解决,武力则应退居第二位。根据摩奴法典,外交艺术在于防止战争和巩固和平。外交官的品质决定外交使命的成败。外交官应是德高望重、仪表堂堂、有魄力、善辞令、忠于职守、为人正直、老练圆滑、记忆力良好、善于察言观色和随机应变之人。他们为本国的安全,向自己的国王报告驻在国国王的意图与计划,努力通过谈判、收买、离间、煽动等各种方法,使本国免遭危险。

在西方,古希腊的国际联系多种多样,它的基础是优遇外侨的制度。外侨得到庇护,外侨官在贸易、税收、司法以及各种荣誉权利方面,享有一定的优待。这是和平的国际联系和国际法的最古老的形式。希腊国际联系的另一种形式是关于军事政治同盟的条约。其典型代表是以斯巴达为首的拉西第蒙军事政治同盟和以雅典为首的提洛同盟,它们于公元前5世纪进行了著名的伯罗奔尼撒战争。

伯罗奔尼撒战争以及在此之前进行的希波战争推动了古希腊外交的发展。这是由于需要联络众多城邦国家所致。为了说服对方、不辱使命,往往选派德高望重、富有财产、能言善辩的公民出任使节,包括元老、高级官员或军官,以至演说家和优伶。使节持有君主或元老院颁发的全权委任书。委任书是由两块打过蜡的小木板合成的训令。在雅典和斯巴达冲突期间,雅典著名政治家泰米斯托克利赴斯巴达谈判,目的是掩护雅典重建防御斯巴达强大陆军的城墙。他有效地采取了拖延战术,先是借口身染疾病,而后谈判又因没有手续完备的全权证书而搁浅。当斯巴达人询问修建城墙之事,他答以毫无所闻,建议派使节去察看,暗地又要雅典缠住斯巴达使节。当雅典城墙修建到防御高度时,他把消息告诉斯巴达人,并以继续谈判已毫无意义为由,返回雅典。使节的主要职责之一是与他国结盟和签约。达成协议后,双方将条约原文及誓言刻在石碑上,保存在重要神庙里。有关条约的争执与冲突,交由仲裁委员会审理,违约方将被处以罚金。在双方断绝外交关系和宣布战争时,石碑即被击碎,条约被废除。

在古希腊,"近邻同盟"也是一种同样古老的国际制度。例如,最有影响的德尔菲-德摩庇里近邻同盟由12个城邦国家组成,各国权利平等,同盟不得干涉其成员的内政。每个国家派3名代表出席同盟会议,各享有两票投票权。同盟会议决定维持和平、举办宗教节庆、战争、仲裁、缔约等重大问题。这样,实际上形成了由共同规章制约的区域性国际秩序。

在古希腊,特别是希腊化时代频繁的外交活动中,逐步形成了一些公认的外交惯例,如未经正式宣战不能开战,通过外交谈判和仲裁解决争端,通过充当调停人的中立国结束战争,对在寺庙中避难的人不得加以杀害,交换或赎回战俘,掩埋双方的阵亡将士,使节不可侵犯等。但是,这些惯例有时也会遭到破坏。公元前5世纪初,波斯王大流士一世在发动希波战争前,遣使前往希腊各城市,要求"土地和水",即要求承认波斯的最高权力。但在雅典,来使被从崖上投入深涧;在斯巴达,人们将来使投入井中,嘲笑地让其自己去为波斯王取得水和土地。

从公元前5世纪到公元前3世纪,希腊的外交方式和惯例获得地中海沿岸国家的认同,形成希腊化的地中海体系,从而形成一个较为统一的区域性国际社会。希腊化时代也是东西方经济、政治制度和文化进一步交流和互相影响的时代。

古罗马最早的王政时期,国王派遣外交使团,使节由费启亚里斯祭司担任。在共和国时期,这种权力转归元老院。到帝国时期,由皇帝掌管对外政策的一切问题,具体事务则由元首"私人办公厅"主管。费启亚里斯祭司团的20名祭司分管对外关系。在罗马帝国时代,有培养外交家的外交术学校。学生们学习和培养外交修养,经常就外交性质的题目练习演讲。罗马共和国时期曾取得一次举世闻名的对叙利亚的外交胜利。公元前168年,叙利亚王在占领埃及大部分领土后率军前往埃及首都亚历山大,在距城4英里处恰逢罗马外交代表团,他上前问候并向代表团团长波庇里乌斯伸出手去。后者并未理会,却给他一块写着元老院决定的小木板,要他先读这一决定。元老院要求他立即撤出埃及。叙利亚王读完后请求先容许他与近臣讨论一下。波庇里乌斯用他手里拿着的小木棍在地上画一个圈,并对叙利亚王说:"在走出这个圈子之前,给我一个确切的答复,以便我向元老院复命。"惊恐万状的叙利亚王被迫表示:"我执行元老院所要求的一切。"

由于国际关系的发展,国际法的萌芽也开始出现于罗马。祭司在处理与外国及外国人的有关事务时,所依据的不是纯粹的世俗法律,而是费启亚里斯法。由于到罗马的外国人越来越多,又出现了调整罗马人与外国人关系的一整套法律体系,即"万民法"。

关于战争与和平,罗马人也有一套法律规范。战争的正当理由是:(1)侵犯罗马领地;(2)侵犯使节;(3)违反条约;(4)在战争中先前的友好国家援助敌国。宣战的程序是:(1)派遣4名祭司前往该国,举行仪式,诅咒破坏者,并提出要求;(2)祭司们返回罗马,以33天为期等待答复;(3)得不到答复或要求被拒绝,祭司前往罗马边境,将一支枪头烧热并染有血污的镖枪投入该国境内,正式宣战。结束战争的条件是:(1)缔结和约(要举行许多繁杂的仪式)终止战争;(2)敌人投降终止战争,可保全敌人的生命财产;(3)征服敌国终止战争,可自由处置敌人的生命财产。

总之,罗马人是古代创立国家对外关系法律规范的典范。

在中世纪,国际关系有了一些发展,但在国际关系中起作用的国家为数也不多。在亚洲,中国与邻近中小国家建立了以册封与朝贡为特征的松散关系。中国在向亚洲、向世界传播文明方面作出了伟大的贡献,从官制、文化到生产技术、医学和音乐等。在欧洲大陆建立了以教皇和神圣罗马帝国为中心的、松散的宗教、政治关系。随着这个大一统的精神体制和政治体制的解体,该地区的国际关系大为改观。其间,地跨欧、亚、非三洲的奥斯曼帝国、蒙古帝国和沙俄等国在国际关系中也发挥了一定的作用。

中国是世界上最早从奴隶社会走向封建社会的国家,其政治、经济和文化发展曾长期处于世界先进水平,特别是从汉唐盛世开始在国际关系中发挥过重大影响。

历史上中国是亚洲唯一拥有众多人口和广袤土地的大国,中华民族又和邻近国家各民族保持着悠久的历史联系。中国在数千年的对外关系中,交替使用政治、外交、经济与军事手段,既以结盟、和亲、赠礼、通商之法与周边国家和境内少数民族政权保持睦邻关系,也以军事手段维持国家统一,征服周边弱小国家。因此,在中国和邻国调整边境领土及解决民族矛盾的过程中,形成了封建性的国家间关系,即弱小国家在名义上依附于中国的封建王朝并定期纳贡。及至明朝,又将外商当作朝贡使团来接待,将来华通商——朝贡"册封"联系起来,最终形成了东亚封贡体系。郑和下西洋的主要目的就是宣扬皇威,进行政治察访,巩固和扩大封贡关系,并给这种国际关系注入了新的通商的意义。1405—1433年间,郑和7次下西洋。郑和的船队规模浩大,第一次航行有船62艘,水手、船师、卫兵、工匠、医生、翻译共27 000余人。最大的船可容纳1 000余人,是当时世界上最大的船只。船上有航海图与罗盘针等,具有当时世界上先进的航海设备和技术。郑和的船队穿越南海和印度洋,抵达东非,对沿途数十个国家和地区进行了友好访问。例如到占城(越南)时,国王亲自出迎,欢迎人群"舞皮牌,摇善鼓,吹椰笛壳筒",郑和下西洋之后,许多亚非国家先后派使节与明朝贸易。1417年,苏禄国(菲律宾)东王、西王及峒王率340余人访华,受到国宾待遇。东王巴都葛叭答剌归国时死于德州,明朝以礼葬之。1423年,古里(印度西海岸)等16国使臣和商人1 200余人到达南京。渤泥(印度尼西亚的加里曼丹)和满剌加(马六甲)两国的国王和王后也来到南京,明成祖设筵款待。东非的麻林(肯尼亚)王哇来顿本亲自率众来华访问,不幸到福州就病死了。木骨都束和卜剌哇(索马里)也多次派遣使节来华访问。

　　这种封贡体系的形成有其特殊的历史条件。长期以来,中国是个大一统的国家,地大物博,出产丰饶,传统文化根深蒂固,因而具有"天朝大国"的观念,加之在东亚具有较高的社会经济发展水平和广泛的文化影响,从而形成以中国为中心的区域性国际体系。"诸番入贡,华夷一统"的东亚封贡体系,与西方的殖民主义体系有着根本的区别。中国并非殖民主义国家,从未将周边地区划为殖民地并进行殖民统治。两者之间并不存在实际上负有条约义务的政治从属关系。明代以后形成的"宗藩制度"也不同于西方殖民主义体系中的宗主国与保护国制度。中国一般不干涉藩属国的内政。经济上的朝贡关系只具有象征性的意义。中国通过更多的回赠,使之变成互通有无的通商与文化交流。值得注意的是,在清政府于1861年设立总理各国事务衙门之前,对外交往由礼部掌管,这反映出中国礼仪之邦的传统。总之,这是国际关系史上以"敬服"为特点的独一无二的国际关系体系。到19世纪中期,东亚封贡体系趋于崩溃。

　　13世纪兴起的蒙古帝国,是世界历史上前所未有的大帝国。它长期进行的大规模军事征服,不仅破坏了亚欧各地的生产力,而且改变那里的地缘政治格局。同时,它为了巩固统治,建立驿站制度,保护商路,奖励商业,使货物云屯,商人群集,一时从中国到西欧,交通颇为畅通和发展。庞大的蒙古帝国使亚欧国际形势发生了重大变化。

　　其后,奥斯曼土耳其帝国崛起于中世纪的伊斯兰世界,横跨亚、非、欧三大洲。奥斯曼帝国的扩张在国际关系中产生重要后果。它控制了东地中海,在各地设卡征税,阻碍了东西方的贸易往来和文化交流,迫使已产生资本主义的西欧更积极地寻找通向东方的新航路,进行远洋航行及殖民地掠夺,各国因贸易竞争,矛盾日趋尖锐,东西欧、巴尔干和西亚的国际形势更加

第一章 国际关系的形成

复杂化，马格里布各民族的社会发展进程亦受到影响。

在中世纪的欧洲，教权和王权发生了冲突。德意志"神圣罗马帝国"利用意大利作为战略基地去建立西欧的统治，德意志皇帝成为世俗世界的统治者。教皇也试图建立对天主教西方各国的统治，他不仅要作为宗教的统治者，也要成为政治的统治者，对世俗政权有最高权力，对世俗国家间的争端有仲裁权，把神权政治推向西欧和世界，其中包括利用十字军东征去扩大自己的统治区域，加强教皇的权威。教廷在外交活动中，运用一切可能的手段，包括政治手段、开除教籍、禁止做礼拜、拉拢收买、安插坐探和进行暗杀等。于是，皇帝和教皇为争夺西欧的霸权地位进行了长期的斗争。其结果，教皇日渐失去威望和权力，建立超国家的教皇国的企图终于破产。神圣罗马帝国也遭到削弱，陷于四分五裂。

中世纪末期，王权兴起，西欧国家走上统一之路，这为后来以民族国家为主体建立国际秩序铺平了道路。

中世纪西欧国际关系发展的重要成果是，除了为现代民族国家体制的建立创造了必要的历史条件之外，还出现了常驻外交使节与国际法的萌芽。

最早派出常驻使节的是罗马教皇。随着地中海地区国际贸易的发展，意大利诸共和国相互间派遣外交使节。威尼斯还为此颁布了使节须遵守的行为与活动的系列规章：回国后必须将收到的礼物上交国家；不得在外国宫廷中接受称号和勋位；不得出使其领地所在的国家；不得同外国人谈论本国国事；不准携带妻室同行，以免她们泄露国家机密，但可以带自己的厨师，以免被毒死；在建立常驻代表机关后，在其继承人到来之前不得离岗；回到威尼斯的当天，应前往国务办公厅，登记注明已经回国；回国后必须提出有关其开支情况的报告。由于报酬微薄，使节往往在任上入不敷出，须向共和国偿还债款。威尼斯政府用诸如罚金、禁止担任公职等强制措施对付逃避这种光荣但负担沉重的使命的人，当然，卸任之后也会以肥缺奖赏他们。到15世纪末、16世纪初，向其他国家首都派出常驻外交代表已成为西欧各国的惯例。并且，外交官从古希腊时代临时的"演说家"演变为常驻的"观察家"和"分析家"，即搜集驻在国的情报，研究其政治、经济、社会状况，向派遣国报告，他们开始用外交密码，用阿拉伯数字、横道、圆点等图形来取代拉丁文字母，再加进一些毫无意义的符号，或约定以某些词代替另一些词。这一切为现代外交法的诞生奠定了基础。

在中世纪的欧洲，所谓释义法学家的学说附带涉及国际关系，但是他们还是把民法规范应用于国际关系。在后期释义法学家的学说里,国际法开始成为法律的特殊部门,专门适用于国际社会。他们提出各国拥有主权的学说,主张国内最高立法权和管理权、结盟和缔约权、以战争和复仇为形式的自卫权等都归国家所有。此外,后来国际法中的战争法以及使节法的大部分规则也起源于早期的国际惯例。这些都是国际法的萌芽。

(二) 早期国际关系的特点

上述古代和中世纪国际关系构成了早期国际关系。由于生产力水平低下,商品货币关系落后,国家自给自足,闭关自守,国际关系的发展缺乏基本的动因,再加上交通和通信手段十分落后,使得世界各国、各地区的发展处于相对隔离、孤立的状态,国际关系处于不发达、不成熟状态,总体上呈现出如下幼年期的显著特点。

1. 偶然性。国际关系偶尔发生,简单、松散,影响不大,不具有必然性和有机性。世界各国基本上彼此隔绝,互不了解。

2. 地区性。国际关系地域跨度狭窄,主要是邻近地区、邻国间的关系,活动地域受到限制,具有明显的地区性和亚地区性的特征。

3. 有限性。首先是交流的内容有限,主要是一般商品和思想文化的交流。其次是交流的形式和途径极其有限。就形式而言,最先往往是民间交往,国家关系的表现形式较为单一,常常是一种双边或多边的临时接触。就途径而言,主要包括:(1) 贸易途径;(2) 宗教途径;(3) 外交途径,除由国家(君王)派出临时使节外,还有联姻与政治察访等活动;(4) 战争途径,战争是当时国家关系的主要表现形式之一,用于兼并领土、掠夺财富和人才,是国家间人员、土地、物资以及文化科技流动的重要途径之一。

4. 幼稚性。首先是国际交往的方式、习惯较为幼稚。与不发达国际关系相适应的是,逐步形成了一些关于战争、外交、调停甚至仲裁的适用等国际惯例,尚无严格意义上的国际法。

因此,早期国际关系不是严格意义上的国际关系。古代和中世纪是国际关系产生并缓慢走向规范、现代的历史过程。

中世纪末期,人类社会孕育着巨变。随着资本主义发生并向全世界拓展,封闭的世界被强行打开,真正意义上的国际关系的萌芽出现了。

二、现代国家与现代国际关系的产生与发展

(一)资本主义与国际关系的变革

国际关系是在人类社会生活领域国际化过程中发展起来的。在国际关系发展史上,资本主义的产生与发展起了巨大的变革作用,催生了现代国家和现代国际关系。

民族是国家存在、发展的基本要素。列宁指出,在资本主义的发展过程中,在民族问题上有两个历史趋向。其中,"第一个趋向是民族生活和民族运动的觉醒,反对一切民族压迫的斗争,民族国家的建立"。这指的是资本主义生产方式要取得统治地位这一最深刻的经济动因,在欧洲促使现代民族意识的觉醒,要求建立统一的、现代的民族国家。当时,民族运动是与资产阶级民主革命联系在一起的。近代资产阶级革命兴起后,代表新兴资产阶级利益的民族国家相继诞生。这是"拥有统一的政府、统一的法律、统一的民族阶级利益和统一的关税的国家"。这种现代国家和前资本主义国家有着根本的区别。由于历史与社会条件的差异,欧洲民族国家建立的时间和途径有所不同。西欧民族运动伴随着资产阶级民主革命,为资本主义生产廓清道路,促进国内统一的民族市场形成,使同一民族居住的地域用民族国家的形式统一起来。而在东欧中央集权的多民族国家里,弱小民族的年轻的资产阶级受到压迫和排挤,他们意识到,唯一的出路是推翻异族统治,建立独立的民族国家。总之,民族国家的形成是资本主义生产方式运动的必然结果,是民族运动的必然结果。

民族国家作为国际关系体系最重要、最基本的行为主体,揭示了国家是国际事务的主要参与者,是一国整个对外活动的责任承担者,其国家的特性是第一性的。作为国际关系行为主体的国家必然具备下列四个要素。

1. 定居的人民。这是国家得以形成和发展的主要物质基础之一,是国家组成中最活跃的因素,是国家在国际上有形存在的主要标志,以及发挥国

际作用的客观前提。

2. 一定界限的领土。这也是国家得以形成和发展的主要物质基础之一,国家在其固定的领土上拥有全部的管辖权。领土为人民生息繁衍、国家生存发展提供土地和资源,也是国家在国际上有形存在的主要标志和发挥国际作用的客观前提。

3. 一定形式的政府。这是国家的组织形式,是行使国家对内、对外职能的机构,拥有实力和强制手段。无政府的社会不成其为国家,政府是国家在国际社会中的正式代表。

4. 主权。这是国家最根本的属性,也是国家作为国际关系行为主体的最重要特征。享有主权意味着一个国家拥有独立自主处理其内外事务的固有的最高权力,并以整个国家的名义来行使,具有鲜明的权威性,在国际社会中因而享有平等的地位。

简言之,任何国家只有在拥有一定数量的定居的人民和一定界限的领土的基础上,才能实施统治,才能成为国际上的实体;任何国家只有享有主权,才能独立自主地通过政府进行有效的对外活动,在国际上实现自己的目标和利益。必须指出,上述国家的四要素只是作为行为主体的国家存在的客观前提,并与前资本主义国家相区别,并不能否定国家的阶级实质。

在构成国家的四要素中,主权最为重要。一个国家只有拥有主权,才能独立自主地制定对外战略与外交政策,才能真正以独立国家的身份实施对外行为,在国际上发挥作用,真正确立自身国际关系行为主体的地位。

现代国家(即民族国家)的诞生,国家利益与理性原则取代王朝利益与道德原则作为主权独立国家对外政策的准绳,奠定了现代国际关系及其运作的坚实基础。

15世纪末、16世纪初,新的资本主义的生产方式及其强大的生产力,开始冲破旧世界的樊篱,推动人类社会日益走向一个紧密的整体。马克思和恩格斯在《共产党宣言》中论证了这一过程的历史地位。

资本主义产生后,西方先进国家于18世纪到19世纪中期相继完成工业革命,迅速发展的生产力需要原料与市场,需要国际分工与交换,竭力向国际领域拓展,促使或迫使世界各国卷入世界市场,一个世界经济体系逐步形成。同时,随着世界殖民主义体系的出现,世界被瓜分完毕,资本主义列强争夺世界霸权的斗争加剧,西班牙、法国、英国先后称霸,国际政治已难分难解。大工业造就的现代交通、通信工具,则为全球沟通和人类社会生活领域的国际化进程提供了现实的可能性。世界各大洲、各地区以及各国间的交往日趋频繁、密切和复杂,突破了早期国际关系松弛、狭隘的框架,造就了现代意义上的国际关系。

（二）现代国际关系发展初期特征

资本主义生产方式从一开始就是世界性的,具有外向性扩展的特性,生产和整个社会生活逐步国际化,密切了世界各国的联系,逐步使之形成有机的整体,为世界范围内真正意义上的国际关系奠定了基础。到19世纪中期,一个囊括全球的国际关系体系初步形成。这是资本主义产生后国际关系发展的最主要特点。国际关系发展到世界规模,是资本主义发生后产生的社会现象,是资本主义内在逻辑充分展开后的外在表现。

资本主义生产方式崛起于欧洲,当其他地区还处于落后的前资本主义社会发展阶段时,欧洲国家取得了资产阶级革命的胜利,成为首批近代资产阶级民族国家。于是,民族国家开始成为国际关系的行为主体,而且,在相当长的历史时期内,成了国际关系中唯一的行为主体。国际关系发生了质的变化,开始以民族国家的体制作为其活动的基础。正是从这个意义上,它才具有真正的"国际"的性质。

上述客观状况决定了该时期国际关系的另一个主要特点是欧洲占据世界中心舞台,在国际事务中占支配地位和起主宰作用的必然是欧洲列强,力量不相上下的欧洲群雄纵横捭阖,互相牵制,逐鹿欧洲,争霸世界,虽经多次变换组合,屡决雌雄,后来又有美国和日本参加进来,但是,大体上维持着多极均衡格局。

由于国际化进程的迅速推进,国家间联系、依存激增,越来越多的行政活动在客观上冲破了国界,须由各种国际行政联盟加以协调,来解决专门的、行政的和技术性的国际协作。接着,政治性的国际组织也开始出现。虽然在相当长的时期里,它们尚不具备国际关系行为主体的资格,但孕育着未来国际关系行为主体的多样化,从而给整个国际关系带来富有意义的深刻变化。

国际关系与国际法都讲国与国之间的关系,前者研究国际关系的事实,后者研究国际行为规范。国际关系在全球范围内的迅速推进,迫切要求制定共同遵守的国际法规范,以公认的具有约束力的行为规范与准则,实现对国际关系的调整,以利其发展。从17世纪起,国际法应运而生,并伴随着国际关系的发展而发展,逐步形成了国际法体系,与国际关系互为补充和促进。这是国际关系发展的又一个显著特点。

少数资本主义强国长期垄断国际事务,推行强权政治,使弱肉强食成为国际关系中的普遍现象。19世纪末、20世纪初帝国主义形成后,国际关系中弱肉强食这一强权政治基本特征更加突出并典型化。在这方面最显著的特点是几个帝国主义大国争霸,力图摧毁对方霸权,通过战争来重新分割世界。因此,现代国际关系时期永恒不变的主题是:战争与和平,冲突与对抗。

(三)国际关系体系的演变

威斯特伐利亚体系

现代国际关系是以结束"三十年战争"的威斯特伐利亚和会为启端的,由此形成现代国际关系史上第一个国际关系体系。

欧洲"三十年战争"发生于1618—1648年,是欧洲从封建时代跨进资本主义时代、中世纪国际关系转向现代国际关系关键时期爆发的大规模国际战争。它始于德国的"新教同盟"与"天主教同盟"的内战,以决定联邦或君主国的国家体制。战争是由奥地利哈布斯堡家族对波希米亚(捷克)新教徒实行镇压政策引起的,新教徒忍无可忍,于1618年5月23日在布拉格发动起义,手持铁棍、长矛冲进王宫,按照古老的习惯,把神圣罗马帝国皇帝委任的斐迪南所派遣的两名天主教徒钦差,从20多米高的窗户中扔出去,摔死在护城河的垃圾堆上。"掷出窗外事件"遂成为"三十年战争"的导火线。战争爆发后,丹麦、瑞典、法国站在"新教同盟"一边,并得到荷兰、英国、俄国的支持;神圣罗马帝国皇帝、西班牙则站在另一边,并得到罗马教皇和波兰的支持。交战双方损失惨重,法国和瑞典取得优势,双方于1648年10月签订《威斯特伐利亚和约》。

《威斯特伐利亚和约》确定了欧洲大陆各国的国界,法国和瑞典获得了相应的领土,德意志境内的勃兰登堡、萨克森、巴伐利亚等几个大诸侯都扩充了领地,各邦诸侯在其领地内享有内政、外交的自主权。荷兰和瑞士的独立地位获得承认。和约还规定德意志的加尔文教与路德教取得同天主教平等的地位和权利。

威斯特伐利亚和会及其和约对现代国际关系的最重要贡献是塑造了威斯特伐利亚体系。它对国际关系的全球进程有重大而深远的影响。

威斯特伐利亚体系确立了民族国家在现代国际关系中的行为主体的地位,在实践上肯定了国家主权(包括领土主权)原则,从而使国家主权平等原则成为国际关系的基本准则,民族国家体制成为现代国际关系活动的坚实基础。中世纪的以罗马教皇为中心的神权政治体制,让位于由主权平等和独立的民族国家组成的国际社会。尽管当时的主权平等原则只适用于所谓的"基督教文明国家"。

独立主权国家的形成和兴起,是国际法产生的必要历史条件。威斯特伐利亚体系是国际法产生的重要标志。上述国际关系准则构成了国际法的主要原则。和会开创了以国际会议形式解决国际争端和结束国际战争的先例。这一先例虽然仅提供了初步经验,却在国际关系史上发挥了重要作用。《威斯特伐利亚和约》创立了条约必须遵守的原则,规定对违约国可以施行集体制裁,因此,《威斯特伐利亚和约》被视为具有现代意义的第一个国际条约。

虽然,西欧早在15世纪就开始出现常驻外交代表使团,但是,真正确立常驻外交代表机构的制度,并在欧洲普遍实行,是在威斯特伐利亚和会之后。

威斯特伐利亚体系在欧洲大陆确立了一个相对均衡的多极格局,维持了约一个半世纪。实际上,各国都以谋求均势为名,行夺取霸权之实。已经取得优势的法国、瑞典和英国,分别着意于欧陆霸权、波罗的海霸权与海上霸权。欧洲的均势格局并非是"一种神圣的稳定局面。事实上,各国的兴衰隆替以一种令人目眩的速度进行着"。到18世纪末,俄国和普鲁士取代了瑞典、荷兰、西班牙的大国地位。拿破仑战争则最终彻底打破了威斯特伐利亚体系所建立的欧洲国际格局,而该体系所确立的原则、先例和制度却有久远的意义。

维也纳体系

拿破仑帝国瓦解后,维也纳会议于1814年10月至1815年6月召开。这是全欧国家都参加的一次重要国际会议。英、奥、俄、普四国操纵了会议。奥地利外交大臣梅特涅主持会议。该会议为主要来自中小国家的200多位代表安排了贵族式的豪华娱乐:舞会、音乐会、溜冰、乘雪橇、打猎、赛马、军事演习等,让他们尽情欢乐,而四大国的代表在幕后激烈地争夺赃物,重新瓜分欧洲,但是,他们都反对再现一个大国称霸欧洲的局面。

维也纳会议主要调整了拿破仑战争后欧洲各国的疆域,实现欧洲均势,重建欧洲和平。它为欧洲大国之间的关系创造了力量的平衡,使欧洲大国管辖的领土面积大致相等。战胜国四强为了防止法国重建霸权,增加法国周边国家的力量,堵住其向外扩张的通道。北面由荷兰与比利时合并成荷兰王国,东面的莱茵河左岸领土归普鲁士所有,东南方加强瑞士与撒丁王国的力量。

维也纳会议恢复了欧洲的多极均衡格局,即由法国一国力图称霸欧陆回归到多强争霸欧洲的局面。在这一新格局中,列强并立,相互制约,形成了英、法、奥、普、俄"五角政治",英俄两个侧翼国家占有优势,特别是英国在维持欧洲均势方面起"平衡手"的作用。这就是维也纳体系。西方学者高度评价它是19世纪"导致稳定的国际体系",开创了"百年和平"。

维也纳会议对国际关系的贡献还有三个:(1)发表《各国关于禁止贩卖黑奴的宣言》;(2)制定国际河流航行的"开放"制度;(3)制定《外交代表等级条例》。该条例规定外交使节分为三个等级:大使(含教皇使节或圣使)、公使和代办。各个等级的外交官的位次是按到任日期决定的。这项规定结束了先前外交官在地位高低问题上经常发生的无休止的争吵、冲突,甚至决斗。其次,关于外交语文,维也纳最后议定书声明,本条约所有文本专用法语,但不应把使用这一种语文看成一个先例,以贯彻于将来,因此,各国在将来谈判和缔约时,保留采用此前在外交关系中所使用的语文的权利。此外,这一时期所提出的"欧洲大国协调"和"会议外交",开创了和平时期尝试解决重大国际问题的新思路和新方式。总之,这一时期在外交实践上有所创新。

凡尔赛-华盛顿体系

1870—1871年的普法战争和德意志帝国的建立,极大地改变了欧洲大国间的力量对比,法国战败并遭到削弱,意大利统一,德国统一后20年就一跃而成为欧陆头等强国,标志着支配欧洲政治的大国发生了位移,欧洲均势在迅速失去平衡,维也纳体系的崩溃指日可待。

与此同时,全球国际关系体系最终形成。国际均势结构也发生了史无前例的巨大变化。在全球范围内,国际关系集中表现为帝国主义列强瓜分世界和争夺霸权的斗争。由于经济、政治发展不平衡的加剧,世界范围内大

第一章　国际关系的形成

国的分布及其力量对比加速变化，一个新的全球性格局的雏形浮现。仍然占据国际关系中心的欧洲列强，发动空前规模的对外扩张，德国、美国与日本以大国的姿态登上世界舞台，它们强烈要求按实力重新瓜分世界。一场扩张和争夺的狂潮，终于导致同盟国与协约国两大军事集团旷日持久的军备竞赛，以第一次世界大战来决定霸权的归属。

第一次世界大战的战胜国英、美、法、日、意以和平的名义建立起凡尔赛-华盛顿体系。战败国割地赔款，殖民地被瓜分。战胜国按照战后力量对比的变化重划势力范围，建立符合其既得利益的全球体系。压制和妥协造就了短暂的均势与和平。协约国军总司令福煦元帅曾经预言："这不是和平，这是20年的休战。"

战后，战败国与战胜国的矛盾，战胜国之间的矛盾，交织在一起，错综复杂。英法的霸权虽然得以维持，但已江河日下。法国执意利用德国失败之机重建它在欧陆的霸权，英国却以支持德国复兴来制约法国。新兴的美国踌躇满志，寻找着走向世界霸权的时机与途径。日本和意大利对凡尔赛-华盛顿体系分赃不均的强烈不满，德国复仇主义者对该体系的仇视，促使它们一起走上战争之路。列强之间的实力对比不断发生重大变化，又进一步加深和激化了这些矛盾。大国争夺天天都在破坏大国均衡格局，侵蚀着凡尔赛-华盛顿体系的基础。短短20年之后，希特勒统治下的德国点燃了第二次世界大战的战火，彻底埋葬了凡尔赛-华盛顿体系。

雅尔塔体系

第二次世界大战后期，在以雅尔塔会议为代表的一系列重要国际会议上，美、英、苏就结束战争与维持战后和平问题通过的各种文件、宣言、公告、原则和秘密协议，构成了雅尔塔体系。它的主要内容是美苏划分势力范围与战后维持大国合作。根据协议，欧洲一分为二，西欧属于美国的势力范围，东欧属于苏联的势力范围；德国则由美、英、法、苏分区占领，并由此分裂为两个德国；在远东，苏联满足于收回南库页岛、获取千岛群岛、外蒙古独立，以及取得在中国东北和北纬38度线以北朝鲜地区的势力范围，作为交换，苏联承认美国对日本和朝鲜南方的控制及其在中国的利益。大国合作以维持世界和平，主要是依据雅尔塔体系所确定的大国一致原则行事，其主要标志是大国在联合国安理会享有否决权。

雅尔塔体系的建立是二战的合乎逻辑的结果。欧洲强国的衰竭或战败，以及日本的投降，急剧地减少了世界强国的数量，苏联成为唯一的欧洲强国，美国则成为超级大国，从而造成了国际战略力量的新配置。雅尔塔体系的核心是美苏两极格局。这是现代国际关系史三百年来头一次出现两极格局。它构筑了新的世界结构，取代了以欧洲为中心的多极均衡格局。

美苏两极格局具有新的特点。冷战的开始使两极格局迅速走向对抗，并一度扩大为分别以美苏为首的东西方两大阵营的冲突，其基本特征是长期冷战，即双方沿着势力范围的分界线进行政治、军事、经济、文化以至心理的全面较量，这种较量带有意识形态和社会制度尖锐对立的浓郁色彩，在世界范围内增强紧张而恐惧的气氛。美苏总体实力对比呈现不均衡性，但在其争斗的中心地区——欧洲又呈现局部的均衡，它直接表现为北约与华约两大军事集团的紧张对峙，以及各自势力范围的制度化。美苏两极格局冲突强度大，具有总体的不稳定性和危险性，但在核威慑条件下，有较强的控制力。美苏超级大国的先后出现，是战后新的国际现象，它们在政治上对国际事务有巨大的影响力，在经济上曾一度各自为中心，在军事上有压倒性优势。无论是一个超级大国称霸，还是两个超级大国争霸，都会导致国际局势的紧张与动荡，给国际关系带来尖锐、复杂的全局性危机。两极格局的形成和超级大国的出现，给当代国际关系带来了长远而深刻的影响。

思考题
1. 早期国际关系有何特点？
2. 资本主义产生与发展如何引发国际关系的变革？
3. 国际关系体系是怎样演变的？

第二章　当代国际关系的演变

雅尔塔体系建立后,美苏同盟因大战的结束失去了存在基础而告破裂,大国合作的原则遭到彻底破坏,美国决意推行称霸世界的扩张战略,美苏从合作走向对抗,冷战全面爆发,具有全球影响的重大国际危机频频发生,其中以两次柏林危机和古巴导弹危机为典型案例,从而导致雅尔塔体系的终结。世界大步迈进 21 世纪,面临百年未有之大变局。

一、国际关系从冷战走向 21 世纪

(一)雅尔塔体系的终结

第一次柏林危机。1948 年上半年,美国加紧推行分裂德国的政策,准备组建西德政府,并于 6 月 18 日宣布在西占区实行币制改革,迈出了分裂德国的关键一步。苏联随即全面封锁西占区和柏林西管区之间的水陆交通,并宣布在苏占区与大柏林区发行新货币。国际局势顿时紧张起来,形成战后第一次美苏冷战高潮——柏林危机。

为了应付柏林西管区被围困的危急形势,美国架起"空中桥梁",为占领军和 250 万西柏林市民大规模空运所需物资。到 1949 年春,平均每天空运 8 千吨粮食和燃料,共空运生活资料 140 余万吨。危机期间共飞行 19.5 万架次,空运量达 250 万吨,空运费高达 2.5 亿美元。与此同时,美国对苏联进行武力威慑,几个大队可运载核武器的 B-29 重型轰炸机飞赴德国的西占区和英国,在英国首次建立了美国战略空军基地,并且日益强化对苏占区所缺的钢、煤、电力等的

反封锁,加紧冷战宣传,制造紧张气氛,加快分裂德国的步伐,乘机于1949年4月建立西方政治军事集团——北大西洋公约组织。

第一次柏林危机持续了近1年。其间,西方国家把柏林事件提交安理会,几经辩论,6个非常任理事国提出接近美国观点的提案,被苏联否决。柏林问题陷入僵持局面。由于各方面都不愿冒大规模战争的风险,遂于1949年5月达成协议:双方于5月12日取消一切封锁。

柏林危机产生了严重后果。大柏林正式分裂为两个城市,东、西柏林各有独立的立法、行政系统和货币制度,德国亦分裂为德意志联邦共和国与德意志民主共和国,两个德国分别加入了北约组织与华约组织,东西方分裂进一步加深。

第二次柏林危机亦称柏林墙事件。1958年10月27日民主德国领导人宣布,西方大国无权再待在西柏林。苏联领导人赫鲁晓夫随后扬言要以"外科手术""割掉西柏林这个毒瘤"。苏联政府照会美、英、法三国政府,要求结束对西柏林的占领,使西柏林变成非军事化的自由市,并限定西方在6个月内接受其建议,否则苏联将和民主德国单独签订和约,移交对西柏林通道的管制权。这遭到西方大国的拒绝。它们认为这是最后通牒,有可能引起核战争。柏林问题再次酿成危机。后经1959年美苏首脑戴维营会谈,柏林危机遂告缓解。

1961年,肯尼迪就任美国总统后,赫鲁晓夫利用其立足未稳以及入侵古巴遭到惨败之机,故伎重演,于6月再次提出西方年底前从西柏林撤军的6个月期限,肯尼迪坚决予以拒绝。于是,赫鲁晓夫宣布暂停军队复员,增加军费1/3,并大搞核讹诈,扬言如果爆发核战争,肯尼迪将是美国最后一任总统,宣称"只要6颗氢弹就可以把英国消灭,9颗氢弹就可以灭亡法国"。肯尼迪也毫不示弱,宣布追加32.5亿美元国防预算,征召部分后备役人员和国民警卫队,购置新武器,扩大民防计划。双方剑拔弩张,战争大有一触即发之势,第二次柏林危机达到高潮。

随着柏林局势日趋紧张,人们从民主德国涌入西柏林,仅8月11—12日一昼夜间就达2500人,这引起民主德国的严重恐慌。

8月13日凌晨,在苏联和华约各国的支持下,民主德国军警用铁丝网把西柏林团团围住。当天是盛夏的一个周日,肯尼迪正在游艇上逍遥自在,不少柏林市民外出度假。到8月17日建成高4.2米、全长约170千米的水泥墙,这就是著名的"柏林墙"。在民主德国一侧辟有禁区,设立哨卡,筑有瞭望塔,壁垒森严。柏林墙使东、西柏林完全隔绝,也使西柏林与民主德国其他地区的往来完全处于 9 个过境站的控制之下。

西方对此提出强烈抗议。肯尼迪为表示保卫西柏林的决心,派遣副总统约翰逊访问西柏林,命令由 1 500 名全副武装的军人组成的装甲车队穿越民主德国检查站开进西柏林。美国警告说,任何对西柏林交通线的干涉都构成侵略行为,苏联政府必须对此负完全责任。美国用卡车撞毁部分柏林墙。双方分别举行大规模军事演习,西方军队还在西柏林大街上演习,双方的坦克仅隔一条街在东、西柏林的交界两侧炮口对炮口地进行军事对峙。接着苏美竞相恢复核试验,相互进行核威胁和核讹诈。顿时,欧洲和全世界的上空都布满着大规模战争的阴云。

然而,柏林墙既不影响西方对柏林的占领制度,也未限制其自由出入西柏林,更不威胁到西柏林的政治制度和安全,并不存在战争的理由。西方只停留在提出抗议和显示实力上,双方经过一段时间的秘密接触,终于同意暂时冻结德国和西柏林问题。西方默认了柏林墙的存在,赫鲁晓夫再次收回了最后通牒。柏林危机再次缓解。柏林墙是冷战的主要标志物之一,共存在 28 年零 3 个月之久,于 1989 年 11 月 10 日开始拆除,绘有绚丽图案的柏林墙砖成为人们有历史意义的收藏品。

古巴导弹危机是 20 世纪 60 年代初苏美在加勒比海地区的一场激烈的"核豪赌",将世界推到了核战争的边缘。当时苏美战略核力量对比如表 2-1 所示。

表 2-1　20 世纪 60 年代初苏美战略核力量对比

	苏　联	美　国
洲际导弹	75 枚	294 枚
潜射导弹	75 枚	155 枚
远程轰炸机	190 架	600 架

1962 年 5 月,赫鲁晓夫在访问保加利亚时突发奇想,"想到了在古巴装置核弹头导弹的主意",这样既可以弥补苏联当时在战略核武器及其运载工具方面的劣势,还能迫使美国在西柏林和土耳其等问题上作出让步。7 月初,苏联与古巴达成协议:首先,苏联向古巴提供短程地对空萨姆导弹和

米格-21型战斗机等防御性武器,待其部署好之后,再运送中程弹道导弹和能够运载核弹的伊尔-28型中程轰炸机等进攻性武器。协议迅即予以实施,运往古巴的可携带核弹头的SS-4和SS-5中程导弹达42枚之多,4万余名苏联军事和技术人员抵达古巴。于是,赫鲁晓夫挑起了一场核赌博,冒险下了大赌注。

美国情报机构很快就获得了消息,并立即报告肯尼迪总统。9月4日,肯尼迪向苏联政府发出了警告,但苏联政府却一再断然否认在古巴设置进攻性武器。直至10月16日赫鲁晓夫在接见美新任驻苏大使时还说,苏联在古巴新设一"捕鱼基地"。肯尼迪下令增加U-2高空侦察机在古巴上空的飞行,美国政府很快获得了苏联在古巴修建中程导弹、伊尔-28型中程轰炸机基地的大量清晰照片。

10月16日,美国国家安全委员会执行委员会举行秘密会议,商讨对策。会议期间又得到军方的补充报告,至少发现16枚,也可能是32枚射程超过1 000英里的导弹,如果这些导弹击中美国的一些城市,估计会死亡8 000万人。

执委会经过4天反复研究、磋商,共提出6种危机决策方案供肯尼迪选择:(1)不采取任何行动;(2)对苏联施加外交压力并提出警告;(3)同古巴领导人秘密接触,对古、苏分而治之;(4)通过封锁,增强空中监视,再加外交压力,采取间接的军事行动;(5)空中袭击;(6)入侵古巴。10月20日,肯尼迪经过评估,最终选择了封锁。

10月22日晚,肯尼迪向全国和全世界发表电视讲话,披露了苏联正在古巴修建一个进攻性核导弹体系的惊人秘密,要求苏联在联合国监督下尽快撤出进攻性武器,并宣布美国海军对古巴进行封锁。肯尼迪下令驻世界各地的美军进入最高戒备状态,导弹部队也处于最高戒备状态,50%的战略轰炸机满载着核武器在空中盘旋,核潜艇进入作战阵地,强大的登陆部队集结于佛罗里达州及邻近各州,时刻准备参战。美国掌握的确凿情报和迅速行动大大出乎赫鲁晓夫的意料。23日,塔斯社发表声明指责美国的行动是"海盗行为"。赫鲁晓夫在致肯尼迪的信中也指责美国以封锁来对苏联进行威胁,正在把人类推向一场核战争的深渊。他同时下令苏军实行"战争动员",华约和古巴的军队也作好了战争准备。古巴导弹危机由此爆发,美苏处于核战争边缘。

10月24日上午9时,封锁生效。美国海军在古巴以东300千米的海面上设置了一个巨大的弧形警戒圈,180艘军舰在68个空军中队和8艘航

第二章 当代国际关系的演变

空母舰的护卫下,开始拦截和搜索驶往古巴的船只。10时半前后,驶往古巴的20艘苏联船只在接近封锁圈处全部停航或返航。但是,美国侦察机发现古巴的导弹基地工程却在加紧施工。显然,苏联力图赶在美国采取下一步行动之前完工,以增加与美国讨价还价的资本。肯尼迪发现赫鲁晓夫在面临摊牌时已示弱退却,那么继续使用军事讹诈手段将是唯一可行的办法。肯尼迪命令国务院准备一项应急计划,以备在入侵和占领古巴后建立一个文官政府,并扬言要空袭古巴的导弹基地。从10月24日到26日,局势日趋严重。总统之弟司法部长罗伯特·肯尼迪私下向苏驻美大使多勃雷宁透露,总统至多只能再克制2天了。

危机终于出现转机。10月26日下午1时半,苏联参赞放出了"试探气球",在间接获得美国官方首肯后,当晚6时,肯尼迪接到赫鲁晓夫一封冗长的亲笔信,由于时间过于紧迫,该信破例由苏联外交部直接送到美国大使馆,最后一页也未盖章。赫鲁晓夫在信中表示愿撤出在古巴的进攻性武器,交换条件是美国撤销封锁和保证不入侵古巴。但他在27日致肯尼迪的信中又附加了一个条件,即美国还应从土耳其撤走进攻性导弹。当天另一突发事件是古巴地对空导弹击落一架U-2飞机,飞行员死亡。肯尼迪决定避开27日的正式文件,直接就26日的私函作出了肯定的答复。这就是著名的"肯尼迪对策"。与此同时,罗伯特·肯尼迪私下告诉多勃雷宁,肯尼迪总统早就想从土耳其和意大利撤走这些导弹,这次危机一结束,这些导弹即将拆除。不过此项承诺不能公开,不能作为"交易"的一部分。但是,肯尼迪总统明确表示,如果29日美国得不到苏联的正式答复,美军将全面入侵古巴。28日,赫鲁晓夫同意"被美国称之为进攻性的武器将予拆除、装箱并运回苏联",11月21日又同意在30天内撤走伊尔-28轰炸机,肯尼迪宣布结束封锁,接着苏联也解除了军队动员令。至此,震惊世界的古巴导弹危机才告结束。1964年,苏共中央全会认为赫鲁晓夫"犯有主观主义和唯意志论"的错误,解除其一切领导职务。

从上述案例可以看出,美苏争霸的两极格局是世界动乱与危险的主要根源,美苏的冷战是逆世界历史潮流而动的。第二次世界大战对国际关系的重大变革作用,从根本上体现了世界追求和平与发展、向多极化发展的本质要求。历史潮流浩浩荡荡,无可阻挡。独立自主浪潮在世界范围内汹涌澎湃,冲垮了东西方两大阵营,发展中国家兴起并登上世界历史舞台,要求变革,要求和平与发展,世界各大基本力量的实力对比加速变化,这主要表现在美苏两个超级大国的实力相对衰落,日本和西欧的重新崛起,以美元为中心的布雷顿森林体系解体,以及中国作为最大的发展中国家出现在国际舞台上,越来越多的国家或国家集团日益壮大,奉行独立自主的政策,在不同程度上成为影响国际事务的角色。于是,20世纪60年代末、70年代初,世界开始出现较为明显的多极化发展趋势,两极对峙格局的基石发生动摇。早在1970年,美国时任总统尼克松就明确提出世界上已经出现美国、西欧、苏联、日本、中国五大力量中心之说,并认为"这五大力量将决定世界在本世纪最后1/3时间里的前途"。但是,当时的日本、西欧、中国等新的力量中心还在形成之中,尚未能打破原有的两极均势,世界格局还处在渐变或量变的阶段。进入20世纪80年代后期,世界力量重组加速进行,美、日、欧在经济上的三足鼎立之势基本形成,苏联出现了明显的颓势,而中国因改革开放而加速发展,决定世界战略形势的几大战略力量并存、相互作用的基本结构和形态开始形成,世界格局的大转换终于到来。

　　1989年东欧剧变与1990年德国统一,意味着由雅尔塔体系划定的苏联势力范围最终消失,冷战的焦点也随之化为乌有。1991年苏联的解体更具有典型意义和象征意义,它标志着两极格局的最终瓦解。至此,雅尔塔体系寿终正寝。

　　国际体系的嬗变孕育了近半个世纪,导致这种历史巨变的深层次原因是世界生产力的迅猛发展,世界生产力是国际社会发展的根本力量,国际政治结构是世界生产力的表现,必须与之相适应,并随其发展而变化。在科技不断创新的条件下,世界生产力的加速发展是一个客观规律。当代世界生产力空前发展的主要后果之一是造就经济全球化的发展趋势,扩大了国际范围内资源配置的范围、深度和合理性,为世界各国编织了一张相互依存的网。国际经济各个领域的发展趋势及其机制把各国经济连接成密切联动的有机整体,经济协调和国际合作成为推动世界生产力发展、获得国家利益的主导方式。世界生产力所引发的经济全球化进程对国际政治结构的质的规定性是整体性、有序性、协调性和合作性。顺之者昌,逆之者亡。美苏冷战的两极格局不仅在政治上割裂了世界,而且在经济上割裂了世界。它的基本特征是分裂—冷战—对抗,从政治、经济、军事、文化等各个领域,全面分割了国际社会,破坏了国际社会在多样性基础上的整体性发展,极大地阻断了各种资源的国际配置和跨国流动,严重地妨碍了国际经济及相关国家经济的发展,从而成为当代世界生产力发展的巨大障碍。

第二章 当代国际关系的演变

在近半个世纪中,当代国际条件深刻变化所包含的变革及其意义,长期被两极格局所抑制。但是,任何力量都不能长久地阻挡世界生产力。它在不断地积聚能量,力图冲破两极结构的束缚。这种能量释放的政治方式是独特的。美苏两个超级大国由于醉心于调动全部资源用于争夺世界政治与军事霸权而迅速由兴转衰,其他大国把握住历史机遇,重振世界大国的雄风,日益突破两极框架,向多极化的方向猛进。到20世纪80年代末90年代初,新一轮的科技革命开始形成强大的动力,两极格局终结,开创了走向多极化的国际政治新结构,这是国际政治结构发生相应变革的历史必然性,也是雅尔塔体系无可逃遁的历史命运。

(二)百年未有之大变局

对国际关系体系进行层次分析可以发现,全球层次处于关键位置,对整个世界具有决定性影响。全球层次的中心结构是世界格局,即世界主要国家、国家集团之间在一定历史时期内,相互联系、相互作用而形成的相对稳定的国际结构和战略态势,它建立在利益、力量对比和既定战略的基础之上。换言之,世界格局由四大核心要素所构成:世界大国的数量、实力、战略及其相互关系。核心要素大变动会导致世界格局大调整。

由于力量发展不平衡规律的作用,世界大国的数目和力量对比,总是处于变动之中,当这种量变达到临界点,它们的战略及其组合就会发生深刻调整,原有世界格局赖以生存的、相对稳定的结构状态就会瓦解,格局势必发生序列易位和要素重组,直至形成新的格局。

按照历史经验,一个世界格局的终结,就意味着另一个世界格局的诞生,如维也纳格局取代威斯特伐利亚格局,凡尔赛格局先是代替维也纳格局,后又让位于美苏两极格局。回顾世界格局演变史,大规模战争成为格局转换的重要标志,上述格局转换就是通过拿破仑战争和两次世界大战而完成的。战争在摧毁旧格局的同时,迅速建立起新格局,因为新格局是战争结果的展示,是武力对战胜国与战败国关系以及各方利益的断然分割。然而这并非是世界格局发展的普遍规律。

当代两极格局的瓦解,与大规模战争并无联系,而是以和平方式实现的,即以两极格局中的一个超级大国自行解体为启端,没有战争硝烟,没有法律意义上的战胜国与战败国之分,也没有旨在确定大国地位、重划势力范围和设计世界政治新蓝图的重大国际会议及协议,一切均在未定之天。这种和平方式与战争方式的根本区别在于,它不是用武力实现世界格局的"瞬间"突变和更替,而是以一种渐进或缓进的方式推进的,它避免了战争,却大大延长了格局转换的时间,导致新格局迟迟未能形成。由于这一进程是渐进的、长期的,而且,此次格局大变动又恰恰是在全球化进程中发生的,其变化之深刻,涉及面之广,影响之久远,是历史上任何一次格局变迁所望尘莫及的。新兴市场国家特别是新兴大国乘势崛起,大国兴衰之势已跳出近代以来发达国家上下易手之局限,变数大,速度快,世界格局不易在短时间内定型,规律性现象时隐时现。面对国际风云变幻,世界大国以及潜在的世界大国需要足够的时间,对世界形势的重大转折及其走向作出判断,进行战略与相互关系的重大调整。因此,新的世界格局的形成相对来说需要较长时间,一个较为漫长的格局转换的过渡时期是不可避免的。

存在这样一个漫长的过渡时期,难以为人们所理解。人们往往习惯于把处于变动中的某一特定历史时刻的大国力量对比状态,例如一超多强状态,混同于世界格局所应具有的稳定结构。

实际上,两极格局解体之后,全球中心结构就进入"序列易位和要素重组"阶段,又恰逢世界多极化、经济全球化、社会信息化、文化多样化深入发展,世界进入大发展、大变革、大调整时期。萌发于两极格局时期的多极力量,抓住历史机遇和经济全球化提供的广阔舞台,加速发展,推动国际体系和国际秩序深度调整,加速变革,努力塑造有利于自身的世界格局。

进入21世纪,我们面对百年未有之大变局。

首先是文明之变。21世纪是人类文明的新时代,以中华文明为代表的亚洲文明强势回归,复兴繁荣,走向世界中心,向世界展示自己的哲学文化、价值观,世界开始走出西方中心主义,走出名为"文明冲突"实为单极霸权的怪圈,走向多样文明百花齐放、和合共生,共同探索人类文明新方式、文明发展新可能,这预示着新的文明轴心时代的来临。历史潮流浩浩荡荡,大国何去何从,将决定其历史命运。

中美两国对世界需要何种秩序及路径,采取了截然相反的理念和对策。中国倡导构建人类命运共同体,引领世界,身体力行;美国自特朗普政府上台以来,力推"美国优先",猖狂一时,世界乱源。

世界大乱的表象之下,预示着世界大变局(即世界大转型):在西方世界之外出现了大规模成功的现代化新路径,现代化世界的人口将由10亿扩

第二章 当代国际关系的演变

大到 24 亿;新的全球问题迫切呼唤人类命运共同体;新一轮科技革命和产业变革带来的新陈代谢前所未有,新兴市场国家和发展中国家的结构调整与改革进入重大整合期,力量变化与发展空间总体上持续上升和扩大,但仍具有很大的可塑性和不确定性,南北实力变迁加速进行,战略力量此消彼长,加快分化组合,日趋均衡,美国治下的世界秩序和战略格局正在发生深刻演变,一切处于迅速变动之中,尚不能形成一个相对稳定的结构。到 21 世纪中期,世界大国的排列及其力量对比才有可能稳定下来,它们的战略调整才能到位,它们之间的相互关系才能基本定型,一个崭新而相对稳定有序的世界格局面貌才能较为清晰地展现出来。一个多极分层的世界中心结构将呈现在世人面前,由多国构成的次级诸强将位列中美之后,世界格局呈现相对均衡发展的多极化趋势,并不以美国意志为转移。

在 21 世纪的头十年里,世界力量对比发生具有重大历史意义的变化,日益改变世界经济结构与利益格局,世界格局和全球治理体系必须反映这一历史巨变。

从 2000 年起,在世界十大经济体中,新兴大国稳占 3 席,中国经济增速快,世界占比逐年增大,贡献率跃升,中印等国位次逐年上升;在经济 50 强中,新兴国家及地区一直占据三分之二,新兴力量已形成"半壁江山","金砖五国"经济增长率对世界经济贡献率超过 50%,中国占了其中的 30%,以中国为代表的非西方群体趋势性崛起已是不争的事实。美国依然是超级大国,经济还在缓慢增长,日、德、英、法等发达国家则原地踏步,总体上西方群体呈现出趋势性相对衰落,2020 年慕安会的主题具有象征性:"西方缺失"。曾经一统天下的西方模式,已被证明并非是现代化的唯一模式,东方道路更有实现现代化并使之可持续发展的可能性。21 世纪世界的生产结构在变,2020 年亚洲经济的世界占比将首超 50%,力量结构也在变,世界往东西方平衡的方向走,往人类命运共同体的方向走,西方近 500 年的霸权正在走向终结。

正是在这一背景下,西方七国集团(G7)于 1999 年年底倡议成立了二十国集团(G20),它涵盖世界主要经济体,占全球经济总量的 90%,贸易额占 80%,有了代表性和包容性,其中,新兴市场大国约占半数,西方主导、引领世界发展的局面正在消退,G20 已取代 G7 成为全球经济合作的主要论坛,使全球经济治理从"西方治理"向"西方与非西方共同治理"转变,从而为全球应对经济危机、推动全球经济治理机制改革带来了新契机、新动力。

2008年美国引发全球金融危机,深刻地改变了世界格局。G20开始举行首脑峰会,合力稳定国际金融和货币体系。G20及其峰会的诞生,是世界经济领域发生的具有历史意义的标志性事件。

世界发生了意义重大的基础性变化,世界格局的要素随之发生沧桑之变。首先是世界大国序列出现了重大易位。中国2000年的GDP为1.21万亿美元,排名世界第6位,占比为3.6%,人均GDP仅为945美元,排名世界第112位。2001年中国加入世界贸易组织(WTO)后,仅仅10年,经济迅速崛起,2010年GDP突破6万亿美元大关,世界占比达9.2%,超越日本成为世界第二大经济体。与此同时,中国基于财政能力和工业基础,于1999年启动新一轮军事现代化,中国军队进入高科技时代,中国的国防建设取得了突飞猛进的发展。

2009年奥巴马政府上台后,华盛顿政治精英进行了战略反思,认为过去10年美国太专注于全球反恐战争,犯了致命性的战略错误,恐怖主义并不能打败美国,但崛起的中国能做到,而恰恰是美国在2001年让中国加入WTO,结果是促变的"融入战略"失败,中国利用这10年美国无暇他顾迅速经济崛起。于是,美国产生战略焦虑,迅速调整战略,将战略重点移至亚太,制定亚太再平衡战略,采取接触加遏制的对华政策,在东海、南海挑起腥风血雨,在经济上极力推动《跨太平洋伙伴关系协定》(TPP),企图将中国踢出亚太大市场。这种对华战略源自20世纪90年代时任助理国防部长、负责涉及东亚安全战略的约瑟夫·奈,他设计了"拢而隔之"的对华战略,即一面遏制,一面拉拢,以保持灵活性。

与此同时,美俄之间长期存在结构性矛盾。在叶利钦时期,俄罗斯曾想回到欧洲大家庭,借西方之力实现大国复兴,结果事与愿违,反而被美国搞得国内一地鸡毛,国际战略空间不断遭到挤压。科索沃战争开始改变俄罗斯对美国的战略认知,唤醒了俄罗斯的历史记忆和大国情结,美俄关系从"相互谅解"演变成"信任危机"。美国由软化走向强硬,把俄塑造为敌人,在东欧策动"颜色革命",使之从俄罗斯势力范围和战略缓冲地带,一举变成反俄前哨,北约东扩至俄西界,排兵布阵,抵近侦察,大规模军演,部署反导系统,在战略上、军事上制造紧张局势,俄罗斯感受到巨大的地缘政治压力。欧俄联合是美国的梦魇,美国极力阻断欧俄合作,逼欧一起对俄制裁,还时时操纵石油价格打击俄。美国持续打压俄罗斯,对俄而言具有"侮辱性"和"威胁性",致使双方敌意螺旋式上升,发生激烈对抗。

第二章 当代国际关系的演变

普京执政后凸显强人性格,作风大胆,行事果断,在国际舞台上重塑俄罗斯鲜明的强势形象。他渴望与美国和解,出现一个稳定的美俄关系,但以美国尊重俄罗斯大国地位及其战略势力范围为前提,这是美国绝对不能接受的,它恰恰是要瓦解其大国地位,以绝后患,这是美俄关系症结之所在。面对美国步步紧逼,普京一是强硬反制,大力发展进攻性战略武器,对北约的抵近侦察、大规模军演针锋相对,在热点地区展开激烈的竞争,力图恢复昔日大国荣光;二是选择与中国战略协作,以维护其大国地位。

奥巴马时期美俄关系逐渐恶化,紧张升级,冲突范围不断扩大,烈度陡然上升,尤其是对俄具有重要战略意义的乌克兰发生剧变,致使美俄冲突从顿巴斯延伸到克里米亚,从乌克兰扩展到叙利亚,普京频频出手,在战略上由被动转为主动,终在克里米亚和叙利亚问题上频频得手。克里米亚情结本质上是俄大国情节的一部分,它已成为美俄、欧俄关系解不开的死结。

近年来,俄罗斯GDP虽然徘徊在世界第10—12位,但也制定了向5万亿美元冲刺的计划,它毕竟拥有世界上最大的领土面积和丰富资源,还是世界军事大国,拥有强大的军事实力,尤其是战略核力量与美国基本持平。瑞典斯德哥尔摩国际和平研究所2019年度全球军费支出分析报告指出,俄罗斯在全球军费排行榜中已跃居第四。它也拥有强大的地缘政治实力,足以在全球战略层面发挥一极的作用。

美国的所作所为,必然遭到中俄反制,在世界格局中形成了这样一个战略大三角:中俄联手制约美国,以维持全球战略平衡。

这个战略大三角的趋势并未朝着有利于美国的方向发展,尤其是中美综合国力的快速拉近震惊美国。奥巴马政府未能阻止这一发展趋势,其后十年间,中国的综合国力又上了一个大台阶。2015年中国GDP达到10.98万亿美元,成为世界仅有的两个超十万亿美元的国家之一。2019年中国GDP比2000年猛增约11倍,高达14.36万亿美元,世界占比超过16.3%,大致相当于紧随其后的日、德、法、英四国之和的14.46万亿美元,人均也突破1万美元的重要门槛,与美国GDP之比也由20年前的约1∶10上升到7∶10。中国已经成为全球价值链、产业链和供应链的中心国、世界经济贸易增长最强有力的发动机。人民币国际化正在稳步推进。在2020年新冠肺炎疫情全球大流行过程中,我们可以发现,如今在经济上和美国一样,中国打个喷嚏,世界也会感冒。从下列中美历年GDP世界占比统计表中,既可以看到两国不断增长的分量之重,也可以看到占比相对消长之变化(如表2-2所示)。

表2-2 中美历年GDP世界占比统计

年份	美国GDP（万亿美元）	世界占比	中国GDP（万亿美元）	世界占比	世界GDP（万亿美元）	中美合计占比
2000	10.25	30.52%	1.21	3.60%	33.59	34.12%
2005	13.04	27.48%	2.29	4.83%	47.46	32.30%
2010	14.99	22.69%	6.09	9.22%	66.05	31.92%
2015	17.94	23.92%	10.98	14.64%	75.00	38.56%
2018	20.58	23.99%	13.89	16.19%	85.79	40.18%

"国之大柄,莫重于兵。"随着经济崛起,中国的军事力量也得到极大发展。中国坚持走中国特色强军之路,成效非凡。军事现代化进展神速,军事变革取得重大进展,武装力量完成结构改革,以信息技术为核心的军事高新技术日新月异,武器装备远程精确化、智能化、隐身化、无人化,战略能力大提升,初步形成三位一体的核威慑能力,确立维护国家主权和安全的战略基石。2019年,中国国防费为1 776亿美元,居世界第2位,但不足美国军费开支的四分之一,占我国GDP和国家财政支出的比重,或是国民人均和军人人均数额,在各大国中都处于较低水平。中国坚持执行防御性战略,但至少在西太平洋第一岛链内已占据相对优势,形成了日益强大的反干预能力。

中国经济与军事实力的快速增强,有赖于科技创新。中国曾经错过了第一、二次工业革命,赶上了第三次工业革命末班车,发展起计算机及信息技术,这三次工业革命都由西方国家所创新、主导。20世纪末萌发的第四次工业革命是全新科技革命,以人工智能、机器人技术、虚拟技术、量子信息技术、可控核聚变、清洁能源及生物技术为突破口。中国第一次与发达国家一同站在起跑线上并率先进入这次科技革命,并在5G、云计算、人工智能、大数据等创新科技大规模应用方面世界第一,并启动以智能化、数字化、网络化为特征的新基建。正是由于5G能显著提升综合国力和军事能力,所以拥有世界一流5G技术的华为,成为美国全球追杀的对象。

中国确立了自主创新战略,坚持创新引领发展,大力提升科技支撑能力,加大对基础科学和基础性创新的投入,建设一批大科学装置和国家实验室,促进基础研究和科学发现,强化关键核心技术攻关。2012年以来创新驱动加力提速,新动能积聚壮大,2018年科技贡献率高达58.5%,研发经费GDP占比逐年提高,2018年已达2.18%。工业战略性新兴产业和战略性新兴服务业增长快。领先世界的高科技包括:激光技术、量子通信、第四代核电技术、航天技术、高铁技术、造桥技术、超级稻技术、陶瓷技术、巨型水电站建造技术、沙漠治理技术、太阳能发电技术、云计算技术、反卫星技术、导弹技术、常规潜艇技术等,都取得了举世瞩目的成就。新科技革命是中国最伟大的发展机遇。

在世界知识产权组织发布的《2019年全球创新指数报告》中,中国稳居领先的创新国家行列,在全球排名中,较2018年提升3位至第14位,论文数蝉联全球首位;科学技术集群排名仅次于美国,位列第二;在专利数量、工业品外观设计数量、商标数量以及高技术出口净额和创意产品出口等项目上,位居世界前列,体现出明显的创新能力。

自然指数是衡量机构科研表现的重要指标。2020年自然指数年度榜单数据显示,2015—2019年,中国在自然科学领域高质量科研产出增加了63.5%,是世界上增长最快的国家,现位居世界第二,与美国的差距正在不断缩小。中国科学院连续8年位居机构首位,其贡献份额是位于第二的哈佛大学的两倍,并且在化学、物理、地球和环境科学这三个学科领域独占鳌头。在贡献份额前十的机构中,还包括中国科学技术大学和北京大学。同时,中国还包揽了"机构上升之星"榜单的前44名。

科技创新的背后是创新人才。中国实施各种人才计划,吸引世界各地的科技精英来华创新创业,包括大量的"海归"回国效力,而在国内通过在高校实施包括"强基计划"在内的各类人才培养计划,培养了大批科技人才,建立起一支强大的科技人才队伍,为可持续的科技创新打下坚实的基础。

中美竞争的核心是创新能力的竞争。美国决策层清楚地知道,未来美国真正的危机,来自中国创新能力的赶超。中美两国围绕着创新这一核心主题,展开了全面的科技竞争。这场深层次竞争将决定未来世界格局的走势,中国已经成为世界百年大变局之最大变量。

美国的相对衰退、霸权没落已是大势所趋,崩裂始自内部的结构性、制度性矛盾,以及连年对外战争,其霸权与实力构成了一对难以调和的矛盾。布热津斯基说得十分透彻,美国因缺乏公认的合法性而成不了世界警察,因缺乏偿债能力而成不了世界银行家，因自身不清白而成不了全球道德家。他在《大棋局》一书中声称，从长远看，全球政治注定会变得与一国独掌霸权力量的状况越来越不相协调。约瑟夫·奈教授认为，军事事务的权力分配是单极的，但在经济事务和跨国事务的权力分配上，使用单极化、霸权等传统术语是没有什么意义的。换言之，军事和战争很可能是零和的，经济和全球事务绝不可能是零和的。总而言之，美国是第一个超级大国，注定也是最后一个超级大国。

2017年特朗普凭借"美国优先"、"让美国再次伟大"的竞选口号，赢得大选上台执政，他的执政理念和施政风格，并非美国强大的表现。特朗普隐晦地承认了世界权力转移之势，表现出对美国颓势的忧心忡忡，对全球事务的意愿、信心和能力消退。他拒绝衰落，妄图借全世界之力重振美国，为此祭出揭示其政策本质的特朗普式极端单边主义、保护主义利器，唯我独尊，专横跋扈，予取予求，贪得无厌，推行以邻为壑、争夺私利的逆全球化，发动全球贸易战，以所谓"公平贸易"取代自由贸易，长臂管辖，霸凌他国，进行战略性掠夺，连盟国也不放过，还要让它们大幅度提高军费分担，以免过度损耗美国国力。特朗普一方面在全世界疯狂敛财，另一方面又在"单干"和"退群"路上狂飙突进，免除全球治理之责任，借此提振美国经济。同时，却大幅度增加军费投入，2019年达7160亿美元，较上年增长10%以上，相当于排在美国之后九个国家军费之和，2020年更高达7380亿美元，以此加快提升核、太空、网络、导弹防御等领域能力，又成立了太空司令部，这极大地损害了全球战略稳定。特朗普搅乱了整个世界，颇有霸王硬上弓之蛮态，企图强行维持美国单极霸权。美媒指美国文明崩塌导致"美式野蛮主义"。普利策奖得主托马斯·弗里德曼指出，"特朗普主义"让美国付出代价。极端的霸权，极端的恶果。怪不得有人把2016年特朗普获胜的"11·9"与本·拉登发动的"9·11"相提并论。"特朗普现象"是美国跌落霸主神坛的标志。

特朗普在国际关系领域有一大"创举"，创造了"超级退群"的世界纪录。他上任伊始，就在战略路径上放弃多边主义，从国际法、国际组织和国际机制回撤，开始有计划地退出束缚性条约、协议和组织，先后退出巴黎气候变化协定、联合国教科文组织、全球移民协议、TPP、伊朗核协议、联合国人权理事会、维也纳外交关系公约、万国邮政联盟、中导条约、开放天空条约等10多个"群"，还扬言要退出WTO甚至联合国。他看似"撂挑子"，退出"国际群"上瘾，实际上有深层次考虑，这是其战略行动之一，是用以保障美国全球霸权的重要方式。

二战结束后,美国在全球创建了一系列规范化的国际秩序,实现其制度霸权,全球化也是美国主导下的全球性制度安排,确保美国的世界领导地位。如今新兴国家群体性崛起,不少多边机制变得不利于美国的主导利益,威胁到美国主导地位。此外,世界出现区域化趋势,区域合作一体化新制度超出了美国的掌控范围,显然不符合美国利益。既然这些"群"与美国利益背道而驰,退出是自然的。美国不是不要领导权,而是以退为进,欲擒故纵,企图通过施加压力,修改规则,重掌领导权,或者重起炉灶,建立新机制,确立其新的领导地位。美国一言不合就"退群"的行事风格和方式,并不能让美国再次伟大,却会事与愿违,引得世界舆论大哗,其自身名誉扫地。美国在孤立主义道路上越走越远,虽会局部达到实利目的,但正如约瑟夫·奈所说,这会侵蚀美国软权力,加快美国衰落,迅速失去全球领导能力,这正是美国走向没落的一个特征。布鲁金斯学会高级研究员罗伯特·卡根警告说,美国有可能成为"流氓国家"。美国政府的行为正变得疯狂而冒险,不顾一切。

在全球战略方面,特朗普政府很快达成战略共识,完成始于奥巴马政府的战略大调整,宣布聚焦大国竞争的新国家安全战略,视中俄为第一层次的战略竞争对手,中国则为最危险的首要威胁,被定位为"美国建国以来所面对的最严重的生存威胁,是文明间生死存亡斗争",这反映了美国持续上升的对抗性思维。特朗普绝不会接受格雷厄尔·艾利森经过冷静观察后得出的结论:必须接受中国的强大。美国对中俄实施全球施压、极限施压和战略性围堵,妄图一举击垮,大国竞争重回国际关系主基调,全球战略竞争对抗加剧,呈现上升之势,形成全球地缘政治大热点。

实际上,美国对任何崛起国都抱有高度警惕,只要崛起国 GDP 超过美国的 60%,对美贸易顺差达到美国贸易逆差的一半,美国必然置其于死地而后快,即使是盟友,也无一幸免,美国决不允许任何国家超越它,这似乎是"世界老二"的宿命。所以,中美关系的恶性激化是必然的,但来得这么快、这么激烈,还是出乎人们的意料。美国已由战略焦虑转为战略恐惧,指责中国模式竞争、经济侵略,而且认为遏制住中国的"机会之窗"只有 5 年,至多 10 年,这才急不可耐地要发动一波接一波的对华攻势。特朗普上台以来,处理对华关系时对抗性思维持续上升,诱导民众确立起"全社会型"对华强硬共识,推行既定的"全政府型"对华全球竞争对抗政策,对华战略已经发生了根本转折。

中国发展越快,压力越大。当别人已经举枪瞄准,还有人鼓吹韬光养晦,无疑是自欺欺人,助纣为虐,自寻死路。中国必须坚持底线思维,做好较长时期应对外部环境恶化的准备,奋起抗争是唯一有效的行动,以自信、决心与实力取胜,粉碎任何外部力量遏制中国发展的企图。美国奉行现实主义,当中国完成民族复兴之时,便可能是美国承认现实之日,正如美国启动中美关系正常化一样。这就是国际政治的逻辑。

特朗普政府的行动能力既强又快,迅速制定了以大国竞争为基调的"印太战略",集中精力经营以海权为基础的这一战略和经济重心地区,在西太平洋以关岛为军事枢纽,在印度洋以迪戈加西亚岛为军事枢纽,力图建立由美国、日本、印度、澳大利亚组成的印太"四国联盟",辅以以防疫为名起步的美日印澳+新(西兰)韩越的"4+3模式",以及推动基础设施建设的"蓝点计划",同时,强化亚太军事同盟,从世界各地撤军,加大亚太军事部署和干预力度,从而严重破坏了亚太地区战略平衡,给亚太安全增添紧张复杂因素,使之成为中、美、俄博弈的焦点。

在经济领域,特朗普政府于2019年年初突然发动对华贸易战,企图迫使中国改变经济体制和政策,扼杀中国经济崛起与科技创新,这是中美经济关系从互补性走向竞争性的转折点,美国企图以此作为击败中国的突破口。而且,贸易战进而延伸为技术战、金融战、人权战、舆论战、军事战、疫情战,抛出各类极端议案,甚至直接指向中国政治体制,美国专家谢淑丽谓之为一场"政治海啸"。这是一种遏制加围堵的全方位立体打击,既不同于热战,也不同于冷战,而是一场围剿战,一场所谓的"混合战争"。中美由"领域对抗"变为"全方位对抗"。

然而,要让两个在经济上相互依存、贸易关系价值超过7千多亿美元的国家完全脱钩,不是谁说说就能做到的,还要看美国有没有这种能力。况且,中国具有全球最完整、规模最大的现代制造业体系及其产业链和供应链,以及超大规模的内需市场和多样化的国际市场,这构成了谈判底气。中国沉着应对,经过13轮谈判,双方于华盛顿时间2020年1月15日签署第一阶段经贸协议,贸易摩擦暂时告一段落。经过两年的贸易摩擦过招,中国领教了美国那些政策工具,已经建立起承受力,使之威慑作用大幅缩水,越来越表现出对所有施压手段的战略性蔑视,改革开放乘势又进了一大步。因此,特朗普被"誉为"中国改革开放的"首席倒逼官"。中国进入重要战略

第二章 当代国际关系的演变

机遇期新阶段,但机遇和挑战都有新的发展变化。中国的大成功需要大对手,压着我们往前冲,危机变转机,变局变新局。

但美国并未放弃遏制住中国的目标。中美两国曾经合作应对 SARS、H1N1、H7N9、埃博拉病毒,成绩斐然。2020 年新型冠状病毒肺炎疫情大暴发,深化两国合作是对共同面临的巨大威胁的合乎逻辑的回应。但这次特朗普政府却成了逆行者,发动了一场更为猛烈的对华攻击战,其所谓的"中国病毒论"、"中国阴谋论"、"中国隐瞒论"、"中国责任论"不一而足,嫁祸中国,鼓动追责索赔,中美关系严重恶化。美国考虑疫情之后重新加征关税予以惩罚,并在高科技领域、投资领域以及其他敏感领域加速与中国脱钩,继续实施对华深度竞争对抗的政策,特朗普甚至公开扬言,可能切断整个美中关系。但充其量是一种已经成为现实的选择性脱钩。

2020 年 5 月,白宫发布《美国对中国的战略方针》报告,指责中国给美国带来经济、价值观和国家安全三大挑战,断言过去 40 年对华接触政策已经失败,将会采取其他方式遏制中国。"政治病毒"正在美国肆虐扩散。值得警惕的是,美国一些政治势力正在绑架中美关系,试图将其推向所谓"新冷战"。美国对华政策持续恶化。

有美国专家发文指出,在这种情况下,华盛顿要确保不致彻底颠覆两国关系。提出"修昔底德陷阱"的格雷厄姆·艾利森指出,尽管中美无法摆脱令它们成为激烈竞争对手的这一根深蒂固的结构性现实,他还是基于病毒对两国的生存威胁,以及引发核战争的可能性,主张从中国智慧中汲取灵感,建立一种 21 世纪的"竞争伙伴关系"。中国走向世界中心是一种必然的历史逻辑,任何力量都挡不住。

对于俄罗斯,华盛顿精英、军方甚至一些普通民众,普遍抱有敌视和不信任态度。特朗普想"重启"美俄关系,在国内缺乏政治和民意基础,他的对俄态度显得离经叛道,被外界置于显微镜下审视,结果事与愿违,不仅未能如愿拉俄制华、分化中俄关系,反而使自身陷入"通俄门"事件,不得不回归主流轨道。美国对俄政策更加强硬、激进,进一步收紧对俄"紧箍咒",美俄关系陷入新一轮交恶,跌入冰封期。美国退出《中导条约》、《开放天空条约》,施压俄罗斯,还不断发动制裁战、外交战,迫使欧洲跟进,并阻断欧俄合作。欧洲意识到,欧俄脱钩可能是 21 世纪欧洲最大的地缘政治错误,一个绝对深远的战略错误。虽然欧方无法将俄完全拉回欧洲,但能拉开与美国对俄孤立政策的距离,尽可能改善欧俄关系,缓和紧张局势。俄罗斯在对美战略认知恶化至极点且对其基本定型的背景下,受强烈的大国屈辱感、不安全感驱动,对美采取了越来越强硬的对抗态度和政策。普京和俄罗斯民众对国家认同和安全利益的认知,都是基于21世纪俄大国地位的重塑。

中俄两国为了因应美国战略的重大变化,进一步深化彼此战略协作关系,大力拓展双边经贸关系和科技合作,夯实两国战略合作基础,建立起新时代战略协作伙伴关系,继续保持自己在战略格局中的固有优势。

在世界格局转换时期,国际关系出现了如下一些新的特点。

1. 大国竞争重新浮出水面,成为国际关系的主基调。以高科技、经济为主的综合国力竞争,取代单纯的军备竞赛,成为大国激烈较量的主要形式。美国力图挽回颓势,集中力量打压中俄,形成以激烈竞争为主、伴随强硬对抗和有限合作的大国关系格局,从而酿成当今尖锐、复杂、紧张的国际形势。

但是,和平与发展的大趋势并未改变,经济全球化进程仍在加速,大国间战略核平衡依然存在,它们之间发生大规模战争乃至世界大战的危险不复存在,战争危险向局部战争转移,主要是美国发动的局部战争。今天的大国博弈为我们审视国际关系,提供了异常广阔的视野。

2. 冷战结束以来,几乎历任美国总统都热衷于对弱国发动高科技战争或代理人战争,包括海湾战争(1991年)、科索沃战争(1999年)、阿富汗战争(2001年)、伊拉克战争(2003年)、利比亚战争(2011年)以及空袭叙利亚(2017年—)等,个别得到国际社会授权,而更多的缺乏战争合法性,如科索沃战争是赤裸裸的侵略战争。

值得注意的是,这些高科技战争区别于以往战争的特点具体如下。(1)战争的政治化。战争不以攻城略地为目的,而是服务于美国全球战略。因此,政治渗透于战争全过程,对战争行动进行有效控制,总统等高层政治领导人不仅进行战略决策,而且常常直接决定、过问,甚至参与战术制定和战斗指挥,例如兵器选择、目标确定、进展速度、规模大小等,以便及时根据政治需要实施或调整军事行动,严格控制战争的规模、烈度和目的。(2)战争的突发性和临时性。以往的战争需要较长时间的预谋和准备,现今美国拥有各种高科技武器装备和通信设备,能有效而及时地远距离投放兵力,实施战争行动具有突发性,在确定战争目的、目标、手段、地点、规模和烈度诸方面,都有很大的临时性,以适应复杂多变的国际形势和国家利益的灵活要求。(3)战争持续时间大大缩短。例如,1986年美国对利比亚发动了代号

第二章 当代国际关系的演变

为"黄金峡谷"的军事报复行动,大规模猛烈轰炸只持续了短短的12分钟。海湾战争仅42天就打败伊拉克。科索沃战争也仅仅打了78天。究其原因,主要是军事工具的革命性变革、战争时间的准确性和军事价值明显提高,大大加快了战争速度和进程,况且,战争的消耗成倍增加,战争的持续能力大为减弱,必须速战速决。另外,为了赶在国内外舆论作出强烈反应、他国实施干预措施之前达到战争目的、结束战争,也需要尽可能缩短战争时间。(4)以大规模空袭为主,甚至完全依靠空袭取胜。在海湾战争中,以美军为首的多国部队进行了1个多月的连续轰炸,地面战争仅仅打了短短的100小时,而科索沃战争则完全是轰炸,多国部队零伤亡。这是由于美国握有绝对的空中优势,我打得到你,你打不到我,灵活机动,进退自如,可以最大限度地减少人员伤亡。地面战必然造成伤亡,从而引发美国国内的强烈反响,形成巨大阻力。(5)作战手段的高技术性。既表现为武器装备的高技术化,又表现为一体化、信息化的指挥控制系统和作战方式,保证整个作战的有序性、准确性、灵敏性和连续性,真正做到"运筹帷幄之中,决胜千里之外"。(6)美国总是以维护正义法理人权、反对种族灭绝与实施人道主义救援为口实,以国际社会名义发动战争,并力图得到安理会授权,以此获取战争的合法性。

这些战争史上最现代化的局部战争,对国际关系的影响十分深远。它不仅预示着美国维持21世纪全球霸权的决心与手段,更重要的是预示着未来战争的模式、特点和规律,促使世界各国群起进行新军事革命,打破美国的军事垄断。

总之,从军事上来看,美国在这些国家的领土上成功地进行了高科技战争的实验,收获颇"丰"。但是,美国即使在军事上赢得了胜利,在政治上却输掉了战争,深陷其中,不能自拔,所谓"国家改造"也以失败告终,最后不得不撤出。美国为此耗费巨资,徒损国力,拖累经济,使得"美国梦"渐行渐远。

3. 新的地区热点层出不穷,不断激化,根源在美。原有的一些热点,如阿以冲突已经被边缘化。特朗普一改过去美国通过推动谈判落实两国方案的政策,一边倒地支持以色列,承认耶路撒冷为以色列首都,支持以色列吞并被占领土,全力压制巴勒斯坦。

朝核问题在中国和国际社会的持续努力下有所缓和。中国就解决朝核问题的路线图,提出了"双暂停双轨并进"的模式。2018年年初,朝方表示愿意暂停核导试验,美韩同意暂停大规模军演,按照中国方案的第一步——"双暂停"思路破局。6月,金正恩与特朗普举行了新加坡会晤。

中国全力以赴促进朝核会谈,金正恩5次访华,习近平回访朝鲜,中方还在联合国安理会推动政治解决朝鲜半岛问题,尽了最大努力。

虽然朝美领导人彼此间不断用亲笔信的方式推动首脑外交,但是美国并未真正放弃所谓的"利比亚模式",坚持要朝方先行弃核,不同意进入"双轨并进"的第二阶段(对等、补偿、渐进,阶段对阶段,行动对行动,最终达到半岛弃核,取消制裁,签署和平协定,朝美建交),导致2019年2月河内会晤失败,6月三八线会晤更是一场政治秀,并未涉及核心问题,朝核问题谈判陷入僵局,朝美、朝韩关系进入冷淡期,但均未放弃"双暂停"。

冷战结束以后,美国不断制造新的地区热点,其中以伊朗核危机最为典型。伊朗于21世纪初得到美国两大"神助"——一是石油大提价,二是消灭其宿敌萨达姆,2015年安理会又通过了历史性的伊核全面协议,联合国及美欧解除对伊经济和金融制裁,伊朗乘势发展起来,在中东日益坐大,建立起从波斯湾到地中海的什叶派新月形地带。

2018年5月特朗普正式宣布退出伊核协议,重启对伊最严酷制裁,极限施压,力图颠覆伊朗政权,同时诱降,美伊围绕制裁与反制裁的斗争全面展开,伊核危机再次爆发,不断激化,美国增强波斯湾排兵布阵,进行军事威胁,"斩杀"伊朗名将苏莱曼尼,伊朗坚持原则立场,加强军事布防,施压欧洲,策动中东什叶派武装发动攻势。美伊悬崖博弈对抗风险极大,几酿成军事危机,但真要打起来也难,双方在战略层面都有软肋,都为局势转圜留下一点空间。

叙利亚危机也是美国一手策划的,导致"21世纪最严重的人道主义灾难"。2011年,当"阿拉伯之春"席卷中东之时,叙利亚什叶派政府与逊尼派发生武装冲突。美国等国支持叙反对派武装和库尔德武装打击政府军,默许"伊斯兰国"(IS)乘乱坐大,一度占领伊拉克和叙利亚的"半壁江山"。2013年,奥巴马政府决心用武力推翻巴沙尔政府,国会授权政府对叙发起有限度军事行动,美国为此组成国际联盟。叙政府风雨飘摇,随即于2015年邀请俄罗斯军事介入叙危机,再加上伊朗助战,战场形势很快出现拐点,叙政府转入战略进攻,收复大片国土。以美国为首的国际联盟不甘失败,从2017年开始对叙进行"精确打击",但已无济于事,只得选择逐步退出。

最终美国会发现,作为其第二层次对手的伊朗和朝鲜,和第一层次对手

第二章 当代国际关系的演变

的中俄一样,都是硬茬,一个也按不下,美国必将陷入战略困境。

4. 综合安全取代单纯的军事安全,成为 21 世纪主流的安全概念。尽管在可预见的将来,军事安全仍是国家安全的第一要素,而且,在新军事变革时代,要确保军事安全越来越困难。但是,世界各国发现,只关注军事层面的安全远远不够,安全还涉及经济、政治、社会、文化、能源、资源、信息、环境、生态甚至卫生等多种因素,要维护国家安全,必须以综合国力为基础,以军事实力为后盾,依靠国际合作与国际制度,推进国家治理体系和全球治理体系的建设,获得综合保障。

当今世界需要建立适应时代要求的新安全观,探索维护和平与安全的新思维、新途径。中国提出了新安全观,核心是互信、互利、平等、合作。它"新"在超越冷战时期的零和思维,摒弃以对抗求安全的旧观念,寻求共同安全、合作安全。《联合国宪章》的宗旨准则、安理会的机制,是维护国际安全的政治基础;互利合作、共同发展,是维护国际安全的经济保障;平等对话、充分协商与和平谈判,是维护国际安全的正确途径。

5. 多种文明的复兴、并存、竞争与融合。21 世纪是走向多样文明和合共生的崭新时代。和平与发展、经济全球化与世界多极化以及全球治理体系的建设,都需要各大文明包容吸收,集精华之大成,以解除人类所面临的生存与发展的困惑与困顿。美国却反其道而行之,罢黜百家,独尊已经开始异化的美国文明。弗朗西斯·福山抛出的"历史终结论",奉西方文明为圭臬。塞缪尔·亨廷顿的"文明冲突论",更是描绘了与文明融合相反的世界惨烈景象:文明与文明集团的集结、对抗,沿着文明断层线的冲突以致文明大战。这些所谓"理论"是十分有害的。

6. 全球问题的激化与全球治理的滞后。生态环境持续恶化、资源日趋匮乏、武器不断扩散、地区冲突蔓延、恐怖主义泛起、跨国犯罪频繁、难民潮涌动等全球问题层出不穷,金融危机、气候变暖与全球公共卫生危机成为全球议程上最重要的问题,更具紧迫性、弥漫性和挑战性,关系人类生死存亡,而民族国家体制仍是国际社会的基本体制,狭隘的国家利益及其自私性,尤其是特朗普政府横加阻拦,使得全球治理体系的制度和能力建设经历着痛苦而漫长的进程,远远滞后于全球问题激化的现状。

总而言之,我们应当从多种视角来观察、分析世界格局转换时期的国际关系,分清本质与现象、主流与支流。在百年未有之大变局这一历史时刻,国际社会进入重大转型。和平与发展仍然是时代主题,同时国际形势日趋复杂,不稳定性不确定性明显增强。这是一次地缘政治的整合,更是一次战略重组。以西方霸权为基础的国际秩序,美国绝对掌控全球政治、经济、军事、话语支配权的时代,正在走向终结,赫然成为历史大趋势。现实主义是必需的,没有了现实主义,理想主义则不谙世故,对真实世界全然无知;理想主义是有魅力的,没有理想主义,现实主义则一片荒芜,毫无目标和前途可言。

二、处理国际关系应遵循的基本原则

(一)主权平等

国际关系体系总体上仍是一个处于无序状态的国际社会系统。但是,国际关系行为主体的行为及其相互关系又表现出一定的有序性,其重要原因在于它们因其客观存在的需要,产生了国际关系的法律规范和行为准则。

国际法基本原则是整个国际法的基础,是国际社会公认的、适用于国际关系的、具有法律性质的普遍原则,通常是国家经由政府间国际组织和国际会议来共同制定,采取条约、宪章或宣言等形式。现代国际法的基本原则,体现在《联合国宪章》、《关于各国依联合国宪章建立友好关系及合作之国际法原则之宣言》以及1954年中国、印度、缅甸共同倡导的和平共处五项原则等国际法文献之中。其中,主权平等原则是国际法基本原则中最主要、最核心的原则。

确认主权平等原则为国际法的核心原则,具有极其重大的意义。首先,主权平等原则作为核心和根本依据,引申出其他基本原则,其他基本原则是主权平等原则的具体体现,如果否定了主权平等原则,也就否定了其他基本原则。同样,作为主权平等原则具体实施的国际法各项规章制度,也是基于主权平等原则而存在的。

其次,主权平等原则规定国家可以平等行使各项基本权利,要求尊重国家基本权利的行使,如果否定了主权平等原则,就谈不上国家平等行使各项基本权利。

国际关系的实践告诉我们,国家主权平等原则作为国际法的根本原则、国家行为的根本依据与判别标准,正在而且必将继续在国际关系中发挥最重要、最有效的作用。

关于主权平等原则的要点有6个:各国在法律上一律平等;各国均享有主权的固有权力;各国均有义务尊重他国的国际人格;各国的领土完整及政治独立不受侵犯;各国均有权利选择其政治、社会、经济及文化制度;各国均有责任履行其国际义务,并与其他国家和平相处。

在当代国际关系中,侵害主权最烈的是全球霸权主义和地区霸权主义。

当代最明目张胆地侵犯主权国家的事件是伊拉克公然吞并科威特。1990年8月2日凌晨2时,人数少得可怜的科威特士兵正在梦中漫游,10万伊军兵分两路入侵科威特,先头部队身着科威特军服,坦克上涂着科军的标记,科边防军以为是友邻部队,未加以阻击,伊先头部队沿海滨公路长驱直入,一举攻下科威特城。当阳光初照的早晨,伊坦克部队包围科威特王宫时,市民还以为王宫增加了守卫部队,直到隆隆炮声震天动地,滚滚浓烟在王宫上空升起时,他们才明白过来。科威特全境不到9小时就被伊拉克占领,不久被宣布为伊拉克的第19个省。

两个超级大国在二战后打着各种幌子,对主权国家进行战争威胁、大举入侵或采取报复行动之多,不胜枚举。

20世纪70年代,苏联达到国势之巅,而美国因越南战争大伤元气,被迫采取收缩战略,从而使苏联在全球霸权争夺战中处于攻势。在此战略背景下,苏联加紧实施南下战略,力图以阿富汗为基地,打开陆上通道,直下印度洋,威慑中东产油区,迂回包抄欧洲,并与其太平洋战略呼应,最终实现其称霸全世界的战略目的。这是19世纪俄国沙皇彼得大帝的遗训。1979年9月,阿富汗总理阿明发动军事政变,推翻亲苏的塔拉基政府,并处死塔拉基。为确保南下大门万无一失,苏联于12月24日出动8万苏军大举入侵阿富汗,27日占领其首都喀布尔,当晚处决阿明全家。然而战局的发展出乎克里姆林宫决策者的意料,政治色彩不一的阿富汗各派穆斯林组织和部落武装暂时捐弃前嫌,联合抗敌,使苏军顾此失彼,疲于奔命,损兵折将,伤亡惨重。苏军增兵至13万人仍无济于事,伤亡与失踪人数却高达近5万。巨大的伤亡,加上师出无名,侵阿苏军士气极度低落,而每年30—40亿美元的巨额军费开支使苏联经济赤字累累,雪上加霜,国内反战呼声高涨,国际上陷于极端孤立,遭到世界舆论的强烈谴责,大国合力制止苏联在该地区的扩张势头。苏联陷入内外交困,长达8年的阿富汗战争对苏联而言无疑也是一场越南战争,最后不得不以撤军告终。这充分说明,苏联违反国际法最基本的原则,公然入侵一个主权的、不结盟的发展中国家,是注定要彻底失败的。这也是苏联这个庞大帝国在入侵阿富汗不久后就解体的重要原因之一。

20世纪60年代发生的越南战争,是二战后美国对主权国家发动的历时最长、投入最多、为害最烈的一场侵略战争。美国从特种战争,南打北炸,逐步升级到大规模的局部战争,最终仍然遭到彻底失败。美国在越战中所付出的代价,由表2-3可见。

表2-3 美国在越战中付出的代价

军费开支	投入兵力	阵亡	负伤	投掷炸弹	(在北越)被击落的飞机
1 389亿美元	54万	46 397人	306 653人	800万吨	3 442架

进入冷战后时期一个非常危险的倾向是,以美国为首的西方国家,借口"大规模侵犯人权"及"种族灭绝"等,祭起"人权高于主权"的法宝,动辄对中小国家动武。例如,美国和英国未经联合国安理会批准,擅自在伊拉克这一主权国家划定"禁飞区",并据此不断轰炸伊拉克,是粗暴践踏主权平等原则的行径。以美国为首的北约国家发动科索沃战争,对拥有主权的原南斯拉夫联盟共和国狂轰滥炸,更是严重违反国际法最基本准则的行动。2003年,美国无视联合国安理会的权威,擅自以莫须有的罪名发动对伊拉克战争,使美国严重践踏国家主权原则的行动达到了登峰造极的地步。

(二)互不侵犯

互不侵犯也是现代国际法一项公认的基本原则,就是在国际关系中任何国家不得以武力或武力威胁以及以任何借口侵犯他国的原则。

互不侵犯原则是20世纪形成的一项基本原则。从现代国际法的观点来看,国家主权和领土完整决不容许侵犯。侵犯他国在国际法上是非法行为。为了维护主权平等原则,必然要确认互不侵犯原则,在国际关系中世界

第二章　当代国际关系的演变

上所有国家都负有互不侵犯的神圣义务。

在当代国际关系中,霸权主义总是无视和践踏这一基本原则。二战结束以来,美国侵犯其他国家的领空、领海、领土难以计数,动辄出动三军炫耀武力,实行武力威吓政策,并屡屡使用武力,甚至多次对别国发动战争,从而成为当代破坏互不侵犯原则的主要国家。

在科索沃战争中,以美国为首的北约国家于1999年5月8日用5枚导弹袭击了中国驻原南斯拉夫联盟共和国大使馆。使馆主楼顶被炸了个大洞,大楼右侧整面外墙被炸飞,造成使馆馆舍的严重毁坏和重大人员伤亡。这一暴行是对中国主权的极其粗暴的侵犯,也是对《联合国宪章》、国际关系最基本准则和维也纳外交关系公约的肆意践踏。这在国际关系史上是罕见的。

中国大使馆是中国领土,是中国的化身,对中国大使馆的攻击行为,就是对中国本身的攻击行为,就是对中国主权及主权尊严的严重侵犯。根据国际法,使馆馆舍和使节是神圣不可侵犯的。在外交上也曾出现过各种各样违反这一准则的事件,但从未有过像北约组织这样的加害国(国家集团)直接用武力攻击使馆和使馆人员的恶劣先例。这必然引起中国人民的极大愤慨和强烈抗议。5月8日下午6时30分,美国副国务卿皮克林会见中国时任驻美大使李肇星,连道歉都没有,反而提出美国驻华大使馆的安全问题。李大使愤怒地驳斥:"我们死了那么多人,你还来跟我谈什么美国外交官的安全问题!"在就中国驻原南联盟使馆被炸事件表态时,皮克林开始用的词汇是"遗憾",而不是"道歉",李大使立即要他纠正,他才不得不说"道歉"。这充分反映了美国政府蛮横无理的立场和态度。

中国政府当即发表严正声明,对这一野蛮行径表示了极大愤慨,予以强烈谴责,并提出了最强烈抗议,要求以美国为首的北约对此承担全部责任,公开向中国政府、人民和中国受害者家属表示道歉,对事件进行全面、彻底的调查,公布调查的详细结果,并严惩肇事者。美国轰炸我驻南使馆构成美国的严重国际不法行为,美国政府必须为此承担国家责任。在中国政府的严正交涉下,美国及其他北约国家的领导人就轰炸事件已向中国政府、人民和受害者家属作出了公开道歉。中美两国政府于7月30日就美国轰炸中国驻原南联盟使馆所造成的中方人员伤亡的赔偿问题达成协议,美国赔偿450万美元;12月16日,就美国轰炸中国驻原南联盟使馆的赔偿问题达成协议。根据协议,美国政府将向中国政府支付2 800万美元,作为对美国轰炸中国驻原南联盟大使馆所造成的中方财产损失的赔偿。

(三) 互不干涉内政

互不干涉内政原则是现代国际法公认的基本原则,从历史上的不干涉原则到当代的互不干涉原则,是这一原则的重大发展。它是主权平等原则的引申,因为干涉别国内政,就是不尊重别国主权;要互相尊重主权,真正实行主权平等,就必须互不干涉内政。

互不干涉内政原则对当今建立公正、合理的国际秩序具有极其重要的现实意义。在多样性的世界上,各国不仅社会制度不同,价值观念和意识形态各异,而且历史传统、宗教信仰、文化背景也有很大差别,只有承认这些不同,相互尊重,才能扩大合作,发展交流,和睦相处。各国之间相互学习借鉴,取长补短,只能建立在各国独立自主的基础上才有可能。干涉他国内部事务,必然造成国与国之间关系的紧张和对立。各国的事务应该由各国人民自己来管。只有这样,国家才能不分大小、贫富和强弱,作为国际社会中平等的一员,在发展自身的同时,为世界和平与发展作出应有的贡献。在全球化不断深化的今天,国际社会对不干涉内政原则有所创新,即在安理会决议授权、尊重对象国主权并征得其政府同意的条件下,可以对该国内部事务进行有限度干预,但要防止被霸权国家所利用。

霸权主义国家总是破坏这一原则,经常利用各种借口,采用各种方式干涉别国内政。在中美关系的发展进程中,这种事例并不鲜见。1979年1月1日,中美建立外交关系,实现两国关系正常化。美国国会于3月通过了《与台湾关系法》。该法案严重干涉中国内政。在中美建交公报中,根据国际关系基本准则,美国承认台湾是由中华人民共和国为代表的中国的一个省,解决台湾问题是中国的内部事务。但是,《与台湾关系法》却把台湾当作一个政治"实体",力图使美台关系带有官方性质。该法案第四条规定:"凡当美国法律提及或涉及外国和其他民族、国家、政府或类似实体时,上述各词含意中应包括台湾,此类法律亦适用于台湾。"根据该法案的有关规定,美台之间在中美建交之前以国家名义签订的"一切条约和其他国际协定",除《共同防御条约》及其有关协定外继续有效,中美建交也不影响"台湾治理当局于1978年12月31日或以前所拥有或持有的、或在此以后获取或赚得的对各种有形或无形的财产和其他有价值的东西的所有权或其他权利或利益"。该法案还声称,美国要"保持抵御任何危及台湾人民的安全或社会、经济制度的诉诸武力的行为或其他强制形式的能力","总统和国会应依照宪法程序决定应付任何这类危险的适当行动"。为此,"美国将向台湾提供使其能保持足够自卫能力所需数量的防御物资和防御服务"。美国企图以《与台湾关系法》变相复活已经终止的美台《共同防御条约》。美国实际上把台湾视为政治"实体",并对其安全"负起责任",这是对中国内政十分露骨的干涉。"台湾牌"、"香港牌"、"新疆牌"、"西藏牌"已经成为美国在战略上和中美关系上的一个重要筹码。美国利用本国法律干涉其他国家的内政是其一贯的恶劣做法。

更有甚者,美国蛮横地干涉小国政坛,或强行换马,或捉拿反美的当权者。1979年3月,加勒比海岛国格林纳达发生政变,亲美政权被推翻。1983年10月19日,更激进的"左派"接管政权,成立革命军事委员会,美国视之为心腹之患。10月25日,美国以"保护侨民"为借口,打着东加勒比国家组织的旗号,出动10余艘军舰以及陆军、海军、海军陆战队1900人,一举占领这个面积仅为344平方千米的小国,把被俘的苏联、民主德国、古巴等国顾问全部驱逐出境,扶植亲美领导人上台执政。美洲国家组织、不结盟国家协调局等强烈谴责美国这种明目张胆地武装干涉国内政的行动。11月2日,联合国通过决议,要求美军撤出格林纳达。美军最终于1985年6月全部撤离该国。

1989年5月举行的巴拿马大选对美国支持的反对党有利,但军事强人诺列加领导的军政当局宣布大选无效,并组成临时政府。美国对诺列加大为不满,担心自己在巴拿马运河区的特权受到威胁,因此借口捉拿毒贩诺列加、维护巴拿马民主进程,于1989年12月20日凌晨对巴拿马发动代号为"正义事业行动"的入侵。美国利用在巴拿马运河区驻军的有利条件,出动以美国第18空降师为主力的3万人,兵分5路进行突袭,还出动了F-117隐形战斗轰炸机。美国迅速占领了首都巴拿马等重要地区,捣毁了巴拿马国防军总部,四处搜寻国防军司令诺列加,为此美军还肆无忌惮地闯进尼加拉瓜大使官邸,侮辱该国大使,致使尼加拉瓜总统当天宣布驱逐美国大使馆20名外交官。诺列加起初躲进梵蒂冈使馆避难,后被迫离开,美军将其逮捕后送往美国受审,被判有罪并在美国长期监禁。

（四）平等互利

大小国家一律平等,并在此基础上实现互利。主权国家无论大小、强弱、贫富及社会制度如何,在国际社会中是平等的。平等权历来是主权的主要表现之一,现在进一步向前发展,与互利结合起来,成为一项新的基本原则,这是国际法上平等原则的发展。国家间只有讲平等,才能谈得上互利;只有实现互利,才算真正的平等。平等互利原则的真实意义,就在于强调国家间的关系不仅应在形式上平等,而且更重要的应是在实质上平等。平等互利主要是主权平等原则在国家经济关系方面的体现。各国应在经济上相互取长补短,互通有无,平等合作,互利互惠,各种形式的贸易保护主义和不等价交换是不可取的。世界经济是一个互相联系、互相依存的整体,世界各国和各地区的经济起着相互促进、互为补充的作用。这对于冷战后以经济为核心的国际关系的健康发展,有着极其重要的意义。

国际贸易是促进全球经济增长的重要引擎,以世界贸易组织(WTO)为核心的多边贸易体制,是经济全球化和自由贸易的基石,也是全球经济治理的重要支柱,WTO成员贸易总额占全球98%。

当前,WTO面临前所未有的生存危机,现有贸易体制受到猛烈冲击,而改革又遭遇几乎难以逾越的障碍和阻力。

一方面,这一体制的规则都是按发达国家的需要和其国内规则制定的,存在诸多缺陷和弊端。以美国为代表的一些发达国家,一再违反自己倡导的自由贸易原则,筑起贸易或非贸易壁垒,征收高关税,发起反倾销,把非贸易因素强加给发展中国家,强行打开它们的市场,其核心是发达国家与发展中国家之间的极端不平等,利益分配极不合理。

另一方面,《马拉喀什建立世界贸易组织协定》确定的目标迟迟未能实现,多哈回合谈判启动已逾17年,但在农业、发展和规则等议题上进展缓慢,电子商务、投资便利化等新议题没有得到及时处理,在审议和监督方面,贸易政策透明度有待加强,WTO运行效率亟待提高。上述情况表明,WTO改革具有必要性和紧迫性。

形势更为危急的是WTO深陷瘫痪境地。尽管美国在贸易诉讼中90%获胜,但仍不满足,它要的是完全操控。美国不断地以所谓"独立性"、"越权"、侵犯美国主权、削弱美国应对贸易争端的"系统性问题"为由,拒绝由国际贸易"最高法院"之称的WTO上诉机构批准新法官,致使其到2019年12月1日因仅剩1名法官而陷入停摆,WTO最重要的一项职能被美国瘫痪,损害了WTO的权威性和有效性,破坏了以规则为基础、自由、开放的国际贸易秩序,特朗普还威胁要退出该组织,这一切导致WTO总干事提前离职。

在这种形势下,中国于2019年5月13日正式向WTO提交了《中国关于世界贸易组织改革的建议文件》。文件指出,在世界经济格局深刻调整,单边主义、保护主义抬头,经济全球化遭遇波折,多边贸易体制的权威性和有效性受到严重挑战的背景下,中国阐述了对WTO改革的基本原则和具体主张。

中国主张,改革应坚持三项基本原则:第一,维护非歧视、开放等多边贸易体制的核心价值观,为国际贸易创造稳定和可预见的竞争环境;第二,保障发展中成员的发展利益,纠正世贸组织规则中的"发展赤字",解决发展中成员在融入经济全球化方面的困难,帮助实现联合国2030年可持续发展目标;第三,遵循协商一致的决策机制,在相互尊重、平等对话、普遍参与的基础上,共同确定改革的具体议题、工作时间表和最终结果。

中国还提出了四大行动领域:一是解决危及世贸组织生存的关键和紧迫性问题,特别是打破上诉机构成员遴选僵局,严格对滥用国家安全例外措施的纪律,严格对不符合世贸组织规则的单边措施的纪律;二是增加世贸组织在全球经济治理中的相关性;三是提高世贸组织的运行效率;四是增强多边贸易体制的包容性。

(五)和平共处

尊重主权平等原则,就必须和平共处,承认各种社会制度国家的共同存在,相互尊重,彼此友好、和平地相处,以和平方式解决相互间的一切争端,这既是主权国家正常交往的需要,也是维护国际和平、促进世界发展的需要。

一切不尊重别国主权和领土完整、侵犯别国、干涉别国内政的行动都破坏了和平共处的国际关系基本准则。

(六)和平解决国际争端

和平解决国际争端也是国际法的基本准则。它是指国家间发生纠纷或争端时,争议各方均负有用和平方法予以解决的义务,不应诉诸武力和战争。

在当代国际关系中,美国常常在争端发生或挑起事端后使用武力。1975年5月12日,载有高科技设备的美国"马亚克斯"号船侵入柬埔寨威岛以东领海,被柬埔寨炮艇拦截,39名船员及船只被扣留。正当外交调停进行时,美国总统福特于5月14日下令发动军事进攻,柬埔寨空军基地和油库遭到轰炸,3艘炮艇被击沉,300名美国海军陆战队员强行登陆,救出被扣留的船员和船只。在此次军事行动中,3架美军直升机被击落,3名海军陆战队员丧生,多人受伤,10余人失踪。另一争端发生在美国与利比亚之间。1986年4月15日凌晨,美国以利比亚策划暴力恐怖事件为由,突然对利比亚采取军事报复行动,从英国境内美军基地起飞的18架F-111轰炸机和从地中海美国第六舰队航空母舰上起飞的15架A-6和A-7海军作战飞机,猛烈轰炸了利比亚首都的黎波里和第二大城市班加西,在短短的12分钟内投弹100多吨。利比亚领导人的住宅被炸,他的两个儿子及一些亲属被炸伤,年仅16个月的养女被炸死,一些居民区也遭到严重破坏,百余名居民伤亡。美机还轰炸了利比亚的军事指挥部、空军基地和导弹基地等。

中国与英国、葡萄牙圆满解决了香港、澳门的历史遗留问题,港澳回归中国,为国与国之间和平解决国际争端树立了典范。

(七)反对霸权主义

所谓霸权主义就是大国或强国凭借其经济、军事实力,使用暴力或非暴力手段,以强凌弱,肆意干涉别国内政,任意宰割别国,操纵国际关系,称王称霸,以达到控制、支配或统治其他国家和地区直至世界的目的。它是对外推行侵略扩张政策的别名。超级大国的出现,使霸权主义达到登峰造极的地步。从国际法的观点来看,霸权主义是对国家主权及其基本权利的严重践踏,是对国际法的国家主权原则和其他基本原则的严重破坏。霸权主义造成国际局势的紧张和动荡,是对世界和地区和平、各国安全与稳定的严重威胁,是建立国际政治、经济新秩序的主要障碍。

因此,反对霸权主义,是当代国际关系中一项重要任务,也是国际法的一项新的基本原则。

在当代,独立自主的洪流滚滚向前,世界各国大多已获得政治独立,绝大多数国家都反对霸权主义,以维护本国的主权和利益,国际关系民主化的潮流汹涌澎湃,冲破了超级大国控制世界的体制。在这种形势下,反对霸权主义被真正提上了国际关系的议事日程。

中国在20世纪60年代率先提出了反对霸权主义的原则,20世纪70年代初在和美国、日本等国发表的声明和公报中,确认了反对霸权主义原则是处理国家间关系的一个基本准则,用以调整有关国家之间的行为规范。到20世纪70年代中后期,中国和许多国家继续共同确认这一准则。1974年,第29届联合国大会通过了《各国经济权利和义务宪章》,也确认了"不谋求霸权及势力范围"的原则。特别是1979年第34届联大通过的《反对霸权主义决议》庄严宣布:"任何国家或国家集团不得在任何情况下或以任何理由在国家关系中推行霸权主义。"简言之,到20世纪70年代末,通过一系列重要国际文件和双边协议,确立了反对霸权主义原则作为国际法基本原则的地位。

思考题
1. 雅尔塔体系终结的标志是什么?
2. 试分析当今世界格局的发展趋势。
3. 处理国际关系应遵循哪些基本原则?

第三章 国际关系中的基本行为者:国家

国家是一个可见的实体。在当今世界近200个国家中,有美国、法国和中国这样的大国,也有圣马力诺、斐济和文莱这样的小国。长期以来,国际关系的主角一直被国家这种政治实体所占据着。即使是在全球化潮流迅猛发展的今天,国家依然没有失去其国际关系基本行为者的地位。政府间国际组织、跨国公司、非政府组织的影响确实在扩大,但那些关于主权国家将要衰亡的预言都没有兑现。国家与国家之间的关系依然是国际关系的核心,国家的政策依然限定着其他非国家行为者的活动空间和活动规则。

一、国家和国家主权

(一)民族国家的兴起

按照马克思主义的观点,国家是一个历史范畴,是人类社会出现了私有制之后的产物。用恩格斯的话来说:"国家是社会发展到一定阶段的产物;国家是社会陷入自身不可解决的自我矛盾的表现,是社会分裂为不可调和的对立面而又无力摆脱这种对立状况的表现。而为了使这些对立面,这些经济利益互相冲突的阶级,不致在无谓的斗争中把自己和社会消灭,就需要有一种表面上凌驾于社会之上的力量,这种力量应当缓和冲突,把冲突保持在'秩序'的范围内;这种从社会中产生但又自居于社会之上并且日益同社会相脱离的力量,就是国家。"

民族国家是国家在现当代的主要国家形式。从狭义上来理解,民族国家(nationstate)通常指那些由单一民族组成的国家,是民族与国家的重合。在实践中,民族国家也泛指那些具有共同历史、统一政治和同质文化的多民族组成的国家。

欧洲的民族国家最初产生于欧洲中世纪的晚期。欧洲最初的民族国家存在于君主制的形式中:王权是民族聚合的中心,民族的孕育和发展与君主制国家的成长与巩固互为促进。其结果,民族语言取代了部族言语、方言和外国言语而成为国语;民族教会摆脱了罗马教廷的控制而成为国教;国王不再听命于神圣罗马帝国,并在王国的范围内通过制服封建领主而最终确立至高无上的权力。比如,法国1539年的维莱尔-科特雷敕令就规定,各种司法文件必须使用法语而不是拉丁语,等于宣告了法语为国语。在1516年,法兰西斯一世和罗马教皇利奥十世签订条约,规定法国大主教、主教和神父都由国王任命,教会收入大部分归国王所有,从而使法国天主教会不再受罗马教廷的管辖,实际上从属于国王。在12—16世纪,法兰西王国以巴黎及其周围地区为中心,不断扩大王室领地,先后兼并了许多公国,并建立了中央集权的君主制国家。在16世纪,一个统一而不可分割的法兰西王国和法兰西民族在欧洲大陆形成。

资本主义生产方式在欧洲大陆的确立及其在海外的扩张,给民族国家注入了新的内容,并使它成为现代国家的普遍形式。资本主义生产方式从本质上要求拆除所有妨碍资本、商品和劳动力自由流动的藩篱,建立统一的国家市场。在政治上,新兴的民主主义政治思想促发了一场场资产阶级民主革命,在欧洲各国逐步建立起现代的君主立宪制或民主共和制国家。随着国内市场的统一,封建等级特权的淡化,不分种族的人们日益生活在一个统一的经济共同体中,并不断形成统一的语言和共同的经济生活和心理因素。摆脱了对领主和行会的依附关系的人民获得了民族国家的公民身份。在共同的政治经验、经济纽带和国家认同的作用下,同质的国民文化逐步形成。在民族走向成熟的同时,国家机器也日益发达起来。庞大的官僚机构和常备军在加强对内控制和对外征战的过程中建立起来。

民族和国家的结合,使新兴的欧洲民族国家得以焕发出巨大的政治、经济、军事和文化能量,使欧洲国家得以将自己的力量投射到全球的各个角落,在欧洲以外的地区大举进行殖民和征服,摧枯拉朽般地击败了一个个古老的文明古国。在欧洲民族国家成功范例的垂范下,20世纪社会主义革命和民族解放运动也都以建立民族国家为首要目的。

资本主义时代新型民族国家的兴起改变了旧有的国际关系体系。在这之前,前资本主义的传统国家是松散的和静止的。这是由当时的自给自足的自然经济所决定的。传统国家的松散性和静止性决定了传统国家间的关系也是隔绝的和静态的。国家之间不存在不可或缺的交往关系。战争是为了掠夺财富,为了获得贡纳,而不是为了争夺市场和原材料;商业活动主要是为了获得贵族享用的奢侈品,而不是生产活动的需要。国家间的关系往往是局部的、区域性的和偶然的,不存在现代意义上的国际关系。

与大工业相伴随的现代民族国家的出现构建起全球性的国际关系体系。大工业本身要求打破地理的、政治的和文化的阻隔,建立一个统一的世界市场。"正像它使乡村从属于城市一样,它使未开化或半开化的国家从属于文明的国家,使农民的民族从属于资产阶级的民族,使东方从属于西方。"民族国家这一政治形式又赋予早先的资本主义民族国家得以从政治上和军事上实现大工业的世界性扩张的内在要求。于是,在旧有的神权帝国、封建帝国和殖民帝国的废墟上,民族国家在世界的各个角落相继建立。它们成为现当代国际关系体系中最基本和最重要的国际行为者。它们在国内享有处理内部事务的最高权力,在国外根据主权平等的原则享有法律上的平等地位。它们为了实现各自的国际利益在全球范围内相互发生着经常的交往关系。它们制定国际法和规则,以调解各自的权利和义务,规范其他国际行为者的行为方式。总之,民族国家成为国际关系中的主角,它们之间的互动决定着国际关系的发展演变和各国人民在今天和未来的命运。

(二) 当今世界中的国家

1945 年,联合国刚刚创建之时只有 51 个会员国。今天,世界上几乎每一个国家都加入了联合国。联合国共有 193 个会员国。主权国家的大量涌现经历了两个浪潮。一是非殖民化浪潮。1945 年,地球上有 7.5 亿人生活在非自治领土上。今天,这个数字已减少到 130 万。在各殖民地国家人民不屈不挠的努力下,在主张正义的东方国家的支持下,1960 年,联合国大会通过《给予殖民地国家和人民独立宣言》。从那时以来,殖民地纷纷获得了独立,并作为主权国家加入联合国。在东西方冷战结束后,出现了第二波建立新独立国家的浪潮。苏联、原南斯拉夫和原捷克斯洛伐克等原多民族联邦制国家相继瓦解,分解出近 20 个新国家。

第三章 国际关系中的基本行为者:国家

林林总总的国家在领土面积、人口数量、经济发展和富裕水平、政治和军事实力等各方面相差悬殊。尽管如此,每一个国家都是当今世界上国家共同体的一员,都具备如下四个共同特征。

第一,定居的人民。各个国家的人口数量有多有少,比如中国的人口已14亿多,而某些微型国家的人口只有上千人。

第二,一定界限的领土。苏联的国土面积曾高达2 240万平方千米。即使15个苏联加盟共和国取得独立以后,今天的俄罗斯仍拥有1 707万平方千米,位居世界第一。而位于意大利首都罗马城西北角的教皇国梵蒂冈,其常住人口约800人,面积仅有0.44平方千米。在绝大多数情况下,每一个国家都拥有本国控制下的领土。不过,在个别的情形下,对领土的有效控制并不是国家存在的必要前提。中东的巴勒斯坦国在1988年宣布成立时,其所有的领土都处在以色列军队的占领之下,但这不妨碍世界上的许多国家(如中国)承认巴勒斯坦国为一个独立国家,并和它建立外交关系。

第三,一定形式的政府。至于政府的形式,根据各国国情的不同,可以多种多样。如议会民主制、君主立宪制、人民代表大会制、总统制等。

第四,主权。主权是一个国家独立自主地处理内外事务的最高权力。一个政治实体如没有主权,便不可能成为一个国家。在非殖民化运动展开之前,绝大多数的亚非拉国家都被迫沦为西方列强的殖民地或保护国,从而失去了自己的主权地位。在苏联,虽然许多加盟共和国都颁布了自己的宪法,并宣称自己是主权国家,其国民具有该加盟共和国的国籍,但是,鉴于这些加盟共和国并不具有独立地决定对内对外事务的最高权力,这些加盟共和国仍不被世界各国视为主权国家。即使乌克兰和白俄罗斯在联合国中拥有自己独立的席位,这也只是一种特殊历史背景下的政治安排,不表示这两个加盟共和国是真正的主权国家。

任何国家的活动都表现为两种基本职能:内部职能和外部职能。外部职能的主要任务是防御外来侵略,保卫国家安全。国家对社会生活干预的增多和国家职能的扩大或许是20世纪政治发展史上最重要的现象之一。当今的国家已不再满足于19世纪古典自由主义所推崇的默默无闻的"守夜人"角色,逐步发展成为无所不包、无所不管的庞大机器。

国家的内部职能和外部职能密切地联系在一起。两者之间存在着辩证统一的关系。内部职能在大多数情况下是主要的。这是因为,任何国家不首先推动国内的经济和社会发展,就没有必要的社会政治条件和物质力量来保卫国家或拓展国际空间。日本在明治维新后,就首先采取了"富国强兵"的政策。在国家经济发展、军事实力增强之后,从 19 世纪末开始,便走上了对外侵略扩张的道路。同时,对外职能的实现,如成功的外交或军事胜利,对国内政局的稳固和社会经济发展起重要的作用。恩格斯在分析俄国沙皇政府的对外政策时说:"为了在国内实行专制统治,沙皇政府在国外应该是绝对不可战胜的;它必须不断地赢得胜利,也应该善于用沙文主义的胜利狂想,用征服愈来愈多的地方来奖赏自己臣民的无条件的忠顺。"列宁在分析俄国对中国战争时也指出:"凡是只靠刺刀才能维持的征服,凡是不得不经常压制或遏止人民愤怒的征服,都早就懂得一个真理:人民的不满是无法消除的,必须设法把这种对政府的不满移到别人身上去。"在一定的历史条件下,外部职能还可能上升为主要职能。

(三) 国家主权

国家主权是民族国家最重要的特征和最根本的属性。所以,民族国家也称为主权国家。

主权的概念,最初是由法国 16 世纪的法学家和政治学家让·布丹提出的。在他的《国家六论》一书中,他把国家定义为"许多家庭和管理它们共同利益的、具有主权的合法政府"。主权被认为是国家的最高权力,不受外部的任何限制。君主被认为是国家主权的人格化身。在当代,主权被视为一国具有独立自主处理内外事务的最高权力。用美国政治学家阿诺德·沃尔弗斯的话来说:"主权是民族国家通过自己的政府,不受外来干涉地处理内政的权力,是它在外部事务中不受外来干涉地结盟或退出结盟,参战或保持中立以更好地维护自己利益的选择权。"

国家主权具有对内和对外双重属性。在对内方面,国家主权表现为国家拥有对本国疆界以内一切事务的最高统治权:自主制定或修改宪法和法律;自主决定国家的结构形式和政权形式;自主决定各项国家政策;建立军队和巩固国防;自主发行货币和铸币。

国家的对外主权是国家主权在国际关系中的体现。它表现为国家的独立权、平等权和自卫权。国家的独立权是一国按照自己的意志独立处理对外关系的权力,并且,这一权力的行使不受外部更高权力的干涉或支配。国家的独立权构成了当代国际关系中不干涉原则的法理基础。不过,独立权的行使也不是无边无际,不受任何约束的,它也必须在不破坏其他国家的权利和尊重国际法的前提下来加以行使。因此,苏联科学院法学研究所编的《国际法》一书曾写道:"在历史发展的现阶段,对国家主权可以作如下的定义:国家主权是国家在不破坏其他国家的权利及国际法原则和规范的情况下,有权自由地根据自己的考虑处理对内对外事务的这种独立性。"

国家的平等权是独立权的逻辑延伸。既然每个国家都是相互独立的,不受外来更高权力的约束,那么,它们相互之间必然应是平等的。虽然国家有大有小,有富有穷,有强有弱,然而,依据主权原则,它们之间必须互相尊重,平等相处。国家的平等权要求各国平等地协商解决共同关心的问题和相互之间的矛盾,而不能以大欺小,以强凌弱。为了保证各国的平等权,联合国设立了一系列机制,如联合国大会上每个会员国有同等的发言时间,每个国家都拥有一票,连座位都按照字母顺序来排列等。

国家的自卫权是国家保卫自己的生存和独立的基本权力,包括建立国防和实际的行使武力,以制止来自外国的侵犯,保卫国家的领土完整、人民的生命、财产和安全,以及国家的独立和尊严。国家的自卫权在帝国主义时代曾被作为对他国实行侵略政策的借口。为了防止他国未来可能发动的侵略,一国可以对他国实行预防性打击,消灭其未来发动军事进攻的战争能力和潜力,从而来保卫自己的安全。第一次世界大战的爆发,在一定程度上与这种滥用国家自卫权有着密切的关系。在中国发展原子武器的初期,美国和苏联为了扼杀中国的核计划,也曾密谋对中国的核基地进行外科手术式的预防性打击,只是最后未曾付诸实施。日本的宪法禁止日本以武力手段解决国际纠纷。然而,近来日本的一些政军要人不断声言,为了防止朝鲜发展和部署中远程导弹对日本安全构成的威胁,日本根据自卫权的原则有权对朝鲜的导弹基地实施预防性打击。为了制止对自卫权的滥用,国际社会作了大量的努力来限定自卫权的使用。

(四) 主权的衰落

主权观念于17世纪在欧洲确立之后经历了两个世纪的黄金时代。然而,第一次世界大战爆发后,国家主权的观念受到了来自多方面的重大挑战。

1. 永久和平与主权。第一次世界大战的爆发,在一些政治家和学者看来,是国家主权观念作祟的结果。主权国家在对外政策上不受任何外部限制的主张,是欧洲国家间战争频发的根源。而且,主权观念妨碍了各种建立国际和平体制的努力。法国思想家莱翁·狄骥认为:"如果主权从定义上看是永远由它自己决定的一种意志的权利,那么,这种意志便不可能为一种法律规则所限制,因为如果它是受限制的话,它就不能越出这种法律限制的范围……因此它就不再是一种主体意志。"这导致了一个令各种和平努力归于失败的两难困境:"或者国家是主权者,因而永远只为它自己的意志所决定,它不可能服从限制(它)的命令规则;或者是国家服从一种限制(它)的命令规则,因而它就不是主权者。"法国当时的另一位思想家雅克·马里坦也把"现代国家的绝对主权"视为建立持久和平的主要障碍之一。为了寻求永久和平,这些人想用消除主权的方式来消除国家间的战争。

2. 权力不平等与主权。国家主权要求各国相互平等对待。然而,在现实世界中,国家平等远未成为现实。在联合国大会这个主权国家的庄严圣堂里,主权国家的平等性确实得到了象征性的确认。每个国家都有平等的一票,每个国家都有同等的发言时间,每个国家的元首都得到同等的礼遇。然而,在这些表面的官样文章之外,国家间的平等依然是一个有待实现的理想。特别是对那些贫穷弱小的国家而言,取得了民族国家的主权地位,还不等于获得对本国内外事务的自主权。许多发展中国家虽然争得了政治独立,但走向经济独立和文化独立的道路仍然漫长。它们的出口依赖发达国家的市场,它们的财政依赖发达国家的援助,它们的发展依赖来自发达国家的投资。在单向度的依赖关系下,这些国家的经济以至政治受到外部力量的深刻影响和左右。一些人因此把那些极度依赖他国的国家干脆划入"半主权国家"的行列。权力的不均也使各国在国际事务的决定中具有不平等的影响力。联合国安全理事会五大常任理事国可以否决任何一项安理会的实质性决议,其他国家就没有这种特殊的权力。在国际货币基金组织,投票权是依据各国出资额的加权投票制。所以,头号出资大国美国可以左右绝大多数的贷款决定。在更新后的欧洲联盟,欧盟决策机构部长理事会的投票表决制同样不是根据一国一票的原则,而依各国人口的多寡分配不等的投票权。

3. 经济全球化与主权。20世纪70年代以来,经济全球化席卷发达资本主义国家,并日益波及发展中国家。经济的相互依存导致一国的经济和他国经济日益密切联动。其结果,一国对本国经济的控制能力出现了下降。

它的生产需要外国的原材料,它的产品需要外国市场,它的投资需要外国资本,它的产业结构升级需要外国技术,它的经济政策需要其他国家经济政策的配合。面对这样一种世界经济趋势,一些当代的学者认为,经济全球化将削弱国家主权,一国如坚持行使国家主权,其国民经济将因此受到损害。

4. 国际一体化与主权。国际一体化是高度相互依存的产物,它意味着国家利益的融合和主权的逐步转移。欧洲联盟是国际一体化的典型实例,它实行了经济和货币联盟,并朝着执行共同外交和安全政策、共同的司法和内政政策及共同社会政策的政治实体目标迈进。

5. 全球治理与主权。人类迈入21世纪时,全球公共问题大量涌现,日趋尖锐,出现了以全球金融危机、全球公共卫生危机、气候变暖和国际恐怖主义为代表的综合性全球危机。对全球公共问题进行全球治理必然超越主权权威、国家权力和领土界限,人类必须通过多元协调与合作共治,来解决人类社会整体面临的生存与可持续发展问题。

6. 人道主义和主权。进入20世纪90年代后,国家主权又进一步受到了正义原则和人道主义原则的挑战。以美国为首的西方国家提出"人权高于主权"的口号,借其他国家内部的人权问题和人道主义问题大肆干涉别国的内部事务。它们或者借助经济制裁,或者动用武力手段,试图把自己的人权标准和国际秩序强加于其他弱小国家,侵犯别国的主权,常常使当地的人道主义状况大大恶化。

国家主权确实因此衰落了吗?它应该寿终正寝了吗?对当今的西方强国而言,自身的国家主权当然不能失去,应该失去或加以削弱的是其他国家的主权,以便在一个主权国家组成的世界中更便利地达到一己私利。然而,广大的发展中国家仍然视主权为增进其国民福利和实现国家发展的根本保障。它们认为:国家主权不是战争的根本动因,是帝国主义和强权政治促发了近几个世纪的国际战争;争取国家平等是一场艰巨的长期任务,国家主权将促进发展中国家进一步争得在世界政治经济中的平等地位;经济全球化正在急剧改变着财富和生产力在全球的分配,在这个过程中,唯有国家主权才能维护发展中国家在全球经济竞争中的利益,消除经济全球化带来的不利影响;在强权国家以人道主义为名义大肆侵害别国主权的背景下,唯有坚持国家主权的原则,并在此基础上加强团结,广大的发展中国家才能保障自己的政治独立,维护领土完整。

世界各国必须认识到,在全球化进程中国家主权会受到越来越多的限制,即使最强大的国家也难以完全在单边主义状态下作出重大决策,采取重大行动,解决重大问题。所有国家都要在全球政治空间中调整自己的主权行为,全球化程度越高,限制的压力就越大。唯一出路是在国家与体系、国家与国家的互动中,进行互利的变换,维持和增加合作关系,在主权的实践中,以自主适应的姿态,对主权权力进行自主限制或自主让渡,但它必须具有互动性、非单向性和独立自主性,其终极目标是国家利益最大化。

二、国家利益

美国著名的国际政治学者汉斯·摩根索认为:"只要世界在政治上还是由国家所构成的,那么国际政治中实际上最后的语言就只能是国家利益。"国家利益设定了一国对外政策的基本目标,决定了一国国际行为的行为规律,因而是国际关系研究的一个分析出发点。

(一) 国家利益的概念

"国家利益"(national interest)的概念是在民族国家形成的过程中出现的。不过,在对外关系中保护本国利益的思想则历史悠久,并影响了从希腊城邦国家、罗马帝国到欧洲中世纪的封建公国的对外政策。问题是,这一时期的国家利益等同于王朝利益。王朝利益的主要内容是疆域的扩张、王室的延续、威望的宣扬。国家利益基本上成为国王意志的代名词。它屈从于国王和少数人的私人利益,而不是服务于大多数国民的公共利益。随着现代国家的兴起,"民治、民有、民享"之类的民主主义思想的盛行,在此背景下,现代国家利益的概念也就应运而生,并成为各国国际行为的基本指南。

关于国家利益的本质,一直存在着客观论和主观论之间的争论。认为国家利益是客观存在的学者认为,只要国家存在着,就必然存在着人们可以看得见的国家利益。国家作为一个行为系统,它的存在和正常运作仰赖相关需要的满足。国家有多少需要,就有多少国家利益。主观论者则认为,国家利益其实是一个虚构的存在,是政治家创造出来为他们的政策和行为进行辩护的托词。在这场争论中,较为折中的观点认为,国家利益包括客观和主观两种成分。国家作为客观的存在,它的生存发展确实会提出一些客观的利益需求;同时,以国家利益面目出现的东西又不一定全部是真正的全民利益,有些所谓的国家利益其实不过是权势集团主观图解出来的产物,是伪装成国家利益的私人利益或集团利益。

　　国家利益的阶级性和全民性是这一争论的另一种表现形式。从逻辑上说,国家利益是国家所维护的社会各阶层所共享的普遍利益,或全民利益。这些利益代表了所有国民的共同利益,具有最大的普遍性、最广泛的代表性和最高的综合性。因此,从逻辑上说,国家利益优先于单个个人的私人利益、个别集团或阶级的特殊利益,也就是说,"当任何其他的个人利益或集体利益与国家利益相抵触时,都应该无条件地服从国家利益"。然而,国家利益需要通过国家的政策和行为来表达。国家这个中介的存在,往往使国家利益本来具有的全民性和普遍性发生扭曲,而显示出国家作为阶级统治的工具的性质。在资本主义国家中,国家往往成为统治阶级实现自己特殊利益的工具。通过掌握国家机器和控制国家的法律和政策,统治阶级得以将自己的特殊利益说成普遍利益,把私人利益变为公共利益,把阶级利益当作国家利益。通过控制国家机器,统治阶级进而可以以国家的名义,动用国家的权力来实现自己的特殊利益,并阻止和一己私利相违背的全民利益或其他特殊利益的实现。

　　当然,在充分认识到国家利益的这一阶级性或非全民性的同时,也不能否认,在资本主义国家中,统治阶级在一定条件下也会追求某些全民利益。国家利益常常会是统治阶级的利益,但也不完全等于统治阶级的利益。首先,当出现外部强敌入侵时,为了维护国家独立、民族生存、领土完整和人民生命财产的安全,统治阶级会动员全体人民保卫自己的国家,如波兰人民面对纳粹德国的入侵而进行的全民抵抗,如美国在日本偷袭珍珠港之后全民动员反击日德法西斯的战争。其次,统治阶级为了维护自己的政治统治,也必须承担某些必要的社会职能,比如发展经济,提高人民的生活水平,从而使其政策客观上也代表全民的利益。此外,被统治阶级的政治压力也会迫使统治阶级作出各种让步,在其政策中反映普通大众的利益。在社会主义国家,国家利益的阶级性和全民性是一致的。

　　鉴于国家利益是一国对外政策和行为的指引,观察分析一国的国家利益,不仅要分析一国客观的和全民的利益,也不能忽略一国主观杜撰的、以国家利益的面目出现的统治阶级的利益。只有这样,我们才能对指引特定国家对外政策和行为的国家利益有一个充分准确的把握。

国家利益的特殊性与普遍性,在国际范围也有其表达。国家的个性决定了世界各国千差万别的国家利益的特殊性,即单个国家的特殊利益,但也存在着多个国家甚至所有国家的共同利益,即普遍利益。值得关注的是,当代历史条件的嬗变,国际体系的转型,都极大地有利于国家共同利益的扩展。

(二)国家利益的内容

美国学者西奥多·哥伦比斯和杰姆斯·沃尔夫曾困惑地写道:"国际关系界的学者和实践家几乎一致赞同国家活动最基本的根据是国家利益。然而,当问及国家利益的概念或实质时,分歧便产生了:我们如何为'国家利益'一词确定一个普遍接受的,或者是标准的定义呢?特定的国家和人民,在特定的场合,针对特定的问题,其具体的国家利益是什么呢?"

国家利益中最重要的成分是国家的生存:国家的生存是国家的基本利益,因而也是国家最重要的利益。国家的生存是国家的基础,没有国家的生存,国家的其他利益就无从谈起。任何一国都是由主权、领土、国民和政府这四个基本要素构成的。一个国家如果缺少了这四个要素中的任何一个就不成其为国家。因此,主权独立、领土完整、国民生存是国家生存利益的基本内容。在一个由国家组成的国际社会中,弱肉强食一直是国际关系中强权国家的行为准则。国家的数量不断增减,国家的疆界经常变动,国家被征服、国土被吞并、国民被杀戮的事例在历史上数不胜数。即使在当今向着全球相互依存前进的时代里,国家的生存仍然面临着许多危险,需要每一个国家未雨绸缪,加强国防能力,以预防不测,提高本国的生存系数。

国家的制度:国家的政治、经济和社会制度,是一国的国民赖以组织起来追求公共目标的前提。一套行之有效的制度将能够保障一国国民在实现私人利益的同时促进共同利益的实现。因此,维护本国的政治、经济和社会制度,是一国国家利益的重要组成部分。在近代历史上,共和制和君主制、民主制和独裁制、社会主义和资本主义这类的制度竞争和冲突绵延不绝,并经常表现出你死我活的极端性质。在冷战之后,美苏制度冲突虽然告一段落,但是,以美国为主的西方国家继续在全世界对实行非西方式制度的国家施加压力,试图以西方制度一统天下。因此,对于广大的发展中国家来说,维护本国各项制度的稳定,特别是维护各国自由选择适合自己的制度的权力,仍然是一项艰巨和利害攸关的重大任务。

国家的发展:国家存在的一个重要目的是让国民能够安居乐业,不断提高本国人民的经济福利,促进人民的自由发展,并使国家在国际社会中占据一个庄严的位置。因此,国家的发展利益要求促进国家的经济繁荣,发展本国的科学技术和文化艺术事业,增进国民的经济和社会福利,提供良好的国民教育,健全法制,提高本国的国际地位,并为世界的和平、繁荣和正义作出贡献。在一个经济高度相互依存的世界中,国家的发展更依赖与世界其他国家的交往,包括人员的交往、商品的交换、资本的进出和信息的交流。在一个互为一体的世界经济中,如何保证一国在对外交往中实现国家的发展是每个国家面临的一个全新课题。

国家的特性:保存国家的核心价值同样是一国的重要利益。从国家是国民的生活共同体的意义上说,国家的存在需要国民之间存在着高度的认识上和价值上的认同。这些核心价值不仅渗透于本国的各项制度,而且它们帮助国民解答了"我是谁?"这样根本性的认同问题。没有这种相互认同,国家的存在就失去了精神上的纽带,国家的分崩离析也就成了现实的危险。因此,国家需要维护本国长期以来形成的、具有自身特性的意识形态、历史传统、民族精神、宗教信仰、道德风尚和生活方式等,以强化本国国民的凝聚力,防止外部异质的价值体系对本国特性的侵蚀。所以,重视信仰的伊斯兰国家不喜欢美国的商业文化和物质主义,认为是对伊斯兰的宗教和道德价值的威胁。更重视集体主义的东亚国家则反对美国式的极端个人主义。

(三)国家利益的排序

主要利益和次要利益。国家利益是指引国家对外政策的指南。然而,国家利益包括多个方面。这些利益并不同等重要。要追求一项有效的对外政策,国家必须确定国家利益的优先次序,首先追求国家的主要利益,而后去追求其他的次要利益。优先次序的确定,要依据三个方面的判断。首先,要分析利益的不同本质。那些基础性和根本性的利益必定是国家的主要利益。这些利益的实现与否是国家其他利益得以实现的前提。在一个强调自主的国际环境中,外部威胁不时出现,国家的生存利益因而通常属于国家的主要利益。其次,要分析外部国际环境的特征。在外部安全威胁弱化的和平环境中,一国的发展利益就会上升为国家的主要利益。在20世纪70年代末,邓小平正确判断了当时的国际形势,认定在一段较长的时期内不可能爆发世界大战,从而作出了把国家的工作重心转移到经济建设上来的英明决断,使中国取得突飞猛进的经济发展。最后,决定利益的优先次序,也要依据国家所拥有的权力和资源的多少。一个实力强大的国家可以同时追求多项主要利益,而实力捉襟见肘的国家往往需要集中全部的力量来保障其最核心的主要利益。当今的美国,倚仗自己独一无二的超级大国地位,正在全世界同时追求安全保障、经济优势和扩展所谓西方式"民主人权"这三大目标。而伊拉克和阿富汗则集中精力于国家的重建。

当下利益和未来利益。国家的利益也会随着国内政治经济的演变和国际环境的变化而发生嬗变。一些利益是当下的,必须在眼前加以实现。一些利益在当下还是潜在的,未被认知的,只是到了未来某个时候才会凸显出来。比如,在20世纪80年代以前,工业化国家大量采用氟利昂之类的氯氟烃(CFC)物质来作为制冷剂和发泡剂。在当时,这类物质的生产工艺简单,且成本较低。采用CFC物质有利于经济发展。到了80年代,科学研究日益证明,排入大气的CFC物质正在破坏大气中的臭氧层,造成进入地球表面的紫外线辐射大大加强,破坏了地球的生态系统,并强化了地球的"温室效应"。因此,各国开始谈判,通过缔结国际条约来约束各国的CFC物质的生产,直至最终全面停止其生产、销售和使用。

短期利益和长期利益。如果从时间跨度上来分析,通常一国的长期利益要高于其短期利益。在1979年伊朗扣押美国人质期间,一些鹰派人物主张美国应干掉伊朗的精神领袖霍梅尼。霍梅尼领导的伊斯兰革命推翻了亲美的巴列维王朝,使美国失去了在中东的一个战略据点;占领美国驻德黑兰大使馆和扣押美国人质更使美国在全世界威信扫地。显然,杀掉霍梅尼完全符合美国的短期利益。但是,在逞强以图一时之快以后,美国的行动会带来什么深远的影响呢?伊朗肯定会陷入混乱,并出现事态演变的多个可能性。第一种可能是霍梅尼领导的伊斯兰激进派仍然掌权,但将对美国持更加敌视的态度;第二种可能是伊斯兰激进派下台,力量强大但一直被压制的伊朗共产党接管政权,从而在伊朗出现一个亲苏联的政权;第三种可能是苏联乘伊朗内乱之际出兵占领伊朗生产石油的北部;第四种可能是巴列维王朝重掌政权。在上述四种可能的前景中,仅有第四种可能较为符合美国的长远利益。而可能性更大的前三种前景则极其不利于美国的长远利益。因此,从美国的长远利益出发,美国与其干掉霍梅尼,还不如让他继续在伊朗执政,至少,霍梅尼的政权在反美之余也同样反对苏联。

对国家利益的正确认识关系到一国能否制定正确的国家战略和对外政策。要做到这一点,一国应遵循以下行动次序:首先追求本国的主要利益,而后追求本国的次要利益;首先追求本国的当下利益,而后追求本国的未来利益;首先追求本国的长期利益,而后追求本国的短期利益。不如此,在本末倒置的国家利益观的指导下,一国的国家利益注定会在国际交往中蒙受损失,最严重时,会葬送整个国家。

(四)国家利益的碰撞

首先,每一个国家都拥有国家利益。其次,每个国家的国家利益都包括保障国家的生存、维护国家的制度、促进国家的发展和保卫国家的特性这四个层面。最后,每个国家的对外政策和行为都以各自的国家利益为出发点和归宿。从上述三个意义上说,国家利益是普遍的。

更重要的是,每个国家的国家利益又具有各自的特殊性。两个国家的国家利益完全相同的情况,在历史上极其罕见。美国和加拿大共享几千千米的漫长边界,经济相互依存度高,语言、文化和种族相当接近。即便如此,两国的国家利益仍存在不小的差别。加拿大抵制来自美国的经济入侵和文化入侵,通过设立外国投资审批机构来阻止美国公司对加拿大经济的控制,通过限制进口美国的视听产品和推广双语制来维护和强化加拿大的国家特性。在国际事务中,加拿大的一些政策也与美国背道而驰。比如,加拿大不顾美国的经济制裁威胁,积极发展和古巴的政治经济关系。具体而言,国家间利益的差异主要体现如下。

1. 国家间的相似利益。不同国家的利益在两种情况下会是和谐的。一是两国的利益相同或相似。安全需要、制度和文化以及发展需要方面的相同和相似都可能带来国家间相同或相似的国家利益。比如,冷战时期的西欧和北美在抵制苏联影响扩大方面具有类似的利益,为此,欧美国家在

1949年结成了军事同盟,成立了北大西洋公约组织,简称北约。英国和美国都希望扩大英语在国际事务中的作用,同时,法国和许多说法语的非洲国家则要维护法语在世界上的地位。俄罗斯和中国都希望使两国漫长的边界成为和平友好的纽带。

  2. 国家间的互补利益。不同国家的利益出现和谐的另一种情况是两国利益互补。两国的利益不必相同或相似,只要这些利益相互补充,两国的合作就有了基础。中国和俄罗斯在20世纪90年代关系的加强,除了一些共同的利益之外,互补利益也在发生作用。俄罗斯在欧洲遭遇北约东扩的压力,中国则在东亚面临美日安全联盟更新强化和美国不断提升台湾军力的压力。俄罗斯需要稳定其东部边界,以免两面受敌。中国同样需要拓展睦邻友好关系,并寻求先进武器的供应来源。这些利益相互补充,可以通过提升双边合作的层次来加以增进。在中国和美国的经贸关系中,两国也一度存在较大的互补利益。美国向中国出口高科技产品,中国向美国出口低附加值的劳动密集型产品。

  3. 国家间的平行利益。不同的国家之间还存在着平行的利益。这些利益既不和谐,也不相互冲突。它们并行不悖,互不相干。比如,中国在发展和蒙古的关系上具有利益,而波兰在发展和北欧国家的关系上具有利益。两国在这些方面的利益关系可以说是平行的。平行的国家利益不产生矛盾,它可以成为两国间相安无事与和平共处的基础。平行的国际利益在当今世界上无所不在,无时不在。但是,由于它不引起国际关系的激烈变动,这些利益通常是不被注意的。

  4. 国家间的冲突利益。国际关系最引人注目的是国家间的冲突利益。利益冲突导致政策冲突,引发国际关系中的紧张局势。如果这些紧张局势得不到有效控制,国家间的对抗就不可避免,战争接踵而来,人民因而遭涂炭。安全利益的冲突、制度利益的冲突、发展利益的冲突和文化利益的冲突,都可能引发国家间的利益冲突。冷战时期,美国和苏联之间的利益冲突是全方位的冲突,内容涵盖利益的各个方面。因此,美苏冲突在大多数情况下表现出你死我活的特征。即使是在有着诸多相似利益的美国和西欧之间也存在着某些冲突利益。在美欧共同参与的对原南联盟的空中打击行动中,盟国之间的利益矛盾也不时显露出来。美国坚持通过空中打击直至原南联盟投降为止,意大利呼吁给予政治解决更多的机会,法国要求对轰炸目标的扩大进行限制,英国鼓动发动地面进攻。

三、国家权力

（一）什么是国家权力

国家权力(power)是一国控制或影响国际环境和他国意志与行为的能力,是一国实现本国国家利益的手段。在国际关系中,国家权力的分布也是决定国际格局形态的一个决定要素。在西方学者眼中,权力是强国支配弱国的能力,追逐权力是国家利益的重要组成部分。汉斯·摩根索指出:"国际政治像一切政治一样,是追逐权力的斗争。无论国际政治的终极目标是什么,权力总是它的直接目标。"社会主义国家也重视权力,但反对在国际关系中以强凌弱,坚持权力仅仅是实现国家利益的手段,而不是国家利益本身。

权力不等于实力。实力是客观的存在物,如军事实力、经济实力和科技实力。它们可以被储藏积累,也可以被现实地使用。权力的概念则要广泛得多。所有那些能帮助一国影响他国意志的要素都是权力的组成部分。因此,它既包括物质的、相对稳定的实力要素,也包括许多抽象的、较不稳定的权力要素,如政府质量、国家士气和外交能力等。正是由于这些抽象的和较不稳定的权力要素的介入,权力具有主观的一面,是权力作用的对象国所感知的权力。因此,权力的大小并不完全和实力的规模等同,既可能大于实力,也可能小于实力。

权力的运用既包括强制,也包括利诱说服之类的非强制性影响力。当本国实现国家利益的努力遇到来自他国的抵制时,权力,无论是强制力还是影响力,都试图排除他国的抵制而实现本国的利益目标。一般而言,强制力的运用通常代价较高,如经济制裁也会损害本国的贸易利益,战争会导致本国军人的伤亡,国家通常首先会运用非强制性的影响力来实现自己的目标。当影响力不能达到改变他国行为的目的时,一些强国会转而运用其强制力。

权力使用的目的是为了实现国家利益和对外政策目标。它本质上是一种手段、一种工具。但在现实的国际关系中,强权国家往往把权力当作目的来追求,出现了为追逐权力而追逐权力的现象。在这点上,权力和金钱有着惊人的相似之处。卡尔·多伊奇曾说过："如同金钱是经济生活中的货币，权力是政治生活中的货币"。两者都是一种资产，可以用来获得你想要的东西。但是，对那些守财奴来说，金钱不再是获得人生幸福的手段，他们把获得金钱作为人生的目的，而放弃了友谊、爱情和其他生活乐趣。如此，金钱变成了一种负担，而不是改善生活的手段。

为权力而权力同样会带来恶果。首先，它会加剧"安全的困境"，引发"不安全的恶性循环"。甲国如果为了权力而增强权力，会使其他国家感到受到威胁，并促使它们增强自己的权力以抵消甲国的权力优势。其他国家增强权力的行为反过来又会促使甲国感到受到威胁，并使甲国去获得更多的权力。如此循环往复，导致有关国家愈来愈失去安全感。其次，为权力而获取权力的代价高昂。美国海军福特级核动力航空母舰造价105亿美元，即使像美国这样的经济大国也不可能不加节制地大量建造，更不用说较小较穷的国家了。所谓穷兵黩武便是穷国把权力当作目的的最好写照。最后，为了权力而获得权力也会引诱一国去随意地使用这一权力。当一国的权力增强之后，为了证明这种权力的加强是合理有效的，为了证明有必要进一步增强权力，这类国家经常更轻率地、不分青红皂白地使用权力，特别是那些强制性权力，从而引发国际紧张局势以至战争。在冷战结束之后，美国认为自己是唯一的世界超级大国，军事力量无可匹敌。因此，在解决国际纠纷时，动辄使用制裁或武力干涉。在伊拉克上空设置禁飞区，用导弹袭击苏丹的制药厂，对原南联盟实施空中打击，不一而足。

（二）有形权力

一国权力可分为两大类：有形权力，或称物质权力、硬权力（hard power，也译为"硬实力"）；无形权力，或称精神权力、软权力（soft power，也译为"软实力"）。"软权力"最早由美国著名学者约瑟夫·奈提出，是指一种"影响别人选择的能力，如有吸引力的文化、意识形态和制度"。一国的有形权力由各种实实在在的实力要素构成。

地理环境是构成国家权力的一个长期不变的要素。它包括一国的地理位置、领土面积、气候、地貌等自然条件。地理位置对一国的权力有很大的影响。英国的岛国特性，使它在过去的几百年中避免了来自他国的入侵。位于欧洲西南角的西班牙，因为远离20世纪欧洲大国角逐的是非之地，得以在两次世界大战中偏安于一方。而波兰夹在德国和俄罗斯之间,经常成为列强分赃的牺牲品。一国的领土面积也极其重要。苏联2 240万平方千米的广阔国土可以让任何外来侵略者葬身于此。一旦遭遇入侵,国土广阔的国家可以将军队撤入内地,等待时机进行反攻。在10多年的日本侵华战争中,日本始终未能占领中国的全境,只是控制了中国的东部省份。从内地和敌后所进行的抗战坚持到了日本的最后投降。另外,国土广阔也意味着该国的资源丰富,有着增强其权力的不竭资源。一国的气候条件也具有类似的意义。越南地处热带和亚热带。炎热潮湿的气候妨碍了军队的调动,不利于尖端武器正常发挥效能。为此,美国的军队在越南战争中吃尽了苦头。俄罗斯漫长而严酷的冬天让进攻莫斯科的拿破仑军队全军覆没。100多年后,德国军队又在冬季发动的莫斯科反击战中被击败,从而全线溃败。正是因为俄罗斯的冬天对侵略者所起的强大的威慑作用,沙皇尼古拉一世曾洋洋自得地说:"俄罗斯有两个值得信赖的将军,即一月将军和二月将军。"此外,一国的地貌也需要加以重视。瑞士虽然地处欧洲的中心,但是,因为有阿尔卑斯山脉的阻隔,瑞士得以免遭两次世界大战的波及,中立地位未遭破坏。

有形权力的另一个要素是人口。一国的人口众多,意味着该国可以建立庞大的军队,为大工业提供充足的劳动力来源,为产品创造广大的市场。所以,一般而言,一国的人口越多,一国成为大国的可能性就越大。那些人口只有几千或几万的袖珍小国,无论它们的经济如何发达,它们都不可能有成为大国的希望。当然,一国的人口也不是越多越好。一国的人口规模还需要和它的资源规模相称。如果人口太多,一国就需要把大量的精力放在满足人民的温饱上,便没有额外的资源和精力来影响国际事务。目前,制约中国在国际事务中发挥更大影响力的一个因素便是人口规模过大。一国人口的素质也影响国家权力的大小。人口素质包括人口的身体素质、心理素质和科技文化素质。人口素质高的国家,其国家权力也大。反之亦然。

随着工业和科技的发展,自然资源对一国权力的重要性不断上升。其中,粮食、原料和能源最为重要。自然资源对一国权力的影响表现在几个方面:(1)一国在自然资源方面越是自给自足,其权力越大;(2)一国在自然资源方面越是不能自给自足,越依赖外国的供应,其权力越小;(3)一国对他国供应的自然资源越多,它对资源进口国的影响就越大;(4)一国自然资源的储备越能够满足其未来长期的需要,它的权力也越大。苏联在自然资源方面处于全面优势,使其在冷战期间得以发展成一个令人生畏的超级大国。即使在苏联瓦解后,俄罗斯在这方面的优势仍然存在。与此相对应,日本所消耗的绝大多数工业原材料和石油依赖从国外进口。这注定了日本经济和安全的脆弱性。如果来自外部的原材料和能源供应被切断,如供应国对日实行禁运,或假设在冷战期间被苏联海军切断海上交通线,日本的经济和安全就会轻易地陷入绝境。此外,从日本依靠美国海军保卫其海上交通线的事实可以预见,日本在可见的未来将不可能去挑战美国的领导地位。

经济实力是一国权力的主要指标。它通常以一国的国民生产总值的规模来衡量。一国的国民生产总值越大,表明一国拥有的财富越多,经济越发达,在国际上的作用和影响力也越大。一国的经济实力越大,一国就越有能力生产出数量足够和质量先进的武器来装备本国的军队,越能够利用本国市场的对外开放、资本输出、援助等经济好处来影响他国的政策,越能够通过实行经济制裁等强制性的经济手段来迫使别国服从自己的意志。摩根索就认为,"处于领先地位的工业国家实质上就是大国,并且工业等级上的变化,无论是向上变化还是向下变化,都必然伴随着或导致权力等级上的相应变化"。

军事实力是一国强制权力的主要来源。自17世纪初的三十年战争以来,全世界的军费开支持续增长。冷战结束后,军费开支规模有所下降。1993年,全世界花费约8 690亿美元用于国防,比高峰时期的1987年12 600亿美元下降了许多。但即使如此,根据国外的一项统计,1993年全世界的军费开支仍比三十年战争时翻了315番,2018年全球军费又快速增至18 220亿美元,军费增长速度不仅超过了全世界人口的增长速度,也超过了过去3个多世纪以来的价格增长和经济增长速度。军费开支的国际分布也极其不平衡。美国一国的军费开支占全世界军费开支的一半。军费开支的规模反映了一国军事力量的质量水平和数量水平。在现实主义学者看来,在所有的权力要素中,军事实力最为重要,因为,"在全部历史中,国家命运的决定性要素通常是战斗力的数量、效率和部署",军事实力所代表的强制力比经济实力所代表的说服力更加重要。在科索沃战争之后,国际社会中出现了偏向使用武力的新趋势。

(三) 无形权力

有形权力要得到有效发挥,还需要无形权力的配合。一国如果只有强大的有形权力,却没有相对应的无形权力,其整体权力的发挥将受到限制。无形权力的构成要素包括政府质量、士气、社会凝聚力、外交质量、意识形态和文化的吸引力。政府质量决定一国动员、规划和使用有形权力的能力。一国的政府如果内部混乱,腐败严重,行政缺乏效率,领导人没有明确的战略目标和决断力,这个国家即使有强大的实力,它也不可能在国际上发挥显著的影响。在战后初期的法兰西第四共和国,由于政府像走马灯般不停地更迭,法国不能形成一个稳定的政府和强有力的政治领导人,并陷入内外交困的境地。1958年,戴高乐将军上台,颁布了新的宪法,建立了法兰西第五共和国,将内政外交的主要权力授予总统,从而使法国的政府质量得到了极大的提高。戴高乐以重振"法兰西的伟大"为己任,结束了法国在阿尔及利亚的殖民战争,成功研制了原子弹,在欧洲一体化的进程中确立了法国的领导地位,并退出北约的军事一体化组织,和中国建交,与苏联搞缓和,使法国在他执政的11年中成为名副其实的欧洲和世界大国。

一国的士气包括军队的士气和国民的士气两个方面。军队的士气如果高昂,军事装备的效能就能得到全面发挥。军队的士气如果低落,即使有最先进的武器装备,这支军队在遭遇弱敌时也同样要打败仗。美军在越南战争中失败的一个重要原因是美军的士气低落。炎热潮湿的气候令美军士兵水土不服,不断被揭露出来的美军滥杀无辜平民的事件遭到全世界的道德谴责,美国国内如火如荼的反战运动更削弱了美军士兵的作战意志。而越南军人则士气高昂,他们所从事的战斗是为了解放本国国土和驱逐外国侵略者的神圣使命,这足以让他们赴汤蹈火,在所不惜。国民的士气也是一样。无论在工厂、农村、学校和政府机关,一国的国民如果士气高昂,他们就会在本职工作岗位上积极工作,全力支持政府的对外政策,使政府可以动员全民的力量来追求政府的目标。反之,如果国民的士气低落,政府的施政能力就会受到严重削弱。

社会凝聚力反映一国内部团结的程度。每一个国家都有不同的社会阶层、不同的地域文化、不同的宗教信仰、不同的政治意识形态。绝大多数国家内部还存在不同的民族。如何将这些广泛的社会、政治、经济、文化集团团结在一起,关系到国家权力的强弱。一国如果内部四分五裂,政治动荡,这个国家要么自我瓦解,要么招来外部的干涉和侵略,根本不可能在国际上发挥任何影响力。民国初期的军阀混战,民不聊生,保家卫国也就免谈。有了惨痛的历史教训,所以中国人特别强调团结,而团结就是力量。就像那首歌中所唱的那样,"团结就是力量,这力量是钢,这力量是铁。比铁还硬,比钢还强"。在三年朝鲜战争中,面对武装到牙齿的美国军队,中国人民团结一致,共同对外。在强大社会凝聚力的支持下,中国人民志愿军前仆后继,英勇战斗,终于和朝鲜人民军一起迫使美国在停战协议上签字,并终于使美国认识到,"这是一场在错误的时间和错误的地点所进行的错误的战争"。

外交是一国通过和平方式实现国家利益的活动。高质量的外交能够充分调动国家的权力资源,以较低的成本有效地实现国家的目标。通过外交,国家可以在国际上赢得更多国家对本国对外政策目标的理解、同情和支持,减少一国实现其国家目标的阻力。在1955年举行的万隆会议上,周恩来总理表现出杰出外交家的风度和才智。他的求同存异和和平共处五项原则令与会国家消除了对中国的误解,中国和亚非国家的关系得到了全面推进,大大拓展了中国外交的国际空间,提升了中国在国际事务中的威望。另外,外交也可以运用国家所掌握的各种权力资源,以说服、影响他国改变不利于本国的政策和行为。

一国的意识形态和文化越是具有普遍的吸引力,一国的权力也越大。意识形态和文化影响和指导一国的政策。本国的意识形态和文化价值如果为另一国所接受,另一国的政策将更加自然而然地反映本国的利益和诉求,而无需本国的政府通过外交或武力的手段去说服或强制对方来实行本国希望的政策。在冷战结束后,美国的自由主义意识形态开始在全球扩张。许多国家转向了自由市场和多元民主制度,其实行的许多政策正合美国的心意。这些政策,美国在冷战时期求之不得。

2017年6月,《澳大利亚金融评论报》的一篇文章里出现了"锐实力"(sharp power)一词。2017年年底随着美国国家民主基金会报告《锐实力:上升的威权主义影响》的发布,"锐实力"开始在西方被热炒,将中俄正常的公共外交活动比作攻击西方民主价值观的"刀尖"和"针尖"。"锐实力"与"软权力"的区别仅在于塑造行为的主体及其价值观。如果是西方国家用,就是"软权力";如果是非西方国家用,则是"锐实力"。

美国学者苏珊尼·诺瑟2004年在《外交》杂志上提出了"巧实力"(smart power)概念,强调综合运用硬软权力,来实现美国外交目标。2007年,美国前副国务卿理查德·阿米蒂奇和国际政治学家约瑟夫·奈发表《巧实力战略》研究报告,提出运用"巧实力"进行对外战略转型,帮助美国摆脱困境,重振领导地位。此后,这一概念在美国大行其道。这预示着美国外交的长期性趋势。它给予我们新实力观的启示,即超越软、硬实力,强调总体平衡,其关键在于实力的软使用,特别是硬实力的软使用。

(四)权力计量

中国古代杰出的军事家孙子说过,"知彼知己者,百战不殆"。这句适用于战争艺术的名言同样适用于国家的对外关系。一国只有对自身和其他国际行为者的权力有一个正确的估价或计量,才能制定出可行的国家对外政策目标和与目标相配合的策略,循序渐进地推进国家利益的实现。否则,一国如追求那些本国的权力所不能支持的国家目标,政策不仅会注定失败,国家的生存也会陷入危机之中。因此,对于国际关系的学者来说,确定一国权力的大小,便是一个具有重大实际价值的课题。虽然许多学者曾试图找到计量国家权力的方法,至今为止,这样的尝试并不非常成功。权力和金钱确实在许多方面有着相似之处。但这种类比也存在限度。特别是权力的流动性或者说可转换性较低,不能像货币那样可以自由地得到想要的东西。此外,和货币不同的是,权力的大小和多少没有一个公认的衡量标准。

美国乔治敦大学的克莱因曾做过一个有益的尝试。他在《世界权力的评价》一书中,提出了一个对国家权力进行综合计量的公式:

$$P = (C + E + M) \times (S + W)$$

其中,P 为权力;C 表示基本实体,包含人口和领土,满分为 100 分;E 表示经济能力,包括一国的国民生产总值,以及能源、矿物、工业生产、粮食和国际贸易等要素,满分为 200 分;M 代表军事能力,包括战略力量和常规力量,常规力量又分解为平均战斗能力、战略抵达能力和军备努力程度三个要素,满分为 200 分;S 表示战略意图,最高为 1 分;W 表示追求国家战略的意志,最高为 1 分。S 和 W 之和是一个系数,它反映一国的实力在转变为实际的国家权力时放大和缩减的程度。在国家的物质实力为一定时,如果国家的战略目标明确,追求战略目标的意志坚定,S 和 W 之和就可能大于 1,从而使一国的权力高出其实际具备的物质实力。反之,一国的权力就可能不及它原本掌握的实力规模。比如,克莱因在根据其公式评估 1977 年美国和苏联的权力对比时就发现,美国和苏联在基本实体上都可获得 100 分的满分;在经济能力方面,美国得 174 分,苏联得 105 分;在军事能力上,美国得 194 分，苏联得 197 分。三项指标相加，美国在物质实力方面强于苏联。但是，在后两个指标中，克莱因认为，美国未能有效地提出自己的战略目标，该项指标只可得 0.4 分，苏联则可得 0.8 分。所以，在两国追求国家战略目标的意志方面都得到了 0.5 分的情况下，美国的 $S+W$ 只有 0.9 分，苏联则有 1.3 分。其结果，虽然美国的物质实力强于苏联，在两国的权力分上，苏联高于美国，为 523 分对 421 分。

克莱因对美苏权力的总体评估也许在一定程度上反映了 1977 年时的权力对比。不过，由于涉及国家的无形权力，或后来约瑟夫·奈所称的"软权力"，对一国权力的计量免不了夹杂许多主观的成分。权力评估中的主观成分阻碍了对权力进行科学评估和计量的努力。在现实世界中，出现对自身和别国权力计量失误的例子比比皆是。在 1980 年，萨达姆领导的伊拉克发动了对伊朗的进攻。在当时，伊朗和伊拉克都是世界上重要的石油出口国，通过石油出口积累了大量的财富，购置了大量先进武器，建立了各自堪称庞大的军事力量。伊朗的军队是在巴列维国王时代用美国装备武装起来的，伊拉克的军队则依靠苏联的帮助，两支军队可谓旗鼓相当。在人口方面，伊朗有 3 800 万人，是伊拉克的 3 倍。由于人口基数较大，伊朗的经济规模也大于伊拉克，约是伊拉克的 2 倍。从物质实力来看，伊朗强于伊拉克。问题是，伊朗在 1979 年经历了激烈的伊斯兰革命，国内政治动荡，国王的军队遭到伊斯兰运动的清洗；在国外，因扣留人质事件，美国与伊朗反目为仇。萨达姆认为，伊朗当时的无形权力大大下降，从而使伊朗和伊拉克的权力对比发生逆转。伊拉克因而可以利用这一有利时机，发动和赢得对伊朗的战争。但是，战争开始后不久，伊拉克就发现，伊朗人民保卫国家的决心、伊朗军队的战斗力和对新政权的忠诚并不像预料的那样弱。权力的对比发生了对伊拉克不利的转变。在战场上，伊朗军队和伊斯兰卫队转入了反攻。只是在美国和阿拉伯国家的多方支持下，伊拉克才顶住了伊朗的进攻。战争在经过了漫长的 8 年和牺牲了 100 万人之后才以平局告终。萨达姆犯了一个致命的错误，两伊人民则为此付出了惨重的代价。

（五）权力特点

权力的相对性。在国际关系中，国家权力的作用不光在于它的绝对值，更主要的是它的相对值。权力的大小只有在和其他国家的权力相比较时才具有意义。比如,和美国相比,法国拥有较小的权力。但当法国和非洲的乍得进行比较时,法国就拥有压倒一切的权力优势。在冷战后的世界里,只有美国具有超越所有其他单个国家的权力,处于超级强权地位。在其之下,存在着几个次等大国,如英国、法国、德国、日本、中国、俄罗斯等。这些国家的权力不及美国,但对本地区内的其他中小国家具有重大的影响力。中等国家具有一定规模的国家权力,它们对国际事务的影响一般没有举足轻重的作用。但是,在特定的时期和特定的问题上,它们也可能发挥重要的作用,如加拿大在联合国的维和行动和国际经济事务的协调中发挥了显著作用,澳大利亚在东帝汶问题上推动了联合国对东帝汶的维和行动。世界上大多数国家属于小国。一般而言,这些国家自主追求国家意志的能力有限,经常受到大国所确立的国际规则的约束,有时,也成为大国干涉的牺牲品。表3-1列举了世界历史上1700—1945年的大国。

表3-1 1700—1945年的大国

大国	1700年	1800年	1875年	1910年	1935年	1945年
土耳其	×					
瑞典	×					
荷兰	×					
西班牙	×					
奥地利(奥匈)	×	×	×	×		
法国	×	×	×	×	×	
英国	×	×	×	×	×	
普鲁士(德国)		×	×	×	×	
俄国(苏联)		×	×	×	×	×
意大利			×	×	×	
日本				×	×	
美国				×	×	×

权力的情境性。根据情境的不同,一国的权力也会发生变化。比如,和伊朗相比,美国明显具有压倒一切的权力。但是,当伊朗在1979年占领美国驻伊朗大使馆并扣押使馆人员时,美国的超级权力却成了一部瘫痪的巨型机器,对伊朗无计可施,秘密解救人质的军事行动也遭到了彻底的失败。同样,

越南的力量比美国要小得多,却使美国在越南战争中蒙受了失败的耻辱。美国的空军将领曾要求对北越进行大规模的轰炸,发誓可以把北越炸回到石器时代,问题是美国即使拥有这一能力,也没有意志去发动这样的空袭。

权力的动态性。权力是易变的。随着经济的增长或倒退,武器的更新或过时,资源的发现或流失,政治的稳定或动荡,一国的权力处于一个不断发生增减的过程中。在一般情况下,一国权力的变化是一个渐进的过程。不过,在战争和革命的情况下,一国的权力会发生突进性的加强或衰落。比如,经过第二次世界大战,许多战前的一流大国迅速沦为二流国家,如英国和法国,而苏联和美国则崛起为两个全球超级大国。在中国,当共产党领导的新中国成立后,中国一举改变了弱国地位,而成为战后世界一个举足轻重的大国。

权力的多面性。权力是多面的,不仅包含军事力量、经济力量、地理、人口等物质因素,也涉及战略规划、外交质量、文化力量等非物质因素。在当今世界,单面的权力是有缺陷的权力,是跛脚的权力。俄罗斯如今仍然拥有世界一流的核武库和常规武器,这是俄罗斯至今能在国际事务中继续发挥重要作用的支柱。另一方面,俄罗斯的经济在复兴中受到国际金融危机和油价下跌的重创,限制了俄罗斯的国际影响力和威望。美国当然有全方位的超级权力,问题是,它的经常自以为是和目光短浅的外交政策妨碍了美国在世界上取得更大的影响力。美国凭借其军事和经济权力,强行推行单边主义,发动先发制人的战争,惊爆虐囚丑闻,金融风暴祸及世界各国,而今又发动贸易战、"退群"战,在新冠肺炎疫情全球大流行中表现得极端自私自利、不负责任和甩锅他人。这使美国从世界的领导地位和"道德高地"跌落下来。日本力量的弱点在于它的政治实力。日本曾经有世界第二的经济实力和亚洲第一的军事预算。但是,由于日本就其过去的侵略行径既没有坚决地反省,也没有对亚洲受侵略的各国诚恳地道歉,日本就难以在亚洲发挥一个令人尊敬的政治大国的作用。

思考题

1. 如何看待国家主权的嬗变?
2. 怎样分析国家利益的重要性和复杂性?
3. 什么是"硬实力"、"软实力"和"巧实力"?

第四章 国家的对外政策

国家利益体现了一国在国际体系中生存发展的各项需要。这些需要的满足则依赖国家的对外政策。比如,确保美国在世界上的领导地位是美国一项核心的国家利益,北约东扩则是美国为了实现这一国家利益所采取的对外政策。维护国家统一是中国的国家利益,阻止中国台湾地区进入联合国则是为实现这一利益所采取的一项对外政策。对外政策的决策有三种主要的模式,即理性决策模式、组织过程模式和政治过程模式。虽然理性模式是人们认识和理解对外政策决策的主要框架,其他两种模式仍值得重视。为此,需要对参与决策的各个主要角色加以考察,如国家最高领导、政府部门、议会、利益集团和公众。

一、国家对外政策概述

(一) 对外政策的形成

根据罗赛蒂的定义,对外政策是指"由政策制定者所选择的国外介入范围以及目标、战略和手段的综合"。一国的对外政策基于本国的国家利益,并以实现本国的国家利益为最终目标。国家利益设定了一国处理对外关系的方向和指导原则,但国家利益没有告诉一国的对外政策决策者应该在纷繁复杂的国际环境中如何行动。从本质上说,国家利益是一国在国际体系中生存发展所要满足的各项需要,是从国家的角度来提出的。但是,这些需要的满足,即国家利益的实现,发生于一个现实的国际环境中,受到来自国际环境的各种挑战和机遇的深刻影响。因此,对外政策是一国的外交决策者依据对国家利益的认知所决定的一系列处理对外关系的政策和方针,其目的是为了消除国际挑战带来的不利影响,并充分利用国际机遇来推进国家利益的实现。

在国家组成的国际体系中,来自外部的挑战经常妨碍一国国家利益的实现。这些外部挑战,有安全的挑战、制度的挑战、经济的挑战、环境的挑战和文化的挑战等,它们对一国的安全利益、制度利益、发展利益和特性利益构成程度不等的威胁。1939年夏天,希特勒德国准备发动对波兰的入侵,这将使苏联失去安全屏障,从而暴露在法西斯德国的面前;1990年伊拉克对科威特的入侵,使科威特面临亡国的厄运;20世纪五六十年代风起云涌的社会主义革命和民族解放运动使全球资本主义处于守势;英语在视听产品和国际互联网上的霸权地位正在侵蚀各国和各地区的文化特性,从俄罗斯到巴黎,从中国到加拿大的魁北克省,非英语国家和地区正在迫切地思考应对的方针。应对这些外部的挑战,在可能的情况下消除或减轻它们带来的不利影响,是一国对外政策的重要使命。为了防止希特勒在入侵波兰后将侵略矛头指向苏联,苏联与德国签订了《苏德互不侵犯条约》,划分了两国在波兰和东欧其他国家的势力范围,暂时将希特勒的祸水引向西方。科威特在遭到伊拉克入侵后,立即寻求联合国和国际社会的支持。联合国安理会谴责了伊拉克的侵略行为,而以美国为首的多国部队则从地面上将伊拉克占领军赶出了科威特。

除了要应对外部的挑战和威胁,一国的对外政策也要充分利用国际环境中所蕴含的机遇。国际机遇是那些存在于国际环境中的、有利于本国国家利益实现的机会和条件。准确和适时地把握和利用瞬息万变的国际机遇,是一国制定正确的对外政策的重要前提。1989年7月,时任苏联共产党总书记戈尔巴乔夫在欧洲议会发表演说时公开表示,苏联将放弃1968年出笼的勃列日涅夫主义,不再认为苏联有权干预东欧国家的内部事务。几个月后,分割西柏林和东柏林的柏林墙倒下了。联邦德国总理科尔敏锐地感觉到,实现德国统一梦的机会已经来临,他不顾法国总统密特朗和英国首相撒切尔夫人的保留态度而迅速抛出了一个德国统一的纲领,并在随后的一年中取得了苏联的默许和美国的支持,成功地结束了持续了40多年的分裂局面,建立起统一的德国。中美关系在20世纪70年代初的历史性突破也是两国最高决策者对世界大势审时度势的结果。尼克松于20世纪

60年代末就任美国总统。此时的美国面对两大外部挑战,苏联的核力量已经赶上美国,并有进一步超出之势;美国从1964年开始大规模卷入的越南战争在国内已失去了公众的支持。美国的利益要求美国设法和苏联达成军备控制协议,防止苏联取得核优势,同时,美国需要从越南体面撤军。起初,美国试图直接与苏联打交道,派国务卿万斯于1964年4月到莫斯科,和苏联谈判战略武器限制和越南问题,但结果以失败告终。此时,苏联和中国的矛盾激化,中苏在边界地区甚至发生了小规模的武装冲突。尼克松和当时的总统国家安全事务助理、哈佛大学教授基辛格认为,如果"苏联与中国彼此之间畏惧对方之心,远大于他们对美国之戒惧,美国外交上就会有一史无前例的大好机会"。美国可以利用中苏之间的矛盾,改善和中国长期对立的关系,并达到制衡苏联的目标。正是在这种利益、挑战和机会的结合下,中美关系才经由"乒乓外交"、基辛格密访北京、尼克松总统访华而得到了重大突破,国际格局也因此为之改变,而出现了所谓的"战略大三角"的形态。

(二) 对外政策的目标

对外政策的目标是国家在对外关系中企求实现的意志。它是总目标下一系列子目标的总和。

按照国家对外政策的时间跨度,一国对外政策目标分为长程目标、中程目标和近程目标。

1. 长程目标通常涉及建立一个理想的国际秩序。每一个国家都生活在一个由近200个国家为主体组成的国际社会中。在新千年已经来临的今天,除了主权国家之外,世界上还活跃着不计其数的非国家行为主体,如跨国公司、政府间国际组织、非政府组织等。在这些国际行为主体之间建立一种怎样的国际秩序,关系到每一个国家的国家利益的实现。由于各国利益的不同,它们对理想的国际秩序的追求也千差万别。实行市场经济制度和自由主义政治制度的西方国家,基于自身利益出发,大力鼓吹自由放任的国际经济秩序和自由民主的国际政治秩序,强化自身的安全联盟以形成西方主宰的国际安全秩序。苏联曾认为,资本主义总危机的发展已使资本主义国家陷入难以解脱的困境,苏联有责任按苏式社会主义的模式来改造世界,建立一个由苏联领导的世界秩序。包括中国在内的广大的发展中国家则主张,理想的国际秩序应是一个和平的、国家不分大小一律平等的世界,其中,每个国家都有独立选择自己的发展道路和模式的自由。

2. 中程目标是确立通向理想国际秩序的法理、道德和物质基础,排除阻碍理想的国际秩序出现的各种障碍。在20世纪70年代初,美国和苏联实现了"缓和"。双方其时都没有放弃自己的长程目标:美国要建立一个自己主导的"自由世界",苏联要在全世界壮大自己的阵营。然而,双方都意识到,在军事力量势均力敌的情况下,特别是两国都拥有毁灭世界许多次的核武库,过激的对抗会带来同归于尽的后果。因此,双方都试图缓和相互间的关系,以营造一个相对稳定的国际环境,通过和平竞赛来达到自己的目的。美国在中东的政策也由包括长程和中程政策在内的一个政策链所组成。长程政策是确保其对这一战略地区长期而稳定的控制,中程政策是强化对中东盟友的支持,同时一步一步地逐个清除各种障碍。以色列是美国在该地区的铁杆盟友,美国先是助其缓和与周边阿拉伯国家的敌对关系,后是一边倒地支持它吞并耶路撒冷及其他被占领土。现在,美国集中力量打击该地区最主要之敌——伊朗及其什叶派盟友。

3. 近程目标则是国家在处理日常对外交往和应付各种突发危机时所要实现的意志。它主要涉及达到某些具体的目的,如促成交战双方停火,制止来自它国商品的倾销,西欧六国在20世纪50年代初建立煤钢联营,中国要求美国对其轰炸中国驻原南联盟大使馆的野蛮行为向中国道歉和赔偿,各国帮助东南亚国家度过金融危机等。一国外交在大部分情况下是为了实现近程目标而展开的。在理想的情况下,一国的近程目标是达致中程和长程目标过程中的一环。古语曰:"千里之行,始于足下。"这也适用于国家的对外政策。西欧六国如没有首先建立起煤钢联营,就难以想象它们会在1957年达成建立欧洲经济共同体的《罗马条约》,更不可能在1992年建立起包括政治一体化内容的欧洲联盟。当然,并不是所有的近程目标都服务于国家的长远目标。因错误的判断而制定的近程目标非但不能服务于国家中程和长程目标的实现,反而会妨碍这些目标的最后实现。比如,约翰逊总统在1964年作出了美军在越南大规模卷入的决定,其结果是,美国在以后的10年中陷入了一场难以自拔、伤亡惨重的战争。当50万美军最终撤出时,美国不仅未能保住南越政权,而且其在世界上的影响力也大打折扣。

按照国家对外政策涉及的议程,可以把一国的对外政策目标分为对外安全政策目标、对外经济政策目标、对外环境政策目标、对外援助政策目标、

第四章　国家的对外政策

对外人权政策目标等。当今的国际关系包罗万象,要求国家在各个领域制定政策,以保证国家利益得到促进。对外安全政策关系到国家的生死存亡,因此一直是国家对外政策中的重要组成部分。安全政策的目标通常是要提高国家的安全系数,防止来自他国的武装侵犯。为此,每个国家都在加强自身国防的同时,致力于合纵连横的外交努力。一些富有侵略性的国家则会对外行使武力,以达到吞并别国领土,掠夺别国资源的目的。如日本在二战时对中国的侵略,伊拉克在1990年对科威特的侵略。系统的美国对外政策目标如表4-1所示。

表4-1　美国对外政策目标

议程	短程目标	中程目标	长程目标
安全	阻止朝鲜发射导弹 保住冲绳美军基地	消除朝鲜核能力 加强美日军事同盟	促使朝鲜现政权垮台 建立美国主导的亚太安全体制
经济	限制欧盟钢材的进口 促使中国开放保险市场	防止欧洲一体化牺牲美国利益 以WTO谈判促中国全面开放市场	确保欧盟市场对美开放 中国实行自由市场经济
人权	促使缅甸政府释放昂山素季	确立人权高于主权的国际惯例	在全世界建立美国式的民主制度

和大多数冷战后的政治家和观察家的看法相反,安全政策在各国对外政策中的地位并没有急剧下降。在一些地区,安全政策的重要性还有升高的趋势。尽管如此,当今的世界毕竟是相互依存更高的世界,是更加注重和平和幸福的世界。因此,在安全政策之外,各国的对外政策目标中都包含大量的非安全性目标。对外政策的经济目标要确保国家在对外经济交往中获得更多的经济利益,实现国家的经济繁荣。发达国家倚仗其高人一等的经济竞争力,大力推销国际金融和贸易的自由化和全球化。发展中国家则认识到,虽然不能将自己置身于全球化和自由化的进程之外,但应根据自己的国情有节制、有步骤地将自己的经济纳入全球经济,以便既获得经济全球化的好处,又能防止全球化对本国国民经济带来的不利影响。对外政策的环境目标则要争取在经济发展和环境保护之间寻求平衡,以实现可持续发展。

治理越界污染，保护臭氧层、防止全球变暖，保护生物多样性，保护人类文化遗产，诸如此类的目标如今也都或多或少地成为各国对外政策的组成部分。另外，随着人类物质生活水平的提高，人们对于个人的自由和尊严的重视程度也日益高涨。虽然东西方对于人权的理解还存在重大的差异，但各国都赞同要促进人权的进步。

按照国家对外政策作用的对象，一国的对外政策又可分解为各项国别政策，如中国的对美政策、对日政策、对欧政策、对俄政策等。世界上的国家有大有小，有远有近，有亲有疏。对于一国的国家利益而言，不同的国家会带来不同的影响。一国可以和某些国家合作来增进各自的利益。一国也可能受到另一些国家的阻碍而不能实现自己的利益。因此，国家有必要对不同国家采取不同的政策，和一些国家合作，和另一些国家结盟，把还有一些国家视为防范的对象。比如，20世纪80年代初的美国里根政府将苏联视为头号敌人，把西欧国家当作美国在欧洲的较为平等的战略盟友，把日本视为美国在东亚的战略小伙伴，把中国当作遏制苏联的准战略伙伴。当然，由于国际格局的变化和当事国国内事态的发展，一国对一个特定国家的政策也是经常变化的。美国在20世纪70年代以前一直对中国实行围堵的政策。1972年尼克松访华后，美国的对华政策来了个180度的大转折，中国在美国眼里从敌人一下子成了准战略伙伴。1989年苏东剧变和中国"八九风波"之后，美国的对华政策则一直在接触和遏制之间摇摆不定，直到特朗普政府正式把中国定位为首要的战略竞争对手。

（三）对外政策的类型

不同的国家实行不同的对外政策。国家间利益的差异，外部挑战的不同和国际机遇的不同，都促使各国追求不同的对外政策。无疑，当今世界有近200个的国家，也就有近200种不同的对外政策。不过，承认各国对外政策之间的差别并不等于对这些对外政策不可以分门别类。

首先是扩张和自保。扩张型政策是一国以武力为后盾，利用政治、经济、军事和外交手段将其势力扩展到其他国家，使别国屈服于自己的意志的对外政策。自保型政策是一种被动型的对外政策，它主要关注如何防止别国对本国切身利益的侵害，防止本国受到其他国家的支配。在一定程度上，自保和扩张与汉斯·摩根索提出的"维持现状的政策"和"帝国主义政策"

第四章 国家的对外政策

相对应。自保型政策寻求现状的维持,而扩张型政策追求现状的改变。不过,在摩根索的定义中,"现状"的合理与不合理是被忽略不计的。因此,他把帝国主义侵略和民族自决运动不加区分地统一纳入"改变现状的政策"。事实上,争取国家独立和完整的政策虽然要改变现状,但仍属于自保型政策;而帝国主义国家要维护其统治弱小国家的不合理现状的政策完全属于一种扩张政策。在历史上,国家利益以君主的荣耀、王国的大小为核心,国家的对外政策因而追求战争的胜利和领土的扩张。

其次是霸权、均势和搭车。每一个国家对外政策都会明示或暗示地提出本国心目中理想的国际格局,并提出相应的外交行动准则。据此,各国的对外政策也可分为霸权政策、均势政策和搭车政策。执行霸权政策的国家通常具有超越众多次等强国力量总和的强大国力。霸权国试图通过运用其权力优势建立一个由自己主导的地区和世界秩序,其中,本国的国家利益可以得到全面的增进,任何对自身利益可能出现的挑战都在萌芽状态就遭到抑制。追求霸权的努力在人类历史上不时出现,如18、19世纪英国的海上霸权,拿破仑在欧洲大陆上的争霸战争,德皇威廉二世和纳粹领袖希特勒的霸权野心,美苏在冷战时代的两霸争雄,美国在冷战结束后建立单极世界的战略构想。面对这些霸权国和准霸权国,其他国家有两种基本的政策可以选择采用。

一是均势政策。均势是国际几种基本力量的对比处于平衡的一种状态。均势政策则是促成和维持这样一种状态的政策,它试图阻止一国或某一国家集团获得压倒其他国家或国家集团的力量优势,从而使国际关系保持基本稳定。在1648年《威斯特伐利亚和约》签订以后和1814年的维也纳和会之后,欧洲曾两度出现多极均势的态势。期间出现了一大批著名的均势外交家,如奥地利首相梅特涅、法国外交大臣塔列朗、英国外交大臣卡斯尔雷、德国首相俾斯麦等。在现代,美国前国务卿基辛格博士是最著名的代表。均势政策的核心,是相对较弱的国家联合起来以遏制强国的野心。几个世纪以来,英国对欧洲大陆一直奉行传统的均势政策,即要防止任何一个欧洲国家称霸欧洲大陆。当拿破仑要称霸欧洲时,英国站在普鲁士和奥地利一边将其击败。当威廉二世和希特勒的德国要称霸欧洲时,英国站在法国和苏联一边将其击败。当苏联在欧洲取得了压倒性优势的地位时,英国则联合美国、法国和原先的敌国德国来遏制苏联。用丘吉尔的话来说:"英国400年来的对外政策,就是反对大陆上出现最强大、最富有侵略性和最霸道的国家,特别是要防止低地国家落入这个国家的手中。"

二是搭车政策。均势政策有可能恢复失去的力量平衡。同时,均势政策也使推行均势政策的一国和主导大国相互对立。因此,对于那些力量较小的国家而言,推行均势政策具有较高的风险。于是,它们纷纷投奔力量强大的一方,支持该国的政策,以换取强国的安全承诺,并试图最终因该强国的胜利而分享到搭顺风车的好处。这就是所谓的搭车外交、搭车政策。二战后日本的对外政策可谓搭车政策的典型。二战结束后,日本在最初的几年中处在美国的直接军事占领之下。为了恢复日本的主权国家地位,日本在国内制度的改造和对外政策方面对美国言听计从。日本和美国缔结了安全同盟,接受了美国的核保护伞。在对苏联和中国的政策上,日本追随美国,对苏联和中国采取了敌视的政策。一直到尼克松访华之后,日本才跟着美国改变了对华政策。日本在政治和外交上对美国亦步亦趋,换来的是美国对它的安全保障、美国市场对日本产品的开放以及来自海外的石油和其他原材料的稳定供应。这些安全和经济上的实惠使日本可以埋头于经济建设,并在短短的几十年中发展成为世界的第二号经济大国。在中美和南美的许多国家,搭车政策的痕迹也非常明显。

再次,依据对外政策中各项议程的优先程度,各国的对外政策还可分为安全优先型政策与经济优先型政策。在实行安全优先型政策的国家中,国家对外政策的首要关注点是增加国家的安全系数,各项其他的对外政策议程都必须服从于国家安全的目标。对于那些一直处在外部强敌包围之下的国家而言,安全政策的优先化是不得已而为之的事。在20世纪60年代,中国处在美苏两个超级大国的军事威胁之下,对外经济交流又因受到西方国家的禁运而不能顺利开展,因此,中国的对外政策在"深挖洞、广积粮、不称霸"的思想影响下,不可避免地打上了安全优先的印记。还有一些实行安全优先型政策的国家则属于那种好战和侵略成性的国家,如法西斯德国和军国主义的日本。两者都把侵略扩张当作国家对外政策的中心目标,并发动了一次又一次的侵略战争。实行经济优先型政策的国家在处理对外关系时,将促进国家的经济繁荣放在首位。对外政策的中心任务是保证海外市场对本国产品的开放,保证海外原材料和能源的稳定供给,促进本国公司在海外的投资和扩张,或者鼓励外国资本和技术流入。对于那些国家安全较有保障的国家来说,经济优先型的对外政策是理所当然的选择。

最后,以一国对外政策的意图、言辞和行动来分类,一国的对外政策又可分为意图型对外政策、宣示型对外政策和操作型对外政策。意图型对外政策是国家决定要追求的对外政策,反映国家在处理对外关系时的真实意图。由于这一真实的意图通常会与其他国际行为者的利益相冲突,国家经常不会明确地对外宣示这一政策的内容。宣示型对外政策是国家通常对外声明、谈话和公开文件所表达出来的对外政策。这种对外政策有时完全和意图型对外政策相反,成为国家迷惑其他国家的工具。比如,在 1938 年举行的慕尼黑会议中,英国、法国、德国和意大利的领导人讨论希特勒德国吞并原捷克斯洛伐克的苏台德地区问题。希特勒当时信誓旦旦,德国在得到苏台德地区后将不再有新的领土要求。英国首相张伯伦轻率地相信了希特勒的谎言,以为取得了一个时代的和平,未对德国采取强硬的政策,结果导致了第二次世界大战的爆发。操作型对外政策是一国在实际行动中反映出来的对外政策。鉴于一国真实的对外政策通常难以知悉,而宣示型对外政策又往往不可相信,一国在对外关系中的实际作为是其他国家评估该国对外政策的主要依据。比如,20 世纪 80 年代的法国政府曾表示绝不与恐怖分子进行谈判,但在实际上,法国政府有好几次付钱给恐怖分子,以换取人质的释放。虽然总体上说,行动是评估意图的最佳方法,但行动有时也不一定完全等同于一国的对外政策意图。主要的原因是,一些行动也许是政府某个部门和个人擅自作出的,并没有得到最高对外政策决策当局的许可。这类行动只反映一国内部某个特殊部门或利益集团的意图,并不一定反映该国的整体意图。

二、对外政策的决策模式及其评析

(一)理性决策模式

理性决策模式是分析对外政策决策的经典模式。这一模式有两个基本假定:国家是一个单一的行为主体,它有一个单一的意志,并可由一个单一的个人或群体来代表;同时,国家的对外政策决策是一个理性选择的过程,通过一种成本核算的方式,试图以最低的成本得到最佳的效果。理性决策模式一般要经过以下决策程序。

1. 设定目标。一个国家所处的国际环境极其复杂多变,而且本国的利益要求也具有多层次性和多面性的特点。因此,一国需要确定在特定情景下所要追求的各项目标。由于环境、条件和资源的限制,一国不可能立刻实现所有的对外政策目标。决策者需要明确自己指导对外政策的价值准则,以规定这些目标的主次、缓急以及目标发生矛盾时的取舍原则。在图4-1中,决策者在A、B、C等一系列目标中选择目标A作为本国所要追求的最优先目标。

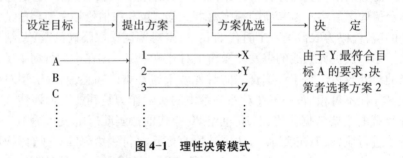

图4-1 理性决策模式

2. 拟制方案。为达到政策目标A,决策者召集智囊人员,制定多种可供选择的方案,如图4-1中的方案1、方案2、方案3……

3. 方案评估。在各种可能的方案提出后,决策者将对各方案的可行性进行评估,分析每种方案所可能产生的政策效果。在此阶段,决策者需分析出方案1所可能产生的政策效果X,方案2所可能产生的政策效果Y,方案3所可能产生的政策效果Z……

4. 决策。在对各方案进行充分评估的基础上,决策者选择政策效果最能实现政策目标的那种方案。在图4-1中,假定Y最符合目标A的要求,决策者将选择方案2为国家的政策。该政策应能够以最低的成本最大限度地实现本国的目标。

美国处理1962年10月爆发的古巴导弹危机是理性决策的一个典型事例。当时,美国情报机构通过空中侦察发现,苏联在古巴部署中程导弹。肯尼迪总统认为,苏联的导弹对美国的安全构成了重大威胁,必须设法将其消除。他召集了国家安全委员会及智囊人员研究对策。在短短的5天里,有关人员提出了6种方案供评估选择。总统国家安全事务助理邦迪和国务卿腊斯克主张通过外交途径,或通过葛罗米柯,或直接会见赫鲁晓夫,或向联合国提出。肯尼迪认为导弹工作进展神速,时间紧迫,不容许通过外交谈判来解决,美国必须立刻作出反应。参谋长联席会议主席泰勒和财政部长狄龙等人主张空袭古巴导弹基地,并加以摧毁。但这个方案被认为比较冒险,也不太可靠。如果空袭不能全部摧毁导弹,残留下来的苏联导弹可能被用来对美国进行报复,给美国带来巨大的损失。同时,空袭必然要伤害在古巴的苏联军人。苏联可能会作出强烈反应,促发毁灭性的全球核大战。司法部长罗伯特·肯尼迪表示,他的兄长肯尼迪总统不能成为第二个希特勒或重演珍珠港事件。采取入侵古巴的方案,风险更大。与古巴领导人卡斯特罗秘密谈判的方案也被搁置在一边。原因是,肯尼迪和他的幕僚们大多不认为卡斯特罗会改变他的主意。国防部长麦克纳马拉的方案最后占了上风。他建议对古巴进行封锁,不让苏联继续向古巴运送进攻性武器,在对峙中迫使苏联从古巴撤出导弹。肯尼迪总统和他的幕僚们认为,封锁是一个可进可退、留有回旋余地和更为有效的方案。封锁成功可不战而迫使苏联撤出导弹;封锁失败则可考虑采取进一步的措施。肯尼迪总统最后决定对古巴实行封锁,并达到了促使苏联从古巴撤出导弹的目标。

(二)组织过程模式

理性决策模式虽然是一种理想的决策模式,但现实的决策过程并不常常遵从理性决策模式的规则。与理性决策模式不同,组织过程模式描绘的是一种分权式的政府,其中的关键角色是政府的各个职能部门。这些部门都试图在推进自己的组织使命、职业角色和标准运作程序方面有所建树。它们各自为政,相对于最高领导人而言具有一定的自主权,彼此也互不干涉。对外政策的决策实际上成了涉及对外事务的各职能部门的一系列对外政策的总和。行政机构变得如此复杂和庞大,成为对外政策及其最高决策者背后的一支独立的推动力量,而最高决策者多半仅仅是一个象征性的领导人。

组织过程模式认为,在一些次要的对外政策问题上,政府的各个职能部门事实上起着决策者的作用。这些问题一般不足以引起本国最高领导的关注,通常由职能部门的官僚们按本组织的规范制定和执行政策。即使是那些对外政策中的重大问题,政府最高领导人的决策也依赖各职能部门提供情报和政策选择方案,并在决策后需要各职能部门来贯彻执行。职能部门提供的情报和政策选择方案往往限制了决策者的决策行为。并且,职能部门在政策执行过程中所享有的裁量权也决定了政策实际上被如何执行。

组织过程模式认为,对外政策的决策是基于组织内的标准作业程序的一种机械的或半机械过程的产物。每个职能部门长期面对同样的问题。在处理这些问题的过程中,形成了一套应付和解决问题的标准对策。例如,在日本,政府内部分为外务省、大藏省、通产省等不同的职能部门。当问题出现时,各部都会按照事先规定的标准作业程序采取相应对策。最高领导人所要做的不过是在各职能部门的政策发生冲突时进行协调和平衡工作。高层领导因此对政策的决定缺乏主体性。

当然,由职能部门控制的决策过程不仅会使对外政策不具有内聚力,还可能出现彼此对立的政策。比如,美国中央情报局会利用国外的地下犯罪组织来影响别国的政治和政策,从而直接和间接地纵容这些犯罪组织的非法活动,如贩毒和洗钱。而美国的反毒机构则每年花费巨额财政来打击贩毒活动。又比如,在20世纪80年代和90年代初期,美国的对日政策就因为各职能部门之间的不同政策而处于一片混乱之中。国务院、国防部和国家安全委员会强调日本作为美国地缘政治和战略资产的价值,商务部和美国贸易代表办公室则认为,日本对美国咄咄逼人的出口攻势对美国构成了经济威胁,要求对日本采取较强硬的政策,要求对日本施加压力,迫使其开放国内市场。财政部等部门则坚持自由市场经济的原则,一般反对政府过多地干预经济,以使美国企业能与日本企业展开平等竞争。在这种相互矛盾的政策作用下,美国政府无法推行一项连贯的对日政策就不足为奇了。

尽管肯尼迪总统曾多次要求军方撤销其在土耳其的导弹基地,但军方基于军事战略上的考虑并没有执行这一命令。20世纪80年代中期,中曾根康弘担任日本首相时,曾经热心于推动本国市场的开放。但由于官僚机构的不合作,日本市场的开放依然步履维艰。

(三)政治过程模式

政治过程模式认为,对外政策既不是最高领导人理性选择的结果,也不是各职能部门的官僚们按照标准决策程序进行决策的总和,而是参与决策的各方讨价还价的产物。它所描述的是一种极其政治化的决策过程。和组织过程模式一样,它假定对外政策的决策权是分散的,存在着多元决策者,最高领导人并不完全控制着决策过程和决策结果。和组织过程模式不同的

第四章 国家的对外政策

是,它更加关注参与决策的个人,而不是参与决策的职能部门;更注重分析参与决策各方如何相互竞争以影响最后决策的过程,而不是仅仅把决策看作各方政策的简单的总和。

政治过程模式认为,参与决策的人都会同时考虑四种利益:国家安全利益、国内政治利益、组织利益和个人利益。由于决策者所代表的组织的不同,所属的政党或派别的不同,决策者政治抱负的不同,决策者对国家安全利益的认识不同,每个决策者在对外政策的决策中都可能具有不同的目标和立场。

因此,政治过程模式认为,要理解对外政策的决策结果,首先要搞清楚的是,哪些人参与了决策,他们在对外政策问题上的看法和目标又是什么。一国的宪政制度可以告诉我们,对外政策的权力掌握在哪些人的手中。但仅仅知道这些是不够的。还需要了解实际的政治安排使哪些人成为对外政策的真正决策者。比如,在尼克松总统执政初期,国务卿罗杰斯按理应是美国对外政策决策过程中的第二号人物。但是,作为总统国家安全事务助理的基辛格博士在美国对外政策决策过程的影响力显然大大超过了罗杰斯。许多重大的外交决策,如基辛格在1971年的秘密访华,都是在罗杰斯本人不知情的情况下做出的。

政治过程模式还试图揭示参与决策的各方如何做出最终决策的政治过程。该模式侧重分析决策者在决策体系中所处的不同地位和各自掌握的讨价还价的能力对决策的影响。在古巴导弹危机中,肯尼迪总统之所以选择海上封锁的对策,在一定程度上是因为该建议得到了其弟弟罗伯特·肯尼迪(当时的司法部长)和国防部长麦克纳马拉的支持。在一个权力分散的决策体系中,决策者讨价还价的能力与决策者的地位同样重要。这种讨价还价的能力包括决策者争取支持的能力,控制反对的能力,以及达成妥协的能力等。由于没有一个决策者处于绝对的主导地位,当决策者之间出现目标分歧的时候,决策只能通过政治交易、建立政策联盟和彼此妥协来达成。

政治过程模式还强调,即使一项决策已经做出,围绕决策的政治过程并不会因此终止。那些对决策感到不满的决策者仍会继续努力,以试图修正或扭转已经做出的决策和决策的实施。

最后,政治过程模式除了分析在行政部门内部决策的政治过程,还注重分析立法部门在决策过程中的作用。由于立法机构是政党政治主要的活动场所,它在对外政策的决策中所起的作用具有更大的政治性。从20世纪

70年代以来,我们已经可以注意到,西方国家的议会在本国对外政策中所发挥的作用日益显著,使对外政策决策过程的政治色彩不断增强。

(四)危机决策模式

除了上述常规决策模式外,还有危机决策模式。

在发生突发性国际危机的情况下,按部就班的常规决策难以适应复杂而紧迫的形势,完全从理智、合理的角度来决策,也往往忽视国际形势中的多变因素和不确定因素。在国际危机的严重性、时限性和突然性三要素的同时作用下,危机决策的压力感受与常规决策完全不同。危机决策常采用控制论的决策模式,决策过程可简化为:接受一定的变量与信号—作出反应—信号反馈—修正目标—再作出反应,该过程不断循环,以使对外政策的决策逐步接近实际,并达到对国际关系进程的某种控制。危机决策采取高度集权的方式。

实际上,控制论的决策模式还可以和常规决策模式结合起来。决策者根据新情况和新问题,对原先作出的常规决策及时进行补充或修正,实行追踪决策。采用追踪决策,可选择比常规决策更为优越的政策方案,产生更佳的决策效果,使对外政策的决策更趋于合理,更符合实际。这种模式能较为充分地考虑到国际关系中的不确定因素,扩大了选择和控制的范围,为外交决策提供了较大的摆动幅度。

(五)决策的复杂性

以上对外政策决策的几种模式都有其现实的成分,但也或多或少带有自己的局限。

理性决策和危机决策模式适用于集权型决策环境。其中,对外政策的最高领导人掌握着对外政策决策的最高权力。在有关外交政策的权力划分中,各国宪法几乎无一例外地把外交权授予国家元首或政府首脑。在少数国家中,对外政策的最高决策者也许不享有国家元首或政府首脑的头衔,但仍为某一位掌握国家实际最高权力的政党或宗教领导人。这是因为,国家的对外政策关系到国家的生死存亡和繁荣发展,必须由国家的最高领导人所掌控,以便根据国家利益的需要,制定最能实现国家对外目标的对外政策。如果权力分散,政出多门,非但不能有效地实现国家的目标,反而会被他国乘机利用矛盾,导致本国的利益受到损害,甚至危及国家的存在本身。即使是在那些实行行政与立法分权、中央和地方分权的国家里,如实行三权分立和联邦制的美国,总统依然是对外政策的最后裁决者。

当然,这不是说,组织过程模式和政治过程模式只是一种理论描述,不反映任何决策的现实。两种模式所假定的分权型决策环境在不同程度上存在于各个国家,并以三种形式表现出来。

一是,对外政策决策权的政治分权。在此种情形下,一国制定对外政策的权力分散在政府的各个权力机关(主要是行政和立法部门)之间。虽然主要的决策者被授予了行政部门,但各国的议会都在不同的程度上介入了对外政策的决策过程。在议会制国家中,政府是由议会中的多数派所组成。政府与议会多数派的重叠使议会较难发挥一种相对独立的决策角色。但是,当执政党的多数地位相对较弱,或者政府是由脆弱的政党联盟组成时,议会通过诸如质询、表决相关议案、发起对政府的不信任投票等手段,能够对政府的对外政策决策施加显著的影响。在像美国这样实行三权分立的国家中,国会被赋予了更多更明确的外交权。如总统缔结的国际条约需要参议院的多数同意,总统提名的处理对外关系的政府官员需要获得参议院的认可,总统提出的各项对外关系预算需得到参、众两院的通过等。当国会充分运用这些宪法授予的权力时,国会的立场是影响对外政策决策的一个不可忽视的因素。

二是,分权型决策环境也大量存在于一国的行政部门之内。由于对外关系的日益复杂化,处理不同领域的对外关系的职能部门相继建立起来。国防部和外交部是两个最先建立起来以处理对外关系的政府部门。此后,处理对外经济贸易、国际金融、国际人权保障、国际环境保护、国际文化交流等各类对外事务的部门也相继建立。这些不同的职能部门承担着不同的组织使命,并在日常的决策中被赋予一定的权限,使它们成为对外政策决策中不可缺少的决策参与者。

三是,分权型的决策环境也出现在那些不涉及国家根本利益的问题领域。即使国家的最高领导人掌管着对外政策的决策,他们也没有足够的精力和专长来处理纷繁复杂的对外事务,而只能用有限的时间和精力来处理那些重大的对外事务,并把不是重大的对外事务交给各职能部门的首长甚至官僚们去解决。

因此，在分析某一国家就某一问题进行对外政策的决策时，除了依靠理性决策模式之外，我们还要了解这个国家的政治和行政制度的特别安排，所涉及的问题是否重要，有哪些角色参与了决策，这些角色在此问题上的立场和利益是什么，角色之间存在着怎样的互动关系。

三、对外政策的决策者

（一）国家最高领导

读读那些伟人的传记，你也许会得到一个印象，即人类的历史是那些伟人们所创造的。事实上，在对外政策研究中，也有少数学者提出"伟人"理论，认为历史的演变主要是政治领导人行为的产物。不可否认，在人类的历史长河中，像成吉思汗、拿破仑、俾斯麦、斯大林、丘吉尔、罗斯福、毛泽东和胡志明这样的历史人物确实对人类历史的发展产生了深刻影响。同时，"时势造英雄"和"乱世出英雄"的说法也告诉我们，伟人的作用受到时代和环境的诸多限制。特别是在当今这个相对稳定的时代里，政治领导人改天换地的能力和机会越来越有限。

当然，由于对外政策涉及一国的最高利益，它的决策权一般都由一国的最高领导人所掌握。根据各国政治体制的不同，国家的最高领导人可以是国王、总统、首相、总理、执政党的主席或总书记。在实行总统制的国家中，总统掌握着对外政策的决策权，如美国总统、法国总统和俄罗斯总统等。在实行议会制的国家中，国家元首通常只具有象征性的权力，决定对内对外政策的实际权力在首相（如日本）或总理（如德国）的手中。在一些社会主义国家中，宪法明确规定该国的共产党是国家的领导力量，因此，党的最高领导人或领导集体（如政治局）决定着该国对外政策的大政方针。在少数情况下，一国对外政策的最高决策权掌握在某些不具有任何正式职位的个人手中。在 20 世纪 80 年代，伊朗政府的对外政策需听命于伊朗的宗教领袖霍梅尼。在中国，邓小平在 20 世纪 80 年代末就已经辞去了他在党政军内的所有职务，但作为中国改革开放的总设计师，他的国际战略思想深深影响了 80 年代末以来中国的对外政策。

国家的最高领导人之所以能成为一国对外政策的最高决策者,首先在于这些领导人在制订和实施对外政策方面享有至高无上或最集中的权力。这种权力在大多数情况下是由宪法赋予的。最高领导人有权和外国签订条约,有权任命负责对外事务的政府首长,并且,国家最高领导人兼任着国家武装力量的总司令。那些核大国的最高领导人更掌握着使用本国核力量的按钮。

其次,在对外事务上,由于涉及国家的生死存亡,国民会要求有一个单一的、起决定作用的领导人。前任美国参议院对外关系委员会主席威廉·富布赖特曾说过:"国会从不会在有关国内问题的立法中放弃任何机会以击败行政部门……但是,当战争出现时,国会则会表现出一种(对总统的)部族式的忠诚"。

另外,只有真正的国家领导人才广泛拥有处理对外事务的各种资源,如各方面专家和机密情报。当然,国家领导人的决策也会因为判断失误和情报误导而出错。不过,和更低级的部门首长以及议会相比,国家领导人所掌握的各种资源和情报是任何其他的个人和机构所不可比拟的。

(二)政府职能部门

每个国家都有处理对外事务的专职机构。这类机构在大多数国家中称为外交部,其首长称为外交部长。不过,也有一些国家把承担这一职能的政府部门和首长称为"国务院"和"国务卿"(如美国),或"外交和联邦事务部"和"外交和联邦事务大臣"(如英国),或"外务省"和"外相"(如日本)等。

外交部不仅是一国处理对外事务的专职机构,也是核心机构。它具有对外代表本国国家和政府的特殊职责,并协调其他政府部门的对外交往。所以,外交部一般是各国政府中最重要的政府部门之一,外交部长则为政府内阁的核心成员,其地位常常仅次于政府首脑。在中国,按《中华人民共和国缔结条约程序法》的规定,凡以中华人民共和国或中华人民共和国政府的名义同外国谈判和签署条约或协定,一般由外交部提出建议并拟定条约或协定的中方草案,报请国务院批准;如由其他政府部门提出建议和拟定草案,则需会同或会商外交部后才能报请国务院审批。

与一国的对外政策密切相关的另一个政府部门是国防部。国防部负责国家安全的保障,在涉及对外使用武力时,它是一国贯彻对外政策的主要工具之一。因此,国防部和国防部长在一国对外政策的制订中扮演着不可忽视的角色。在冷战结束之后的最初几年中,人们普遍以为,冷战后时代将是一个以经济竞争为中心的时代,武力的作用将失去其在冷战时代的核心地位。但是,接踵而来的海湾战争、非洲的战乱、波黑内战、印度和巴基斯坦的核试验、北约对原南联盟的空中打击以及伊拉克战争都告诉世人,安全问题依然是各国关注的一个重要议题,武力仍然是一些国家实现其对外政策目标的基本手段。

与此同时,随着对外关系日益涉及广泛的功能领域,许多原先只管理国内事务的政府部门也不断地被卷入到国际事务中来。在国际化和全球化力量的推动下,一个政府部门要实现其本身的组织目标,发展对外交往是其成功的一个必要条件。其结果,许多管理国内事务的部门大量开展对外交流活动,如财政部卷入大量的国际资本管理,进行国际援助,处理有关国家的债务危机,如环境部门开展大量的国际环境保护方面的合作,司法部热心于开展国际司法合作等。或者,一些新的处理专门性对外关系事务的部门被组建起来。这些部门在各自的功能领域内发挥着重要的对外政策的决策作用。虽然,外交部总是试图对其他部门的对外交往施加管理,但是,许多职能部门的对外交往非常专业,超越了外交部所能监管的能力。即使是存在着外交部监督和管理的程序,实际的政策结果也常常与其他部门提出的政策草案没有多少差别。

(三) 议会

一般而言,行政部门主导着一国对外政策的制订和实施。这并不意味着各国的议会在对外政策的决策中可有可无。作为各国的立法机构,议会在各国对外政策的决策中也发挥着程度不等的作用。

根据各国的法律,议会一般拥有下述几个方面的权力,使自己介入对外政策的决策过程。(1)议会的宣战权。在一些国家,如美国,对他国宣战的权力掌握在议会的手中。美国宪法的第一条就规定,国会有权"宣战,颁发拘押和没收敌船许可状,并制定关于陆上和海上俘获的规则"。(2)议会的同意权。许多国家的宪法都规定,本国的议会对于行政部门和外国签订的条约拥有同意权。如美国总统和外国签订的条约需要获得参议院2/3的

第四章 国家的对外政策

多数同意才能生效。这一规定大大限制了美国总统对外缔结条约的权力。在中国,宪法也规定,中国对外达成的条约需要得到全国人民代表大会的批准。除了国际条约需要议会的批准之外,在一些国家,负责对外事务的政府官员的任命也需要得到议会的同意。美国宪法就规定,总统有权提名国务卿、各部部长和驻外大使,同时,这些人选必须得到参议院的多数同意方能正式上任。(3)议会的拨款权。对外政策的实施需要足够的财政支持。国家对外政策部门的正常运作、驻外机构的设立、对外援助的开展都要占用国家预算支出。在一些国家,这些对外政策方面的支出需要征得议会的授权。对政府的对外政策感到不满的议会,通常会利用议会的这一拨款权来施加影响,或者通过削减政府提出的预算,或者对预算的使用施加严格的限制。(4)议会的监督权。在平时,议会也常常通过质询、举行公开的听证会等方式对政府的对外政策进行经常的监督。政府的官员被邀请到议会,就政府的某项对外政策向议会说明情况,议会也可以借机向政府表达自己的意见。在举行听证会的情况下,议会也会同时邀请与某项政策有关的社会各方,请他们表达自己的立场。(5)议会的倒阁权。在那些议会制国家中,政府由议会中的多数派组成,政府的维持依赖其在议会中始终保持多数的地位。如果政府的对外政策施行不当,导致一个议会多数反对政府的政策,该政府便可能在一场议会对政府的信任投票中失去多数支持,并为一个新政府所取代,该政府所实行的对外政策会因政府更迭而发生改变。当然,在总统制国家中,议会多数的更迭不会导致政府的更迭。

议会在一国对外政策决策中可能具有的这些作用在过去往往被人们忽视。20世纪70年代以来,随着美国国会在对外政策领域不断伸张其宪法赋予的各项权力,对外政策的决策者和学者们开始关注议会的这一作用。尽管如此,许多西方政治家和学者都指出,议会参与对外政策的决策存在不少弊病:

外交要求速度,而议会做事经常拖沓;

外交要求谈判,而议会要么赞成,要么反对;

外交要求保密,而议会经常泄密;

外交要求专长,而议会议员欠缺外交专长;

外交要求强有力的领导,而议会常常一盘散沙。

议会参与对外政策决策具有的这些弊病说明,议会在对外政策决策中的作用不会有很大的增强,不可能强大到和行政部门平起平坐的地步。当然,在冷战后的美国,国会在对外政策决策中的作用有了明显加强。和许多其他国家相比,美国的情形有其特殊的原因:美国的宪法本身曾赋予国会相当多的外交权;同时,冷战后的美国处于世界唯一超级大国的地位,来自外部的各种威胁大大减低,使保持行政部门在对外事务方面的领导权的必要性大幅下降。在其他中小国家,来自外部的各种挑战依然严峻,行政部门仍然认为议会在对外事务方面所能发挥的作用应有所限制,不能对行政部门的主导地位构成挑战。

(四) 利益集团

狭义上的利益集团主要指那些私人性质的团体,其成员具有相似的政策主张和立场,并希望通过共同的努力来影响政府的政策。广义上的利益集团除了包括这类利益集团之外,也包括那些追求自身利益的公共机构,如政府控制下的公共部门,各职能部门和地方政府等。

在西方国家,多元社会和多元政治的概念意味着社会中存在着大量的利益集团,它们相互竞争,竞相游说政府的各个部门,以便使政府的政策能推进本集团的利益。在过去,利益集团大量活跃于国内事务的决策过程中。在对外政策的决策过程中,利益集团所发挥的作用较不明显。然而,随着国际相互依存的深入发展,国家的对外政策越来越影响到各利益集团实现本集团目标的能力。当国内的资本回报率出现下降时,资本集团便把眼光投向了尚未开发的国外市场,并希望政府能为其海外投资营造良好的国际环境;如果来自外国的产品抢占了本国的市场,使企业倒闭,工人失业,劳工组织便会要求政府限制进口,实行各种各样的贸易保护主义政策。

在西方国家,利益集团主要有以下四个类别。

1. 经济利益集团。如雇主集团、商会、农场主团体、劳工团体等。这类利益集团的主要使命是追求自己的经济利益,对政府的对外经济政策影响较大。由于这些集团代表着不同的利益,它们往往会在影响和游说政府决策的过程中相互竞争。比如,雇主集团主要关心如何提高自己的资本回报率,因而希望能在国外获得成本更低、管制更松的投资环境,并因此提高雇主集团相对于劳工组织的讨价还价的力量。劳工组织则常常相反,它们会要求政府阻止资方将工厂转移到国外,以保障工人的就业机会和工资水平。它们因此会游说政府对资本的输出施加限制,并且推动建立一个世界性的、较为严格的环境保护标准和劳工待遇标准等。在一些情况下,雇主集团和劳工集团的利益也可能出现一致。比如,它们都会要求政府去打开国外的市场,扩大本国产品的出口。出口的扩大可以增加资方的利润,同时又能增加就业的机会。

2. 军事-工业复合体。"军事-工业复合体"一词,最初是由美国总统艾森豪威尔在 20 世纪 50 年代提出,并在以后被普遍用来指称那些主张加强国家防务的利益集团。在军事-工业复合体中,其核心是那些从事军工生产的企业。世界各国的一些大公司或多或少地充当着政府的国防承包商,并从政府的军事订货中获得巨额利润。从自己的利益出发,军工产业乐于看到政府不断增加军事开支,渲染本国国家安全的脆弱性。同时,国防部、议会中主管军事和情报等方面的人士,为了完成本组织的使命,获得高新武器,或争取军工密集地区的选票,也常常和军事产业联合起来。这类由行政部门内的军事机构、工业和商业、国会、学术和科学团体所组成的特殊利益集团,通常会夸大来自外国的军事威胁,主张加强国防,并在对外政策中倾向于动用武力。美国国会考克斯委员会抛出的有关中国窃取美国核技术的报告,正是军事-工业复合体试图影响美国对外政策的一个典型。该报告试图把中国描绘成美国的一个新的敌人,从而部分成功地改变了冷战结束以来防务预算持续下降的局面。

3. 单议程利益集团。许多试图影响本国对外政策的利益集团属于单议程利益集团。这些利益集团大多没有系统的对外政策主张,它们关注的政策领域仅仅局限在政策的某个方面。比如,人权利益集团只关注政府的国际人权政策,环境保护集团仅关心政府的国际环境政策,女权组织会要求政府在国际上采取行动以消除性别歧视,宗教组织会游说政府去推进各国的宗教自由等。

4. 外国利益集团。存在着两类维护和促进某个外国利益的利益集团。一类由一国少数族裔公民组成,其目的是为了维护和促进其原来"祖国"的利益。比如,美籍犹太人建立了美国以色列公共问题委员会,专门在美国国内开展强大的院外游说活动,积极为以色列争取巨额军事和经济援助,并在中东和平谈判中维护以色列的利益。这类利益集团在国内可以和其他利益集团那样自由活动。它们掌握着充实的资金,具有严密的组织,能影响许多选民的投票行为。政治领导人要想连选连任就不能忽略这类利益集团的政策要求。另一类是外国政府或企业为了在某个国家维护和增加自己的利益而在该国建立起来的院外活动团体。在一些国家,法律允许外国政府和企业雇用本国的公关公司或个人来从事游说活动。比如,沙特阿拉伯曾雇用了美国前参议院对外关系委员会主席威廉·富布赖特,日本雇用了尼克松总统的特别助理理查德·弗林,韩国的大宇集团雇用了前里根政府的白宫办公厅主任等。

(五) 公众

普通公众一般游离于对外政策的决策过程之外。但这不等于说,公众的态度对一国对外政策的制定毫无影响。在少数国家中,普通公众可以通过全民公决的方式决定国家的重大对外政策。在欧洲共同体12国政府于1992年2月签订《马斯特里赫特条约》(以下简称"马约")后,一些成员国中出现了反对加入马约的浪潮。法国和丹麦政府决定进行全民公决,以公民投票的方式来决定是否加入马约。法国的全民公决以微弱的多数通过了马约,而丹麦的公决则否定了马约。丹麦公民的决定迫使欧共体对马约的条款进行了修订。在随后举行的一次全民公决中,多数丹麦人终于投了赞成票,从而保证了马约在1993年11月得以正式生效。此后,瑞士和挪威两国经过全民公决决定不加入根据马约成立的欧洲联盟。当然,以全民公决来决定一国的对外政策只出现在为数不多的几个国家。这些国家原本具有运用全民公决进行决策的传统。在大多数国家中,宪政制度有意或无意地排除了全民公决的决策方式。那么,在这些国家中,公众在对外政策的决策过程中还能产生哪些影响呢?

在不实行全民公决的国家中,公众的态度也会在某些时候和某些问题上制约一国对外政策的选择范围。决策者虽然可以从多个政策方案中进行选择,但决策者一般不能选择那些公众强烈反对的政策方案。1919年在中国发生的"五四运动"就表明,一旦公众被动员起来强烈反对某项对外政策,这种呼声能够对一国的外交决策产生影响。1919年4月30日,在第一次世界大战结束后举行的巴黎和会上,列强不顾中国代表团的反对,决定将战败国德国在中国山东的一切权益授予日本。消息传到中国后,国民群情激奋,强烈要求中国政府拒绝在和约上签字。当时在巴黎主持签约一事的中国代表顾维钧顺应了国民的呼声,决定拒签和约,使日本不能合法继承德国在山东的权利。20世纪60年代末,美国在越南的军事卷入屡遭重挫,官兵阵亡日多。国内民众的反战运动如火如荼,推动了尼克松政府最终将美军从越南撤出。

另外,在那些盛行民意测验的西方国家里,政府在作出重大的外交决策前常不时征询公众的意见。各个新闻媒体和民意调查公司(如盖洛普公司)经常就特定的对外政策进行民意测验。这些民意测验的结果可以显示政府的各种政策方案在公众中所获得的不同支持和反对程度。许多谨小慎微的决策者通常会依据民意测验的结果来进行决策,放弃那些公众最为反对的政策方案,选择那些公民支持度最高的政策方案。

尽管有这些影响对外政策决策的途径和可能,但总体上说,公众的作用是有限的。对外政策涉及一国的最高利益,决策环境又变化莫测,需要决策者掌握充分的情报和专长,以便在风云变幻的国际环境中及时果断地作出正确抉择。从对外政策决策的这些特点来看,缺乏信息和专长的公众并不是最佳的决策角色。同时,对国际事务缺乏了解的公众也容易成为媒体误导的对象。在1999年科索沃战争发生前,西方媒体大肆报道原南联盟军队和准军事组织在科索沃的所谓"种族清洗"暴行,对北约最终对原南联盟进行军事干预起了推波助澜的作用。

思考题
1. 举例说明典型外交政策中的一种。
2. 试比较对外政策的几种决策模式。
3. 在对外政策的决策过程中,不同的角色各发挥何种作用?

第五章 对外政策的手段：外交

过去，一国要实现本国的对外政策目标，往往采取两个基本手段：一是外交，一是武力。外交以和平方式来达到国家的目标，武力以暴力的方式来达到目标。本章将专门分析外交的演变、惯例、功能和外交在当代的发展。

一、外交的历史演变

（一）外交的概念

在《牛津英文词典》中，外交具有三种含义："外交就是用谈判的方式来处理国际关系；是大使或使节用来调整和处理国际关系的方法；是外交官的业务和技术"。英国外交官萨道义在其所著的《外交实践指南》中给出"外交"的一个经典定义，即"外交是运用智力和机智处理各独立国家的政府之间的官方关系……或者更简单地说，是指以和平的方式处理国与国之间的事务"。

中国学者撰写的《外交学概论》一书认为："外交是以主权国家为主体，通过正式代表国家的机构和人员的官方行为，处理国家关系和参与国际事务，是一国维护本国利益及实施其对外政策的重要手段；不同的对外政策形成不同形态和类别的外交。"另外，也有人将外交看作一国为实现其国家利益，通过和平方式处理与其他国家及非国家行为主体的关系的各种活动的总称。

前三种定义和后一种定义之间存在着一些重要的差别。前者强调外交

第五章 对外政策的手段：外交

的主权性，即外交的主体和客体都只限于主权国家，后者认为外交的行为者不限于主权国家，而包括许多其他的非国家行为主体或次国家行为主体（如政党、企业、社会团体或地方政府）；前者强调外交的官方性，把外交活动限制在官方的专职外交机构和外交代表人员所从事的活动上，后者则将由非外交机构和人员所从事的对外活动包含在内；前者注重形式，后者注重实质，把那些有助于国家目标实现的各种对外活动都纳入外交的内涵，其判断的标准不是对外活动的执行者，而是这些对外活动是否帮助国家利益的实现。

本章中的外交一词，将主要采用狭义的定义，这是因为，由主权国家的政府所从事的外交仍然是当今外交的主要形式，对国家利益的实现和国际关系的发展关系最大。但是，考虑到当今国际联系的多渠道化和国际议程的多样化，由非外交机构和外交人员所从事的对外活动日益影响国与国之间的关系，影响到国家实现其利益的能力。因此，在分析现代外交不断更新的方式时，外交一词也会在广义上使用。

既然外交是以和平方式处理国与国的关系，它和武力的行使有着重大的差别。虽然武力的拥有和使用武力的威胁属于外交的范畴，考虑到它们和武力的关联，本书将在下一章集中加以阐述。武力的行使是通过暴力手段强制改变有关国家的行为，以排除相关国家的阻碍，实现本国的国家利益和对外政策目标。和武力的行使不同，外交是通过和平手段，即运用智慧、给予利益或施加非暴力制裁，来影响其他国家的行为，进而实现本国利益，达到本国的对外政策目标。

外交人员的智慧是成功外交所必备的条件。在两国或多国利益相似或互补的情况下，外交人员的智慧是开启有关国家合作之门的钥匙。在此种情况下，外交人员的任务便是如何运用他们的智慧，去发现国家间存在着的相似利益或互补利益，并排除国家间存在的次要冲突利益的干扰，将相似利益和互补利益落实为国际条约、协定和政策。

当两国存在利益冲突时，成功的外交需要外交智慧的运用，还需要国家权力资源的调动。在利益冲突不是非常尖锐时，通过交换利益来实现妥协是外交的主要方式。随着国家间关系的复杂化，国家的利益需要也日益多元化，这为国家间通过交换利益和讨价还价达致利益的均衡创造了条件。当两国在某一领域上出现利益冲突时，一国要实现特定利益必然遭遇另一国的阻碍。一国可以给予另一国在其他领域相应的利益补偿，帮助其他国家实现在那一领域的国家利益,来换取该国改变在特定领域中的行为或政策,以实现一国认为更加重要的这一特定利益。这便是通常所说的"胡萝卜"方式。

以上两种情况都属于非强制性外交。当国家利益冲突较为严重时,一方通常不愿意通过利益交换来改变自己在某一领域中的政策和行为,从而使另一方既不能通过运用外交技巧也无法通过利益交换来实现自己的利益。在这种情况下,许多国家倾向于运用"大棒"政策来强制另一方改变自己的政策。"大棒"政策的实质,就是要剥夺另一方的重要利益,从而使另一方的现行政策得不偿失,使其在权衡利益的基础上不得不改变原先的政策。而要剥夺另一方的重要利益,一国必须拥有一定的权力资源,可以用来对另一方的利益追求施加障碍。一国的权力越大,其诉诸强制性外交的能力越大;一国的权力越小,其诉诸强制性外交的能力越小。因此,在国际关系中,往往一些大国和强国经常会采取形形色色的强制外交。在近代历史上,西方列强凭借着船坚炮利,对广大的非西方国家推行"炮舰外交",大肆进行帝国主义扩张,将世界其他国家置于自己的统治或影响之下,把它们变为自己的殖民地、半殖民地或保护国。20世纪60年代以来,在风起云涌的民族解放运动的冲击下,殖民地和半殖民地国家纷纷独立。面对新的形势,发达国家更多地利用自己手中所拥有的政治权力、经济权力、技术权力和文化权力,对那些捍卫民族利益的发展中国家多方实行强制性外交。强制性外交的形式多样,如撤销外交承认、中止外交关系、取消各种援助、实行经济制裁等,不一而足。

(二)外交的演变

外交的历史和人类有记载的历史一样长,甚至更长。当代的外交,可以在早先希腊城邦国家和中国春秋战国时代的外交实践中找到自己的渊源。

最初的外交仅仅局限于传递信息。信使被从一国派往另一国,去传达本国的意图,并把另一国的回应带回来。随着早期国家之间的相互交往逐渐密切,外交使者的作用不断扩大。如中国春秋战国时代的诸侯国就根据出使使命将外交使者分为几种,如受命于国王去缔结重要政治、军事协定的"会盟专使",专门去向其他诸侯表达问候和友好的"聘问通好之使",战争期间受命下达绝交通牒、宣战的"通命示整之使",代表国王向别国国王婚

第五章 对外政策的手段：外交

丧嫁娶分别表示祝贺、哀悼的"庆贺吊丧之使"。在古代印度，《摩奴法典》就已经规定，解决国家之间的纠纷，"要努力通过谈判、收买、离间来瓦解敌人；可并用或分用这些方法；不必诉诸战斗"。外交使节的任务是要获得驻在国国王的计划和企图，通过收买大臣、资助反对派和策划叛乱来削弱驻在国的政权。在古代希腊和罗马，来自外国的使者还可以在元老院发表演讲。修昔底德就描述过，在公元前432年，斯巴达人就召集了一次同盟会议，考虑是否对雅典宣战。雅典的特使在会上发表了长篇大论，但没有能说服斯巴达及其同盟者。会议仍然裁定雅典违反了条约，并对雅典宣战，以示惩罚。在公元前431—前404年发生的这次长达27年的伯罗奔尼撒战争以雅典失败而告终。由于外交使节的作用扩大到在外国进行游说，使节通常需要具备能言善辩的素质。这些使节出使国外时持有本国国王签发的确认其全权的委任书。希腊语中的"委任书"一词以后成为西方各国语言中的"外交"一词的词源。

中世纪外交的一个较大的进步是建立了常驻外交使节制度。1455年，意大利的米兰公爵向热那亚派出了一位常驻使节，这是西方历史上第一个派出常驻使节的历史记录。1648年签订的《威斯特伐利亚和约》则首次以条约的形式确立了常设外交使节制度。

常设外交使节制度的建立以及《威斯特伐利亚和约》关于主权国家的种种规定为现代外交的大发展奠定了基础。在这个君权至上的时代中，欧洲各国发展起一种奇怪的外交体系。君主所任用的外交使节中有许多是外国的公民。许多在国外代表俄国沙皇的使节是英国和法国的公民。法国国王则雇佣荷兰人、英国人和德国人为驻外使节。这些人为数不多，通常为贵族出身，都能说一口流利的法语，他们甚至相互联姻。欧洲各国外交官的这些共同的特征使他们分享一种共同的文化和价值体系。外交的目的因而主要是为了维护现存秩序和该秩序下王室和贵族的既得利益。在1648—1789年间，欧洲的外交虽然没有能够防止战争的发生，但成功地使战争只具有有限的规模，追求有限的目标。

1789年的法国大革命改变了近代欧洲外交的传统格局。大革命在全欧洲激发出来的民族主义增加了国民对国家的认同，扩大了公众对外交的影响力。其结果是，早先盛行的外交官跨国小集团不复存在了。国王不再任用外国人作为本国的驻外使者。由于民族情绪的激化，外交的难度加大了，再不能像过去那样容易地相互达成妥协。从某种角度说，1789年后的各国外交未能顺应这变化的国内国际环境,招致了外交的失败,外交的失败导致了第一次世界大战的爆发。

二、外交规则和惯例

(一) 外交承认和建交

外交承认是指:一个主权国家承认另一个主权国家,一个主权国家承认另一个主权国家的政府为该国的合法政府。一般来说,承认一个国家表示承认该国的主权地位,即这个国家在国内拥有处理内部事务的最高权力,在国外拥有独立权和平等权。当一个新国家出现时,或当国家更名时,国家承认的问题便出现了。对一个原有国家的新政府的承认和国家承认有所不同。新政府的出现通常不影响到对该国的承认。但是,新政府能否获得国际承认,关系到该政府是否被其他国家承认为该国的合法政府,能否在国际上代表这个国家,行使该国承担的国际义务,享受该国的国际权利。

按照国际惯例,国家通过正常的法律程序更改国名无需重新获得国际承认。一国政府依据本国的宪法程序进行正常的更迭也不需要重新获得国际承认。各国在行使承认权时,通常的考虑是依据新国家是否具备了主权国家的属性,或者原有国家的新政府是否在本国实行有效控制。新中国在1949年成立后,苏联于次日来电表示承认中华人民共和国,并愿意和中国建交。随后,保加利亚、罗马尼亚、匈牙利、波兰、越南、缅甸、印度、挪威、丹麦、芬兰、瑞典、英国等几十个国家相继承认新中国,并撤销了对国民党政府的承认。但是,以美国为首的一些西方国家仍然从政治考虑出发,拒绝承认中华人民共和国,并继续承认和扶植台湾的所谓"中华民国"。美国直到30年后的1979年才正式承认中国,并断绝与台湾的"外交关系"。在20世纪的历史上,美国也因为政治原因拒绝承认新兴的苏联达20年(1917—1937年)之久。

外交承认可以采取不同的方式。比较郑重的方式是有关国家发表联合公报,宣布相互承认。目前较为多见的方式则是,一国领导人、外交部或外交代表以电文、声明或谈话的形式宣布承认。另外,外交实践中还存在"事实上的承认"的做法,即一国不公开对另一国表示承认,但通过具有法律效果的实际行动,如与该国签订具有官方色彩的协定,事实上对另一国的主权国家地位或新政府的合法性表示了承认。1972年尼克松访华时中美签署的《上海公报》,表示美国已在事实上承认了中华人民共和国及其政府。不过,"事实上的承认"还不完全是正式的外交承认,它只是导向正式外交承认的过渡形式。

在大多数情况下,相互承认的两国将进而建立正式的外交关系。这意味着两国将有权派出自己的外交代表到对方的首都常驻和建立使馆,并按国际法和惯例享有外交特权和便利,以代表本国和维护本国的利益。在新中国成立后的第一年中宣布承认中国的大多数国家都迅速和中国建立了外交关系。不过,相互承认并不等于建交。有时,相互承认的国家由于各种原因暂不建交,或不建立完全的正式外交关系。英国和中国的建交进程就是如此。英国于1950年1月表示承认新中国,并撤销对国民党政府的承认。但在承认新中国的同时,英国坚持保留在台湾淡水的领事馆,在处理中国在香港等地的国家财产和中国在联合国的代表权等问题上未采取善意的行动,中英建交谈判一直未果。直到1954年,两国才建立起"代办级"外交关系。1972年3月,在美国总统尼克松访华后不久,英国决定撤销其在台湾的官方机构,从而使中英两国的外交关系升格为大使级外交关系。

(二)外交使团

国家派出的使节称号不同。大使是一国元首向另一国元首派出的全权代表。由派出国元首任命,并通常征得接受国的同意。目的是为了避免派出不受接受国欢迎的人选。大使率领的外交使团在接受国设立使馆。根据使馆馆长的等级,使馆可以分为大使馆、公使馆或代办处。公使为第二等级的使馆馆长,亦由一国元首向另一国元首派遣。公使与大使的区别在于所受的外交礼遇低于大使,但其享有的外交特权和豁免权同于大使。二战后,公使不再被任命为使馆馆长,而是作为仅次于大使的高级外交官出现在规模较大的使馆中,如公使衔参赞、公使和全权公使。代办为第三等级的使馆馆长,是由一国的外交部长向另一国派出。其所受的外交礼遇次于公使。

　　大使在第二次世界大战前是一国外交的主要载体。由于交通和通信的不便，一国的大使作为国家的代表具有国家元首授予的处理与驻在国关系的全权，并被冠之以"全权大使"的头衔。一国与另一国政府的谈判主要通过该国派驻在驻在国的大使来主持和进行。而且，大使在进行外交谈判时享有相当大的自主权。二战后，由于交通和通信技术的迅猛发展，一国政府可以和另一国政府直接谈判，大使在一国外交中的重要性出现了很大程度的下降。在基辛格担任美国国务卿期间，美国驻苏联的大使馆几乎成了基辛格在莫斯科的旅馆。美国驻苏联大使甚至不知道基辛格和苏联领导人进行谈判的内容，还需要去向苏联外交部探询。美国总统任命的驻外大使中有40%根本不具有外交官的素质，不会讲驻在国的语言。他们之所以成为大使，只是因为他们在当选总统的竞选过程中曾为总统出过力，并因此得到大使这个美差的回报。这类不懂外交的大使的出现，更进一步削弱了大使的作用，也降低了人们对大使的期望。

　　在一国驻外使馆中，还有其他较低级的外交代表。依据他们的等级，具有外交官级别的使馆官员有公使、参赞、秘书（分一、二、三等）和随员。其中，参赞是负责专门事务的专业外交官员，如经济参赞、文化参赞和武官等。他们在各自划定的职责范围内有权进行对外交往和交涉。如馆长缺位，负责代行馆长职务的临时代办不能从专业外交官员中委派，而需在主持政务的外交官员中委派。一国的大使馆在接受国首都之外的地区还可以设立领事馆，并由领事或总领事领导。这些领事馆除了大使馆的政治代表的使命外，承担着类似大使馆的许多其他功能。比如，中国在美国的纽约、芝加哥、西雅图和洛杉矶设有总领事馆。相对地，美国在中国的上海、广州和长春设有领事馆。

　　一国向另一国派出的大使有较高的国内国际声望，一般表示一国对发展与另一国的关系较为重视。有影响力的大使可以便利地和两国最高外交决策者进行直接联系，从而更好地承担大使的职责。比如，美国布什政府为了强调重视对日关系，任命前副总统蒙代尔为美国驻日大使。克林顿总统为了减少美国国会在对华政策上的干扰，任命了前民主党资深参议员萨瑟为驻华大使。有时，为了表示对另一国的不满，一国可以召回大使，使大使缺位。中国在美国允许李登辉于1995年5月到美国从事分裂中国的活动后，召回了中国驻美大使李道豫。

（三）外交特权和豁免

外交官在驻在国生活和工作时，他们有权享有不受驻在国逮捕和审判的特权。这种外交优待是国家间保持交往的起码条件。因此，中国古代就有"两国交兵，不斩来使"的惯例。现代关于外交特权和豁免的国际惯例，大致形成于18世纪中期的欧洲。经过各国和法学家们两个多世纪来的努力，1961年，联合国通过了《维也纳外交关系公约》，为外交人员的特权和豁免权作了最权威的规定。随后的《维也纳领事关系公约》、《特别使团公约》和《关于防止和惩处侵害应受国际保护人员包括外交代表的罪行的公约》对此问题作了进一步的补充规定。

外交特权的一个核心内容是外交代表的人身不可侵犯。这一原则包括两方面的内容。一是外交人员不受任何方式的逮捕或拘禁，一是接受国应采取一切措施以防止外交人员的人身安全、自由或尊严受到任何侵犯。即使外交人员在接受国违反了当地的法律法规，接受国也不能诉诸本国的法律。视违法的程度，接受国的对策有：不加理睬；向派出国提出抗议；宣布违法人员为"不受欢迎的人"而强制其离境。在两国关系紧张的时候，外交人员也可能在并无违反当地法律的情况下被宣布为"不受欢迎的人"而遭到驱逐。这种情况的发生主要是接受国对派出国的政策不满，而以此方式传递信息。鉴于外交特权是一种对等的权利，如果一国驱逐另一国的外交人员往往招致另一国采取同样的行动进行报复。在冷战的高峰期，美国和苏联经常发生此类的互相驱逐外交人员的事件。

外交特权的另一项主要内容是使馆的馆舍不可侵犯。使馆的馆舍被认为是派出国领土的一部分，不受接受国法律的管辖。因此，使馆馆舍不可侵犯意味着：第一，未经使馆馆长许可，接受国人员不得进入使馆；第二，接受国负有特殊责任，采取一切适当步骤保护使馆馆舍免受侵入或损害，并防止一切扰乱使馆安宁或有损使馆尊严之情事。另外，有关的国际惯例也要求，使馆馆舍不可侵犯的原则即使在战时也应得到遵守。任何对使馆馆舍的武力攻击或侵害，即构成国际不法行为，应受到世界各国的谴责。负有责任的有关国家应对其不法行为所造成的财产和人员损失进行赔偿。

不过，使馆馆舍不可侵犯的惯例不能成为外交使节可在馆舍中藏匿罪犯的理由。如果驻在国当局追捕的刑事犯藏匿在使馆中，使馆应将其交给当地警方或允许驻在国当局进入使馆将其逮捕。1984年4月,利比亚驻英国大使馆前发生反对利比亚领导人卡扎菲的示威活动。在此过程中,利比亚使馆内有人向外开枪,造成当时正在现场的英国女警察弗莱彻中弹身亡。英国警方随后封锁了利比亚驻英使馆,要求其交出杀人凶手。利比亚拒绝了英国的要求。于是,英国断绝了和利比亚的外交关系。只是在15年后,利比亚向遇害的英国女警察弗莱彻的家人提供了赔偿,两国关系才得到恢复。

此外,外交特权还包括使馆档案和文件不受侵犯、通信自由、在遵守接受国安全规章前提下的行动和旅行自由、管辖豁免和税收豁免等方面。

三、外交的功能

(一) 情报搜集

外交的一个基本功能是掌握其他国家可能影响到本国的各种事态的发展,了解他国的政治、军事、经济和社会各领域的状况,摸清他国的内外政策及其走向,以便为本国制定正确的对外政策提供参考和佐证,为本国各项制度的完善和科技文化事业的进步提供外国的参考经验。准确的情报是一国制定正确的对外政策的前提。否则,本国的外交就会被置于尴尬窘迫的境地。1971年7月,美国向日本通报说,尼克松总统将于次年5月访问中国。这一信息令日本无所适从。日本以为,在发展对华关系方面,1970年10月佐藤荣作首相和尼克松总统已确定了一项方针,即调整对华政策是必要的,但任何这样的调整要"事前协商"。而美国这次却蒙骗了日本这个盟国,大搞越顶外交。当记者要求日本外相对此发表评论时,他不禁目瞪口呆,一言不发。另一位外务省高级官员则冒出了一句令人费解的话:"因为60年风水轮流转呀。"出现这样的情况,当然要首先归因于日本未能及时掌握美国的外交动向,一味相信美国过去对事先协商的承诺。

情报搜集工作过去主要由驻在他国的外交使团来完成。1961年的《维也纳外交关系公约》曾以国际法的形式,规定"以一切合法手段调查接受国之状况及其发展情形,向派遣国政府具报"为外交使团的基本任务之一。

第五章 对外政策的手段：外交

由于外交使团处在国外事态发展的第一线,外交使团在收集、整理、分析和研判接受国信息等方面具有国内机构和人员所不可企及的优越地位。

所有的职业外交人员都有责任从事信息收集工作。他们通过跟踪接受国的广播、电视、报刊和其他公开的信息来源,收集并研究驻在国领导人的讲话、政府公告和官方材料,了解驻在国社会各方面的状况和动向;亲身接触驻在国的朝野各界人士和各国外交官员,广交朋友,尽一切可能通过合法途径获得各种宝贵的信息。比如,在冷战期间,美国驻苏联大使馆的全体人员会在指定的时间内,驱车到各自分管的地区了解情况,写成报告,甚至连最细小的动向都要核对。作为制约措施,苏联也会突然作出决定,不准美国使馆人员在一定地区内自由旅行。对于一些较小的国家来说,美国使馆的这种做法显得过于赤裸。他们更多地试图通过合乎常规的方式来收集信息。日本驻苏联大使馆就喜欢采用举办招待会的方式来搜集情报。比如,日本驻苏联大使馆会以"天皇生日"的名义举办招待会,邀请苏联政府官员和各国驻莫斯科的外交使节参加。招待会的目的之一是请来平时难以见到的政府官员,通过和他们的交谈来获取情报。同时,通过观察来人的级别来推测苏联对日政策的动向。另外,如果有官员事先答应参加但最后没有出面,可推测该官员所在部门是否发生了紧急事态等。

此外,一些国家在驻外使馆中还设有专门的情报部门。如美国的中央情报局在美国驻世界各国的使馆中都安排了自己的据点。这些情报人员具有从事情报收集的专业技能,并配备专业工具。他们常常以外交官的身份抛头露面,在从事公开合法的情报收集的同时,也不时进行秘密和不合法的间谍活动。在冷战期间,美苏之间相互驱逐的外交官中,许多是拥有外交官头衔的美国中央情报局人员和苏联的克格勃人员。在一些国家的驻外使馆中,还设置了专门的技术侦听部门,如美国国家安全局的派出机构配备高科技的电子设备,侦听、截获和破解驻在国的各种通信联系。

在过去,来自外交使团的报告是一国获得他国情报的最主要途径。随着两国交流的渠道日益拓展,人员和信息的交流更加密切,驻外使馆在情报收集方面的重要性有所下降。如今,随着远距离情报收集技术的快速发展,针对某一国家的情报收集可以多渠道进行。如美国和苏联的侦察卫星,通过光学成像、红外线成像、雷达成像及电子侦听等方式,可以一天24小时对重点地区的地面活动、电讯联系保持全方位的监视。此外,对外政策的决策者们越来越经常地出国访问,会晤外国政要,亲自了解外国的情况和发展动向。

(二) 外交代表

外交的代表功能分成两个部分:象征性代表和实质性代表。在某种程度上,外交官,无论是政府首脑还是驻外大使,是一国在国外的人格化身。他们对外代表国家,其一言一行都影响国家的声誉和形象。外交官们要常常在驻在国出席各种迎送、会见、演讲、宴请、参观游览、庆贺、吊唁等活动和仪式。外交官们的言谈举止如何,直接关系到一国在驻在国的形象。优秀的外交人员能够熟练地运用当地的语言,了解并尊重当地的风俗。他们风度翩翩,举止优雅,言语得体,机智灵敏,正派沉稳,从而给驻在国留下一个良好的印象,拉近两国人民的距离。相反,如果外交人员举止鲁莽,言语粗鄙,经常冒犯驻在国或其人民,他们就会与驻在国人民疏离,扩大两国间的认识鸿沟。

由于通信手段的日益先进,一国对另一国的印象已不仅仅源于外交人员的行为举止,但外交人员作为一国在驻在国的正式代表,他们留给驻在国的印象是一国的官方形象。因此,各国都在选拔和任用外交人员时设立了严格的标准。根据美国《1980年外交公务法》(Foreign Service Act of 1980)的要求,外交人员必须能"代表美国人民"。他们按照定义几乎就必须是人中精华。他们"是国家在海外的象征,在天资和训练所能做到的范围内尽可能给人以积极的印象。他们应当了解、欣赏并在某种程度上体现本国的文化传统、科学成就以及政治制度建设的成就"。新中国的历代领导人也对外交人员在履行象征性代表功能上提出了严格的要求。外交人员在国际交往和涉外活动中,要光明磊落,不亢不卑,不做任何不利于祖国的事,不说任何不利于祖国的话。作为代表一个大国的外交人员,中国的外交官既要拒绝民族利己主义,也要拒绝大国沙文主义,绝不可盛气凌人。

除了象征性代表外,外交的代表功能中还包括实质性代表,即对其他国家表达和解释本国的政策与意图,如口头说明,致送书面照会、函件和备忘录,提出外交抗议等。一国要实现自己的对外政策目标,它就必须让其他国家了解本国的政策,以寻求别国的理解、同情与合作,或至少不妨碍本国政策目标的实现。如果有关国家对一国的政策和意图没有准确的了解,它们

第五章 对外政策的手段:外交

在追求自身目标的同时就不会或无法照顾该国的利益,从而对该国带来不必要的麻烦。中国现在致力于发展和周边小国的睦邻友好关系。但如果这一政策和意图没有明确无误地传达给有关国家的决策者,它们就会怀疑中国的政策意图,害怕中国试图在本地区依靠它的强国地位来建立新的地区霸权,从而会采取各种各样的安全和外交措施来防范中国。

除了解释本国的政策,外交代表的另一项任务是就某项事务向有关国家表达本国的观点、看法和建议。在法属阿尔及利亚获得独立后,法国不得不将其核试验场转移到法国在南太平洋的属地穆鲁瓦岛。为此,周边国家十分反感。新西兰驻法国大使在1973年向法国政府提交了一份备忘录,表达了新西兰对法国这一行动的立场。备忘录表示,新西兰对放射性散落物在生理上的影响感到不安,对核武器的扩散感到不安,对欧洲国家不在本国而在海外领地进行核试验表示不满。当别国的某项政策或行为严重损害到本国的利益时,一国会提出抗议来表达本国的不悦或愤怒。一国向另一国提出正式的外交抗议,一般由本国驻外使馆向驻在国外交部门提出。有时,为了突出本国的不快,一国还可通过本国的外交部长、副部长或主管司长召见另一国使馆的外交官,在进行口头抗议之余,再致送书面的抗议照会。

过去,外交代表的活动主要通过外交渠道来进行,即主要通过一国的外交部门和驻外使馆来进行。随着首脑外交的日益盛行,一国的国家或政府首脑也经常进行外交代表的活动。通过出国访问、参加国际会议、约见外国使节、进行热线交谈、交换书信等形式,各国首脑日益担负起解释本国政策和表达本国立场的职责。

在进行外交活动时,外交人员常常使用外交辞令。外交辞令是外交场合中口头和书面表达的一种特殊形式。它所使用的词语和语气要求准确、掌握分寸、含蓄、婉转,并经常使用托词。外交辞令的作用,是既要准确地表达自己的态度,又要避免刺激性的言辞激化国家间的矛盾。即使是言辞激烈的抗议照会,也需要以"致意"开始,"顺致崇高敬意"结束,以外交辞令来保持正常的礼仪。

(三)外交谈判

谈判是外交最重要的功能。谈判是有关国家为在某一特定问题上达成协议而讨价还价的过程。在国际关系中,国家间在某一特定议题上利益完全一致的情形鲜有出现,出现利益分歧的情形则屡见不鲜。因此,任何一项国际条约和协议的达成都必然涉及国家间的利益交换。中国和美国进行了13年的马拉松式的谈判才于1999年11月达成了中国加入世界贸易组织的双边协定。在协定中,中国在农业、制造业、金融和电讯领域承诺减低关税,放宽外资进入的限制,而美国政府则答应,将逐步取消对中国纺织品进口的配额,并争取国会给予中国永久性的正常贸易待遇。

谈判的过程一般经过谈判准备、谈判开始、实质性谈判、协议形成和签署等阶段。在谈判准备阶段,有关各方将准备本方的谈判立场,确定各方可接受的谈判地点、时间、议程、参与者和参与者的级别。在外交谈判中,上述每一个问题都可能对一方利害攸关,因而,为达成一致,有关各方不得不耗费大量的时间,甚至连谈判桌的形状这类细节问题都可能成为谈判的重大障碍。1648年,光是为了确定参加威斯特伐利亚和会的各国代表团的入场次序和座位,有关国家就花费了6个月的时间来达成一个相互可以接受的方案。在1945年2月的雅尔塔会议期间,为了显示三巨头的平等地位,美、英、苏三国的外交官绞尽脑汁地想出了一个方案,让斯大林、罗斯福和丘吉尔从三个不同的房间同时进入会议大厅。

谈判开始阶段主要涉及程序性问题。在这一阶段,有关各方要验证各自的全权证书,确认谈判的目的和地位,确定谈判使用的语言,商定谈判的程序规则,以及决定作为谈判基础的协议文本或草案。

在实质性谈判阶段,有关各方将摸索各方的共同点,并通过缩小分歧而获得更广泛的一致。在试图缩小分歧时,各方将就利益交换的具体问题进行激烈的讨价还价,以保证一方的让步能获得对方相应的回报,以期失之东隅,收之桑榆。成功的谈判一般是一个共同点逐步增多的渐进过程。

在协议形成和签署阶段,谈判各方将根据业已达成的共识拟就协议的最后文本。如果协议需要以多种语言来体现,还需就各种语言版本的协议达成一致。由于协议具有法律效力,是各国日后履行各自义务的基础,为了防止谈判对手玩弄文字游戏并从中渔利,各国的技术专家和法律专家必须对协议的各个文本进行字斟句酌的反复推敲。拟定的协议文本由各国的首席谈判代表草签后,还需确定各国政府同意后正式签字的时间和地点。

高级谈判和低级谈判。谈判参加者的级别,可分为政府首脑级、部长级、高官级和技术专家级。谈判的级别越高,谈判对有关国家的重要性越大,有关国家达成协议的决心也越大。反之,一国如降低谈判的级别,谈判的重要性和一国寻求协议的意愿也相应降低。当然,从谈判的进程来看,谈判通常首先要求低级谈判来形成初步的共识,并把剩下的棘手问题留待高层级的谈判来解决。从欧盟的实践来看,由国家元首和政府首脑组成的首脑会晤日益成为推动欧盟一体化向前发展的主要动力,这不仅体现在首脑会议逐步在欧盟内部体制化,也反映在首脑会晤的次数不断增加上面。

直接谈判和间接谈判。直接谈判由当事国的代表当面进行,间接谈判则是当事国通过第三国的中介而进行的谈判。当今国家间的谈判绝大多数属于前者。这是因为,直接谈判可以准确地传递信息,不会由于第三者的介入而出现信号扭曲。而且,直接谈判更为节约时间。但是,在特定的情况下,如两国没有邦交,或关系紧张,直接谈判难以进行而两国又迫切需要谈判时,间接谈判也应运而生。间接外交的第三者通常是当事国都可以信赖的朋友,能够忠实地为双方保守秘密。1971年,在美国决定与中国进行高层谈判后,美国通过巴基斯坦向中国传达了这一信息。这些信息以口信或没有信头和签名的书信的形式,通过"巴基斯坦渠道"相互传递。期间,中美商定,为了改善中美关系,解决美国在台湾和台湾海峡的驻军问题,美国总统的安全事务助理基辛格博士将秘密到北京和中方进行直接会谈。这一具有传奇色彩的直接谈判为中美关系的突破打开了大门。

(四)危机管理

危机是这样一种情形,重大事件的发生完全出乎有关国家决策者的意料,这一事件对有关国家的核心利益构成威胁,决策者对事件的处理受到沉重的时间压力,事件的处理涉及巨大的战争风险。和正常的外交一样,危机管理也需要外交代表和外交谈判。成功的危机管理必定得益于成功的外交代表,并以成功的外交谈判为终结。和正常外交不同的是,危机管理是一种特定情形下的外交,它关系到国家的重大利益,面对有限的反应时间,涉及战争的风险。每当一个外交危机出现时,负责处理这一危机的政府部门的工作人员便会通宵达旦地工作,根据这一规律可以推测,某类外交危机可能已经发生。

在国际关系中,大大小小的国际危机不时发生,需要有关国家及时地正确处理和控制,以避免战争的爆发。在危机环境下,一国有效的危机管理外交必须做到两点:表达维护自己利益的坚定决心;减少对手在危机事件中的利害关系。显示决心增加了对手在一场可能的较量中所要付出的代价,而减少对手的利害关系将使对手降低对危机事件的重要性的认识,并因而放弃高代价的对抗而愿意谈判妥协。在显示决心时,各国外交惯常采用的手法有:宣称宁为玉碎,不为瓦全;提升事件对本国的重要程度;宣传自己的行为是正义的;假装自己的行为存在非理性;渲染政府正在失去对国内民众的控制;进行军事部署等。通过这些手法,一国将使对手认识到,它不可能在此问题上后退。如果他国逼迫太急,两败俱伤的战争将不可避免。同时,一国也可以采取一些手法来减低对手在危机事件上的利害关系,如强调本国目标的有限性;表达自己的良好意愿;引入第三者来进行调停;给予对方以下台的台阶等。

比如,在1958年开始的第二次柏林危机中,面对赫鲁晓夫提出的要求美、英、法三国在六个月内从西柏林撤军的最后通牒,美国总统艾森豪威尔表示,美国将坚定地"留在柏林"。12月,北约发表公报,对美、英、法不放弃西柏林的决心表示支持。同时,美国和英国也开展了频繁的外交活动,美、英、法、苏四国外交部长举行了会议,以表达西方希望和苏联缓和关系的愿望。在西方软硬兼施之下,赫鲁晓夫只好听任最后期限的到来,而未能采取强制手段来驱赶在西柏林的西方军队。1958年9月,赫鲁晓夫还应邀到美国访问,危机暂时化解。

四、外交在当代的发展

(一)多边外交

多边外交是一种与双边外交互为补充的外交方式与战略。它是指三个及三个以上的国际行为体,在常设的或特别的国际组织、国际会议中互动。多边外交上升为指导国家对外政策的思想和理论,则是多边主义,与单边主义截然相反。

早先的外交在地理上是有限的,在形式上多为双边性质。经常保持外交关系的国家通常局限在地球上的某个区域。分属不同区域的国家间很少相互交往。地理的间隔和通信交通手段的落后从客观上制约了此种交往。

第五章　对外政策的手段：外交

偶尔出现的少数多边外交的事例，如 1648 年的威斯特伐利亚和会、1814—1815 年的维也纳会议，都是大战结束后战胜国依新的实力对比重新划分势力范围的区域性和会。随着资本主义生产方式在全球的扩展和 19 世纪的交通通信技术的革新，越来越多的国家被纳入一个整体的国际社会。在国家间的接触和交往日益密切之际，外交的地理范围也逐步扩大，并出现了多边外交的萌芽。在 1907 年的海牙和平会议期间，参加国达到了 44 个。

第二次世界大战后，随着前殖民地国家纷纷独立，当今的联合国已成为 193 个国家进行外交的场所。外交已经具有全球的范围，多边外交因而成为各国外交的一个重要组成部分。多边外交的展开有以下主要形式。

围绕国际组织的多边外交。国际组织是若干国家为了实现特定的目的和任务，根据相互达成的有关国际条约而建立起来的国际团体。第二次世界大战后，国际组织有了飞速发展。在全球范围内，有联合国、国际货币基金组织这类成员几乎包括所有国家的全球性组织，也有大量的成员仅限于某个地区范围的区域性组织，如东南亚国家联盟、美洲国家组织、欧洲联盟、独联体、阿拉伯国家联盟等。这些组织所处理的问题，有的是全能型的，如联合国，处理的问题涉及政治、安全、经济、社会、文化等人类社会的各个领域；有的是专门型的，如世界贸易组织，只负责管理国际贸易。雨后春笋般涌现的国际组织是二战后国际关系的一大特点，为各国在国际组织中开展多边外交提供了固定的舞台。国际组织中的多边外交涉及国际组织的建立、国际组织的规则、国际组织的机构设立和权力分配、国际组织的日常管理和政策决定、国际组织与其他国际行为者的关系等。

围绕国际会议的多边外交。国际会议在二战之前是多边外交的主要形式。二战之后，国际会议得到了更大的发展。比如，在 1900 年前，美国的外交官一年平均参加一次多边国际会议。而在今天，每天都有美国的外交官参加一次以上的国际会议。和国际组织相比，国际会议的发起比较随意和灵活。它们的召开不一定是为了建立一整套调整国家间关系的规则和制度。通常，国际会议的召开是为了调解涉及有关国家利益的地区冲突，缓解紧张局势。如 1954 年解决印度支那问题的日内瓦会议，1999 年 2 月在法国朗布依埃举行的由美国、欧盟、俄罗斯和原南联盟科索沃争端各方参加的国际会议，以及近年来断断续续进行的有中国、美国、俄罗斯、日本、朝鲜和韩国参加的"六方会谈"。有些国际会议的发起是为了促进有关国家的共同利益,如 1955 年为了加强亚非国家相互合作的万隆会议,为了加强相互经贸联系的亚太经合组织领导人非正式会晤,为了加强边界信任和相互合作的俄罗斯、中国、哈萨克斯坦、吉尔吉斯斯坦和塔吉克斯坦五国会议等。

（二）经济外交

经济外交有两个层面的含意:一是外交越来越具有经济的内涵,二是外交越来越多采用经济杠杆来达到目的。

二战后,特别是 20 世纪 70 年代以来,涉及经济事务的外交成了各国外交的中心内容。福利国家的出现表明,西方各国将增进国民的福利摆到了国家事务的中心。在发展中国家,提高人民的生活水平也是各国独立后的一个重要课题。中国在 1978 年采取了改革开放政策后,国家建设的中心任务全面转到经济建设上。同时,20 世纪 70 年代以来不断发展的国际经济相互依存使各国认识到,要提高国民的经济福利水平,必须大力开展国际经济外交,为本国的经济发展创造良好的国际经济环境,即确保国外市场对本国产品的开放,保证外国资本和技术的不断流入,保障国际货币关系的稳定,保障本国所需的外国原材料和能源供应的稳定,发展经济的区域合作,防止相互依存对本国经济带来不利影响,诸如此类,不一而足。为了实现国家对外政策中的经济目标,各国政府竞相展开经济外交。改革开放后,经济外交在中国外交中占据着极其重要的地位。为了引进外国先进的技术、资本和管理经验,中国设立了经济特区和其他各种形式的经济开发区。中国积极发展和西方发达国家之间的经济合作关系,通过国家领导人之间的互访来推动大型经济合作项目。中国也加入了国际货币基金组织和世界银行,以获得这两个国际金融组织对中国的长期低息发展贷款。从 1986 年起,中国开始恢复在关税和贸易总协定（1995 年后为世界贸易组织）中创始缔约国地位的谈判。经过 13 年的艰苦谈判,1999 年 11 月,中国终于和美国达成了中国加入世界贸易组织的协议,为中国最终成为世界贸易组织的成员排除了最大的障碍。

国家在追求经济性质的政策目标的同时,也广泛地采用经济杠杆来实现国家的对外政策目标,包括对外经济目标、对外安全目标和对外政治目标。这类经济杠杆可以分为两大类。一类是经济好处。一国通过向另一国提供经济好处,如经济援助,来促使该国实行本国希望该国实行的对外政策。经济援助可以补偿该国因实行这种政策而受到的利益损失,从而使该国转而实行这种原本不会实行的政策。在国际关系中,虽然这种做法带有功利性,考虑到国家利益的多面性以及经济利益的重要性,国家间进行这样的利益交换还是一种相互获利的游戏。在战后初期,受到二战重创的西欧各国百废待兴,苏联在东欧已经确立了自己的优势,在西欧内部,各国共产党因坚持了抵抗运动而影响日增。美国为了防止西欧落入苏联的势力范围,启动了著名的马歇尔计划,在1948年至1952年间,向西欧国家提供了130亿美元的无偿援助,在一定程度上加快了西欧经济的复兴,并使西欧国家加入了美国领导的北大西洋公约组织。冷战结束后,西方利用经济援助迫使发展中国家接受西方式的民主和人权观念。

经济制裁是另一类经济杠杆。所谓经济制裁,即是有意识地采取政策来限制或剥夺某一国家的经济利益,以迫使该国改变其某一对外政策或行为,如不给或减少经济援助,禁止向一国输出商品、技术或资本,对一国实行贸易制裁和禁运等。通过经济制裁,一国可以改变另一国的利益盘算。有些国家发现追求原来的政策所获得的利益小于因经济制裁所蒙受的利益损失,他们的决策者将放弃原来的政策。

1973年,石油输出国组织决定对美国和荷兰等国实行石油禁运,以惩罚这些国家在当年的中东战争中支持以色列。石油禁运虽然没能阻止美国继续支持以色列,但对西方国家带来了极大的冲击。在政治上,它分化了西欧、日本和美国的关系。许多西欧国家为了保障石油的稳定供应,不得不拒绝为美国提供运送武器的机场和港口,停止了对以色列的武器供应,并转而支持阿拉伯国家和巴勒斯坦人民的合法权利。在经济上,石油危机引发的油价暴涨,结束了西方国家经济发展的黄金时代,在20世纪70年代中后期步入了经济停滞和通货膨胀的阶段。经济制裁在结束南非种族隔离制度上也发挥了积极作用。1963年,联合国大会通过决议,要求各国根据自愿的原则对南非少数白人政权实行石油和武器禁运。世界上大多数国家随后对南非实行了广泛的经济制裁。考虑到美国公司在南非的重大利益以及南非对美国的重要战略价值,美国政府在制裁南非的问题上一直轻描淡写。不过,在1985年,国会在里根总统否决了国会要求制裁南非的决议后再次以超过2/3的多数通过了这一决议,强制总统对南非实行制裁。在世界各国经济制裁的压力下,南非政府终于在1993年从法律上给予黑人以平等权,结束了臭名昭著的种族隔离制度。

尽管有这些成功的例子,但是,在1945年到1990年间全世界发生的60多起重大的经济制裁中,大部分的制裁是失败的。美国在新中国成立后伙同其西方盟友对中国实行了长期的贸易禁运,结果把中国变成美国的敌人,令美国在朝鲜战争和越南战争中威风扫地。到了20世纪70年代,贸易禁运不得不取消。在1961年后,美国对革命后的古巴也采取了贸易禁运的手段。古巴人民在卡斯特罗的领导下,在美国的眼皮底下建设起一个坚定的社会主义堡垒,历经30年的冷战和30年的冷战后时代而没有垮台。在美国的西方盟友纷纷和古巴发展经济合作的背景下,美国对古巴的经济制裁越来越显得力不从心和孤立无援。联合国大会屡次通过决议,要求美国结束对古巴的经济制裁。克林顿政府不得不采取措施放松了对古巴的制裁。1990年8月,联合国安理会在获知伊拉克侵占了科威特之后决定对伊拉克实行贸易禁运,要求伊拉克无条件地撤出科威特,恢复科威特的主权独立和领土完整。但制裁没有产生作用,多国部队随后介入,才把伊拉克的军队赶出了科威特。

经济制裁为什么常常失败呢?有人归纳了这样几个原因:制裁往往会激起被制裁国的民族主义情绪;制裁所损害的往往只是被制裁国内无权无势的阶层;制裁国本身的信誉存在问题;制裁也会损害制裁国自身的利益;制裁通常不能得到广泛的国际支持。

尽管如此,我们仍然看到,由于美国滥用制裁手段,经济制裁已经成了国际关系中的常态。经济制裁除了可以改变他国政策的效用外,它还具有其他几种功能:可以对被制裁国形成威慑,阻止它采取制裁国更不能容忍的政策;可以向国际和国内舆论表示,制裁国并不是对被制裁国的政策无动于衷,而是在采取实实在在的行动,以平息国际和国内舆论的批评;当然,最主要的是,经济制裁是低成本的。经济制裁当然也会对本国的经济利益造成损害,和动用武力相比,经济制裁的代价相对较低。

(三) 公众外交

长期以来,外交曾是少数王室或政府的精英所秘密从事的事业。他们私下勾结,不顾其他国家的反对,出卖他国的利益,并划分各自的势力范围。

第五章 对外政策的手段：外交

第一次世界大战爆发后，欧洲列强长期以来司空见惯的"秘密外交"受到了来自苏俄和美国的挑战。1917年，俄国十月革命胜利后，列宁在苏俄的第一个外交政策文件《和平法令》中，向全世界公开提出了废除秘密外交，各国人民应干预战争与和平问题的原则。1918年，美国总统威尔逊提出的十四点和平计划中也包括了"公开的和平条约，必须公开缔结"，"外交应该永远公开地、并在人民的监督之下进行"的内容。公众外交的努力在缔结一战和约及以后并没有获得多少成功。秘密外交仍然盛行不衰。丘吉尔在1944年10月9日的英苏会谈中，曾向斯大林建议瓜分巴尔干势力范围，提出苏联可以在罗马尼亚"占90%的优势"，英国在希腊"有90%的发言权"，在"匈牙利和南斯拉夫则各占相等的利益"，以"平分秋色"。斯大林在丘吉尔临时写在半张纸上的关于百分比的纸条上用铅笔"勾一勾表示同意"，然后把纸条递回给丘吉尔。

　　二战后，这类出卖他国利益的传统"秘密外交"的生存空间不断减少。随着国际相互依存的日益密切，在国外发生的事件对国内人民的影响不断加深。同时，现代通信和交通技术的迅猛发展，促使各国人民之间的交流急剧扩大。他们可以借助喷气式客机到世界各地游览观光，获得外国的亲身感受。即使足不出户，他们也可以通过卫星电视、广播、报刊和互联网，获得有关外部世界的各种信息。其结果，国民参与外交决策的意愿和能力同步高涨。外交不再是少数训练有素的职业精英的垄断地盘，而成为大众关注和参与的领域。公众的态度和舆论的导向正在成为影响各国对外政策方向的重要因素。争取本国和他国人民和舆论的支持和同情，正在成为一国外交得以成功的重要前提。在此背景下，以各国公众和舆论为对象，并试图争取其支持和同情的公众外交诞生并迅速发展起来。

　　面向国内的公众外交日益得到各国政府的重视。外交和内政密不可分。外交的成功需要国民的支持。同时，成功的外交也可增加政府的合法性。因此，各国政府都在不同程度上加强了外交的公开性和透明度。政府通过定期不定期的外交问题讲话、外交部新闻发言人的记者招待会，发表施政报告或专门的外交白皮书，向国民交代本国的对外政策、本国外交的进展情况、本国面临的国际环境，以试图获得国民对本国外交的理解和支持。政府也试图接受来自国民的意见，并在其对外政策中体现出来。2003年9月6日，中国外交部举行首次"公众开放日"活动，从而形成了一项与民众互动的制度。通过这种双向的信息反馈，一国的外交可望在国内得到更坚实的支持基础,并能够在对外交涉和谈判中处在强有力的地位上。

在面向国外的公众外交方面,各国政府都不仅注重和他国政府发展交往,而且把越来越大的一部分精力放在争取他国人民和舆论上面。外交官们,特别是政府首脑们,不仅要和他国官员讨论严肃的国与国关系问题,还得娴熟地和他国的人民和媒体打交道,尽量表现出人际关系中的亲和力、幽默感和旁征博引的演说才能。除了外交官们的努力外,各国也设立了专门的对外宣传部门,在国际上塑造自己的良好形象,宣传自己的政策主张。美国国务院下属的美国新闻署每年耗资数亿美元,用于对外宣传。在冷战的高峰,美国新闻署在全世界126个国家设点200个。属于美国新闻署的世界网电视频道通过卫星向全球50个国家播出。美国之音使用48种语言对外广播,每周广播时间达到2 033小时。当时的苏联也不甘示弱。在1984年,苏联的国际广播电台使用81种语言,每周广播2 167个小时。在中国,国务院新闻办公室、外交部新闻司、新华社、中国国际广播电台和中国日报等机构和媒体,用各种传播手段介绍中国的发展及中国的政策,使世界人民了解中国,并在此基础上争取国际舆论的支持和理解。

(四) 首脑外交

传统外交的执行以大使为中心。由于外交事务的重要性不断上升和交通通信技术的进步,当代各国的最高决策者不再满足于在后台担当外交决策和指挥的角色,而日益走上前台,成为外交舞台上活跃的首席外交官。这种现象的出现,导致了外交语言中增加了一个新术语,即首脑外交。

首脑外交,也是由国家元首、政府首脑或最高外交决策者直接参与的双边或多边外交协商或谈判。首脑外交的方式,有首脑之间面对面的双边或多边会谈和首脑之间的热线联系等。在第二次世界大战的末期,美国、苏联和英国的首脑曾举行过三次决定战争命运和战后安排的首脑会议,即1943年11月举行的德黑兰会议、1945年2月举行的雅尔塔会议和1945年7月举行的波茨坦会议。在前两次会议中,出席者是苏联的斯大林、英国的丘吉尔和美国的罗斯福。在波茨坦会议时,丘吉尔因大选失败中途让位给了工党首相艾德礼,杜鲁门接替了病逝的罗斯福。三次会议协调了反法西斯联盟的军事行动,并为战后的世界安排打下了基础。不过,战争一结束,战时合作的动力就很快烟消云散了。联合国和国际货币基金组织建立了起来,

第五章 对外政策的手段：外交

美苏立刻展开了全球争霸的对决。以美国和苏联为首的东西方集团分别建立起来，并展开了相互间的冷战和局部热战。美苏两国的首脑互不往来达10年之久。

美苏首脑外交在1955年得到了恢复。苏联的赫鲁晓夫和美国总统艾森豪威尔在日内瓦重新坐到了一起。从此，在风风雨雨中，两个超级大国开始了既互相对抗又互相对话的曲折过程。1955—1994年，美苏（俄）两国共举行了24次首脑会晤，其中，在1986年前的31年中举行了12次，在1986年及以后的9年中举行了12次。这种会晤的频率恰好反映了两国在冷战时期关系的僵硬和戈尔巴乔夫上台后两国关系的接近。

除了政治领域的首脑外交外，自20世纪70年代以来，经济性质的首脑外交也大量出现。1975年，在法国的倡议下，西方七国首脑会议成为一项固定的年度首脑会议。参加会议的七国包括美国、日本、英国、法国、德国、意大利和加拿大。七国首脑会议最初的议程仅涉及经济问题，主要是协调主要工业化国家间的经济政策。后来，政治问题也成了首脑会议的核心议题。俄罗斯正式加入该首脑会议后，七国集团演变为八国集团，后来俄罗斯又被踢出该集团。在地区一级，经济首脑会议方兴未艾。欧洲联盟（1993年前称为欧洲共同体）也定期举行成员国的首脑会议。欧盟首脑会议现在是决定欧盟各项政策的最重要的机构。在亚太地区，从1993年起，亚太经合组织的成员国开始举行年度领导人非正式会议，首次将亚太地区主要经济体的最高领导人聚集一堂，讨论亚太地区的贸易自由化和技术合作问题。和欧盟首脑会议相比，亚太经合组织的非正式首脑会议并不是一个决策机构，而充当着一个政策倡议和对话协商的论坛的有限作用。此外，在东南亚、南亚、中美洲、中东、非洲、拉丁美洲和中亚地区，类似的区域性经济首脑会议也在蓬勃发展。

首脑外交的盛行反映了战后时代外交工作的新要求和新趋势。各国首脑间的直接见面和直接交流可以增加最高决策者间的相互了解，发展个人友谊，减少相互误解，从而增进国家间的合作，化解国家间不必要的冲突和矛盾。定期的首脑会晤还可以为相互对立的国家提供会见和沟通的机会。在1989年后，中美关系陷入了低潮，两国的高层交往被冻结。然而，1993年11月在西雅图召开的亚太经合组织非正式领导人会晤为中美两国首脑会面提供了机会，为两国关系的逐渐解冻开辟了道路。在1996年的台湾海峡危机后，中美两国又借年底的亚太经合组织首脑会晤取得了谅解，商定了中国国家主席在1997年对美国的正式访问。由于外交政策对国家生存发展的重要性日益提高，许多重要的外交决策需要有关各国的最高领导人进行谈判决断。因此，首脑会晤便成了当今外交不可或缺的途径。

当然，对于首脑外交也存在种种批评。批评之一是，首脑外交缺乏灵活性。由于最高领导人介入了外交谈判，他们所作出的承诺一般被认为是无法改变的，是最终的，一国事后想反悔也不可能。而如果承诺只是政府的部长或其他官员所做出的，一国仍可以事后找到种种借口来反悔。批评之二是，首脑外交是危险的。国家首脑通常不是外交的行家里手。国家首脑的产生主要依据政治家在处理国内事务和国内政治中的作为，较少依据其处理国际事务的能力。虽然，国家首脑中不乏外交天才，如斯大林、丘吉尔、毛泽东和尼克松等，大多数国家首脑在上台时对外交没有多少见识。一旦他们在首脑外交时作出一个错误的决定，国家的信誉和利益就将蒙受巨大损失。1986年10月，当美国的里根总统和苏联的戈尔巴乔夫在雷克雅未克私下会晤时，里根差一点答应全面取消核武器。当时，里根的幕僚们认为，在常规武器不及苏联的情况下，美国及其盟国的安全依靠美国的核力量。全面取消核武器是违反美国利益的。苏联坚持要求美国停止星球大战计划，里根没有答应，交易因此告吹。批评之三是，首脑外交名至实不归。像特朗普与金正恩在短时间内互致十几封亲笔信，造势重于实质，最终一事无成。

思考题

1. 外交的本质是什么？
2. 外交的功能是什么？
3. 外交在当代有哪些新的发展？

第六章　对外政策的手段：武力

上一章提出，国家可以通过和平的外交手段来实现自己的对外政策目标。本章将要讨论的则是，国家也可以通过非和平的武力手段来实现自己的对外政策目标。在人类几千年的历史中，国家间的战争不断爆发。即使在21世纪的今天，伊拉克战争也告诉我们，全球化和经济相互依存并没有促使全球霸权主义和地区霸权主义放弃武力的行使。

一、武力的历史演变

任何兵器的作用都是通过某种能量的释放来杀伤敌人和破坏敌方目标。依据能量释放形式的变化，我们可以把历史上的兵器分为四种，即冷兵器、热兵器、核武器及灵巧武器。四种兵器是渐次出现的，是人类科学技术水平不断提升的结果。

（一）从冷兵器到热兵器

在人类漫长的历史中，冷兵器是历史最为悠久的武器。它的杀伤作用的发挥依赖人的体能的释放。最早的冷兵器以石头为材料，它们既是武器，也是史前人类打猎和捕鱼的工具。在原始社会，劳动工具与武器密不可分。劳动工具都是一物两用，用于生产时是工具，用于战争时则成为武器。随着金属冶炼技术的进步，出现了青铜武器，后又发展出铁制和钢制武器，如刀、剑、枪、戟等。大多数冷兵器属于劈刺式武器，需要士兵近距离格斗。还有一些则属于投掷式兵器,如投枪、标枪和飞镖等。古希腊的荷马勇士每人都配有两支标枪,作战时首先向敌人投掷标枪,然后再用剑进行白刃战。随着弓箭、硬弩的引入,冷兵器也可以在100米之外就可置人于死地。虽然冷兵器经历了数千年的不断演进,这些改进并没有越出冷兵器的范围。所有的冷兵器都离不开体能的释放。如果不赋予体能,冷兵器自己不会去伤人。体能的大小,决定了冷兵器的杀伤能力。因此,在冷兵器时代,军士的人数、士兵的体质健壮和训练有素,是衡量武力的主要标志。

火药的发明和各种机械能的应用带来了热兵器的出现。中国是世界上发明火药最早的国家,也是在军事上使用火器最早的国家。北宋时期,宋军在作战时就已使用火箭、火炮、火球等火器。元朝又创造了世界上最早的金属管型火器。然而,此后中国的枪炮技术便一直停滞不前。火药在13世纪由阿拉伯商人传到欧洲后,欧洲人在将铁器和火药结合的枪炮技术上立刻赶上并超过了中国。枪炮技术的突进,加上蒸汽机、内燃机和喷气发动机的发明,进一步导致各种新式武器的出现。大型军舰、潜艇、航空母舰、喷气式飞机、坦克、装甲车、火箭炮、武装直升机等新式武器不断涌现,并被运用于战场。比如,到1995年年底,美国军队共配备了43 000辆坦克,7 300门火炮,7 700多架直升机,237艘战舰,12艘航空母舰,5 000多架作战飞机。

热兵器的出现带来了武力的革命性变化。首先,它使冷兵器失去了绝大部分的价值。热兵器释放的能量大大多于冷兵器释放的能量,使体能的大小不再能决定战争的结果。早期葡萄牙的殖民者,凭借火枪和火炮,100多人就可以在南美征服整个印加帝国。1860年,英法联军进犯北京,清朝最为精悍的几万名僧格林沁骑兵被洋枪洋炮打得几乎片甲不留。如今,除了匕首和刺刀之外,冷兵器基本上成了博物馆的陈列品。

其次,热兵器的发展,迫使老一套的作战手法不得不被放弃。在冷兵器时代风行一时的方阵队形、密集队形显然不适用了,而被散兵队形所取代。冷兵器时代采用单一的陆战方式,其中,步兵是主要的兵种。在热兵器时代,战争已变成陆战、海战和空战三位一体的合成作战,军队的结构也从单一的陆军发展出空军、海军、防空兵、装甲兵、空降兵、工程兵、通信兵、雷达兵等诸多新的军兵种。由这些军兵种组成的热兵器时代强大的武力,是冷兵器时代所不可比拟的。

另外,热兵器的出现使战争的全面性得到极度的发展。战争在地理上日益趋向全球性。19世纪的战争最多使一个区域内的国家卷入战争,而20世纪的两次世界大战则把世界上的大部分国家都卷了进来。战争和战争准备也使一国全面军事化。为了维持庞大的军队,生产昂贵的武器,国家必须建立自己的军事工业,建立严密的税收制度来筹措足够的军费,建立全国性的征兵制度,并设立军事院校来培训操纵复杂的热兵器的士兵和军官。

(二) 核武器的出现

1939年4月,德国科学家率先提出,核物理学方面的最新发展将使人们可以制造出一种威力比现在的炸弹大许多倍的炸弹。同年8月,从德国移居美国的爱因斯坦呼吁罗斯福总统启动核武器的研究工作。在整个第二次世界大战期间,美国和德国在开发核武器方面展开了一场激烈的竞赛。在战争临近结束时,美国制造原子弹的"曼哈顿计划"取得了突破。1945年7月16日,美国在新墨西哥州的阿拉莫尔戈核试验场成功地进行了人类历史上首次原子弹试爆。8月6日和9日,美国向日本的广岛和长崎投掷了两颗原子弹,分别造成13万和15万人死伤。在人们为核武器的巨大破坏力所震惊之时,整个世界从此进入了一个核武器的时代。

核武器是利用原子核反应释放的能量起杀伤破坏作用的武器。按照核能产生方式的不同,核武器又可分为原子弹和氢弹。氢弹又称热核武器,其破坏威力大于原子弹。核武器在爆炸时所释放的核能,除了巨大的热能之外,还有强大的冲击波、贯穿辐射和放射线,从而造成巨大的破坏和杀伤力。核武器的威力通常用普通TNT炸药的当量来计算。美国投在广岛和长崎的原子弹产生的威力相当于两万吨TNT炸药的破坏力,其对暴露人员的杀伤面积为7.25平方千米。100万吨级的氢弹则能够杀伤251.65平方千米范围内的暴露人员。在核武器出现之前,普通的122毫米口径榴弹炮炮弹的杀伤面积仅为27平方米,飞机携带的炸弹的杀伤面积也不过几百平方米。也就是说,核武器的出现,使单个武器的杀伤力一下子剧增了几十万倍。

早先的核武器是由飞机进行投掷的。随着核弹头的小型化和运载工具的发展,如今的核武器大量地采用射程不等的导弹来发射,或者通过陆基导弹发射,或者通过潜射导弹发射。根据核导弹的射程,可分为洲际导弹(8 000千米以上)、远程导弹(3 000千米—8 000千米)、中程导弹(1 000千米—3 000千米)、短程导弹(1 000千米以内)几种。为了提高这些核导弹的快速反应能力和生存能力,核大国大多采用了机动发射平台和固态助推剂,以取代早期的固定发射井和液体助推剂。1999年10月,中国国庆阅兵式上所展示的中国最新型的洲际战略导弹也已达到了这一水平,标志着中国战略威慑力量已实现了重大飞跃。按核弹头的爆炸当量区分,又有小型当量(1.5万吨以下)、中型当量(1.5万吨—10万吨)、大型当量(10万吨—50万吨)和特大型当量(50万吨以上)4种。在冷战时期,苏联曾设计出一种威力达到5 700万吨TNT当量的氢弹。热兵器和核武器的杀伤力分别见表6-1、表6-2所示。

表6-1 热兵器的杀伤力

常规弹种	对暴露人员的杀伤面积
82迫击炮	10平方米
122榴弹炮	27平方米
152加榴炮	43平方米
3000—1航爆弹	410平方米

表6-2 核武器的杀伤力

当量(万吨)	对暴露人员的杀伤半径(面积)
2	1.52千米(7.25平方千米)
5	2.33千米(17.06平方千米)
10	3.21千米(32.37平方千米)
50	6.55千米(134.78平方千米)
100	8.95千米(251.65平方千米)

根据斯德哥尔摩国际和平研究所《SIPRI年鉴2019》公布的数据,截至2019年年初,美国、俄罗斯、英国、法国、中国、印度、巴基斯坦、以色列和朝鲜9国,共拥有13 865枚核弹头,已部署3 750枚,近2 000枚处于高战备状态。美俄两国拥有的核弹头占全球核弹头总量的90%以上,其中,俄罗斯有6 500枚,已部署1 600枚;美国有6 185枚,已部署1 750枚。当今世界上

所有核弹的爆炸当量,足以毁灭地球无数次。

进入21世纪后,全球核弹头数量有所减少,主要是由于美俄根据2010年《新削减核武器条约》进行了削减。该条约将于2021年到期。到目前为止,美国尚未就俄罗斯关于延长条约有效期或就后续条约进行谈判的提议,作出明确的回应。这是美俄之间仅存的军控条约。

事实上,美俄两国的核武器削减速度均有所放缓,都未承诺进一步削减。相反,两国都制定了规模庞大的相关计划,寻求更新并现代化其核弹头、导弹、空中投射系统以及核武器生产设施。尤其是美国,已于2018年制定发展新型核武器计划,并调整和扩大了部分核武器的军事作用与任务。

(三)灵巧武器的时代

有控制的能量释放。前三个阶段武器能量的释放是上升和骤增的,并按几何级数增加。在灵巧武器或高技术兵器时代,兵器的能量释放出现了下降的趋势。核武器的数量总体上出现了减少,常规部队的兵器数量和军队人数被逐步削减。但是,在有步骤地削减兵器数量和兵器破坏力的同时,兵器的能量释放得到了控制,以提高其摧毁目标的有效性,从而使武力的运用与战争的目的更加符合。一枚百万吨级的核弹,它的中等杀伤半径为6.2千米。如此巨大的能量不仅可以摧毁预定的打击目标,也会消灭大量不需打击的目标,甚至可以使一个中等城市从地球上消失。许多能量便无谓释放,并导致无数无辜平民的伤亡。在灵巧武器时代,先进的电子科技为武器装上了思维的大脑,笨拙的武器从此摇身一变,成为当今这个时代风头出尽的灵巧武器。在越南战争中,美军轰炸清河大桥,曾出动飞机600架次,投掷常规炸弹数千吨,结果大桥安然无恙,损失飞机18架。后来改用激光制导炸弹,只出动了12架次飞机就炸毁了大桥,飞机无一损伤。

从1990年的海湾战争到2003年的伊拉克战争,灵巧武器时代的轮廓已经显现。现在,美国及其盟友所使用的灵巧武器可以概括为以下五类。

1. 精确制导武器。主要包括精确制导炸弹、精确制导导弹。美军在这两次战争中都大量使用的"战斧"式巡航导弹,可从海军舰艇和飞机上发射。它采用复合制导技术,在飞行的起始阶段,采用惯性制导技术。进入陆上飞行时,则运用地形匹配制导,在高度60米以下根据地貌起伏状态飞行。在接近目标时,再由数字景象匹配区域相关器进行末端制导,命中精度小于30米。美军装备的"爱国者"防空导弹,则能够拦截来袭的地对地导弹。由飞机投掷的精确制导炸弹,甚至能从建筑物顶部的烟囱钻入,摧毁其内部结构。

2. 新一代的作战平台。如美国空军的F-35隐形战斗机、"阿帕奇"武装直升机、M1A2主战坦克和福特级航空母舰等。它们具备良好的机动性能和强大的突防与生存能力。

3. 高技术的侦察器材。灵巧武器要能够发挥威力,需要有高科技的侦察技术来提供目标方位,并进行制导。目前,美国和俄罗斯拥有照相侦察卫星、雷达侦察卫星、电子侦察卫星和导弹预警卫星等多种侦察卫星。它们突破了传统侦察手段的时空局限,具备了全方位、全天时和全天候的侦察能力。有的分辨率已达到0.15米—0.3米。

4. 先进的电子战装备。其中,"软杀伤"电子战装备可以通过电子干扰技术,削弱、破坏敌方电子设备的使用效能,而"硬摧毁"电子战装备则可以摧毁敌方的电子装备。目前,美军正按照2017年国防部发布的《电子战战略》,稳步推进电子战的全面转型,以巩固其在电子战领域的绝对领先地位。在空军方面,有E-10系列电子侦察机、RC-135"联合铆钉"侦察机、RQ-4A"全球鹰"和MQ-1无人侦察机;在海军方面,EA-18G"咆哮者"具有优异的机动性能和极强的电子进攻能力;在陆军方面,有"灰鹰"电子无人机、"狼群"电子侦察与电子对抗系统。

5. 复合一体的指挥、控制、通信和情报系统(C^3I)。这一系统把指挥、控制、通信和情报连成一体,是武器系统充分发挥作用的根本保障。通过C^3I系统,指挥官能迅速得到所需要的战场信息,及时有效地进行指挥和控制,使作战行动能灵活有序地顺利进行。

在海湾战争和伊拉克战争中,美军大量采用了灵巧武器,以极小的人员伤亡取得了战斗目标的实现。在科索沃战争中,除了两名"阿帕奇"武装直升机驾驶员在训练时坠机身亡之外,美军士兵在持续78天的空中打击行动中没有死一人,实现了"零伤亡"的惊人纪录。当发动战争的一方能够将伤亡的代价降低到此种水平时,武力容易成为一国实现其对外政策目标的更便利的手段。

（四）太空武器登台亮相

太空武器是指用于太空作战的武器,特指专门打击敌方在太空运行的飞行器、卫星或弹道导弹等武器。这是大国为争夺制天权,大力研制的新概念武器。

目前,太空武器大致分为两类:动能武器和定向能武器,包括激光武器、粒子束武器、微波武器、动能武器等,以及未来可能出现的"即时全球打击"之空天飞机,可由卫星投射只有6米长却有超强摧毁力的"上帝之棒"、可将激光束射向遥远目标的轨道镜、可摧毁卫星电子装置的电磁脉冲武器、能将卫星推离正常轨道的"卫星拖船"、能对其他卫星进行秘密侦察的间谍卫星,以及能摧毁大型卫星或导致其失灵的微型卫星等。

近年来,美国在太空军事化的道路上狂奔。五角大楼国防高级研究项目局早已开展11种新型太空武器的研制。2019年8月,特朗普宣布成立太空司令部;12月,美国正式宣布建立第六个军种——太空军,给予身份、架构、人员和资金,不遗余力地发展太空作战力量,快速形成进攻性战斗力,旨在夺取太空优势,实现太空威慑。这严重威胁太空和平与安全。

截至2020年,太空虽然尚未被武器化,但军事通信卫星、军事导航卫星、军事侦察卫星和军事天气卫星早已在地球上空运行。根据1967年签署的《关于各国探索及利用外层空间包括月球与其他天体在内的外层空间活动的原则的条约》,外太空非军事化成为国际关系领域的国际法规则,但该规则仅仅禁止任何国家向太空部署核武器和其他大规模杀伤性武器;尚无其他任何国际法禁止在太空中部署其他种类武器。

二、武力行使的方式

武力作为对外政策的手段,其作用有实战和非实战两个层面,是其显性功能和隐性功能的统一。人们主要关注武力的实战使用,因为战争导致人员和财产的损失,改变国家的政策,有时还导致国际体系的根本改变。由于战争的暴烈性,人们对武力实际使用的关注是理所当然的。不过,武力的作用不止于此。即使武力没有被实际使用,武力仍可能被用来帮助国家对外政策目标的实现。

(一)武力作为外交的后盾

除了自保之外,武力的实际存在也和一国的国际威望直接相联系,是一国外交的后盾。19世纪的普鲁士国王曾说过:"没有军队的外交就如同没有乐器的音乐。"曾担任美国总统的西奥多·罗斯福在1905年也说过:"我从不在外交政策上采取步骤,除非我能够确信,我最终能以武力来实现自己的意愿。"一国的武力越强大,它在国际事务中的发言权也相应扩大。英国历史上能够建立起面积达2 100万平方千米的"日不落"殖民帝国,靠的就是它所拥有的无人匹敌的强大舰队。美国和苏联之所以能在战后成为超级大国,也是由于两国巨大的军事力量大大超出了其他次等大国。如果论俄罗斯的经济实力,当今的俄罗斯已不及许多中等规模的发达国家,如意大利和西班牙。但是,俄罗斯巨大的核武库的存在,仍然使它在一些国际问题的解决上具有举足轻重的作用。

武力之所以能成为外交的后盾,在于武力和外交是一国实现其对外政策目标的两个相辅相成和相互配合的手段。一国确立了对外政策的目标,它大多会首先运用外交来和平和低成本地达到目标。但是,如果这一目标涉及国家的根本利益,在外交失败时,一国将付诸武力来暴力地实现其目标。对于任何一国来说,在与另一国进行外交交涉和谈判时,它时时需要了解其外交对手具有何种的武力,并把对外交对手的武力评估作为自己进行外交决策的一个重要考虑因素。如果对手的武力太弱,一国可以不必担心因采取强硬的政策而招致对手的武力进攻。如果对手的武力强大,一国将会在外交谈判中非常小心地行事,以免外交失败后受到武力进攻,而使本国的利益受到更大损害。因此,即使一个武力强大的国家在外交谈判中并没有进行赤裸裸的武力威胁,其相对弱小的谈判对手常常会屈服于强国的要求,使强国的利益得到更多的满足。

在当今世界中,随着广大发展中国家在国际舞台上的地位不断提高,以大欺小、以强凌弱的霸权主义越来越失去市场,国家不分大小一律平等的原则越来越成为国际社会一项通行的准则。但是,这不意味着外交以武力为后盾的权力政治就彻底过时了。20世纪80年代初上台的美国里根政府就认为,20世纪70年代美国对苏联的缓和外交只注重外交,而忽视了美国军事力量的加强。其结果,助长了苏联在全世界有恃无恐的扩张行为,也使其他中小国家敢于无视美国的利益,如伊朗扣留美国大使馆人员作为人质。因此,新政府的任务就是要重整军备,加强美国的国防能力。里根认为,在20世纪70年代的美苏军事竞赛中,美国是失利的一方,而且,差距在拉大,苏联的核力量无论在当量上还是在种类上,都已处在危险的领先地位。当务之急是加强常规和战略军事力量,使之不仅能和苏联旗鼓相当,而且要对苏联取得优势,这才是和平的先决条件,美国也将恢复其在世界上的领导地位。21世纪初执政8年的小布什政府在外交的背后,也常常显露出赤裸裸的武力威胁。

(二) 武力威慑和武力威胁

武力的非实战使用主要包括两个方面,即武力威慑和武力威胁。两者都不涉及武力的实际使用,而是通过调动本国的武力资源来和平地达到自己的对外政策目的。两者虽然都表明了使用武力的决心,区别是,武力威慑是要以此来遏止其他国家实行损害本国利益的政策和行为,而武力威胁是要迫使其他国家屈服于本国的意志。武力威慑要促使他国不做某些事情,而武力威胁则要强迫他国做某些事情。武力威慑通常是被动的和防御性的,而武力威胁则通常是主动的和进攻性的。

一国武力的大小代表着一国进行自我防卫的能力。任何一个国家,要保卫自己的国家安全,维护领土完整,实现独立自主,就必须具有强大的武力为依托。即使这些武力没有用来指向任何特定的国家,这些武力的实际存在本身便可威慑任何潜在的敌国,促使它们放弃任何侵略和武装干涉的意图,从而实现国家对外政策的一些核心目标。即使是那些得到国际承认的中立国,如瑞士和瑞典,它们也认为,要维护自己的中立地位,光靠国际协定和外交努力还是不够的。它们的信条是,中立政策必须有"与国情相适应的强大的国防","战争要靠随时准备进行战争来加以防止"。于是,一个奇特的现象出现了:奉行中立政策的瑞士和瑞典拥有庞大的武力配备,并不停地进行着国防准备。尽管它们的常备军人数不多,瑞典有6万多人,瑞士只有3 500人,但一旦进行军事动员,瑞典可以在72小时内使总兵力达到75万人,瑞士可以在48小时内组建起60万人的军队。这样规模的一支武装力量足以给任何外来侵略者造成重大的伤亡,从而让任何潜在的侵略者缩手不前。有人形象地称呼这种武装中立为"刺猬战略"。

以武力来保障本国的安全及其领土完整,是当今世界国际体系的必然要求。在这个体系中,国家是基本的单位,在它之上,不存在着一个更高的权威。现实主义的国际关系学者把此种状态称为"无政府状态"。而"无政府状态"下的国际体系的一个基本原则是自助,即国家需要依靠自身的力量来保障自己的安全。一国如果未能建立起一定的武力,不能足以威慑任何潜在的敌人,它就可能面临外来的入侵,并导致国土沦丧和任人宰割。中国和广大的发展中国家在过去几百年的历史上已经领受了沉痛的教训。冷战结束后,许多人认为,世界将进入一个既没有热战也告别了冷战的和平时期。全球化、区域一体化和经济相互依存将取代全球冷战,而把世界带入一个武力的作用大大降低的世界。各国可以大幅削减各自的军费开支,并分享所谓的"和平红利"。1990年的海湾战争立刻提醒人们,一些抱有领土野心的地区大国依然不忘使用武力来推行扩张政策。而1999年发生的以美国为首的北约对原南联盟的战争和2003年时美国对伊拉克的战争则表明,当今世界的军事强权还念念不忘以武力将自己的意志强加到中小国家的头上。

武力威胁是强权国家追求自身利益的惯常手法。人类历史上,强权国家使用"大棒政策"和"炮舰外交"的事例比比皆是。凭借其强大的军事力量,它们动不动就对弱小国家进行武力威胁,以榨取各种外交特权和经济利益。武力威胁可以用言辞或行动来表达,在许多情况下,则涉及两种方式的相互配合。一国口头上发出的武力威胁可以是公开的,也可以私下传达;可以是明确的,也可以是暗示的;可以是正式的,也可以是非正式的。1955年1月,中国人民解放军解放了台湾当局控制下的一江山岛。美国总统艾森豪威尔就要求国会通过一个法案,授权总统在必要时动用美国军队来保卫台湾地区。中国政府并没有被此威胁所吓倒,继续准备对大陈岛的进攻。2月,台湾军队从大陈岛撤退,美国的武力威胁破产。1969年9月,一位有苏联消息来源的英国记者在西方报纸上扬言,苏联有可能对中国设在新疆罗布泊的核试验基地进行先发制人的空袭。周恩来总理在9月11日和苏联总理柯西金的会晤中严正指出,中国"决不会被战争威胁,包括核战争威胁所吓倒。如果一小撮战争狂人敢冒天下之大不韪,袭击中国的战略要地,那就是战争,那就是侵略,七亿中国人就要奋起抵抗,用革命战争消灭侵略战争。"这也许就是以武力威慑成功地对付武力威胁的一个事例。武力威胁也可以通过提高军队的戒备状态,进行军事部署和调动来宣示。1973年,苏联集结了空降部队,威胁以色列如继续消灭埃及的军队,苏联空降兵将进行干预。该威胁有效地促使以色列放弃了消灭埃及军队的计划。

一国能否通过武力威慑或武力威胁来达到自己的对外政策目的,取决于三个要素的组合:一是是否拥有足够强大的军事力量,二是是否有实际使用武力的决心,三是被威慑或被威胁的一方是否相信这些武力的存在和对方使用武力的决心并调整自己的政策或行为。也就是说,要使武力威慑或武力威胁达到对外政策的目的,一国必须有强大的武力和使用武力的坚定信心。光有强大的武力,而缺乏使用武力的决断和意志,武力威慑和武力威胁就虚有其表,起不到遏制和改变他国行为的目的。比如,在二战前夕,英法两国的实力不在德国之下。但两国在绥靖政策的指导下,对希特勒德国的扩张行为不敢用武力加以制止。结果,令希特勒得陇望蜀,发动了征服全欧洲的侵略战争。

武力威慑或武力威胁要发生作用,关键是如何把使用武力的决心告知潜在的敌国。这涉及信息传递的问题。即使一国具备了强大的武力和使用武力的决心,但如果武力所要威慑的对手对此没有正确的感知,威慑和威胁仍然不会产生作用。因此,成功的威慑或威胁需要以对手可认知的方式传达信息。就威慑而言,即使本身的武力不强,精心设计的信息传递仍能达到威慑的目的。三国时期蜀国军师诸葛亮在他的空城计中把这一点发挥得淋漓尽致。虽然城防空虚,援兵未至,诸葛亮令蜀军城门大开,军士清扫街道,而远处隐有旌旗闪动。来犯的曹兵以为诸葛亮已设下圈套,不敢冒险进攻。

(三)武力干预

武力干预是一国将自己的军事力量派遣到另一国的领土上来影响该国的事态发展和政策。武力干预是武力的实际使用。和战争相比,武力干预的时间相对较短,规模较小,使用的武力的数量和种类也有诸多限制,因战斗而导致的人员伤亡和物质损失相对不大。根据美国一位学者的研究,1945—1991年,全世界共发生了690次武力干预,其中,美国发动了71次,苏联进行了25次。这个统计排除了许多秘密进行的武力干预,并依据一个较为狭隘的定义,即武力干预中使用了武力;武力干预的动机是具有敌意的;武力干预导致了军人的死亡;武力干预被遭受干涉的一方认为是战争行为。

当然,如果以使用有限武力并旨在促进本国的对外政策目标为标准,那些受到另一个政府的邀请而进行的军事干预也可以归入武力干预的范畴。如此,军事干预有未经被干预国政府同意的干预,也有得到被干预国政府同意的干预。前者即我们通常所说的武力干涉,具有贬义的意味;后者则可视为军事支持。在两种情况下,进行军事干预的国家都试图通过军事干预达到本国的某项对外政策目标。

一国政府邀请外国军队进驻,以平息国内的反叛或抵御外国的侵略,是主权国家应有的权利,并且符合有关国家各自的利益,并为有关的国际法所许可。比如,在1965年—1973年3月,为了支援越南民主共和国反抗美国侵略的斗争,中国先后向越南派出了防空、工程、铁道、后勤保障等志愿部队32万人。中国在北越的兵力,最高年份时达到17万人。有数千名中国士兵为保卫北越而牺牲。在1990年8月,伊拉克出兵占领了科威特。在科威特政府的呼吁和联合国安理会的许可下,1991年1月,由美国军队为主的多国部队50多万人发动了一次代号为"沙漠风暴"的军事干预行动,迅速击败了伊拉克军队。科威特恢复了独立,同时,以美国为首的西方通过这次行动更加牢牢地控制了中东这个产油重地。

然而,没有经过一国同意的军事干预,即军事干涉则是另一回事。《联合国宪章》第二条第四款就庄严地规定:"各会员国在其国际关系上不得使用威胁或武力,或以与联合国宗旨不符之任何其他方法,侵害任何会员国或国家之领土完整或政治独立。"举世公认的和平共处五项原则中也包含着互不侵犯和互不干涉内政的规定。可以说,国际法和国际规范强调尊重国家的主权,而反对任何旨在损害主权的武力干涉。但是,强权国家仍然通过各种各样的借口来进行武力干涉。1965年4月,打着"保护侨民的生命和安全"的幌子,3.5万美军,在380架飞机和40多艘军舰的支援下,悍然进入南美洲的多米尼加共和国,推翻了以卡马诺为临时总统的新政权。1968年8月,以苏联为首的50万华约军队开入原捷克斯洛伐克共和国,占领了捷的主要城市和交通要道,拘捕了主张改革的杜布切克等捷党政领导人,并把他们押到莫斯科,从而以武力干涉扼杀了"布拉格之春"。苏联的借口是为了粉碎帝国主义国家的颠覆阴谋。1989年12月,美国军队以恢复"民主程序"和捉拿贩毒分子为名,派兵进入巴拿马,拘捕了巴拿马当时的总统诺列加,并把他押往美国受审。

在冷战后,武力干涉的事例非但没有减少,相反有增多的趋势。而且,一个值得注意的现象是,西方国家正在主导国际舆论,大有将武力干涉合法化的势头。西方的一个主要观点是,为了保护人权,世界各国可以对侵犯人权的国家进行军事干涉,并不一定要得到联合国的许可。以美国为首的北约国家借口原南联盟在科索沃实行种族清洗,在1999年对原南联盟进行了持续数月的空中打击,迫使原南联盟从科索沃撤出军队和警察,并将科索沃置于国际托管之下,而联合国也在随后对北约的行动加以默认。对于像中国这样的发展中国家来说,人权高于主权的理论完全是霸权主义和强权政治在新时期的发展,是我们必须高度警惕和重视的国际动向。

(四) 战争

普鲁士伟大的军事家克劳塞维茨在他的不朽名作《战争论》中研究了130个战例,并根据自己亲身经历的几次战争对战争进行了理论分析。在书中,他提出了一句广为后人引用的名言,即"战争无非是政治通过另一种手段的继续"。他写道:"战争不仅是一种政治行为,而且是一种真正的政治工具,是政治交往通过另一种手段的实现。如果说战争有什么特殊的地方,那只是它的手段特殊而已。"克劳塞维茨认为,战争是服务于国家的整个对外政策目标的,因此,不能为战争而战争,而应该通过战争来追求外交所不能达到的目标。"既然我们认为战争是政治目的引起的,那么很自然,这个引起战争的最初的动机在指导战争时应该受到极大的重视。"克劳塞维茨的这一论断引起了列宁和毛泽东的极大共鸣。列宁曾写道:"战争是和平时期政治的继续,和平是战争时期政治的继续。"毛泽东则认为:"政治是不流血的战争,战争是流血的政治。"

通观人类的战争史,战争给人类所造成的破坏常常没有理性可言。不过,各国走向战争的决定则经常是"理性"的,是在经过一番成本-收益的比较分析后作出的。当今世界中战争的发生概率小于以往,但战争还没有绝迹。根本的原因在于,有关国家仍然认为,从成本-收益的角度来看,发动战争可以实现自己的对外政策目标,可以最大限度地增进国家预期的利益或减少国家预期的损失。战争的成本包括本国人员伤亡、物质损失、军费支出、领土丧失、政权更迭等。战争的收益包括消灭敌方军事力量、占领敌方国土、夺取敌方财富和增加本国的国际威望等。在核时代之前的战争史中，交战国家的理性预期是，一国如果赢得战争，本国付出的代价仅是有限的人员和物质损失，而胜利的收益将足以弥补在战争中付出的代价而有余。英国在1840年对中国发动了鸦片战争，以死亡几百人的代价击败中国，迫使中国签订了中国近代史上第一个不平等条约——《南京条约》。根据该条约，英国夺取了2 100万两白银的赔款，强占了香港岛，并迫使中国开放了上海、宁波、福州、厦门和广州五个沿海城市为通商口岸。在此之后，西方列强和日本对中国数度开战并轻松赢得胜利，从中国抢夺了大量的利益。可以说，自鸦片战争以来的100年里，列强对中国的战争完全是一本万利的合算买卖，低成本，高回报。

对于那些成为侵略战争对象的国家而言，以武力来自卫是寻求自保的最后手段。武力的运用，必然会产生人员和物质的损失。但是，与不加抵抗所带来的损失相比，进行战争将减低可能的损失。1940年5月，德国军队在西线发动了强大攻势。德国装甲部队绕过法国的"马其诺防线"，从北面长驱直入。6月，巴黎陷落，法国贝当政府投降，将法国北半部拱手让给德国，自己偏安维希，改称"法兰西国家"。如果这一局面持续到战争结束，法国将彻底失去其大国地位。将法国拯救出来的是戴高乐将军。他在贝当政府投降后，在英国和北非建立了自由法国运动，在海外从事抗德斗争。戴高乐的军队不仅参加了解放本土的战斗，而且，在法国获得解放后，还参加了对德作战。正是这一抗战的努力，令法国在战争结束后成为联合国安全理事会常任理事国，并以主要战胜国的身份参加战后世界的安排和对德占领。

三、核武力与对外政策

（一）核武器的扩散

最早爆炸和使用核武器的美国，在战后初期曾试图垄断这一具有巨大杀伤力的武器。1946年8月，美国总统杜鲁门签署了《1946年原子能法案》，规定由政府原子能委员会负责原子能的生产和控制，并禁止输出

第六章 对外政策的手段：武力

核材料、核装备和核技术。为了打破美国的垄断，苏联动员国内一切所需要的人力和物力资源，以便在"尽可能短的时间内"制造出自己的核武器。1949年9月，苏联的原子弹试爆成功，打破了美国维持了仅4年的核垄断。

美苏之外，英国在1952年也成功地爆炸了原子弹。英国科学家在"曼哈顿计划"中曾作出了重大贡献，并使美国研制第一颗原子弹的时间至少缩短了一年。《1946年原子能法案》出台后，美国中止了和英国在核武器研究方面的合作。但在工党政府的努力下，英国科学家独立地研制出自己的核武器。法国的努力花费了较长的时间。战后的戴高乐政府为了打破盎格鲁-撒克逊人对原子弹技术的垄断，立即成立了法国原子能委员会，开展原子能研究。在随后长达10多年的第四共和国时期，虽然政府更迭频繁，但历届政府对法国的核武器发展计划给予了持续的支持。1958年4月，戴高乐重掌政权，法国发展核武器的步伐进一步加快。1960年12月，法国在位于法属阿尔及利亚的撒哈拉沙漠中爆炸了一个核装置。在中国，毛泽东主席在1956年明确提出："我们不但要有更多的飞机和大炮，而且要有原子弹。在今天的世界上，我们要不受人家欺负，就不能没有这个东西。"在20世纪50年代的中苏友好时期，苏联的专家和技术对中国的原子弹开发计划提供了不少帮助。1959年，中苏矛盾激化后，苏联中止了在原子能研究领域和中国的合作。中国不得不在没有外援和国内出现严重经济困难的艰苦环境中独立研发核武器。1964年10月16日，经过中国科学家艰苦卓绝的努力，罗布泊核试验场上空终于升起了原子弹的蘑菇云。中国成了世界上拥有核武器的第五个国家。具有巨大破坏力的核武器的出现，标志着人类对暴力手段的掌握进入了一个全新的境界。

印度、巴基斯坦、以色列等少数几个国家拒不在《全面禁止核试验条约》上签字。这些国家或因政治需要，或因军事需要，在发展核技术问题上采取强硬态度。印度在1974年爆炸第一个核装置。其后，印度一直继续秘密从事核武器研究。到1985年，印度已实现了从重铀的开采、提炼、浓缩到核废料处理的一整套核技术。印度原子能专家和权威人士声称："印度已具备在任何时刻都可生产原子弹所必需的一切条件"。1998年5月11日和13日两天，印度进行了5次核试验，随后，印度的宿敌巴基斯坦也针锋相对地进行了5次核试验，从而使印巴两国迈入了拥有核武器的国家之列。此外，以色列拥有核武力也是一个公开的秘密。

在核扩散方面,日本也是一个值得注意的国家。二战后,日本政府承诺不拥有、不制造、不引进核武器的"核三不原则"。但随着其经济的发展和谋求世界政治大国、军事大国的需要,日本正处心积虑地利用和平开发核能,为制造核武器做技术准备。日本以核电站建设需要为名,大力收购美、英、法等国的核废料,进行处理和钚再回收,贮藏核材料。日本还以和平利用空间为名,投入巨额资金发展运载火箭技术,现已开发出 H1 和 H2 两种大功率运载火箭。总之,日本已具有较强的核技术能力。

(二)核武器的技术进步

与核扩散相比,核武器质量提高的速度更加惊人。

1. 投掷方式多样化。根据斯德哥尔摩国际和平研究所《SIPRI 年鉴 2006》(数据截至 2006 年 1 月)统计,各国拥有战略核武器的情况如下。俄罗斯拥有陆基洲际弹道导弹 512 枚,核弹头 1 808 个;潜射弹道导弹 192 枚,核弹头 672 个;战略轰炸机 78 架,核弹头 872 个。美国拥有战略核武器:陆基洲际弹道导弹 500 枚,携带 1 050 个核弹头;潜射弹道导弹 336 枚,携带 2 016 个核弹头;战略轰炸机 106 架,携带核弹头 1 955 个。法国拥有战略核武器:潜射弹道导弹 48 枚,携带 288 个核弹头;战略轰炸机 60 架,携带 50 个核弹头;超级军旗式舰载飞机 24 架,带有 10 个核弹头。英国战略核力量则一直是由 4 艘核潜艇组成,目前拥有 48 枚潜射导弹,携带 185 个核弹头。

2. 命中精度更高,具有精确打击目标的能力。例如,美国的 B-52G 战略轰炸机携带的 AGM-86 空射型核巡航导弹弹头当量 20 万吨,其 A 型射程 1 300 千米,命中精度 185 米;B 型射程 2 500 千米,命中精度 30 米;C 型采用惯性+GPS 复合制导技术,射程 2 750 千米—4 200 千米,命中精度小于 16 米。陆基和海基战略核导弹的命中精度也有相似的提高。

3. 突防能力更强。美国采用隐身技术的 B-2 和 B-1B 战略轰炸机已具有强大的空中突防能力。早期的 B-52 战略轰炸机的雷达反射截面为 100 平方米,而 B-1B 和 B-2 战略轰炸机则只有 0.75 平方米和 0.1 平方米,极不易为雷达所发现。美苏(俄)等核大国都已在弹头小型化的基础上发展和部署了多弹头战略核导弹。分导式多弹头使对方难以拦截,也是提高突防能力的一种手段。另外,新的抗核加固技术能使核武器在突防时敌方更难拦截。俄罗斯称其最新的白杨-M 洲际弹道导弹的抗核加固技术水平非常高,除非被拦截弹直接命中,否则,敌方拦截弹的核爆炸效应不能使其偏离目标。

4. 反应和生存能力得到提高。灵活反应能力主要是指从戒备状态到实际使用的反应速度以及选择和变更攻击目标的能力。使用固体助推剂的核导弹从准备到发射只需要几分钟时间,而早期使用液体助推剂的核导弹则要半个小时。核武器的反应时间因此大大缩短。另外,以潜基导弹为主的战略核力量结构提高了核大国核力量的生存能力。在遭到对手的第一次打击之后,足以保存足够的战略导弹以进行报复性的反击。

5. 计算机仿真技术用于核武器的完善。1996年9月,联合国第50届大会全体会议以压倒多数通过了《全面禁止核试验条约》。在这一条约下,核试验被禁止,但在美国的要求下,条约加入的一些条款使得用计算机模拟核试验发展核技术得到了合法化。1997年年初,美国依靠以往的地下核试验数据和计算机模拟技术,成功地将B61-7普通型核航弹改装成为一种能钻入地下爆炸的新型核航弹B61-11。计算机仿真模拟地下核试验技术,为不需要通过核试验而设计小型可控和新式核武器创造了条件。目前,美、俄、法已具备应用计算机来模拟核试验的能力。而且,这项技术在发展核武器时效率更高,保密性更强。

(三) 核战略

核战略是指核力量建设与应用的全局方略,是军事战略的核心部分。

1954年美国国务卿杜勒斯总结了美国在20世纪50年代所奉行的核战略,提出了大规模报复战略。这一战略具有双重目的,既强调核武器在战争中的主导作用,又重视核武器的威慑作用。其主要内容是:如美苏之间爆发大战,美国先发制人地对苏实施核打击;当美苏冲突尚未达到全面战争时,美国将根据有限战争的要求使用战术核武器。

20世纪60年代,美苏都有了可靠的第二次核打击力量,形成了相互威慑的"恐怖平衡",美国丧失了核武器的垄断地位。为此,美国时任国防部长麦克纳马拉于1964年抛出了相互确保摧毁战略,其战略意图是保持相对核优势。美国的核战略出现了两大变化:一是从重视第一次核打击力量和首先使用核武器,转向把第二次核打击力量作为战略的基础;二是从将军事目标作为核打击对象,强调"对兵战略",改为以人口密集的中心城市和工业生产基地为主要攻击目标,强调"对城战略"。

进入20世纪70年代,随着核武器的多样化和命中精度的提高,相互确保摧毁战略的不足暴露无遗,因其缺乏灵活性,而不能有针对性地、分阶段地应对核战争中可能出现的各种复杂情况。卡特总统上台后,将前两任总统任内意在探讨的战略调整归纳为"核对抗战略",即从有限核战争到全面核战争,在每个阶段上都有相应方案实现核遏制。

到了20世纪80年代里根总统时期,美国采用了确保生存战略,其基本点是建立攻防兼备的核战略力量体系和天战反击体系,反击苏联的核战略进攻,以确保美国的生存与安全。

20世纪90年代至21世纪初,美国全面调整核战略。2001年1月,美国国防部提交新的《核态势评估报告》,对核战略作出重大修正。在指导思想上,谋求绝对优势,强调攻防一体化;在目标选择上,谋求全方位威慑,强调核威慑目标多样化;在力量构成上,核常并举加导弹防御,强调核战略手段多元化;在军控政策上,由注重多边、双边谈判,转向单方面行动,强调核裁军自主化。由此美国新世纪核战略基本形成。这是一种攻防兼备的战略。从此,美国由单纯依靠进攻性核力量的核威慑战略,向攻防兼备的核威慑战略转变,把战略防御力量纳入战略核力量的结构体系之中;在战略核力量的发展建设中,进一步突出海基、空基、天基战略防御力量建设,核弹头向隐身突防、精确化、小型化、智能化发展,运载工具向多功能化、小型化、机动化、隐身化发展;在战略核力量打击目标的选择上,更注重打击地下深处核目标和军事指挥设施等。

在整个20世纪90年代,俄罗斯由于经济衰退,军费开支锐减,常规军事力量削弱,俄罗斯将战略核力量的建设置于国防战略的中心,奉行核威慑战略,并于1993年宣布放弃"不首先使用核武器"的政治承诺。

进入21世纪以来,面对北约东扩、美国发展全球反导系统和全球快速打击系统,普京总统多次强调,俄罗斯战略核武器"必须维持在能够确保执行核遏制任务的水平上","必须能够战胜现有的和未来的任何反导系统","必须加速推进'三位一体'战略核力量的更新换代"。作为一个致力于与美国保持全球战略稳定的核大国,俄罗斯的核力量发展战略、核威慑战略、核力量运用战略具有自身的显著特点。

俄罗斯的核战略强调对美遏制,以"慑战"、"止战"为基本目标和核

第六章　对外政策的手段：武力

心,突出核武器实战运用的积极性、坚决性与可信性,展现一种积极的防御性。它的重点不是放在反导系统上,而是在保持战术核武器数量和质量优势的同时,着重发展和提高自身战略核武器的进攻能力,如重型洲际弹道导弹"萨尔马特"、机动式多弹头洲际导弹"亚尔斯"、新型铁路机动战略导弹"巴尔古津";建造"北风之神"级弹道导弹核潜艇,用以发射"布拉瓦"潜射多弹头弹道导弹;升级改造现有战略轰炸机,研制下一代战略轰炸机等。

俄罗斯积极防御型核战略的基本特点,与苏联开展核军备竞赛、争霸世界的核战略有质的区别,以核遏制取代核报复,以核防守代替核进攻。

核力量是维护中国国家主权和安全的战略基础。中国目前已掌握原子弹、氢弹、中子弹、战略核导弹和核潜艇技术,并具有由"三位一体"战略核武器和战术核武器构成的核威慑能力。中国的核战略思想独具特色,始终奉行不首先使用核武器的政策,坚持自卫防御的核战略,无条件不对无核武器国家和无核武器地区使用或威胁使用核武器,不与任何国家进行核军备竞赛,核力量始终维持在维护国家安全需要的最低水平。中国要建设完善核力量体系,提高战略预警、指挥控制、导弹突防、快速反应和生存保护能力,慑止他国对中国使用或威胁使用核武器。

(四) 核武力与对外政策

美国著名的现实主义国际关系学者摩根索认为,核武器的出现是一次革命,"或许是有史以来外交政策方面第一次真正的革命"。在常规武器时代,在作为外交政策手段的武力和外交政策的目的之间,存在着一种合理的关系。政治家可以寻求和平的方式来实现国家的目标,如果和平的方式行不通,他会转向采用武力的方式。即使他在战争中被打败,他也不会把一切输光。换句话说,他的失败是可以忍受的。"但这种作为外交政策手段的武力和外交政策的目的之间的合理关系,已经被全面(核)战争的可能性摧毁了。"

另一位美国学者吉尔平认为,核武器的出现对国际关系产生了如下三个方面的影响。第一,军事实力的主要目的,已变为阻止另外一场大战。对抗的核大国直接的相互威慑限制了暴力,从而保护了整个国际社会免受全面战争的侵袭。威慑的成功是运用实力来平衡实力的结果,而不是任何放弃实力本身的结果。一场战争潜在破坏性越大,战争发生的可能性越小。反之亦然。第二,核武器为国家提供了一种对其独立和主权不可侵犯的保证。核武器也许不具有强制力,但它是一种自保力。第三,拥有核武器在很大程度上决定了一国在国际威望等级中的位置。

那么,核武力在一国的对外政策中可以发挥何种作用呢?

1. 它曾经被实际使用过,并证明了它的巨大威力。1945 年 8 月,美国的原子弹刚刚诞生,美军则正在准备发动对日本本土的进攻。杜鲁门总统认为,对日本本土的进攻将可能使美军伤亡几十万人,而且会花费较长的时间。其间,苏联红军将可能解放朝鲜半岛,并染指日本。而且,战争结束在即,如果花在"曼哈顿计划"上的 20 亿美元不产生实际的效用,他也无法向国民交代。于是,他下令在广岛和长崎投掷了两颗原子弹。核武器的使用,不仅加速了日本的投降,而且使美国彻底将苏联的影响从日本排除了出去,确立了美国在日本的独占地位。可以说,核武器的实战使用,极其有效地实现了美国在二战中取得快速胜利的目标。

2. 核武力在主要大国间的扩散,消除了大国间的全面战争。通过"相互确保摧毁"战略、次等核大国的大规模报复战略,核大国在过去的 70 多年中没有发生直接全面的战争,国际关系中出现了少见的长期和平时期。如果说过去的和平主要借助力量均势来达成的话,现在的长期和平是由核武器的恐怖平衡来实现的。虽然各国时时刻刻生活在核大战的恐怖阴影之中,战争毕竟没有发生。大国间最激烈的冲突表现为间接的对抗,如 20 世纪 50 年代,苏联支持没有核武器的中国和朝鲜对抗美国;20 世纪七八十年代,美国和中国通过巴基斯坦支持阿富汗的伊斯兰抵抗组织,抗击苏联军队对阿富汗的占领。

3. 核武力的拥有与否,代表着一国外交地位的高低。无疑,冷战时期的美国和苏联之所以能成为超级大国,并对世界事务具有巨大的影响,主要的原因是它们各自拥有庞大的核武力。印度不顾外界的强烈反对执意要发展核武器,原因之一是印度不甘心只做一个南亚地区的大国,而是要通过加入核国家的行列来取得全球大国的地位。

4. 核武器的出现,并没有从根本上改变"战争是政治的另一种形式的继续"的至理名言。虽然核大国之间的全面战争避免了,但核国家对无核国家、无核国家对无核国家的常规战争依然此起彼伏。核武器并没有结束一切战争,它只遏制了有核国家之间的全面大战。伊朗和伊拉克之间的战争、阿根廷和英国之间的马岛战争,北约对原南联盟的战争,美国对伊拉克的战争,都是国家试图利用武力来追求外交未能实现的对外政策目标的事例。

5. 核武器的出现,并不保证有核国家可以在世界上胡作非为,随便将自己的意志强加到无核国家的头上。由于核武器所受到的国际道德非议,以及核国家之间的相互牵制,核国家并不能随心所欲地将自己的核优势转化成在外交和常规战争上的优势。在朝鲜战争、越南战争和阿富汗战争中,美国和苏联都遭到了失败。总之,在核扩散的情况下,核武力的主要作用是威慑,其充当武力威胁和军事干涉的作用并不大。而常规武力更适合在当今世界充作武力威胁和武力干涉的工具。

四、战争、道义和法律

(一) 人类历史上的战争

国际上武力的行使集中表现为国家所发动的战争。它是以国家为轴心的、由国家发动的、为国家的利益而进行的以武力冲突为特征的暴力表现形式。在人类 5 000 多年的文明历史中,只有 292 年存在着和平。在 95% 的时间里,地球的某个角落便进行着战争,总数高达 14 500 次,直接或间接地杀戮了 35 亿人。

以一国平均卷入战争的次数来衡量,由于国家数量的增加,战争的频率自近代以来出现了下降。不过,这并不表明国际战争的绝对数目有了下降。有一个统计显示,1850—1870 年,每年有 1.61 次新的战争爆发。1891—1914 年,每年有 1.4 次新的战争爆发。1946—1977 年,这一数据为 1.79 次。由此可见,虽然单个国家卷入战争的概率下降了,但整个世界发生战争的频度并没有多大的改变。

比战争的发生频率更触目惊心的是战争不断升高的残酷程度。从 1700 年以来,有 7 000 万人在战争中死亡。其中,84% 死于 20 世纪。1618—1648 年的"三十年战争"中共有 200 万人战死。1792—1815 年的拿破仑战争中有 250 万人战死沙场。而在持续仅四年的第一次世界大战中就有770万人阵亡,第二次世界大战更造成1 300万军人丧失生命。就在士兵伤亡的数量大大提高的同时,平民的伤亡也日益惨重。在第一次世界大战中,有140万平民死亡。到了第二次世界大战,死亡的平民更高达3 430万。另一位外国学者的统计表明,即使是在大国战争销声匿迹的战后时期,全世界因战争死亡的人数仍然是19世纪的两倍,是17世纪的七倍。

战争所带来的巨大代价表明,那些引导决策者走向世界大战的所谓理智的决定其实是多么的荒谬。特别是在经历了20世纪两次残酷的世界大战后,人们对战争充满了疑问:人类是否应永久地放弃战争作为实现国家目标的手段?国际间的战争是否违反人类的根本道德?是否应该发展一系列的国际体制来杜绝战争的发生?是否需要为战争的行为制定一套国际的准则?

(二)正义战争论

武力的使用,在人类的历史上越来越受到道义原则和国际法的约束。因此,有关正义战争和非正义战争的理论和规范也逐渐发展起来。支持正义战争理论的人们对武力的实际使用持一种中间的立场,它既反对不加区别地否定一切战争和武力使用的正当性,也拒绝那种动辄使用武力的好战倾向。在中国,自古以来就有所谓"师出无名"的说法。在中世纪,神学家奥古斯都认为,尽管战争是魔鬼的营生,但是,为了正义,也即为了神国的和平,基督教国家从事战争是应该得到肯定的。这种基督教的正义战争论成为后来十字军远征的理论支柱。从11世纪末开始,欧洲的基督教会在以后的200年中发动了7次大规模的十字军远征,以夺回落入异教徒突厥人之手的圣地耶路撒冷。17世纪初的荷兰国际法学家格劳秀斯则把自卫、收复财产和惩罚作为开战的正当理由。正义战争论在18、19世纪出现退潮。在资产阶级的学者中,无差别战争的理论成了主流。它认为,无论战争正义与否,各国均拥有平等的诉诸战争的权力。这种无差别战争观反映了这个时期西欧列强在全世界全面从事殖民战争的现实,彻底使这些国家摆脱了为殖民战争寻找借口的麻烦。同时,在一定程度上,它也带来了第一次世界大战的灾难。

第一次世界大战在当时是人类历史上最血腥的一次战争。从战死者人数看,俄国约 170 万,法国 136 万,英国 90 万,德国 180 万,奥匈帝国 120 万。战争结束后,当时的每一个欧洲人都认为"人类已经经不住第二次这样的战争了"。一战结束后,反对任何战争的"非战论"开始盛行一时。其顶峰便是 1928 年 8 月在法国巴黎订立的《白里安-凯洛格公约》,也称《非战公约》。当公约在 1929 年正式生效时,包括当时的主要大国在内的 44 个国家加入了该公约。《非战公约》只有正文两条。第一条宣布,为解决国际纠纷而诉之于战争是非正义的,各缔约国声明"在相互关系中放弃以战争为执行国家政策的手段"。第二条则要求,各国间发生的一切争端和冲突,不管其性质和起因如何,"只可用和平方法解决"。《非战公约》未能阻止 10 年后第二次世界大战的全面爆发,不过它的规定成为日后对德日战犯进行审判的法理依据。

马克思主义认为,战争在历史上既起过反动的作用,也起过进步的作用。因此,马克思主义严格地把战争区分为正义的战争和非正义的战争、先进阶级的战争和腐朽反动阶级的战争。马克思主义反对非正义的战争,反对帝国主义为侵略目的而进行的战争。同时,马克思主义也支持各国人民武装保护自己民族自由和独立的战争,以及无产阶级在国内反对资产阶级的武装斗争。

早先的正义战争论因为对正义的不同理解引发了数不清的战争。两次大战期间的非战论也不能阻止战争的爆发。非战论在否定侵略战争的同时,也否定了自卫战争,显得太过理想主义。因此,在二战结束后,一种基于联合国宪章的合法战争论开始出现。它认可联合国会员国进行自卫战争的权利(第五十一条),同时,它规定联合国为了维持国际和平及安全,可"采取有效集体办法,以防止且消除对于和平之威胁,制止侵略行为或其他对和平之破坏。"(第一条)。宪章进一步把判定战争行为是自卫还是侵略的权力交给了联合国安全理事会(第三十九条)。如此,在二战后,从法理上说,国际上只有两种战争成为合法的战争:一是各国的自卫战争,二是联合国安理会授权和组织进行的制止侵略的战争。

(三)对战争行为的法律约束

对战争行为的约束最初只具有道义的性质。正义战争论者认为,正义战争之所以是正义的,在于它要求战争的目的和手段都是正当的。罗马的哲学家西塞罗就说过:"正义战争必须正义地进行。"有关对战争行为的法律约束则是在最近100多年来发展起来的。对战争行为的道义和法律约束主要体现在两个方面:即对作战武器的限制和对待交战人员和非交战人员的规定。

对使用的武器进行限制。1139年,当时的欧洲基督教各公国决定禁止在基督徒之间的战争中使用穿透力强的硬弩。不过,绝大多数对战争中所使用的武器的限制是在最近的100年中确立起来的。这主要是因为,在这一时期,武器的破坏力和杀伤力随着技术的发展得到了迅速的增大,促使有关武器使用的规则也增多起来。1868年的圣彼得堡宣言提到:"战争之行动应服从人道之原则,故需限制技术使用之范围。"从那以后,国际社会制定了一系列法律法规来限制下列武器在战争中的使用。

1. 极度残酷的武器。1899年海牙和平会议产生了禁止使用达姆弹的宣言。达姆弹弹头钝平或金属较软,易在人体内炸开造成严重伤害。凝固汽油弹是兼有滥杀滥伤和过度伤害两重作用的不人道武器。美国在越南战争中曾大规模地使用凝固汽油弹。另外,集束炸弹和空气炸弹等也属于此类极度残酷的武器。1980年通过的《禁止不人道常规武器公约》对上述武器的使用作出了禁止或限制的规定。禁止地雷的国际公约则于1997年被签署。

2. 有毒、化学和细菌武器。1899和1907年的两个海牙公约都特别禁止"使用毒物和有毒武器"。1925年的日内瓦议定书又将此规定推广到细菌武器。但是,在第一次和第二次世界大战中,德国和日本都大量使用有毒武器和细菌武器。为了更加全面地禁止此类武器,1972年,在联合国的主持下,各国签订了《禁止细菌(生物)及毒素武器的发展、生产及储备以及销毁这类武器的公约》,不仅严格禁止在战争中使用此类武器,而且永远禁止各国生产、发展、储备此类武器。《禁止化学武器公约》(1993年)规定,禁止使用、生产、购买、储备和转移各类化学武器,以及销毁化学武器,将所有化学武器生产设施拆除或转作他用。

3. 不分皂白的战争手段。1977年,《日内瓦公约》的《第一附加议定书》明确规定:禁止"不分皂白的攻击",如不以特定军事目标为对象的攻击;使用不以特定军事目标为对象的作战方法和手段;使用任何将平民或民用物体集中的城镇、乡村或其他地区内许多分散而独立的军事目标视为单一的军事目标的方法或手段进行轰炸或攻击;可能附带使平民生命受损失、平民受伤害、平民物体受损害或三种情况均有而且与预期的具体和直接军事利益相比损害过分的攻击。

另外,1976年的另一项国际公约则禁止为军事或任何其他敌对目的使用改变环境的技术,表达了禁止环境战的意旨。在禁止和限制使用核武器方面,尽管国际社会作了大量的努力,目前,有关的国际公约还仅限于禁止核试验方面,达成禁止或限制使用核武器的公约还有待人们的努力。

在限制武器的使用的同时,对战争行为的约束正在扩大到对战俘和非交战人员的保护方面。在人类漫长的历史中,交战双方可以自由地处置所有的敌国人员,不论是战斗人员和非战斗人员。这是因为,在过去,战争被视为交战国所有居民之间的对抗,而不是现代意义上所谓国家所拥有的武装部队之间的对抗。于是,敌国的每一个国民都是另一方每一个国民的敌人。随着民族国家的兴起,战争开始被认为不再是全体人民之间的对抗,而只是交战国军队之间的对抗。结果,战斗人员和非战斗人员的区分成了约束交战国交战行为的一项重要原则。该原则要求不故意攻击、伤害和杀死非战斗的平民,而把军事攻击目标限定在战斗人员和军事目标上。这一原则在18世纪和19世纪逐步成为欧洲各国不成文的行为规范。1899年和1907年的《关于陆战法规和惯例的海牙公约》、1949年的《日内瓦公约》则使这一原则成为约束各国行为的国际法准则。

在战斗人员中,那些丧失了作战能力的伤员和战俘也逐步被视为单独一类,需要和战斗人员区分开来。考虑到战争是交战国战斗人员之间的对抗,军事行动的目标因此只能是那些有能力战斗并积极参与战斗的人员。对于那些由于伤病或由于被俘而不再参与战斗的人员,交战国不应加以伤害,并应给予人道待遇。1785年美国与普鲁士缔结的《友好条约》的第24条,第一次禁止将战俘囚禁在监狱中并使用镣铐。1949年通过的《日内瓦公约》对战俘待遇作了详细规定:战俘在拘留国手中应由拘留国负责;对战俘应给予人道待遇;在实际战事结束后,战俘应即释放并遣返其本国。

国际道义和国际法的加强,在一定程度上促使交战各国的战争行为受到约束。但是,不能不看到的是,如同非正义、不合法的战争仍然时常发生一样,一些国家在交战过程中漠视和违反有关国际条约的情形不时出现。

思考题

1. 核武器对国家的对外政策有何影响?
2. 武力与外交有何关系?
3. 道义与法律对战争有何作用?

第七章 国际组织

国际组织的历史并不长,它出现在民族国家形成之后。随着资本主义向世界拓展,国家对外贸易和对外关系迅速发展,航运、铁路和通信联系取得了长足的进步,国际协作的范围和空间大为改观。国际组织成为首先出现的非国家行为主体。

从世界历史发展来看,政府间的国际会议是国家间进行交往和接触的更高一级形式。一般来说,早期的国际会议开始是为了解决战争结束后的善后问题,后来发展到在和平时期用来调整国家间关系。17世纪的威斯特伐利亚会议就是近代史上处理重大国际问题的一次重要会议,它开创了国家间通过国际会议来处理重大问题的先例。到19世纪前后,国际会议已经十分频繁。据统计,19世纪50年代的10年中,民间国际团体所举行的国际会议接近200次;而到80年代的10年中,这类会议已经超过270次;到20世纪的第一个10年,国际会议已经超过1 000次。我们熟悉的1814年的维也纳会议以及维也纳体系,就是以会议形式处理当时欧洲大国之间关系的一个典范。因此,从17世纪以后,以国际会议的形式来处理国际关系逐渐成为国际生活中的一种惯例,而国际会议则为国际组织的产生打下了基础。从一定意义上说,国际会议的经常化和制度化就是国际组织。

一、国际组织的发展与特征

（一）国际组织的发展、特征与类型

由于越来越多的行政技术活动突破了国界,民间的国际团体逐步形成,到 19 世纪中期,世界各国间已就调整专门领域的相互关系达成国际协定,以解决日益紧迫的国际协作问题。当时,欧洲就出现了如莱茵河、易北河等国际河流管理委员会等国际组织。19 世纪后半期,科学技术和交通工具的进步使国际交往逐步扩大到社会生活的许多领域,在交通、运输、通信、公共卫生和经济贸易等方面,出现了国际行政联盟的组织形式,如国际电信联盟(1865)、万国邮政联盟(1875)等。这种以专门业务和行政性的国际合作为目的的组织,成为现代国际组织的雏形。

但是,真正以民族国家为基础而建立起来的国际组织,特别是一般政治组织,则是 20 世纪以后的事,那时产生的国际组织才真正具有"国际"的性质。

20 世纪上半期爆发了两次世界大战,由此出现了以政治和国际安全为中心的综合型的国际组织。1919 年 6 月,标志"一战"结束的巴黎和会决定成立国际联盟,这是人类历史上第一个全球性国际组织。第二次世界大战结束后,1945 年 10 月 24 日,作为根治法西斯主义遗患、维护世界和平和促进国际安全的努力的产物,以及建立大国主导的新的国际秩序,以便解决战后问题,世界上最大的国际组织——联合国成立了,联合国下属的各种专门性机构也随着联合国的成立而大量涌现。

其后不久,世界渐渐滑入冷战的泥潭,以美国、苏联为首的两大阵营内部各自建立起一系列军事、政治与经济国际组织。20 世纪 50 年代末、60 年代初,发展中国家迅速崛起,在它们中间建立起了数量众多的国际组织,如东南亚国家联盟、西非共同体、中非国家经济共同体、安第斯条约组织、中美洲共同市场和加勒比共同体等。与此同时,阿拉伯国家联盟、非洲国家统一组织等地区性国际组织也纷纷建立。起初,这些国际组织都带有政治性质,随着国际经济政治的发展,这种排他性的政治色彩逐渐减少,经济上的联系和协作越来越多,以维护和平和发展经济为目标的国际组织在国际政治生活中比比皆是。

20 世纪 80 年代末期到 90 年代初,苏联和东欧国家政治制度和经济体制的激烈变化,以及苏联的解体,打破了旧的国际格局。以美苏分治欧洲为核心的东西方关系的结构被突破。国际形势的变化,促进了国际组织的分化和改组,也使国际组织的内外关系更加复杂,各种矛盾相互交织在一起。

另一方面,随着国际社会交往领域的扩大,民间联系的加强,非政府间的国际组织成为国际政治生活中另一个突出的现象,这些国际组织在制定

第七章 国际组织

新的全球规则的过程中,在对政府外交政策制定的影响上,在促进各国人民之间的沟通和认识上,在全球问题的治理过程中,开始成为一支举足轻重的力量。

国际组织的广泛兴起是世界范围内变化中的经济和政治结构的一部分——冷战的结束、经济全球化的迅速发展、跨国公司的力量日益增强和廉价的通信技术的普及,所有这些,都对国际组织的成长和发展起着重要的作用。由此可见,国际组织的产生是国际政治经济发展的必然结果,国际组织的发展变化又是国际政治经济发展与调整的需要。

第二次世界大战以后,国际交往越来越频繁,国家间的相互依存日益加深,这使国际组织的特征发生了新的变化。当今世界中的国际组织,具有以下一些重要的特征。

第一,组织机构趋于完善。19世纪的国际行政联盟由常设机构国际事务局负责日常工作,成员国代表会议只是在若干年内讨论由条约规定的国际合作,并不负责实际工作,那时的国际组织在机构设置、功能的确定上,还比较单一和有限;当代国际组织一般在常设秘书处之上设置代表大会、理事会(执行机关)这种实质性的权力机构,一般拥有很大的决策权和执行权,机构设置更为完善,议事程序更加清晰,行动也更加有效。

第二,国际组织的规模庞大,成员广泛。19世纪的国际组织,其成员国基本上局限在欧美少数发达国家之间,这是由当时的国际现实决定的,因为绝大部分殖民地半殖民地国家,在国际法意义上还无法作为一个主权国家在国际上独立发挥作用。但是随着二战后民族解放运动和国际社会民主化浪潮的发展,越来越多的非西方国家开始作为独立的主权国家活跃在国际组织中,从而加入多边外交的行列。当代国际组织(如联合国)几乎包括了世界上所有国家;而绝大多数专门性国际组织,基本上都拥有100多个成员国。

第三,众多的国际组织形成复杂的国际组织网络。例如,联合国与18个专门性的政府间机构建立了密切的、非隶属的关系,其中16个被称为联合国专门机构。联合国还给予1/6的非政府国际组织以协商地位。再比如欧盟,它与12%的非政府国际组织有着密切的关系。这样,许多国际组织在业务与信息方面已有机地联合在一起,形成以联合国为中心的国际组织网络,从而使国际组织外交成为继国家之间的外交以外,当代国际社会中最重要的外交形态之一。

第四,国际组织的数量急剧增加。第二次世界大战前的1939年,政府间国际组织只有80个,而到20世纪90年代,政府间国际组织已达到500多个。与此同时,非政府间国际组织的发展更为迅猛,其中绝大多数是50年代以后建立的。在第二次世界大战时,非政府间国际组织只有170个左右,而到20世纪90年代,非政府间国际组织已达到36 000多个。因此,有人把19世纪称作国际会议的世纪,把20世纪称作国际组织的世纪,这是一点也不奇怪的。

当代的国际组织名目繁多,宗旨不一,数量巨大。根据这些国际组织的职能范围,大致可以把它们分为综合型(即一般政治性的)和专门性两种;根据成员国的地理范围,也可把它们分为全球性和区域性两种;根据成员的属性,可以将它们分为政府间国际组织和非政府间国际组织;根据国际组织所要解决的事务性质,可以把它们分为政治性的、经济性的、军事性的、社会性的和文化性的国际组织。一般来说,结合上述几项标准,我们可以把所有的国际组织分为四类。

1. 全球综合性国际组织。如联合国,成员具有普遍性,几乎包容了当今国际社会中的所有国家。从职能上看,它兼有政治、安全、经济和社会发展、科技文化合作,以及人权保护等多种职能。

2. 全球专门性国际组织。这类国际组织具有某种特定功能,故又称功能组织。最典型的是联合国下属的各个专门机构,另外还有如国际劳工组织、世界卫生组织、国际电信联盟等。这类国际组织是以某一个特定的事务为中心而组成的,可以毫不夸张地说,在今天国际社会生活中,几乎所有的问题领域,都有相应的国际组织存在。

3. 区域综合性国际组织。它们是具有政治、安全和社会经济功能的地区性组织。今天世界上的各个洲,基本上都有自己的区域组织,如美洲国家组织、欧盟和东南亚国家联盟等。区域综合性国际组织在组织设置和功能上与全球综合性组织类似,它们的区别只是地理范围上的大小不同而已。

4. 区域专门性国际组织。可以分为经济贸易、军事同盟、科技文化等类别,例如二战后欧洲成立的欧洲煤钢联营,现在的亚太经合组织和北美自由贸易联盟等。但是,要注意的是,区域专门性国际组织并不仅仅只是集中在某一固定的区域范围内,像在冷战时期形成的北大西洋公约组织、华沙条约组织(1991年解散)和经济互助委员会(1991年解散)等少数组织,这些组织虽都有专门功能,但其成员国并非严格地以地区来限定,而是以社会制度、意识形态以及军事战略关系来构成的。这类组织是否属于地区性组织,目前在国际上尚有争议。

随着国际交往的深入、全球化发展以及由此导致的全球性问题的凸显,尤其是国际政治经济化和国际经济政治化趋势日益明显,各种非国家行为主体的数量与作用不断增加,国际组织在地域和业务上越来越向全球化、综合化方向发展,并构成对国家主权的极大挑战。若从国际关系行为主体来考虑,最有意义的是按照国际组织的构成,即其成员是否拥有主权,可以把国际组织划分为政府间国际组织(IGOs：International Governmental Organizations)与非政府间国际组织(INGOs：International Non-Governmental Organizations)两大类。

(二) 政府间国际组织与非政府间国际组织的发展

政府间国际组织的基本特征是,它们在条约和宗旨规定的范围内,享有参与国际事务活动的独立地位,具有直接承受国际法权利和义务的能力,很少受国家权力的直接管辖。政府间国际组织是国际政治中的合法的行为主体。

当今国际社会中最重要的政府间国际组织是联合国(UN)。此外,还有世界性政府间国际组织如世界银行(WB)、国际货币基金组织(IMF)、世界贸易组织[WTO,前身是"关税及贸易总协定"(GATT)]等;发展中国家的政府间国际组织如"不结盟运动"和"77国集团"、"东南亚国家联盟"、"非洲联盟"、"里约集团"等;发达国家的政府间国际组织如"北大西洋公约组织"(NATO)、"欧盟"(EU)、"欧洲安全与合作组织"、"西方七国首脑会议"(G-7)等。这些政府间国际组织在世界经济和国际政治领域扮演着极为重要的作用。此中尤以最具普遍性的政府间国际组织——联合国的作用最为重大,其地位是其他政府间国际组织所不能替代的。

联合国已经走过了半个多世纪的历程,它是在世界反法西斯战争的烽火中诞生的。曾被西方称为"结束战争的战争"的第一次世界大战结束刚过20年,又爆发了更大规模和更加残酷的第二次世界大战。战争的浩劫向世界提出了一个严峻的问题,如何才能免使"后世再遭今代人类两度身历惨不堪言之战祸"？建立一个集体维护国际和平与共同致力社会进步的新的国际组织的设想,集中反映和体现了各国人民祈求和平、向往发展的普遍愿望。联合国正是在这种基础上,由美、英、苏、中等反法西斯盟国吸取了两次世界大战的灾难性教训共同筹建起来的。

继开罗会议和德黑兰会议、敦巴顿橡树园会议以及雅尔塔会议之后，1945年4月25日，联合国家组织会议在旧金山隆重召开，在这次大会上，制定了《联合国宪章》，故称联合国制宪会议。10月24日，《联合国宪章》正式生效，后来联大把这一天称为"联合国日"，以纪念联合国的成立。

《宪章》规定，联合国的宗旨是：（1）维护国际和平及安全；（2）发展国际间以尊重人民平等权利及自决原则为基础的友好关系；（3）促进国际合作，以解决国家间属于经济、社会、文化和人类福利性质之国际问题，增进并激励对于全体人类之人权及基本自由之尊重；（4）构成一协调各国行动的中心，以达成上述共同目的。

为实现联合国的上述宗旨，《宪章》还规定了联合国组织及其会员国应遵守的7项原则。据此，联合国确立以和平、发展、平等、正义为其指导方针，代表了人类社会的基本理念与美好愿望。

联合国为了实现其宪章所规定的宗旨，按其不同性质设有6个主要机构，即大会、安全理事会、经济及社会理事会、托管理事会、国际法院和秘书处。在联合国的6个主要机构中，联合国大会和安理会占有中心的地位，是联合国的枢纽机关。联合国大会在组织监督和内部行政方面，如在预算、接纳新会员国、终止会员国的权利或开除会员国等特定的事项上，是有最后决定权的。相比而言，安全理事会（安理会）在联合国的6个主要机构中占有首要的政治地位，是一个维护国际和平与安全的主要机构。安理会由5个常任理事国（中、美、英、法、俄）和10个非常任理事国组成。安理会属于执行机构，它是联合国组织体系中唯一有权采取行动来维护国际和平与安全的机构。其他机构只能向各国政府提出建议，唯有安理会有权决定根据宪章作出各会员国必须执行的决定。安理会实行"大国一致原则"，常任理事国具有否决权。

随着最后一个托管领土帕劳于1994年10月1日独立，托管理事会于11月1日停止运作。国际法院作为最主要司法机关，是主权国家政府间的民事司法裁判机构，由15名法官组成。其主要功能是对联合国成员国所提交的案件，做出有法律约束力的判决，并就正式认可的联合国机关和专门机构提交的法律问题提供咨询意见。秘书处是联合国处理日常事务的机构，秘书长为联合国最高行政首长。

《联合国宪章》规定："经社理事会得采取适当办法，给予各种非政府组织会商有关与本理事会职权范围内之事件。"非政府组织范围广泛,数量众多,往往具有对经社理事会的工作十分有价值的特殊经验和技术知识,它们应当有表达意见的机会和场所。已经取得咨询地位的非政府组织可以向经社理事会的公开会议及其附属机构派观察员,并可就与经社理事会工作有关的问题提交书面声明。它们还可就共同关心的问题与联合国秘书处进行磋商。

这样,我们非常有必要探讨一下当今国际社会中活跃频繁的各类非政府间国际组织。自近代以来,非政府间国际组织就存在于国际政治中。但是,非政府间国际组织的角色直到近半个世纪来才为国际社会所关注。19世纪末20世纪初,为反对战争、维护世界和平,各种反战组织、联盟、协会等在世界各地纷纷成立。20世纪中期以来,以武器扩散和环境问题等为主要表征的全球性问题不断凸显,作为人们对全球性危机关注的产物,各种非政府组织大量涌现。冷战结束以来,非政府组织迅速发展(如图7-1所示),现在全世界约有近万个非政府组织在世界范围内开展活动。如今已与联合国建立正式关系的非政府组织就有1 581个。它们与联合国的关系已从参与经社理事会部分会议扩大到组织非政府论坛,与联合国召开的国际会议并行举行,实际上已成为联合国会议的一部分。这种现象主要是从1992年里约热内卢联合国环境与发展会议开始的。从那以后,非政府组织论坛的规模一个比一个大,活动内容已从经济社会领域扩大到维和行动、裁军、人权、妇女、人道主义救济、区域争端、生态环境、全球问题等广阔领域,地位重要,成绩显著。现在许多非政府组织还要求参与许多政府间国际组织的决策过程以及与联合国安理会建立起定期的磋商关系,它们与联合国系统政府间机构的联系与合作正在加强。更有甚者,近年来联合国先后召开的关于禁止地雷会议和建立国际刑事犯罪法庭的会议,都是由非政府组织首先策动的,并都通过了决议。非政府组织是当今世界上一种"人民代表制的基本形式"(前联合国秘书长加利语);成千上万的非政府组织与跨国公司等一道,形成了一个不断发展的独立于国家体系之外的"全球民间社会",推动了国际社会的民主化进程,增强了国际社会的多元化和平民色彩。

1994年的联合国文件将非政府组织定义为:"一种非营利性实体,其成员为一个或多个国家的公民或公民协会,他们的行为由成员的集体意志所决定,以满足一个或多个和该非政府组织合作的团体成员之需。"这就将非政府组织与营利性的跨国公司等区分开来,因而有时也把非政府组织叫作非营利性机构。

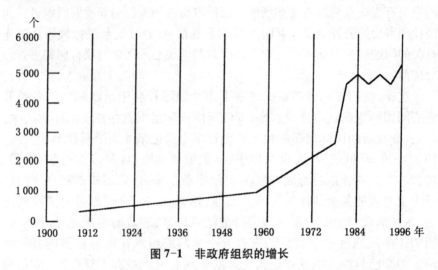

图 7-1　非政府组织的增长

正在兴起的非政府组织——多数规模不大,灵活敏捷,在家中通过电脑网络与外界沟通——能够而且的确开始跨越空间距离。有些非政府组织规模很大,例如,大赦国际的预算比联合国人权观察组织的预算还要多,在世界许多地区驻有自己的观察员。但是,大多数非政府组织的规模较小,有的非政府组织,如人们形象比喻的,小到只不过有两名经济学家和一只文件柜。但是,就是这样的非政府组织,其能量仍然不可小视,他们拥有电脑,而且能熟练地利用互联网,可以快速地与全球伙伴成员和媒体建立联系,组成可以施展其力量的独特的信息时代的联盟。

一些非政府组织——如医师无国界协会——负责处理医疗卫生问题,另一些非政府组织处理政治和法律问题,如人权观察组织等。但是,越来越多的非政府组织把精力集中在经济问题上,比如劳工、贫困和环境问题。负责世界贸易的许多国际组织常常因为它们对全球经济的失策而成为非政府组织的批评对象。非政府组织是民间机构,它们通常致力于单一事业,费用全靠捐助,而这些捐助常常来自一些基金会。因此,一些大的基金会已经通过它们对非政府组织有的放矢的资助而在全球经济中成为强大的幕后人物。

现在,非政府组织在很大意义上已经成为一种特殊的利益集团,这种利益集团不是我们通常从国内政治生活意义上所理解的,它们是跨国的利益集团,对国内、国际事务正在产生愈来愈大的影响。总体上,非政府组织以四种方式影响政府、多边机构、国家及多国合作。

1. 提出和设立议程。非政府组织通过提出许多政府一直忽视的议程,敦促各国政府对某个议题的重视,协助国际社会致力解决各种问题。例如,由于国际禁雷运动组织的努力,国际社会就缔结禁止杀伤性地雷公约达成共识,并最终签署了国际禁雷协议。

2. 通过协商促使议题的解决。非政府组织在设计起作用的多边条约方面扮演了一种基础性的角色。非政府组织还能在谈判处于僵局时,通过民间活动建立起政府间的信任和打破谈判的僵局。

3. 促进合法化。非政府组织的意见在促进或抑制公众的政治支持方面可能成为决定性的因素。非政府组织通过调动民意,举行合法的抗议活动,参与国内和国际政治决策过程。今天,世界银行几乎一半的借贷项目有非政府组织参与的成分;而1973年至1988年间,平均只有6%的非政府组织在这些借贷资本的流向上有时起着决定性的作用。

4. 实施解决方案。非政府组织在实际生活中承担着许多政府不能做或不愿做的事情,在许多全球事务的管理方面起着重要的推动作用。比如国际红十字协会在实施人道主义救助方面,往往起到了敌对国家间的沟通作用。另外,非政府组织在将国际协议与规则转变为国内立法和实施方面也起到了关键性的作用,它们在监督国内政府遵守和执行国际协议和国际规则方面,是一支重要的政治力量。

在20世纪90年代,非政府组织齐心协力,在许多方面起到了举足轻重的作用,我们熟悉的就有:制定国际禁雷公约,引起和促进人们对全球变暖和第三世界债务减免问题的高度重视,建立国际刑事法庭,挫败29个主要工业国家制定全球投资基本规则的企图,等等。

非政府组织现在处于其历史上最为辉煌的时期,它们自称为全球各国政府的"第三部门",或者"全球文明社会",而其他两个部门——企业和政府——往往称它们是害虫。这说明人们对尚未被以民族国家为中心形成的国际体系所接纳的非政府组织的作用,仍然存有歧义,对非政府组织所能起到的建设性作用认识不足,而对其起到的破坏性的作用则强调过多。早在20世纪六七十年代,绿色和平组织的极端行为,就显现出作为体制外因素影响既有体制架构的局限与问题。从全球范围来看,国际规则的真正作用就是确保民族国家仍然保持强大的地位。这一事实看来短期内仍然不会改变。1999年12月在美国西雅图市召开的世界贸易组织会议期间,非政府组织的表现再次证实了这一点。它们在环境、人权和劳工标准问题上提出了各种主张,并且有至少来自700个机构的上万名非政府组织成员展开大规模示威游行,同警察进行"街头战",最终推迟了新千年全球贸易回合的举行。这表明,一些以前无足轻重的非政府组织已经大摇大摆地闯入了全球经济之中,开始成为经济全球化时代世界事务中的一个重要力量。

如今,各种国际组织(包括非政府间国际组织在内),特别是联合国组织,已具有国际法主体地位与资格。当然,要注意的是,国际组织与国家有所不同,尽管两者都是合法的国际行为主体,前者的权力来源于各国建立的各种条约和该组织的组织法,它在国际上的主体地位主要是派生的,干预国际政治的权利是模糊的,干预行动的作用常常是有限的,拥有的财政能力与庞大的民族国家财政相比是微小的,即使像组织建置最完善的联合国组织本身,也不能将其简单地等同于国家那样的政权机构。

二、国际组织的目标:行动和问题

目前,各种形式和各种内容的国际组织已经超过40 000个,活动范围包罗万象,在政治、经济、社会、文化和其他领域,国际组织的活动几乎无处不在,上至外层空间,下至海洋床底,人类的生老病死、衣食住行样样都和国际组织或多或少地联系在一起。因此,国际组织对国际社会和国际关系的发展起着重要的推动作用。

国际组织的效能主要体现在高级政治(和平与安全事务领域)和低级政治(社会、经济、环境事务等领域)两方面。本部分从这两个方面逐一阐述。

(一)促进国际和平与安全

二战后,曾一度出现美国独霸世界的局面,一些国际组织包括联合国在内,曾经被操纵在以美国为首的西方强国手里。冷战爆发后,联合国又陷入

第七章 国际组织

美苏争霸的境地,作用有限。但是随着国际政治力量对比的重大变化,尤其是第三世界的崛起和壮大,以联合国为代表的国际组织也发生了积极的变化。《联合国宪章》的宗旨和原则逐步成为指导国际关系的重要准则。因此,国际组织在维护世界和平、缓和冲突、制止战争等方面取得了重要的成就。20世纪60年代初期,在古巴导弹危机期间,联合国的努力和国际舆论的压力,避免了一场核战争。20世纪80年代以来,联合国在诸如两伊、阿富汗、柬埔寨、纳米比亚、尼加拉瓜及西撒哈拉等冲突地区成功地进行了干预。

联合国作为全球普遍性的国际政治组织,其成员几乎包括世界所有国家。它超越社会制度、意识形态和文化传统等种种差别,容纳各种类型的国家,具有广泛而深厚的政治基础。半个多世纪的实践证明,联合国是世界历史上最普遍、最有生命力的国际组织。它在维护国际和平与安全,和平解决国际争端,防止用武力威胁国家的主权独立与领土完整以及裁军方面做了大量的工作。20世纪80年代中期以来,联合国在缓和地区冲突方面显示出不可替代的作用。尤其是冷战结束以后,联合国维和行动次数日益增多,对稳定地区局势,防止冲突蔓延和扩大化,并寻求最终解决冲突的和平途径等方面起到了积极的作用。在维和事业中,联合国依据《宪章》,发展了和平解决争端的方法和手段,加强了联合国防止冲突、从事预防性外交、维护和平以及缔造和平的能力。不仅如此,在军备控制、裁军及不扩散包括生物、化学武器在内的大规模毁灭性武器,以及其他具有特别过分伤害力或滥杀滥伤作用的武器方面,联合国都做了大量卓有成效的工作。

联合国还使各国携手合作,积极消除各种形式对国家和人民所造成的威胁,例如,恐怖主义以及跨国犯罪、非法买卖军火和生产、消费及贩运非法药品等。此外,联合国还成为解决全球性问题的重要协调机构。联合国在维护国际安全、促进国际和平以及防止国际暴力诸方面所取得的成就,正如"联合国50周年纪念宣言"所指出的:"联合国经历冲突、人道主义危机和激烈变化的考验,但始终屹立,为防止另一次全球冲突发挥了重要作用,并为世界各地人民取得重大收获。联合国帮助塑造现代国际关系的基本结构。非殖民化进程和消除种族隔离不但已经而且继续使几亿的人确实行使自决的基本权利。"

联合国的作用与宪章的宗旨和原则密不可分;联合国的宗旨和原则不仅体现于国际法与国际条约之中,也反映了国际关系的基本实践与理念。

半个多世纪过去了,《联合国宪章》仍然像一座寻求和平、发展和美好世界的丰碑屹立着,它的宗旨和原则仍然符合历史发展的潮流,仍有旺盛的生命力。联合国作为世界事务中的一个强大而富有建设性的力量,无论现在还是将来都是不可缺少的。

除了联合国以外,其他地区性组织如东盟等在协调区域及次区域和平与安全问题上正扮演着日益重要的角色。冷战期间,奉行"和平、中立、不结盟"原则的第三世界"不结盟运动"在反对两极对抗、疯狂的军备竞赛以及维护世界和平与国际安全上作出了突出的贡献,吹响了反战的最嘹亮号角。

除政府间国际组织外,在促进国际和平与安全方面,非政府组织一直走在时代的前列,它们贴近公众,为世界和平奔走呼号。早在1815年,美国就成立了一个和平主义组织——纽约和平协会,接着在伦敦、巴黎、日内瓦等地也建立了类似的和平组织。两次世界大战前后,各种反战组织纷纷成立,日益活跃,在揭露列强战争阴谋、唤醒人民的和平意识、推动早日结束战争等方面发挥了先导性作用;第二次世界大战后,真正世界性的保卫和平运动更是得到了广泛发展。二战后,由于核武器的发展,世界人民不愿再遭受新的大战的浩劫与毁灭性的核灾难,在各种非政府组织的推动下,许多国家(尤其在西欧国家)开展了声势浩大的反对核军备竞赛和保卫和平的运动,这是非政府组织作用的一个明显例子。

1955年,由爱因斯坦和罗素等一批科学家和学者发起《罗素-爱因斯坦宣言》,1957年,科学和世界事务会议在加拿大的帕格沃什召开,讨论裁减军备与和平问题,曾造成了广泛的影响,它表明了科学家参加和平运动的积极作用。1997年12月3—4日,《关于禁止使用、储存、生产和转让杀伤人员地雷及销毁此种武器的公约》签约大会在加拿大首都渥太华举行,121个国家在该公约上签了字,非政府组织在其中起了决定性的作用。而总部设在英国的一家非政府组织——国际禁止地雷运动组织及该组织协调人乔迪·威廉斯被授予1997年度的诺贝尔和平奖,这是非政府组织在维护世界和平、反对战争方面所取得的空前成功。

(二) 社会、经济、环境及其他作用

在第二次世界大战结束前后,为恢复和发展被战争破坏的世界经济,各

第七章 国际组织

种国际经济组织脱颖而出,如 1945 年 10 月成立的联合国经济及社会理事会、联合国粮食与农业组织,1946 年成立的联合国人口委员会,1947 年成立的欧洲经济委员会、亚洲及太平洋经济社会委员会,1948 年成立的联合国拉丁美洲经济委员会、国际海事组织,1949 年成立的经济互助委员会等,这些国际经济组织发展十分迅速。1951 年,全世界政府间的国际经济组织已达 123 个,而 1909 年只有 37 个,增长了 3 倍。到 20 世纪 50 年代中后期,特别是 20 世纪六七十年代,国际经济组织发展极其迅速,这是世界历史上从未有过的新现象。据统计,到 20 世纪 80 年代末时,全世界 3 000 个经济组织中的 80% 是在这一时期建立起来的。目前,政府间国际经济组织早已超过 500 个,而各种非政府国际经济组织更是不计其数。

二战后,联合国及其所属专门机构的建立,适应了世界经济关系的发展,其目的是解决当时世界一些迫切需要解决的社会经济问题。例如,1964 年开始的联合国贸易和发展会议,对加强各国之间的贸易和促进商品市场的稳定和发展起了重要的作用。1965 年成立的联合国开发计划署在对发展中国家的技术援助方面起到了积极作用,得到它支持和援助的项目有 8 000 多个,在促进发展中国家的经济和技术发展方面发挥了不可低估的作用。又如 1972 年建立的联合国环境规划署,通过各种活动,为保护环境,维持生态平衡做了大量工作。

二战后,国际经济组织的发展对世界经济的发展和调整起到了重要的作用,这首先应归功于联合国。其次,以联合国为核心的国际组织对于加强各国经济的联系,解决全球性的经济问题发挥着重要的功能。最后,国际组织扩大了成员国之间的贸易联系,对改变发展中国家的落后面貌,共同发展经济起着积极作用。

世界性的国际经济组织如世界银行(WB)、国际货币基金组织(IMF)、世界贸易组织(WTO),它们在国际金融与国际贸易领域所起的作用是有目共睹的。另外,地区性的国际经济组织如亚太经合组织(APEC)、欧盟等,它们的作用已不断超出经济领域,在推动地区一体化进程中扮演着重要的作用。而我们熟悉的西方七国首脑会议更是成为协调和稳定主要工业发达国家乃至世界经济的重要机构。

就非政府组织而言,各种国内非政府组织(如绿党)和非政府间国际组织(如绿色和平组织),在推动国内、国际政治的"绿化",促进建立人类与自然和谐相处的发展战略与生产、生活方式等方面,起到了积极作用。绿色运动更是与妇女运动、和平反核运动相呼应,致力于推动建立一个平等、和谐、安全的社会。例如,1972年,一个主要由科学家组成的非政府组织——罗马俱乐部发表了一份振聋发聩的研究报告:《增长的极限》,向全人类宣告了能源与环境问题对人类社会发展与延续的终极性制约,极大地影响了各国的经济生产方式、社会生活模式乃至政治发展内涵。同年,第一次联合国环境与发展大会召开。在此基础上,"自然之友"、"峰峦俱乐部"、"绿色和平组织"、"世界卫士"、"布伦特兰委员会"等非政府组织蓬勃发展,推动着作为国际社会一种市民运动的"绿色政治运动"的发展,其影响日益深入,并渗透至社会的每一角落,形成所谓"绿色政治化"的局面。

此外,国际劳工组织、人权组织、妇女组织等在促进国际社会民主化、建立平等、公正、合理的社会新秩序方面也起到了重要的作用。

当代国际组织的大量涌现和联合国70多年的实践活动表明,它们在推动国际合作、缓和地区冲突、增进各国社会经济发展和福利、促进国际法的发展等方面,具有积极的不可替代的作用;尤其是许多国际经济组织在协调成员国的经济政策、促进世界经济健康发展、推进国际经济新秩序的建立以及维护不发达国家的经济权益方面,日益显示出重大作用。

但是应该看到,由于现实政治中强权因素的存在,许多国际组织由发达国家操纵和控制着,其执行的政策在很多情况下难免损害发展中国家的利益,在促进发展中国家经济发展方面,往往只能发挥有限的作用。例如,国际货币基金组织和世界银行在1945年被授权加强国际金融的稳定和援助贫穷国家,使之能够在经济上赶上发达国家,但事实上,它们在达到这个目标上还有很多的路要走。在70年中,最富有的国家从国际货币基金组织、世界贸易组织和世界银行中所获得的利益,要远远多于发展中国家所得到的好处。这是国际组织所面临的最突出问题之一,也是其未来发展面临的最大挑战之一。

三、国际组织及其未来

我们正处于经济全球化时代,全球化是一个不可阻挡的趋势,它主要表现在贸易、投资、金融的全球自由流动上,这种自由流动带有很大的盲目性,

第七章 国际组织

而全球问题大多处于失控状态,目前还没有全球性的权威机构进行协调。现有的国际经济组织和政治组织对这些问题基本上束手无策。因此,通过国际协调,改革现有的国际组织,建立新型国际秩序和体制已刻不容缓。所以,在更广泛的全球化运动背景下,现有的国际组织将如何演变和发展,能否适应和应付诸多问题的挑战,成为各种国际组织面临的一个重大课题。

19世纪以来,一些国际思想家所强调的"有组织的和平主义"思潮,通过国际组织的发展及其作用,对国际社会的演变产生了缓慢的但却是深远的影响。今天,没有人还会像早期一些相信权力政治的人所认为的那样,轻视和忽略国际组织的作用。在今天诸多全球问题的管理和治理过程中,没有国际组织的协助和参与是难以想象的。毫无疑问,在国际社会的发展过程中,国际组织的作用不是没有,而是太有限了,不是太多,而是太少了。现在应该作出更大的努力,使国际组织在国际生活的民主化、秩序化过程中发挥更加积极有力的作用。我们应该看到,既有的许多国际组织,它们在机构运转、行事效率和行动目标等方面,仍然存在许多缺陷。一些政府间国际组织仍然难以摆脱强权政治的影响,其行动目标常常是从发达国家的立场出发的,对发展中国家的要求往往不能予以充分的照顾。特朗普治下的美国频频"退群",又构成了新的严峻挑战。凡此种种,都提出了国际组织的改革和在国际社会中的定位问题。

今天,在国际组织的改革和发展问题上,没有什么比联合国的改革这个问题更加突出和引人注目了。联合国改革涉及广泛的领域,而安全理事会的改革是其核心部分。安理会在联合国所有机构和组织中影响最大,权力最显赫。安理会的改革涉及每个会员国的切身利益,由此也决定了这项改革的复杂性和艰难性。联合国是战后建立起来的,安理会的机构设置和权力限定,反映的是当时世界政治中的权力配置状况。但是,半个多世纪以来国际关系发生的巨大变化,使得安理会当前的规模、结构、运作机制和决策程序以及方式已不能完全反映当前的实际情况。安理会改革的分歧主要表现在:(1)如何扩大安理会,是同时扩大常任理事国和非常任理事国席位,还是只扩大安全理事会的常任理事国或非常任理事国席位;(2)保留、限制还是取消安理会五个常任理事国的否决权;(3)对于安理会改革的讨论是否应该设时间表,各方意见不一。

随着国际格局的变化以及全球化发展,人们对联合国寄予更大的期望,希望联合国在维护世界和平、促进发展合作、帮助广大发展中国家在全球化进程中趋利避害,以及向全世界提供人道主义援助等领域发挥更大的作用。但是,联合国目前的情况和国际形势的变化是不相适应的。联合国必须进行改革才能担负重任。联合国存在的问题主要有如下几方面:经费匮乏和机构臃肿、安理会的构成和职权方面存在的问题、安理会和大会的关系问题、维护和平部队的作用问题、秘书长的作用问题、联合国与其他地区性组织及非政府组织的关系问题等。

1999年3月24日,以美国为首的北约绕过联合国安理会,单方面对独立主权国家原南联盟进行了历时78天的狂轰滥炸,使"联合国的权威和有效性面临严重的考验"。2003年的伊拉克战争,又是美国对安理会的沉重一击。所有这些都是对联合国的巨大挑战,值得世人的警惕。

在联合国的改革过程中,另外一个必须予以考虑的因素是,联合国未来的作用和前途在很大程度上仍将取决于大国对它的政策和态度。我们知道,联合国是大国关系协调的产物,大国一致是安理会在处理重大国际问题时发挥重要作用的主要基础。但是,在冷战后的世界格局中,大国在联合国安理会内部的关系错综复杂,既有共同利益,又有尖锐矛盾,合作与斗争并存,相互依存和相互制约同在。从近年安理会五个常任理事国在科索沃问题、伊拉克问题、联合国改革以及裁军与国际安全问题等重大国际问题上的立场与作用中,可以看出:(1)联合国安理会是大国多边外交的国际舞台,每个国家的作用与影响受到各自综合国力与多边关系的制约;(2)捍卫还是侵犯《联合国宪章》的原则与安理会权威以及人权与主权谁高谁低,是导致大国间出现严重分歧的一个主要原因;(3)大国的战略需要决定了它们对联合国及安理会的政策与态度。

从目前趋势看,联合国在未来的发展将有以下几个特点。

第一,联合国将继续由大国占主导地位,并在相当程度上继续是大国实现利益的一个工具,同时,联合国也将继续是协调国际关系的中心,是各国实现和扩大本国利益的一个重要场所。未来相当长的时间内,联合国事务基本上仍将被以美国为首的西方大国所左右,霸权主义和强权政治仍将在一定程度上影响联合国特别是安理会的政策和行动。

第二,按照现行的《联合国宪章》,联合国的中心任务仍将是维护和平与安全,但西方从两个方面扩大安全概念的内涵。一是以美国为首的西方国家正极力把一个国家的内部冲突纳入国际和平与安全的范畴,从而为其干涉他国内政提供合法化借口。这就是现在经常听到的所谓"新干涉主

第七章 国际组织

义",我们必须予以警惕和注意。二是由瑞典前首相卡尔松和英联邦前秘书长兰法尔领导的"全球治理委员会"于1995年年初递交给联合国秘书长的一份关于联合国未来作用及其改革的研究报告,它提出了三种安全概念,即集体安全、普遍安全和人民安全,把国际、国内和个人的安全统统纳入联合国的治理范围,并对这三种安全概念提出了三种不同的处理方式。集体安全建立在军事力量的基础上,采用政治的、经济的和军事的强制性手段;普遍安全则通过提供相互合作、建立信任措施、增加军事透明度、逐步裁减军备和军队数量、把军事工业转为民用生产和非军事化等方式来实现;人民安全主要针对由于饥饿、疾病、(政治)压制和违反人权等造成的对个人安全的威胁,主张在联合国内设立人民请愿委员会,审理任何个人的申诉。这种试图扩大安全概念内涵,并将扩大了的安全概念与联合国维护国际安全的目标结合在一起的做法,对广大发展中国家的内部政治发展来说,将是一个重大的挑战。

第三,发展问题将受到更多的重视。这也是联合国在迎接21世纪挑战中必须解决的根本问题。从最近的趋势看来,联合国在涉及政治和军事的高级政治领域,其直接维持和平的作用比较有限,但是要注意到,联合国在涉及经济、社会等低级政治领域的间接维持和平方面,其作用是不可低估的。这也正是联合国及其他国际组织值得肯定的地方,因为国际和平的维持既有直接的维持方式,如结束、制止和防止侵略战争,也有间接的维持方式,例如加强各国之间的理解和认识,促进沟通和接触,推动各国经济的发展和全球福利改善等。而后者正是联合国及其他国际组织可以大有作为的地方。

那么,联合国如何能够在促进全球发展问题上发挥更大的作用呢?要真正发挥联合国在促进经济和社会发展中的主导作用,必须解决如下五个关键问题。(1)改革现在的联合国经社理事会。比较现实的改革建议是提高现有经社理事会会议参加者的级别,扩大它的权利。(2)由联合国主导制定新的国际经济规则。(3)调整联合国与世界银行、国际货币基金组织和世界贸易组织等三个世界性经济、贸易、金融组织的关系。在广大发展中国家中贫穷和人口压力使自然灾害损失增加的情况下,联合国应当加强与区域组织和国际金融机构的合作,帮助非洲等地区消除贫困,实施可持续发展战略,从而达到实现经济发展和社会进步的目的。(4)处理好与地区性组织,尤其是非政府组织的关系。(5)联合国将渐渐从原先主要是为了维护和平与安全的国际政治组织向着为建立规制社会(regime society)、担负治理全球任务的国际组织演进。70多年来,联合国总共制定(或参与修订)和通过了300多个条约和公约,从核武器到人权问题,从外层空间利用到海底开发,从老龄问题到妇女、儿童权益等,各方面均已涉及,这对推动形成一个通过国际规则进行治理的国际"法治"社会是有积极意义的。

目前,联合国正面临结束地区冲突、对自身进行改革以及解决财政危机等方面的挑战。阿富汗问题、伊朗问题、伊拉克问题、叙利亚问题、也门内战问题等,都摆在了联合国面前;同时,全球问题的深入发展、广大发展中国家对经济全球化的利弊的更加深入的了解、国际社会要求加强联合国在国际事务中的主导地位,这些都对联合国提出了挑战,但也给其未来的发展提供了希望。尽管如此,多数国家认为,"联合国在解决人类面临的基本问题方面仍然发挥主导作用";联合国将继续在维护世界和平、促进发展合作、帮助广大发展中国家在全球化进程中趋利避害以及向全世界提供人道主义援助等领域发挥重要作用。

进入21世纪,人类仍然面临着如下一些矛盾与挑战。(1)在人类要求实现和平与发展的呼声日益高涨的同时,非洲、亚洲和欧洲等地区不断发生武装冲突,对国际社会而言,维护世界和平与安全仍然任重而道远。(2)科技进步为国际社会的信息交流与知识的传播提供了便利,经济全球化为全球贸易创造了有利条件,但是人类社会并没有公平地分享由科技进步与经济全球化所带来的成果,许多国家的人民目前依然过着十分贫困的生活,建立国际政治经济新秩序成为摆在人类面前的紧迫课题。(3)国际社会仍然受到疫情流行、毒品走私、有组织犯罪、恐怖主义和环境退化等问题的困扰。各国必须携起手来,解决人类面临的共同问题。这些问题既是当今国际社会面临的重要问题,同时也是国际组织在未来发展中面临的主要挑战。

思考题

1. 二战后国际组织有哪些新的发展?
2. 非政府间国际组织的兴起有何重大意义?
3. 试分析联合国安理会改革的最新动态。

第八章 21世纪国际安全

安全是任何社会都面临的一个问题,在一些国家中,个人和集团的安全受到有组织的暴力和犯罪的威胁,而在国际社会中,国家的安全和国际安全同样也受到各国之间因为国际无政府状态而导致的相互猜疑、偏见,以及其他有组织暴力的困扰。在不同的时代条件下,安全具有不同的内涵与外延。冷战结束以后,安全问题成为国际社会的新热点,它与和平和发展问题一起备受人们的注目。为安全而不断寻求发展,为发展而不断营造安全已成为国际社会的共识。相应地,安全概念也从纵向和横向上不断发展。纵向上是指国家(际)安全内涵不仅包括传统的军事安全,还包括日益活跃的经济安全和环境安全等;横向上则指国家(际)安全越来越超越人为的一国国界之局限,具有地区乃至全球安全的意义。安全的内涵大大拓展了。

因为现实生活中存在诸多危机和冲突,人们总是充满对安全的需求和渴望。今天国际社会中各种形式的危机和冲突不断发生,构成对国际安全的新挑战,这从反面揭示了危机管理在维护和促进国际安全中的重要性。

一般来说,人们认为危机是和平与战争之间的"过渡阶段"。国际危机的全过程一般包括五个阶段:潜在、爆发、高潮、转化和消融阶段。针对危机发展的过程,为化解、控制危机,稳定国际局势,国际危机管理变得重要起来。与以往国际危机相比,当代国际危机具有越来越强的扩展性,越来越浓厚的经济色彩,以及与科学技术发展的关系变得越来越密切等特征,这给国际危机的管理提出了更高的要求,其中最为棘手的有国际恐怖主义、武器扩散以及地区与国内冲突等问题。

一、恐怖主义与武器扩散问题

（一）国际恐怖主义的特征与起因

国际恐怖主义活动是当今国际社会中最让人头痛的一个问题。这些恐怖分子，或出于获取钱财，或出于种族歧视，或出于宗教复仇，或出于政治对抗，他们甘愿拿生命去冒险，制造惨痛的死亡事件，采取包括劫持、暗杀、绑架、爆炸、偷袭、扣押人质甚至人体炸弹等手段，使各国防不胜防。

广义地说，恐怖主义是为了改变某一政治进程和达到某些政治目标而对个人、集团、国家采取的一种极端行动。国际恐怖主义是指国际社会中某些组织和个人采取恐怖手段，企求实现其政治目标或某项具体要求的主张和行动。国际恐怖主义与刑事犯罪的国际恐怖活动两者所采用的手段和造成的社会危害大同小异，但一般来说前者具有政治色彩，故又被称为政治恐怖主义。通常，极端的意识形态、残酷的暴力手段、特定的政治目的被认为是恐怖主义行动的三大特征。据此，政治恐怖主义又可分为四大类型：（1）国家政治恐怖主义，这类恐怖主义活动或多或少地受到某国政府直接或间接的支持；（2）极端政治恐怖主义，主要指极"左"派和极右派的政治恐怖主义，这类恐怖主义活动在极端意识形态的左右下，往往采取暴力手段对待意识形态上的持不同意见者；（3）民族主义的政治恐怖主义，主要是指为实现民族独立、自治权利或因为种族歧视和种族矛盾而引起的恐怖主义；（4）种族宗教政治恐怖主义，这类恐怖主义往往带有狂热的宗教信仰，或者抱着强烈的种族歧视情绪，或者因为种族上的矛盾激化，而采取极端暴力的手段。当然，有的恐怖主义组织兼及几种性质，如宗教和民族的政治恐怖主义常常混合和纠缠在一起。图8-1描述了1977—1996年的国际恐怖主义活动的状况。

国际政治中到处可以找到恐怖主义肆虐的痕迹，可以毫不夸张地说，恐怖主义活动已成为"20世纪和21世纪的政治瘟疫"，成为"一场无休止的地下世界大战"。对各国国内秩序和国家间秩序的破坏极为严重。20世纪60年代以来，国际恐怖主义活动日益频繁，在西欧、中东、拉丁美洲和南亚等地区蔓延。尤其是世纪转换的前20年和后20年，恐怖活动猖獗一时。

第八章 21世纪国际安全

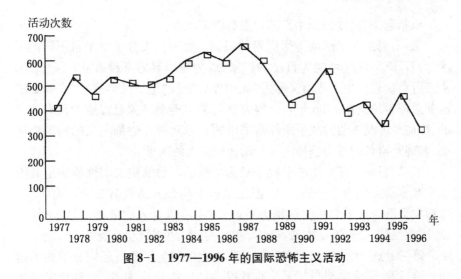

图 8-1　1977—1996 年的国际恐怖主义活动

从恐怖主义发生的地区范围看,20 世纪 80 年代以前西欧各国是国际恐怖主义事件的高发地区,而到 90 年代以后,恐怖主义则在全球范围内展开活动。1968—1980 年,全球范围的国际恐怖主义事件共发生 6 714 起,受害人数以万计,并引发不少政治和外交危机,其中,西欧地区就有 2 206 起,占 32.9%。80 年代,恐怖活动越来越猖獗,高发地区转向中东,1988 年发生的 456 起国际恐怖事件中,有 213 起发生在中东地区,占 36%。20 世纪 90 年代以来,由于各国加强了反恐怖主义的斗争,恐怖主义事件先是有所下降,但很快又有所抬头,活动范围进一步扩大,手段更为先进、也更为残酷。其主要事件有:1993 年美国纽约世界贸易中心爆炸案;1995 年 3 月东京地铁毒气事件,12 人死亡,5 000 余人中毒;1995 年 4 月美国俄克拉何马城联邦政府大厦爆炸案,168 人死亡;1995 年 11 月以色列总理拉宾被犹太极端分子刺杀;1998 年 8 月美国驻肯尼亚、坦桑尼亚使馆被炸,死 257 人,伤 5 000 人。国际恐怖袭击达到登峰造极地步的首推 2001 年发生在美国的"9·11"事件,袭击造成数千人死亡,美国经济实力的象征——世贸双楼被撞毁,美国军事指挥中枢——五角大楼被部分撞毁。据估算,曼哈顿地区和有关行业的损失为 600 亿美元,若包括世贸中心重建等费用,总数超过 1 000 亿美元。"9·11"恐怖袭击的后遗症,将给美国和世界造成长期的巨大影响。随后欧洲也遭到了恐怖袭击,2008 年孟买又遭到恐怖袭击,被称为印度"9·11"事件。

概括起来,当代恐怖主义的特点有以下几点。

第一,恐怖主义活动不受国界的限制。恐怖主义分子常来自不同的国家,为着同一目标(可能为自己的国家,或为超国界的某种事业)实施恐怖主义行动。恐怖主义故而又称为"无国界战争"、"地下世界战争"。就如法国前总理希拉克在1986年联合国大会上说:"恐怖主义已经成为没有边界的、往往是阵线不明的战争所经常采用的有力武器。"恐怖主义的跨国界活动,客观上给各国打击恐怖主义行动造成巨大的困难。

第二,恐怖主义常用的手段是极为残酷的。恐怖主义的性质决定其不会采取非暴力政治斗争的形式,但是其行动与公开的武装斗争又有不同。恐怖主义活动几乎都是使用暴力手段,攻击重点是人的肉体,以致不择手段,极端残酷,动辄就是绑架、爆炸、纵火、暗杀,恐怖行动遍及海、陆、空。

第三,恐怖主义活动大多数都没有固定的侵犯对象。恐怖分子为了达到政治目的,经常绑架与其无关的教授、神父、外国人、外交官,劫持民航客机,或攻击住宅、银行、外交代表机构、武器库、航空港等,不少普通老百姓成了无辜的牺牲者。一般来说,恐怖行动往往针对软目标,即针对那些还没有显要到需要加以保护的个人和设施,使其行动让人防不胜防,有时也针对具有重大政治价值和新闻价值的个人和设施,以要挟相关的政府和机构。

第四,恐怖主义组织相互之间具有一定的国际协调能力。来自不同国家的恐怖分子有时联合作案,利用发达的通信设施相互协调。他们还试图建立国际恐怖主义联盟,以协调相互之间的活动,在资金、人员、武器、情报等方面进行合作。

第五,恐怖主义者一般都装备有高技术的作案工具。新技术革命为恐怖分子提供了十分便利的条件,现代化的交通、通信手段和各种具有极大杀伤力和破坏力的新式武器经常为恐怖主义分子所利用,增加了其恐怖威力。与正规军相比,由于其隐蔽作案的特点,居无定所,对社会的危害更大。现在人们日益担忧的是,计算机黑客、生化武器甚至小型核装置等新形式的恐怖活动手段,可能成为21世纪的主要威胁之一。

第六,恐怖主义活动有国家背景。当代恐怖主义受到一些政府直接或间接支持,这一支持包括提供金钱、外交设施、护照、庇护、专家、训练营地、武器、爆炸物以及为其辩解的意识形态。另外,大众传媒以耸人听闻的手段报道恐怖主义事件,被恐怖主义分子用来扩散轰动效应,提高了它们对政府或其他机构、个人进行讹诈和要挟的筹码。这样,新闻媒体无意中成了使恐怖主义广为传播的重要环节。

引人注目的是,在一些地区,冲突和恐怖活动的界限日渐模糊,许多冲突与恐怖活动纠缠在一起,已逐渐成为恐怖主义的一大特征。在车臣发生的冲突就是一个典型的例子。

目前,世界上恐怖主义组织有1 000多个,有影响的就有240多个,尤以发动"9·11"恐怖袭击的基地组织影响最大。其头目本·拉登于2011年被击毙。成立于2014年的"伊斯兰国",一度控制了伊拉克、叙利亚的大片领土,在中东和欧洲频繁发动恐怖袭击,2017年被剿灭,其头目巴格达迪于2019年被"斩首"。这些恐怖组织作案动机有的出于政治目的,更多的出于宗教和种族仇视。他们一般把恐怖目标选定在闹市区或重要建筑物,不计后果,不择手段,危害性极大。

进入冷战后时期以来,恐怖主义活动的形式和性质正在悄然发生重大变化,政治目的有所淡化,掺杂了更多的种族和宗教因素,目标选择从政敌更多地转向无辜平民及大型民用建筑、设施,手段更残忍。这类恐怖活动最难对付,也最难解决。恐怖主义活动也与人口过多、粮食短缺和环境破坏紧密相连。世界上南北发展的不平衡和有关国家内部社会经济发展的不平衡,特别是冷战结束后世界和地区力量对比严重失衡,局部地区冲突加剧,民族、种族、宗教矛盾上升,这些都是恐怖主义活动加剧的重要原因。

(二) 国际恐怖主义的发展和表现

如今,国际恐怖主义活动的形式多种多样,组织类型和动机不一。从组织类型看,有单一诉求型、民族主义、分离主义(种族民族主义)型,宗教型,宗教(狂热教派)型,"左翼"("社会革命组织")型,右翼型,跨国网络型以及个人单独作案、个人神秘作案型等。恐怖主义活动的表现动机各有不同(如图8-2所示)。

20世纪90年代以来,无论在国内还是在国际上,一些恐怖主义势力更为加强了,已变成一种与其他有组织的跨国犯罪(如非法贩卖武器和毒品走私等)勾结在一起的暴力行为。同时,恐怖主义造成的死亡率越来越高,在恐怖活动的策划者和执行者中,出于强烈的原教旨主义信仰的人也越来越多。

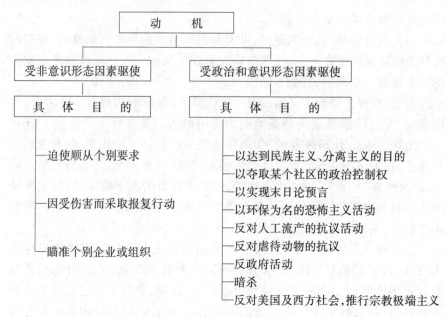

图 8-2 恐怖主义活动的动机

另外,从 20 世纪 60 年代末开始,各恐怖主义组织就倾向于在国外动员人力和物力。这样,恐怖主义借以实现跨国性的扩展方向,重新组织秘密武器团伙的活动分子,发展跨国网络,临时招募的属于某一秘密团体外围组织的活动分子越来越多。另外,交通运输和大众通信措施的发展,以及各恐怖主义组织装备的先进性,都为恐怖主义形成当前的规模提供了方便。而且,恐怖主义的跨国化,同样也使一些国家为具体的地缘战略利益而支持小型恐怖主义武装组织提供了方便。最后,在争取物质力量上,恐怖主义组织还与贩毒黑社会加强勾结。一方面,恐怖主义和其他严重犯罪方式的目标之间有着共同性,这促成了两者的相互勾结,尽管它们追求的最终目似乎不同甚至相反;另一方面,麻醉品的非法交易能够轻而易举地给恐怖主义组织和它们的支持者带来巨额资金,这对继续进行暴力活动和维持秘密组织机构是很必要的。

除了与带有种族主义性质的冲突相结合的恐怖主义活动,近些年来,在国际范围内,由宗教极端势力促成的暴力有了很大的发展,这也是当代恐怖主义活动的一个重要现象。因此,就像有的人所指出的,我们也许是进入了

第八章 21世纪国际安全

恐怖主义新时代,这是一个宗教狂热、分散化的组织结构形式、疯狂地使用破坏性装置结合在一起的恐怖主义新时代。

同时,恐怖主义活动的性质正在发生着变化。新一代恐怖分子与传统恐怖分子相比较,一般具有宗教性质、财政上自给、高技术手段、倾向于滥杀无辜的暴力行为、全球网络等新特点。另外,除了像传统恐怖主义者那样经常使用绑架和爆炸等惯用的手段外,当代恐怖主义活动还有一个新的趋势,就是对大批人员或一国的基础设施进行高技术袭击的可能性剧增,这就是所谓的"超级恐怖主义"的形式,亦即利用先进的技术手段实施暴力行为,造成对人口和公共及私人支持网络的巨大破坏,包括故意破坏军事、经济及应急系统的有组织的电脑犯罪行为。

恐怖主义的巨大破坏性促使国际社会不断去探寻采取有效措施来抑制恐怖主义的发展,制止和预防恐怖主义的蔓延。从国际上看,目前生效的多边反恐怖主义条约共11项,同时正就另外2项条约进行谈判。1972年11月18日,联合国大会通过了第3034号决议,成立了由35国代表组成的国际恐怖主义问题特设委员会,负责研究制裁恐怖主义活动的措施。1973年,联合国大会通过了《关于防止和惩处侵害应受保护人员包括外交代表的罪行的公约》,1979年又通过了《反对劫持人质国际公约》。国际民用航空组织为制止劫持飞机等活动,也分别于1963年、1970年、1971年通过了《关于在航空器内的犯罪和其他某些行为的公约》(简称"东京公约")、《关于制止非法劫持航空器的公约》(简称"海牙公约")、《关于制止危害民用航空安全的非法行为的公约》(简称"蒙特利尔公约")。一些区域性组织也制定了反恐怖条约,如1971年《美洲国家组织关于防止和惩治恐怖主义行为的公约》、1977年《欧洲镇压恐怖主义公约》等。中国政府分别加入了联合国和国际民航组织通过的上述公约,并一贯反对和谴责一切形式的恐怖主义,反对以恐怖手段进行政治斗争。

国际恐怖主义活动严重威胁着国际社会的安全和秩序,许多国家纷纷采取对策,先后颁布了反恐怖主义的法律,建立了反恐怖部队,并加强国际间的合作。面对超级恐怖主义威胁,各国政府纷纷研究对策,并加紧合作。这些措施包括:要求政府更多的干预,但必须先以更严格的规范手段防止执法机构滥用权力;打击恐怖活动还需要公共和私人部门的合作,加强公众防范意识;改组情报机构,加强对情报收集分析和各国之间的协同反应能力;还可以利用军事设施介入反对恐怖活动。

在今天的国际社会中,恐怖主义活动已经成为各国国内安全和国际安全的一个重要威胁来源,也成为当代危机管理的一个重要课题。在现实的政治环境下,完全杜绝恐怖主义活动几乎是不可能的事情。杜绝恐怖主义活动,不是简单地使用国家暴力机器(武装力量),对一切形式的恐怖活动宣战就可以解决的。对恐怖活动实施武力打击,扰乱恐怖组织的领导和联络网,各国并无多大的争议,但是在具体的实施过程中,则可能碰到许多难题,包括这样做会导致侵犯国家主权、可能发生错误、激发进一步的报复行动等。恐怖主义活动有着多种多样的历史原因,如宗教和民族纠纷、种族仇恨和敌对情绪;也有许多新的因素,如国内秩序的崩溃、贫富分化的加剧、等级歧视等。要彻底地根除恐怖主义活动,必须从对这些问题的管理和治理入手,而要做到完全消除恐怖主义活动的这些根源,国际社会还有许多工作要做。

(三)常规武器与大规模毁灭性武器的扩散

武器扩散包括常规武器与大规模毁灭性武器的扩散,一直是国际社会一个头疼的问题,尤其是大规模毁灭性武器的扩散,更是对当前的国际安全造成巨大威胁。与大规模毁灭性武器的扩散相比,常规武器系统或常规武器系统技术材料的扩散是一个容易被忽视的问题,然而,它们却是地区不稳定的重要原因之一。事实上,对常规武器的审议应看作走向严格意义上的裁军的一个决定性的进步。

冷战期间,两大阵营之间的武器扩散受到抑制,但是在两大阵营内部,情况就不一样了。拿弹道导弹来说,弹道导弹的扩散一直在两大阵营的内部进行,这也是常规武器扩散中面临的最严重问题。美国和苏联为了争夺势力范围,保持各自阵营在竞争中的优势地位,纷纷向一些战略上重要的国家或地区转售武器,例如,早在20世纪五六十年代,美国曾向韩国和中国台湾转让过短程导弹,法国曾向以色列转让过导弹原型;在20世纪70年代,苏联又向中东的一些"兄弟国家"转让过"飞毛腿"和"蛙"式导弹。海湾战争中,"飞毛腿"导弹和"爱国者"导弹的较量,向国际社会展示了这种武器扩散对地区安全带来的巨大影响。

再有就是"地区性"扩散问题。大部分高技术常规武器的扩散集中在几个确定的地区,如中东和海湾地区、南亚乃至朝鲜半岛等,这些地区也是

第八章 21世纪国际安全

当代国际社会中重要的冲突或潜在冲突地带,武器在这一地区的扩散,可能加剧该地区的危机和冲突的烈度,这是极为令人担忧的问题。像中东的许多国家历来是武器采购的大户,也是国际武器销售商争夺的重要市场。值得一提的是,近年来,美国借口朝鲜发射导弹一事极力在东亚地区兜售导弹技术,鼓吹与日本、韩国、中国台湾地区等合作开发战区导弹防御系统(TMD),以维持东北亚地区的军事平衡。美国的这种行为必将引起东亚新一轮的军备竞赛,给防止导弹技术扩散带来威胁,也为东亚的和平和安定蒙上一层阴影。

相对于常规武器扩散而言,大规模毁灭性武器的扩散问题在冷战结束后更加引人注目。"大规模毁灭性武器"(WMD)主要就是指"ABC 武器",亦即原子武器(atomic weapon),细菌武器(bacteriological weapon)或生物武器(biological weapon)以及化学武器(chemical weapon)的简称。

而在大规模毁灭性武器的扩散中,又以核扩散更加引人关注。核扩散,更准确的说法是核武器扩散,具有两种基本形式:一是纵向扩散,或称垂直扩散,即核武器国家的核武库在规模上的扩大、质量上的提高和品种上的增加;二是指横向扩散,或称水平扩散,即无核武器国家通过研制或购买拥有了核武器,也就是核军备竞赛。对于今天的世界来说,核武器在无核国家之间的水平扩散,可能比核武器的垂直扩散更加让人感到忧虑。

多年来,国际社会一直努力缔结一项禁止核武器扩散的国际条约,至今已经取得了一些重要成果。1968 年 6 月,联大通过了《不扩散核武器条约》的草案,并于 1995 年 5 月 11 日无限期延长。《不扩散核武器条约》(又称"防止核扩散条约",NPT)是迄今为止唯一的有关防止核扩散的国际条约。其宗旨是防止核扩散,推动核裁军和促进和平利用核能的国家间合作。这项条约尽管还存在许多问题,但是它对防止核武器在无核国家之间的扩散、鼓励和平利用原子能方面所作出的贡献,是值得充分肯定的。

除防止核武器的水平扩散之外,对核武器的拥有国加以约束,以防止核技术向纵深方向发展,也是防扩散面临的一个重要问题。这项工作主要是在有核武器国家之间进行。在激烈对抗的冷战时代,美苏之间在核武器的垂直扩散上,一直是对国际安全的重大威胁,国际社会在核武器垂直扩散的管理上,并没有取得多少实质性的重大进展。冷战结束以后,随着美苏对抗的消失,为国际社会在防止核武器的垂直扩散上的积极进展,提供了很好的机遇,这个领域的防扩散近年来取得了一些实质性的成果。1996年9月,第50届联合国大会通过了《全面禁止核试验条约》(CTBT),这是国际社会制止核技术纵向发展所取得的伟大成就。由于该条约禁止一切核爆炸,因而有利于限制核武器的发展和质量的改进,有助于推动全面核裁军的进程。但是,条约的生效和执行仍然面临着诸多挑战。1997年,国际防止核扩散谈判的重点目标转向了谈判签署《停止生产武器用裂变材料公约》上,这些都是当今防止核武器扩散领域的一些积极的动向。

与核武器扩散相比,生物、化学武器的扩散较不引人注意,但是它们也是当今国际社会中武器扩散领域的不可忽视的重要问题。生物武器是指由细菌、病毒、衣原体、真菌等致病微生物以及生物毒素和昆虫媒体等组成的生物战剂及其施放装置。化学武器是装有化学毒剂的炮弹、航弹、火箭弹、导弹弹头、手榴弹、地雷、飞机布洒器及其他容器的总称。这类武器的扩散及其在冲突和战争中的使用,与核武器一样,是极为残酷和非人道的。在两伊战争中,伊拉克共对伊朗使用化学武器249次,造成45 743人中毒伤亡。其中最大的一次是1988年3月16日到18日,伊拉克用轰炸机投掷神经性毒剂、芥子气、氰化物毒弹,造成5 000人死亡。新千年伊始,车臣武装在格罗兹尼使用了化学武器。而且令人担忧的是,这类武器可能会扩散到极端的暴力组织和恐怖主义组织中去,从而为这类武器的管理添加了新的难度。目前,国际社会对这类武器扩散的管理,已经取得了一些积极的成效。1997年4月29日,《禁止化学武器条约》(CWC)正式生效。该条约是销毁和禁止一整类大规模杀伤性武器的第一个多边裁军协定,是迄今为止国际社会在这一防扩散领域所取得的最重大的成就。另外,1997年1月,国际社会还对《禁止生物武器公约》进行了审议,以强化对该公约的执行。

与此同时,国际社会对目前世界拥有的大约5亿件小型武器扩散问题也给予了关注,认为这是破坏冲突各方达成和平协议,影响和平进程,阻碍政治、经济和社会发展的一个因素。1997年12月3—4日,国际社会签署了《关于禁止使用、储存、生产和转让杀伤人员地雷及销毁此种武器的公约》。已故的英国戴安娜王妃的不懈协调,对这项公约的最终签署功不可没。

二、地区冲突与国内冲突

冲突一词指的是这样一种情形,"某一可以确认的人群(不论是部落、人种、语言、文化、宗教、社会经济、政治或其他群体)有意识地反对一个或几个可以确认的人群,原因是它们各自在谋求不同的或看起来不同的目标"。冲突可分为暴力的和非暴力的两种形式,后者从国内范围讲有游行示威、请愿、罢工等,从国际角度看有外交抗议、最后通牒、经济制裁、宣传战和心理战等,它们经常成为暴力对抗的前奏。这里关注的是前一种形式,即直接造成人员伤亡和财产损失的暴力冲突。据统计,1482年以来世界各国的带有国际性冲突性质的4 400起对抗中,一半以上是暴力性质的,其中约16%的冲突直接导致战争;国内冲突情况对不同国家而言则有所区别,一般讲不像国际冲突那样容易引起战争,但是许多国内冲突往往是国际冲突的一个重要原因。

在暴力冲突中,又可分战争和非战争两种形式。它们的区别是相对的,一般来讲,在国际冲突中,战争的承担者是民族国家及其常备军,而国内冲突发生在各派武装与政府军之间;非战争的暴力冲突,其实施者往往是特殊的利益集团和个人。我们这里关注的是比较宽泛的冲突形式,凡是在国际范围内发生、主要以民族国家为参与者和作为对象的暴力对抗,无论是否被叫作"战争",均作为本节叙述的国际冲突之范畴。而国际冲突往往又在一些热点地区如中东、非洲大湖区等地区最为集中。下面本节依次介绍地区冲突与国内冲突。

(一)地区冲突的根源及其影响

从一般意义上讲,什么是国际冲突和国际战争的根源呢?有些人从心理学、生物学的角度进行研究,他们认为国际冲突和战争根源于人性中的自私、占有欲和自我实现欲,甚至是动物的侵略本性,对同类的排斥性等;有些人从国家制度缺陷的角度来分析,认为国家缺乏民主、高度集权是国际冲突和战争的根源,而民主国家之间则是不打仗的("民主和平论"就是个例子）；有些人从国际体系和国际环境的宏观角度出发，把冲突的根源归结为国际社会的无政府状态，故而提出建立"世界政府"等主张来消除战争与冲突。大致说来，在追溯地区冲突的原因时，我们可以看到一般的历史根源和当代新的根源两个方面。

就一般历史根源而言，主要有以下一些因素。长期遗留、从未得到根本解决的矛盾，基于宗教信仰和血缘种族的不同而产生的敌视、怀疑和不信任，例如在中东地区的大部分冲突就属于这种类型；由于历史上大国和强敌干预而导致的国家边界、领土、海域、水道的多次修改及争端，这类冲突集中在非洲的许多地区；因为文化、语言和生活方式的差异而造成的相互歧视和经常性摩擦，以及社会制度和意识形态的分歧或区别带来的敌视和对立，这类冲突在冷战时期的美苏两大阵营之间表现得最为明显。当今国际社会中的大部分冲突，都有深刻的历史根源，例如阿以冲突、克什米尔问题、韩国与日本为"日本海"的称谓发生的争吵、希腊与土耳其由领海区域导致的争执等，这类冲突占据了当前地区冲突中的主体，今天世界中的大部分地区冲突都是因为上述因素导致的。

地区冲突的另外一个根源，部分也是因为这个世界仍在继续扩大的社会经济方面的差距造成的。发展中国家同发达工业国家的所谓"南北差距"，富国与穷国之间日益加剧的贫富分化现象等，也是许多国际和地区冲突的一大根源。20世纪80年代常被一些发展中国家称为"被遗弃的十年"，这些国家的经济增长停滞不前，人均收入下降，贸易条件恶化，内外债台高筑，儿童得不到教育，民众缺医少药，因此而造成的经济、政治和心理的紧迫感和绝望情绪，往往诱发出所谓"失范性冲突"，也即由于规范和纲常无法维系而造成的冲突，比如因为社会矛盾的激化而在非洲许多地区引起的"国家的失败"现象，就是造成这些地区冲突扩散的一个重要原因。另外，一些经济落后国家中越来越多的人愤懑地认为，国际呼吁、谈判对话、诉诸理性等，对解决它们的内部问题是虚伪的和无用的；暴力、反抗、革命和其他激进的行为，才是在这个无望又无助的不公平世界求得生存的唯一出路。于是，恐怖主义、核扩散、一些诉诸暴力的行动便由此产生。这些令人忧虑的、存在于许多发展中国家的严重事态，揭示了经济差距的扩大可能带来的严重政治后果。

当然，地区冲突的一些新的根源也在于国际体系发生的剧烈变动。苏联和东欧地区的剧变及此后两极格局的崩溃，是导致新的地区冲突，特别是小的、局部的和低烈度的冲突的一个重大因素。超级大国之间对抗的消失，造成了一些政治真空，鼓励和加剧了一些地区的军备竞赛。在旧的均势格局消失以后，在新的政治力量配置还没有完成时，民族分离主义、种族仇恨情绪等因素在这些地区迅速抬头，地缘政治和地缘经济占了上风，中小国家不像以往那样根据大国意愿行事，一直受到抑制的许多争端重新浮出水面，比如在前苏联的许多地区，以及非洲和中亚一带的地区发生的冲突就是个明显的例子。

除此，被称为"定时炸弹"的全球问题正日益严重，它们本身尽管不一定就是暴力冲突，但任其蔓延和恶化，不采取有效的防范措施，有朝一日也可能引发大规模的骚乱、恐慌、武力镇压和国家间的战争行为。实际上，目前有些全球问题——比如难民问题、毒品问题、环境问题、人口问题等，其中尤以环境问题为甚——已经是某些国际冲突的"催化剂"和"导火索"，例如，中东一些国家为争夺水资源而发生的冲突，中北美洲一些国家在打击毒品犯罪问题上的一些跨国纠纷，印度和孟加拉国为恒河的水资源分配问题而纠纷不断，非洲大湖地区冲突激发的难民危机和种族屠杀，叙利亚危机引发的难民潮，以及几乎在全世界各地都程度不等地存在的跨国环境污染的治理问题。越来越多的事实表明，冲突的起因不仅仅是由于国家的主权受到政治上和军事上的威胁，还可能由于环境退化和发展的条件遭到破坏。环境变化可以改变地区或全球范围内的国家均势，产生能导致战争的不稳定因素。而且，当一些国家的环境行为被另一些国家认为具有破坏性的环境后果时，国际冲突就产生了，由环境问题引发的冲突往往越出国界，危害地区稳定与国际安全。正因为如此，对环境变化如何引起国内与地区冲突的研究成为当今国际关系研究中的一个重要课题。

环境问题引起国内、国际冲突的更一般化表述是环境与安全的关系问题。人们认识到，"环境是一个社会正义问题，甚至是一个和平和安全的问题"。1992年1月，联合国安理会15个成员国的一份声明便强调了环境因素对国际安全的影响，指出在经济、社会、人道主义与生态领域的非军事资源的不稳定性已经成为和平与安全的威胁。

因为全球性问题所引发的冲突与旧的冲突相比，具有很隐蔽的特征，其冲突烈度小，但是影响的范围却非常广泛。按照严格的冲突概念，这类冲突甚至很难称得上是冲突，但是它们的确又是引起冲突的一个新的重要因素,也可能是将来国际社会中许多地区冲突的一个重要根源,值得我们警惕。

(二)国内冲突的根源及其影响

时任联合国秘书长安南在1999年9月9日发表的联合国工作报告中,谈到导致当前局部战争与武装冲突的问题时说,当前,有90%以上的武装冲突是在一个国家内部发生的。虽然近年来,穷国比富国更容易陷入武装冲突,但贫穷不是导致冲突发生的决定性因素,战争往往是因国内各个社会群体之间的地位不平等而发生的,而这种不平等可能是由于种族、宗教、民族认同和经济发展失衡以及不能均等地分享政治权力的机会等因素所造成的。此外,经济衰退也与暴力冲突有着密切关系,蓄意挑起怨恨,并散布种族、宗教或民族的神话来宣扬灭绝人性的意识形态,也能促使冲突升级。

奥斯陆国际和平研究所1999年2月16日公布的一份研究报告说,冷战结束后,世界上出现的各种新型政治冲突导致约4万人丧生,其中90%的死者不是战斗人员。这些冲突绝大多数发生在以农业为主的最贫穷国家内部,参战的平民越来越多。新出现的冲突反映了与政治无关的暴力,其动机既非意识形态因素,也非完全的民族主义因素。归根结底,这些新的冲突起因于无计谋生、生存无望及犯罪和抢劫等。报告还认为,由于难民背井离乡从而导致地区不稳定,更多的冲突随之发生;如果导致这些冲突的形势得不到改变,今后可能会引发战争的危险。据联合国说,到20世纪90年代中期,每年主要因战争引起的国际维和行动和人道主义紧急援助的费用达到100亿美元。

国内冲突的形式有意识形态的冲突、对国家主权的犯罪性攻击和赤裸裸的权力角逐等,总的来讲,大多数国内冲突都有复杂的民族和种族背景。这类冲突成为冷战结束后冲突的主体部分,因为这类冲突往往又与邻近国家在种族、民族、边界、资源争端、历史问题、文化上的尊重等问题纠缠在一起,从而使这些国内冲突在很多情况下具有外溢的可能,牵连到邻国并进一步破坏地区的稳定。

一般来说,认识和分析国内冲突的起因,可以从以下两种途径出发。

一是根本性因素,这就是结构性因素、政治因素、经济/社会因素和文化/感知因素,每种因素又包含若干内容,如表8-1所示。

表 8-1　国内冲突的根本原因

结构性因素	经济/社会因素
软弱的国家	经济问题
跨国性的安全热点	歧视性的经济体制
种族地理分布状况	经济发展与现代化
政治因素	**文化/感知因素**
歧视性的政治体制	文化歧视的模式
排斥性的民族认同	问题重重的集团历史
集团间政治	
精英政治	

二是诱导性因素,这些因素由以下内容构成,如内部整体因素(源于国内问题:像经济衰退、经济差距等问题;环境恶化;政治走向民主化过程中的动荡,如实行多党制引发的内战、政治腐败、领导人的好战等)和外部整体因素(坏的邻居:如处于冲突高发地区和动荡的邻国局势)。

当然,国内冲突有其深刻的国内问题根源,但是在全球化政治经济时代,我们必须注意的是,许多国内冲突的爆发也与国际背景有着重要的关联。由于各国愈来愈融入世界经济和政治环境,外部环境的变化往往成为刺激国内冲突的一个重要因素,如国际经济的动荡、外部力量的干预等都可能成为激化国内矛盾的消极因素。所以,我们既要看到国际冲突的国内根源,也要注意国内冲突的国际根源。

冲突不一定引起暴力行为,它可以通过微妙的政治、经济、心理和社会手段加以控制。政治本身就是一种解决冲突的过程。因此,对冲突的前奏——危机而言,便有了危机预防、危机管理和危机解决。尤其是危机管理问题越来越受到国际社会的重视。

三、危机管理与国际安全

根据烈度,国际冲突可分为几个层次:最高层次,是国际战争;第二层次,是国际危机,指国际关系行为主体的冲突不断激化,导致现有关系发生质变的国际关系恶性状态,通常泛指从严重对抗到国际战争临界状态这一阶段,如两次柏林危机、加勒比海危机等;第三层次,是各国际关系行为主体对抗性或日趋对抗性矛盾所导致的冲突,如冷战时期的东西方冲突与南北经济冲突等;第四层次,是行为主体非对抗性矛盾引发的冲突,如美国及其盟国在政治、经济、文化等领域的冲突;第五层次,是语言象征性冲突,指尚未付诸实际行动的冲突。因此,除战争外,国际危机占据了国际冲突的主要部分,并构成了国际安全事务的中心。

冷战结束以后,全球多极化发展趋势加快,世界进入较为稳定的发展时期。现在制约整个世界发展的根本因素从冷战时期两极对抗造成的和平问题,转化为不合理、不公正的国际政治经济秩序问题和由全球化发展所带来的全球问题;对世界和平的威胁也从世界大战转向地区分裂主义、民族主义、宗教与种族冲突以及因人为因素导致的环境危机与经济危机等。这样,经济动荡、环境污染、核扩散、跨国犯罪、人口与资源问题等成为地区稳定与世界秩序的重要潜在威胁。和平问题与安全问题是联系在一起的,建立新的安全机制,倡导新的安全观成为国际社会的热点与时代发展的必然选择,也是危机管理中的一个核心问题。作为维护世界和地区安全的一种重要手段,建立与健全各种形式的安全结构、安全体系和安全机制,实施对国际危机的有效管理,是当今世界各国所考虑的重要问题,也被认为是维护整个世界和各地区安全与稳定的重要途径。

安全机制可以有多种形式,也可以是多层次的。目前,世界各地区已经存在的各种安全机制主要有以下五种。

1. 安全对话机制。是当今世界最广泛运用的机制,它既可以是一般性的,也可以是专门性的;既可以是双边的,也可以是多边的;既可以是全球性的,也可以是地区性和次区域性的;既可以是民间的,也可以是官方的;既可以是论坛式的,也可以是会晤式的。这种机制虽然松散、无约束力,但可以增进彼此间的了解和理解,增强彼此间的信任,改善彼此间的关系。如1994年成立的东盟地区论坛(ARF),在维护东南亚地区的和平与稳定上就发挥着积极的作用。

2. 外交斡旋机制。对解决地区危机或冲突是一种比较常用而又颇为有效的办法。通过有关国家的外交斡旋,发生危机或冲突的双方有可能放弃冲突升级的企图,甚至可能导致冲突双方开始直接对话和谈判。如在

第八章 21世纪国际安全

1993年发生的第一次朝鲜半岛危机中,中国通过得力的外交斡旋,对危机的最终缓解起到了积极的作用。

3. 军控谈判机制。这种危机管理机制在冷战后的应用范围逐渐扩大,不仅包括双边裁军和多边军控,而且也开始扩展到防止武器扩散、缓解边境对抗、增加相互信任、促进军备透明等领域,运作方式目前虽以双边为主,但呈现多边之势。如中国与俄罗斯、中亚地区的一些国家进行的双边边界谈判,中国与缅甸、越南等国的边界谈判,以及中、哈、吉、俄、塔五国签署的关于在边境地区加强军事领域信任的协定、关于相互裁减边境地区军事力量的协定,对于地区安全与稳定是有益的。

4. 国际维和机制。这种危机管理机制虽然已有一段历史,但真正引起各国的关注还是在冷战结束以后。两极格局解体后,联合国的作用得到了较大程度的发挥,国际维和活动随之不断扩大、增多和深入,它们对防止危机升级、避免冲突蔓延、稳定地区形势发挥了一定的作用。目前,除联合国组织的维和活动外,非洲联盟也开始采取维和行动解决地区冲突。目前这类危机管理机制面临的一个问题是,在危机解决过程中如何处理好危机管理和主权维护之间的矛盾,例如联合国在冷战后实行的许多人道主义救援和干涉行动,就遇到主权问题的许多困扰。

5. 安全条约机制。这种危机管理机制在第二次世界大战结束后就一直存在,但在冷战时期,这种安全条约机制应用范围较窄,仅限于东西方内部的若干国家之间,它与旧时代的联盟政治有颇多类似的地方,因而遭到许多人的指责。冷战结束后,主张在地区范围内实施安全条约机制的人很多。

上述危机管理机制仅是常见的几种,它们的一个共同特点是都强调"建立信任措施"(CBM)和信息沟通的重要性,1962年古巴导弹危机后发展起来的首脑间"热线"(Hotline)等安全对话机制是个明显的例子。除上述安全机制以外,还有经济制裁机制、军事打击机制等,这些机制带有强烈的霸权主义和强权政治色彩,是以美国为首的西方大国为维护其全球与地区的安全利益而采取的施压和暴力手段。这种机制往往并不能使危机得到有效的管理,有时反而会激化危机。

本质上讲,危机管理就是如何和怎样获得一种可靠的安全环境的过程。因此,在危机管理过程中,建立什么样的危机管理机制或者什么样的安全管理机制,与人们对安全概念的理解是不可分割的。应该说,安全机制的变化是安全内涵变化的产物。一方面,安全有经济安全、军事安全、政治安全、文化安全、环境安全等区分,安全越来越被证实为是综合的、联动的,只有相互确保安全才是稳定的安全。这是人们以无数次血的代价所换来的真理。

另一方面,冷战结束以后,威胁国际安全的因素并不仅仅在于国家的扩展和侵略倾向,也在于各种各样可能激化矛盾和危机的问题领域中。所以,今天我们要准确地判断危机和冲突的来源变得十分困难。正如美国学者罗纳德·斯蒂尔所指出的:"对公民幸福的最大威胁越来越多地不是来自别的国家,而是来自以下这些情况:资源缺乏、人口增长、失去控制的城市化、大批的移民、环境退化、个人和团体恐怖活动以及经济剥削。"所有这些新的威胁国际安全因素,几乎都使人的安全变得前所未有地重要起来,这就使"人的安全"逐渐从国家安全中分离出来,在安全的管理中占据重要的位置。

与此同时,发展的含义也从过去的南北差距与不合理的世界政治经济秩序中,深入到关系全人类命运的可持续发展范畴,从而获得了整体性和长远性的意义。正如1995年联合国在《人类发展报告》中指出的:"发展不仅是人文的和持久的,而且应当是安全的、可持续的。"为安全而不断寻求发展,为发展而不断营造安全,成为国际社会的共识。安全的发展与发展的安全成为时代的一个突出问题,安全与发展也就相应地成为冷战后世界的新主题。

所有这些,都使安全的概念突破了冷战思维状态下的那种概念。我们知道,传统的安全观奉行的是"如果你想拥有和平,请准备战争"这一理念,企图通过壮大自身、削弱对方来获得安全,结果双方都陷入越求安全反而越来越不安全的"安全困境"。这正如世界观察研究所的一份报告所形象指出的:"武力的累积和军事力量的增长往往更多的是减少对手的安全性,而不是增加本国的安全性。国家的安全政策造成了国际的不安全。"国际关系的发展,时代的进步,呼唤并推动着合作安全、共同安全、多边安全等新的安全观的产生与发展。也就是安全观从以往的可分离安全观、竞争性安全观、狭窄式安全观与相对安全观不断转向普遍、合作、综合与制度型安全观。

在新的时代,安全概念的含义至少包括:(1)安全问题不仅指国家安全,而且包括人的安全乃至全人类的安全;(2)安全问题不仅指军事安全,还指环境、经济安全,是一种综合安全;(3)安全问题不仅是一个个孤立国家间相互排斥的安全,更是全球共同合作的安全。比如如何处理大规模毁灭性武器的扩散,共同应对全球疫情大流行、环境问题等全球性问题的挑战,等等。可以确信的是,在一个全球化的时代,在一个各国经济政治日益相互依存的时代,任何国家的安全都不可能在脱离其他国家的安全情况下孤立地维持和存在下去。中国提出的新安全观的核心,是互信、互利、平等、合作。新安全观突出了政治理想主义认识,代表了未来人类发展方向的崭新观念。

新的安全概念使传统的强调军事控制的危机管理内涵也大大拓展了。传统的危机管理强调对军事和武装冲突的协调、控制和限制,随着安全概念的变化,传统的危机管理内涵必须发生相应的变化,危机管理的内容既要涉及对直接的暴力冲突的控制,还要涉及对环境和生态危机、个人安全、难民问题等诸多事务的管理,从而面对新的挑战。

思考题
1. 试分析国际恐怖主义的起因、特征及其最新发展。
2. 为什么武器扩散危及国际安全?
3. 为什么国内冲突与地区冲突难以消除?
4. 常见的危机管理机制有哪几种?

第九章 经济全球化对国际关系的影响

全球化是当代国际关系中最为突出的现象之一,也是人们描述当代国际关系最为时髦的一个用语。

那么,全球化究竟指的是什么呢? 一般来说,理论界关于全球化(globalization)的概念大致有如下几种界定。第一种概念是从信息和通信技术角度定义的,认为全球化是人类可以利用先进的通信技术,克服自然地理因素的限制进行信息自由传递的过程。第二种是从经济角度着眼的,全球化被视为经济活动在世界范围内的相互依存,特别是世界性市场的形成,资本超越了民族国家的界限,在全球自由流动,资源在全球范围内进行配置。第三种概念是从危及全人类共同命运的全球问题角度出发的,全球化被视为人类在环境恶化、核威胁等共同问题下,达成了共识和形成的利益与共的现实。第四种从体制角度认为全球化是资本主义的全球化或全球资本主义的扩张。第五种从制度角度把全球化看作现代性(modernity)的各项制度向全球的扩展。最后一种是从文化和文明角度,把全球化视为人类各种文化、文明发展要达到的共同目标。有的学者用更加极端的眼光看全球化,把它等同于西方化、美国化,有的还形象地把它称为"可口可乐化"、"麦当劳化"。

一、经济全球化的动力

(一) 全球化的概念

本书将全球化界定为:(1) 全球化是一个多维度过程;(2) 全球化在

第九章　经济全球化对国际关系的影响

理论上创造着一个单一的世界;(3)全球化是统一和多样并存的过程;(4)现在的全球化是一种不平衡发展过程;(5)全球化是一个合作和冲突并存的过程;(6)全球化是一个观念更新和范式(paradigm)转变的过程。

全球化的历史渊源也许可以追溯到自哥伦布发现美洲大陆所标志的欧洲文明向世界扩张之际,但其概念的提出是在20世纪冷战的晚期。1985年,T·莱维最早提出"全球化"一词,他用这个词形容此前20年间国际经济的巨大变化,即商品、服务、资本和技术在世界性生产、消费和投资领域中的扩散。因此,当人们讲到"全球化"时,就其原意是指经济全球化。

经济全球化是指商品、技术、信息、服务、货币、人员、资金、管理经验等生产要素的全球自由流动和合理配置,构成全球产业链供应链,即世界经济在全球范围内形成有机整体的过程及趋势。

当前,经济全球化主要表现在以下几个方面。

第一,贸易自由化。随着全球货物贸易、服务贸易、技术贸易的空前发展,世界多边贸易体制加速形成,从而加快了国际贸易的增长速度,大大促进了全球自由贸易的发展,也使得WTO成员以统一的国际准则、国际规则来规范自己的行为。

第二,生产全球化。生产力是世界发展的根本动力,极大地推动着世界市场的扩大。新科技革命从时间和空间上大大缩小了各国之间的距离,促使世界贸易结构发生巨大变化,加速生产要素跨国流动和合理配置,为全球化生产准备了条件,极大地推动了经济全球化。

第三,资本全球化。时间、地域、国界对资本流动已不构成最大的障碍。全球性金融机构网络瞬间联动,大量金融业务跨国进行,跨国贷款、跨国证券及跨国债务发行和跨国并购体系已经形成,尤其是外汇市场已经成为世界上最具流动性和全天候的市场。

第四,科技全球化。经济全球化促使科技资源在全球范围内的优化配置,技术标准趋向一致,这是经济全球化最新拓展和进展神速的领域。它表现为先进技术和研发能力的大规模跨国转移,跨国联合研发广泛存在,跨国公司是其推动者与担当者。科技全球化与生产全球化一样,都带来了人才的全球流动。

进入21世纪以来,新科技革命迅猛发展,全球社会问题激化,都推动经济全球化加速,这也是世界各国经济体制市场化、对外开放和国际化的结果。换言之,市场化的变革提供了体制上的保证,信息网络化提供了技术上的保障,两者构成全球化实现的充分条件,而作为桥梁和纽带的跨国公司,则无疑是全球化实现的必要条件,三者共同成为经济全球化的主要动力。这不是特朗普的逆全球化能够对抗的。

驱使经济全球化的最根本动因在于对利润最大化的追求,这就是跨国垄断资本的逐利性。马克思早就说过:"哪里为它的资金支付最高利息,哪里就是它的祖国。"

经济全球化是一把双刃剑。它加速世界经济增长,为新兴大国崛起创造了历史机遇,与此同时,由于发达国家占有优势地位,在制定贸易和竞争规则方面有更大发言权,又掌控一些国际经济组织,这一切保证了它们作为主要受益者的地位,而一些发展中国家遭遇经济危机,政府破产,社会动荡,经济全球化的推进受挫,从而使世界各国两极分化,这给经济全球化带来了诸多不确定因素,出现许多新特点、新矛盾和新风险。

2020年新型冠状病毒肺炎疫情全球大流行,对经济全球化是一场大考。但是,历史终归要向前迈进,世界当然回不到过去。经济全球化犹如百川汇成的大海,不可能再退缩为相互隔绝的湖泊。经济全球化需要更加包容和普惠的发展,在确保最佳成本效益的同时,也要更加注意缓解全球化引发的贫富差距扩大、地区发展不平衡等弊端。同时,需要更加坚定地维护、弘扬多边主义,需要更加精准地改革、完善全球治理。

(二)科技革命及其对全球化进程的影响

科学技术作为第一生产力,是世界经济一体化的第一推动力。科技发展最显而易见的影响是地理上距离很远的地区和角色之间的一体化,这一进程现在正在许多领域内进行。

技术是人类改造自然的能力与手段,也是人类扩大自身活动范围和控制范围的能力与手段,技术还是经济区域化、全球化的基础。它为具有区域和全球能力的经济实体在区域和全球的扩展创造了条件;为人类社会的区域内和全球范围的广泛交往创造了条件;为区域性、全球性的经济体系运作提供了技术标准,为解决区域性、全球性问题提供了手段。

技术进步对经济增长具有如此重要的作用,那么,技术又具有什么特征呢?一般来说,技术具有下列几项明显特征。(1)技术作为一种知识或技能,它可以被很多人同时使用或拥有,这有别于普通商品,当普通商品被某个人拥有时,就不能为其他人所有。(2) 技术是人类活动的产物,虽然对技术的产生有时人们无法预料,带有一定的偶然性,但没有人的参与,它是不会自动产生的。(3) 现实中经常可发现有很多个人和厂商因某项发现或知识而拥有垄断力量,获取垄断利润,这意味着虽然技术是一种非独享性商品,但它又不完全是一种公共物品,具有一定程度的排他性。

按人类技术影响的空间范围和历史演进划分,可以把人类技术分为家庭性的、部落性的、国家性的、区域性的和全球性的。区域性、全球性技术是在19世纪陆续产生的。

19世纪初期产生的铁路是区域性的技术。铁路的诞生,大大改变了欧洲的交通运输状况,对欧洲的经济发展和政治军事格局都产生了很大影响。同样出现于19世纪初期的蒸汽船技术则是一项全球性技术。它使人类的航海能力大大加强,大海不再成为人类贸易和交往的畏途。新的运输和通信方式使世界范围缩小,大大有利于新市场的开辟,世界贸易的发展大大加快了。这改变了生产活动的规模和管理方式,也加速了劳动力的国际转移。在技术革命中,一批新兴工业出现了,这些工业具有资本更加密集的特征:如机械工业、钢铁工业和化学工业。新的工业导致了新的生产管理方法和大规模生产,也导致了新的公司结构与新的地理分工,从而推动了经济的一体化。

19世纪出现的这些技术进步,总体上对全球化的影响仍是较为间接的。20世纪的全球性技术则直接涉及每一个国家和每个人,对国家的经济、政治、军事、文化产生直接的、可以强烈感觉到的影响。1901年12月,英国与加拿大之间实现了横贯大西洋的无线电通信,无线电通信技术对全球化的影响是全面的。1920年后,机械扫描的电视机开始问世,1929年开始公共电视播放。电视与广播一起使人们即使在天涯海角也可以在精神上与这个世界连接在一起。人类的文化生活一体化进程开始了。1903年12月,第一架飞机试飞成功,一种能迅速把人类聚集在一起的全球性技术诞生了。1941年,远程无线电导航系统由美国开发成功,从此,飞机可以正确地确定自己的位置,提高了飞机作为全球性技术工具的作用。

1942年10月,德国成功地发射了惯性制导的V-2火箭。二战后,弹道导弹发展迅速。1957年10月,苏联发射了第一颗人造地球卫星。洲际导弹和人造地球卫星开启了太空时代。从太空俯视地球,人类真正有了全球的视角。

1946年，第一台电子计算机在美国诞生，由此人类开始向"网络世界"前进。尤其从20世纪60年代后期起，技术创新开始加速。商用喷气式飞机、大型远洋货轮、集装箱运输、卫星通信、光纤传导技术和电子计算机等的发明和利用，极大地降低了运输和信息传递的成本，加速了生产方式和经济生活的全球化进程。其中，发展势头最为迅猛的是由微电子技术带动的信息和通信技术，其结果是导致了新一轮的信息革命。由电话、传真和电子计算机构成的全球性通信网覆盖了地球的每一个角落，从而将硕大的地球变成"地球村"。互联网络正在成为信息传输的主渠道，信息技术的迅猛发展，极大地降低了国际经济活动的成本。

这些全球性技术的出现是20世纪最重要的事件。

技术对社会发展的影响更从技术革命的社会效应中体现出来。人类社会从蒙昧、野蛮时代进入文明时代，一直发展到今天，经历了大大小小许多次技术革命。每次技术革命都推动了经济和社会的发展。当前的世界新技术革命就是在近代几次技术革命的基础上发生的。而这次技术革命的作用和意义又大大超过了以往任何一次革命。

近代第一次技术革命发生在18世纪60年代，其主要标志是蒸汽机的发明和广泛应用。这次技术革命在人类社会史上第一次使热能转化为机械能，使机械动力问题得到解决，从而大大推动了工业、交通等各个部门的发展，使人类社会进入"蒸汽时代"。近代第二次技术革命发生在19世纪末20世纪初，以电的发明和电力的广泛应用为标志。这次技术革命解决了新的能源问题，大大推动了社会生产力的发展，并且使整个社会面貌发生了变化，使人类社会迈入了"电气化时代"。第三次技术革命发端于20世纪40年代，其主要标志和内容是原子能的利用、电子计算机的诞生和发展、外层空间探索和合成材料的使用。这次技术革命规模之大，内容之丰富，对于推动生产和社会发展成效之显著，在历史上是空前的。

发轫于20世纪末、勃兴于21世纪的第四次工业革命，是以人工智能、机器人技术、虚拟技术、量子信息技术、可控核聚变、清洁能源及生物技术等高新技术重点研究开发领域为标志的新科技革命。高科技发展趋于综合化、高速化、计量化和科学-技术-生产一体化，世界生产力极大提高，经济发展方式加快向绿色、高效、智能转变，形成密不可分的全球村经济，从而促使全球社会、经济、生活发生翻天覆地的变化。概括地讲，科技进步是经济发展的基础和动力，由高新科技发展所导致的人类社会进步，其本身就是全球化发展的最新时代内涵。

（三）市场制度的扩散和延伸

经济全球化就其意义讲是与全球市场经济同质的进程。经济向全球扩张是从资本主义生产方式一开始就出现的趋势。马克思和恩格斯在《共产党宣言》中指出："不断扩大产品销路的需要，驱使资产阶级奔走于全球各地。它必须到处落户，到处创业，到处建立联系。""资产阶级，由于开拓了世界市场，使一切国家的生产和消费都成为世界性的了。"这两句话表明了资本主义生产方式的全球性，但还不是我们今天所说的全球化。

全球化的世界经济是高度发展的市场经济，市场规则是各国经济联系的基本规则，市场机制是全球化经济的基本机制。因此，全球化不仅要以各国经济的市场化为条件，而且不可抗拒地要求任何一个不想被全球化所抛弃的国家实行市场化的经济体制。市场制度的扩散和延伸，是经济全球化的铺路石。

全球化以各国市场化改革为基础，机制一体化是经济全球化的结果。一体化过程并不是从世界市场形成之日就开始，而是从世界经济形成以后才开始的。

经济过程是生产与流通的全过程，既包括生产要素的组合过程、实际的产品加工生产过程，也包括产品的交换过程。其中，生产要素的组合过程又包括劳动力的流动与资本的流动。国民经济的运行包括所有这些内容，而世界经济一体化，从本质意义上讲，就是这些过程在全球范围内跨越国界进行的表现。这就是从功能上而言的世界经济一体化。从这一原理出发可以清晰地看到世界经济一体化的历史进程。

欧洲的工业革命和地理大发现导致了世界市场的形成，贸易一体化的启动。在此基础上，第二次工业革命最终导致了世界经济的正式形成。世界经济的一体化进程是与世界经济的形成同时开始的。从1870年到1914年第一次世界大战爆发，是世界经济一体化的第一阶段。

但是从根本上讲，世界并没有形成一个在共同发展基础上的一体化。工业化国家之间的市场竞争，是当时世界经济中的一个根本矛盾。正是这种市场争夺导致第一次世界大战的爆发。一战中断了世界经济一体化的进程。金本位制崩溃了，国际投资、国际贸易关系失去了一个重要的载体。二次大战是人类的一场浩劫,使全世界的生产力倒退了几十年。出于对世界和平、共同发展的渴望,战后世界经济的三大支柱便产生了:国际货币基金组织、世界银行和关税与贸易总协定(后来是世界贸易组织)。这三大支柱的建立是世界经济一体化进入新阶段的一个重要标志。

综合以上论述,概括起来说,与市场相联系的现代制度主要包括:产权制度、契约制度、货币制度、市场进出制度、竞争制度、产品责任制度以及"利人利己"的市场道德规则。其中有些原则早在作为世界第一部商品经济或市场交易大法的罗马法中就已存在,但是作为经济和社会制度却是在工业革命后,随着社会化大生产的发展而逐步发展和完善起来的。而其横向拓展和延伸则大体上经历了以下三个阶段。

1. 殖民扩张时期。这一时期从地理大发现开始一直延续到两次世界大战。

2. 民族主义时期。二战后,广大殖民地半殖民地国家纷纷获得独立,它们中的大多数选择了民族主义道路或资本主义道路,在经济制度上走市场经济的道路。

3. 东西方经济体系的全球性融合。冷战结束以后,世界经济的发展和中国改革的实践证明市场经济不是资本主义独有的,社会主义也可以搞市场经济。随着原来实行计划经济的国家纷纷向市场经济转轨,中国也加快了改革、开放的步伐,提出了建设有中国特色的社会主义。原来一些封闭经济实体逐步走向世界,全球性市场体系才真正得以完成。

在最为基本的层次上,市场体系被认为是以社会的基本价值观为基础,即确定财产权、为获得经济收益而结盟和组织起来的权利,以及对个人选择加以限制的基本价值观。市场被当作个人排列其消费偏好和自由追求这些偏好的能力达到最大化的一种制度安排。结果市场制度便以关于个人将理性作为工具的能力这一基本信念作为基础,用最有效的方式来配置消费和生产要素,以保证社会的资源被用于最大化总体上的满足。

商品市场活动本来就是既不愿受部门、地区分割又不愿被国界阻隔的。资本受其本性决定也要到一切可以使其更快增值的地方去活动。因此,它的扩张也必然跨越国界。到了当代,社会化大生产发展到分工和生产过程国际化的高度,资本的社会化也扩展到国际范围,形成了国际商品市场、国际资金市场、国际劳务和技术市场、国际信息市场的国际市场体系。二战后几十年,整个国际市场体系的交易规模取得了惊人的扩大。各国的对外经

第九章 经济全球化对国际关系的影响

济活动已不只是国内经济活动的补充,国际市场也不只是国内市场的简单延伸了,尽管国内市场和国际市场在市场机制作用、市场交易方式、市场组织机构业务等方面是一致的。

市场指在公众场合下货物和劳务的交易。真正的市场要求这些交易应该建立在交易双方都享有经济自由的基础之上,也就是双方能够而且确实作出同对方交易的决定,是因为各方视之在经济上对自己有好处。如果一方或者双方都认为没有经济好处,或者好处不大,那么就不会也不应成交。换言之,在实现交易的那一刻里,双方处于经济上的平等地位,同时,各自具有自由意志。这个平等地位和自由意志的实质当然是经济上的,可称之为经济自由。

因而,经济市场化、开放化是经济全球化的条件。只有大部分国家实行经济的对外开放,经济全球化才有可能。从单个国家来说,开放是起点,国际化是结果;开放是政策和战略的选择,而国际化是经济机制的根本性转变。因此,要求国民经济的性质发生根本性的变化,转变为一种开放型的经济、国际化的经济,实行完善的市场制度,才能为经济全球化拓展道路。

(四)跨国公司

如果说经济全球化的主要动力是科技进步与市场制度,并表现为国际贸易和投资的全球扩张,那么跨国公司就是这种动力的载体。经济全球化的主要动力是通过跨国公司(TNC)进行的不断增加的信息、金钱和物资的流动。因此,跨国公司对经济全球化进程与发展必然产生重要的影响。

现代科学技术进步、市场制度的扩散也为跨国公司的发展创造了拓展空间,并为跨国公司推行全球战略进一步创造了条件。随着跨国公司规模的扩大,越来越多的跨国公司倾向于推行全球战略。在这个过程中,跨国公司的拓展成为经济全球化的巨大动力。

追溯历史,跨国公司是殖民主义对外扩张的产物,第一批跨国公司以东印度公司为代表。帝国主义时期,跨国公司发展日渐成熟,拥有卡特尔、康采恩、辛迪加等垄断资本国际化的各种形式。从贸易、生产拓展到金融领域,对世界经济起着支配性的作用。

从当今跨国公司的表现来看,跨国公司往往是所有权、管理、生产和销售活动跨越几个国家管辖范围的寡头统治公司。它的构成是:总部设在某个国家,一批子公司设在其他一些国家。跨国公司的主要目标是确保以最低的成本生产世界市场所需要的商品;只要作出最有效的生产设施配置或者从东道国政府获得税收减免,这个目标便可以达到。因此,国外学者认为:"跨国公司往往依赖于专业化生产,使用一个地方的廉价劳动力,另一个地方的廉价材料,第三个地方的市场和第四个地方的资金来源。"

第二次世界大战后,由于追逐最大利润的需要,发达国家的一些大企业根据生产要素最佳配置的原则,充分利用世界各国各自不同的资源和市场优势,凭借其雄厚的财力,在世界范围内选择生产某一产品,乃至一个产品的某个部件的国家,从事投资活动,从而促进了跨国公司的飞速发展。近几年来,全世界的跨国公司及其子公司控制了全世界40%的生产,掌握了全世界90%的对外直接投资,50%—60%的国际贸易,70%以上的专利和其他技术转让,成为世界经济发展中举足轻重的力量。特别是进入20世纪90年代以来,在经济全球化进程发展的推动下,许多跨国公司从跨国经营转向全球经营,其海外资产、收入和雇员等跨国指数大为提高。跨国公司的发展出现了许多新的特点:跨国公司投资主要来自世界三大投资中心,即美国、欧盟和日本;企业兼并收购成为跨国公司直接投资的重要内涵;发展中国家的跨国公司不断崛起;跨国公司的经营战略趋向"当地化";跨国公司之间技术及经济联姻,在技术研究与开发及经济上的跨国战略联盟,作为跨国公司在经济全球化背景下的一种发展模式正在不断得到加强;等等。

具体说来,从世界范围来看,跨国公司的发展出现的许多新的趋势特征主要表现为以下五个方面。

第一,跨国公司数量急剧增加,在世界经济中的作用更加突出。各国政府为了本国福利的增长,纷纷制定政策,鼓励本国公司跨国经营,使跨国公司的数量急剧扩大。据统计,全球跨国公司从1980年的11 000家增加到1997年的近45 000家,由此推动国际直接投资额大幅度攀升和国际直接投资总存量急速膨胀。1997年的国际直接投资总流入再次创新高,已升至4 000亿美元,比1990年增加了一倍,比1980年增加了6倍。1997年,全球对外直接投资的增幅已明显超过了世界总产值和国际贸易的增幅,这三项指标分别为10%、6.6%和4.5%,显示了跨国直接投资在全球经济中的强劲潜力。跨国公司扩张过程中的一个显著特点就是,不仅发达国家的跨国公司在膨胀,而且发展中国家的跨国公司也在急剧扩张。自1995年以来国际直接投资的繁荣真正体现了全球跨国公司的发展新阶段。

第九章 经济全球化对国际关系的影响

第二,企业合并浪潮的进一步兴起,强强联合导致跨国公司规模扩大,竞争力进一步增强。20 世纪 90 年代以后,特别是 1995 年以后,企业合并又掀浪潮,成了世界经济中的一个非常突出的现象。这次合并浪潮具有以下几个特点。(1) 企业合并超越了国界,它们"打破民族与国家界限",建立"无国籍经营实体"和"全球公司",在"世界舞台上演戏"。(2) 纵向兼并和横向兼并并行。既有跨行业的兼并,如迪斯尼和美国广播公司的合并,又有同一行业内部的合并,如德国的戴姆勒公司与美国克莱斯勒公司的合并。(3) 强强联合,建立战略联盟。企业兼并的主体主要是一些巨型跨国公司,他们或者是为了共同进行科研开发,避免风险,或者是为了增加竞争力,避免在竞争中两败俱伤,通过合并建立战略联盟。如美国波音和麦道飞机制造公司的合并。目前跨国公司建立战略联盟的趋势日渐加强。

第三,跨国公司研究和开发更趋国际化。跨国公司为了适应市场的复杂性、产品多样性以及不同国家的消费偏好的差异性,为了充分利用各国的科技资源,降低研究成本和风险,它们一改在母国进行研究开发的做法,把研发分支机构建立在国外。研发机构国际化推动了跨国公司科技力量的进一步发展,推动了经济全球化的进程。

第四,跨国公司增加对发展中国家的投资,加速占领世界市场。20 世纪 80 年代后,发展中国家成为跨国公司投资的热点。1994 年,发展中国家 700 亿美元的外资中,跨国公司投资占了 40%。跨国公司对发展中国家的投资目的是为了抢占发展中国家的市场,把全球市场纳入跨国公司体系。

第五,全球性公司正在兴起。有些跨国公司已经没有了母国,只有一个指挥中心。企业董事会成员也不是由一国人员担任,而是由多国人员担任。正如总部设在瑞典的 ABB 公司总裁巴内维克所言:"ABB 公司没有地理中心,也没有民族轴心,与此相反,它是许多民族公司在世界范围内的协作,我们到处为家。"全球性公司的兴起是跨国公司更高层次的一种形式,也是跨国公司的发展方向。

跨国公司既是对外直接投资(FDI)资金的提供者,又是它的调度员。跨国公司虽多达近 5 万家,但其权力却集中在占世界生产性资产 25% 的前 300 家跨国公司手中,而位于世界前 100 位的跨国公司则掌握着全球近 4 万亿美元的资产,占世界跨国界对外直接投资的 50%。全球所有的跨国公司当中,将近一半来自美国、日本、德国和瑞士 4 个国家。在包括国家在内的全世界 100 个最大经济实体中,一半是民族国家,另一半则是跨国公司,像美国通用汽车公司的年生产总值，超过绝大多数国家的年国民生产总值。

跨国公司的巨大作用引起了人们的高度关注。第二次世界大战结束以来，国际政治经济中无论哪个方面都未曾像跨国公司的全球性扩张问题那样，众说纷纭，莫衷一是。有的人认为这些强大的公司能造福于人类，它们替代民族国家，并把技术和经济增长传播到发展中国家，与此同时，使各国经济交织成一张日益扩大的互惠依存网。另一些人则把跨国公司看作帝国主义掠夺者，跨国公司里的少数人为了自己的利益剥削别人，同时使别国陷入政治上依附、经济上不发达的圈套。在跨国公司发展势头十足的时期，有些专家甚至预言，到20世纪末，几十个大公司将真正控制世界经济。

跨国公司由于规模巨大、资金雄厚、技术先进，以及遍布世界的生产、销售和科研机构，对世界经济的发展产生了深刻的影响。

第一，跨国公司在一定程度上促进了资本主义世界生产的发展，对发达资本主义国家来说，这种作用又体现为两个方面。一方面，跨国公司通过对外投资，汇回了巨额利润，对本国资本积累规模的扩大，国际收支状况的改善，都起了十分重要的作用。此外，跨国公司还在一定程度上保证了本国所需的重要资源，开拓和确保了国外销售市场。另一方面，跨国公司在发达国家之间的相互渗透对所在国经济的发展也起到了一定的推动作用。特别是战后美国跨国公司在西欧各国和日本的活动，对这些国家新兴工业部门的建立和发展，科学技术和企业管理水平的提高，就业领域扩大，都起到了不同程度的作用。对发展中国家来说，跨国公司在这些国家的直接投资，在客观上部分地解决了它们资金不足和技术与管理落后的困难，在一定程度上促进了产业技术的改造和民族经济的发展。

但是，由于跨国公司从本身的利益出发，以追逐最大利润为目标来安排总公司和各分支机构的经营活动，从而不可避免地使公司的利益与母国的公众利益和东道国的民族利益发生各种矛盾和冲突。在母国，主要是导致国内投资减少，引起生产停滞和工人失业等后果。至于与东道国民族利益的矛盾冲突，其范围则广泛得多，主要表现如下。(1) 跨国公司的投资规模、资本有机构成、经营方针和工业区位都未必符合东道国经济发展的需要。(2) 跨国公司凭借强大的经济实力，很容易控制东道国的某些关键工业部门，使这些国家的经济发展受到牵制。(3) 跨国公司将大量资金在国家间频繁转移，使东道国的国际收支平衡和汇率稳定经常遭到破坏。

(4)跨国公司按照自定的"全球战略"安排进出口贸易,以及为了逃税和避免其他风险在公司内部实行转移定价,使东道国蒙受各种损失。(5)跨国公司把那些劳动密集型、能源消耗多、污染严重的产品或零部件转移到发展中国家进行生产或加工,在这些国家中造成了一系列不良后果。尤其是少数跨国公司在东道国进行的各种违法活动,甚至对这些国家的主权和民族独立造成了威胁。

第二,跨国公司促使了国际贸易的扩大。跨国公司不仅把大量的商品和劳务直接投入国际市场,而且向国外的子公司输出各种机器设备,扩大了本国的出口。同时,跨国公司还采取在各国子公司之间分工制造零部件、集中装配、定向销售的经营方针,造成国家间各种零部件、半成品以及产品的相互往返运输,进一步增大了世界贸易量,形成了无国界经济的局面。

第三,跨国公司有时加剧了国际金融市场动荡。跨国公司除需要将其手中的大量闲置资金存放在国际金融市场机构以获取利息和准备进行再投资外,还需要从国际金融市场上筹借更多的资金以及在各地子公司之间和子公司与母公司之间调拨资金,从而掀起国际金融市场的波澜。另一方面,跨国公司由于业务经营需要,经常通过总公司的统一调度,大量转移资金,各国政府无法加以控制。此外,跨国公司还经常利用汇率、利率的变动以及各国金融管理办法不一致,大搞货币投机,这些都严重影响着国际货币金融的稳定。近年来,跨国金融机构利用各种现代衍生工具,在新兴市场国家和经济转型国家不断兴风作浪,是导致地区性经济危机爆发和国际金融市场波动的一个重要因素。

随着经济的发展,跨国公司的作用早已超出了经济领域,对广泛的国际事务产生了深远的影响,扮演起越来越重要的角色,跨国公司这种日益强大的作用,成为经济全球化的重要动力和载体,加速了全球化进程。

二、经济全球化过程中的问题

经济全球化过程中出现的根本问题是,生产力空前发展,生产关系的变革没跟上,国家与全球的治理体系及能力的改革与提升滞后,增长与分配、资本与劳动、效率与公平之间的矛盾因而突出,致使发展失衡、贫富分化、金融危机频发、民粹主义横行。

　　经济全球化的过程中存在着两个基本矛盾。一是全球化迅速推进与保障机制未完备之间的矛盾。其中包括贸易自由化中各国的利益分配问题，金融危机的防范与危机解救问题，跨国经营与东道国发展战略的协调问题，以及经济全球化中非经济因素制约问题，等等。二是发达国家对全球化的迫切需要和发展中国家对外开放可能性之间的矛盾。对不发达国家来说，全球化的利益要经过很长时间才能实现，在短期内则是受到冲击，因为全球化的速度一般快于根据本国国情的发展战略所计划的开放速度，从而在外部压力下发展战略由主动转为被动。

　　这是因为，经济全球化一方面是国际生产力发展，特别是世界科学技术进步的产物；另一方面也是各国为获得超额利润、发展本国经济、提高国际地位而进行制度（政治）安排的结果。经济全球化这两个方面的动力决定了经济全球化具有经济和政治的双重功效。世界科学技术的每一次创新，都直接带动国际生产力的提高，与之相适应，生产要素必然进一步突破民族国家疆界的限制，在国家间自由流动，从而使各国企业家能够利用世界任何地方的资金、技术、信息、管理和劳动力，在他们希望的任何地方进行生产，然后把产品销往任何有需求的地方。经济全球化有利于实现"以最有利的条件生产、在最有利的市场销售"这一世界经济发展的最优状态，具有增加各国经济福利的经济功效。但是，从经济全球化开始时起，各国都从本国经济利益出发，通过国内制度的安排或影响国际制度安排，力图使生产要素的国际流动最终有助于本国政治意图的实现和国际地位的提高。

　　事实一再说明，全球化也含有风险，一些风险变得越来越明显，如机会分配的不平等、获得技术和信息的不平等（可能会加剧不平等）、金融的流失性及其危机的扩散性、对人类安全的各种新威胁以及由于采取各种保护性体制所造成的紧张等，从一个家庭到一个国家都可能发生。因此，有必要改善管理，以保证这些不利因素不会影响到全球化提供的机会。

　　全球化对人类社会发展的巨大挑战，还集中体现在所谓"全球化问题"上，而正如有些美国学者指出的："世界上毕竟不存在全球化问题的专家，将来也不可能产生，除非他或她是上帝的使者。"研究全球化的两面效应不仅是摆在广大发展中国家也是展现在发达国家面前的一项严峻课题。以经济全球化为例，发达国家经济的相互依存关系，是给国际关系注入更强的和平因素，还是导致国际关系可能的更剧烈的冲突呢？发展中国家对发达国家的依附是加重了还是转化了？这些问题都是关系到国际社会能否持续、公正、和谐发展的关键。

二战后,生产力水平的迅速提高和商品经济的高度发展,提出了商品生产打破民族国家疆域的客观要求,而科学技术的飞速进步,特别是交通运输手段和通信工具的现代化,为在全球范围内组织生产和进行商品、劳务等技术转移、交流提供了条件和客观可能性,从而出现了生产要素在世界各国之间大规模流动和资源在全球范围内配置的趋势。首先,它反映的是一种过程,一种趋势；其次,它反映的是一种状态,一种层次。就趋势而言,国内经济在不断地国际化,以至形成全球经济。就状态而言,在某一个时点,只能反映该时点上经济全球化发展的阶段和水平。每个国家都处在经济全球化趋势中,每个国家都处于这种趋势中的某个发展层次上。由此出现了多种多样的发展状态,出现了多种多样的发展问题。因此,经济全球化对各国经济发展影响是很大的,但程度却是不同的。其中,发达国家间的经济关系更多地表现为相互依存的性质,而发展中国家与发达国家之间既存的依附发展关系并未得到实质的改变。

（一）发达国家经济的相互依存关系

第二次世界大战后,国际经济交往日益扩大,国际组织和跨国公司迅猛发展,地区经济一体化趋势日益强劲,以此为背景,美国经济学家理查德·库珀在《相互依存的经济学》中首先提出"相互依存论",指明了世界各国(主要是发达国家,以后又包括发展中国家)的相互影响、相互制约关系。

经济全球化使当今国际经济关系越来越密切,任何一个国家都不可能在封闭的状态下求得发展,任何一个国家的经济活动必然会以某种方式,通过某种渠道传递到其他国家；同时也接受着他国对自己的传递影响。各国间的经济依存日益加强——尤其是走在经济全球化前列的发达国家间,经济生活国际化已成为当代世界经济发展的主要趋向。

战后以来,发达国家之间的相互依存主要表现在两方面：一是经济技术特别是资本和金融领域的相互依存关系,二是国际经济协调机制的相应加强。

战后,发达国家之间资本的国际运动以空前的规模和速度向前发展。

不仅使国际金融市场(国际货币市场和资本市场)空前发展,而且货币资本的国际运动同商品资本的国际化和产业资本的国际化的联系也越来越紧密了。资本来源呈多元化趋势,虽然发达国家资本输出的绝对量和相对量都有所下降,但私人国际借贷资本却空前增加。促使货币资本国际化迅速发展的原因,除了战后国际经济关系发生了重大变化以外,主要是发达工业国家自身经济增长需要进一步寻求和扩大资本输出以及其跨国公司和跨国银行起着资本国际运动的主要承担者的作用。

随着生产和资本的国际化,作为国际资本以货币形态进行交易和流通的场所的国际金融中心迅速发展,其发挥的作用日益提高到一个新水平。战后形成的包括外汇、黄金、货币、资本交易的巨大的国际资本市场包括世界所有的货币金融中心,这些中心存在的货币几乎包括世界所有主要币种,借款人可以随时随地任意选择。这些金融中心的业务活动不再受到任何国家国内银行政策法令的约束,为发达资本主义国家的金融活动提供了便利,也使得发达国家的经济依存程度加深。

发达国家的经济相互依存关系还体现在国际经济协调机制的加强和发展。随着经济生活国际化进程的加深,各国经济依存程度的提高,也导致了相互之间的矛盾与摩擦不断发生。为了维护共同的利益,客观上提出了加强与改善国际经济运行机制和国际经济协调机制的必要性。于是,超国家的协调逐步加强,联合干预措施已被广泛采用。国际经济协调活动包括世界性和地区性两个方面,世界范围的经济协调涉及贸易、金融、技术转让、劳务合作等诸多方面的内容,并取得了进展。经济全球化扩大了发达国家经济集团的内部市场,扩大了集团之间的生产专业化、协作化,促进了成员国彼此间的投资和对第三国的经济活动,提高了成员国集体进行科学研究的水平,加强了当事国对本国经济和国际经济进行更深入广泛的调节的需求,加强了集团与集团之间的经济依存程度。

除发达国家间日益增长的相互依存外,我们也应看到,当今发达国家与不发达国家之间同样处于一种相互依存的关系,而且相互依存已不只是产品市场上的互补交换关系,而是在生产要素与生产过程中的深层次的相互联系。不过这种相互依存的意义既不同于殖民主义时期宗主国与殖民地之间的相互依存,也不同于发达国家间的依存关系。发展中国家往往处于一种依附发达国家的地位,这是全球化进程中南北关系的典型现象。

（二）南北经济关系中的依附和发展

方兴未艾的经济全球化浪潮使得经济资源得以冲破国界在全世界范围内进行配置，从而给全球经济的发展提供了空前的机遇：更多的资金、更低的成本、更新的技术。正是在贸易、资本、信息和技术的自由流动推动下，全球化程度不断增强，国家间经济的相互依存度也在加大。现在，各个国家都在期盼着搭上全球化的顺风车。从这个意义上讲，21世纪整个世界将一起兴起和衰落。有人甚至乐观地预言：全球化意味着一个经济大同世界的到来。然而，专家们却指出，目前的全球化趋势是在旧的国际经济秩序没有根本改变的情况下发展起来的。尽管它的确加速了世界经济的发展和繁荣，但西方发达国家利用其在贸易、金融、投资等方面的优势，在全球化发展进程中占据主导地位并成了最大的受益者。而拥有世界人口80%的广大发展中国家却难以平等地享受全球化的好处。事实表明，各国间的相互依存是不对称的，发展中国家由于经济实力、社会结构及组织体制等方面的薄弱，往往成为全球化负面效应的受害者，加剧了与发达国家的差距，甚至造成国家内部的不稳与动荡。1999年9月发表的联合国工作报告指出，"全球化带来的益处和风险并不是均衡分布的。它给许多国家带来了经济增长和繁荣，同时也使其他一些国家变得日益脆弱和更加处于边缘化的地位。"

世界经济的发展现状使越来越多的人认识到全球化的这种不平衡性：在20世纪末的9年中，世界174个国家中的前15名与后15名的收入差距从60倍扩大到了74倍，而这种差距在60年代仅为30倍。全世界最富有的1/5人口占有全球国内生产总值的86%、出口市场的82%、外国直接投资的68%，而最贫穷的1/5人口在这些方面所占的份额仅为1%。联合国开发计划署1999年度的《人类发展报告》指出，这种不平衡性的根本原因在于对利润的片面追求主宰了全球的进程。商品和服务的跨国界流动为有条件利用的国家创造了巨大财富，却使穷国和穷人付出代价。全球化的这种不公正影响体现在人类生活的各个层面。以人们认为最具开放性的全球互联网络为例，88%的互联网用户生活在工业化国家，而这些国家的人口加起来只占世界总人口的17%。那些与信息世界隔绝的贫困人口，他们的呼声和需求被排除在全球对话之外。在先进技术的研究中，金钱比实际需要有更大的发言权：大量经费投入于开发护肤品和美容产品，而诸如抗旱作物等贫困人口适用的技术却缺少资金。在环保方面,污染严重的工厂和技术被转移到发展中国家,自然资源却源源不断地被从这些国家采走。更为严重的影响则体现在金融危机中,不负责任的游资进进出出,套取高额利润,却使许多国家的多年积累化为乌有。

事实上,经济全球化从来就不是对各国一视同仁的,并非总是机遇大于挑战。世界经济发展史表明,经济全球化进程最快的时期也是贫富差距进一步拉大的时期。据统计,世界上20%最富有者与20%最贫穷者的收入差距已从1960年的30∶1、1991年的61∶1扩大为1995年的82∶1。发展中国家拖欠的外债已达2.5万亿美元。仅举一个例子就可以说明这一点:1976年,瑞士比莫桑比克富52倍,但到1997年,这一数字达到508倍。其中,缺乏发展权是导致发展中国家落后的关键,缺乏发展权将使人们享受其他所有权利受到威胁。经济全球化一直具有两重性,经济全球化带来的"红利"从来不是公平分享的。对发达国家来说是利大于弊;广大发展中国家既面临着新的发展机遇,也面临着严峻挑战;占世界人口10%的最不发达国家则面临被边缘化的危险。因此,国际社会和发展中国家要求联合国、国际货币基金组织和世界银行等国际机构,修改现行国际规则,建立公正、合理的国际政治、经济秩序,使经济全球化进程加快对各国都有利。

如果说经济全球化的经济功效可以促成各国之间的生产要素合理流动,形成优势互补,平等相处,共同发展;那么,经济全球化的政治功效则已经并将继续使发达国家把经济全球化作为谋取经济、政治霸权的手段。而发展中国家在经济全球化中处于不利地位,经济全球化给发展中国家社会发展带来诸多负面影响,其中,经济全球化对发展中国家经济安全的负面影响尤为突出。

第一,经济全球化对发展中国家的经济主权的负面影响。经济全球化主要在发达国家的国际制度安排下展开,参与经济全球化的发展中国家必须遵守已有的国际条约、协定和惯例,同时,发展中国家为了获得经济全球化给各国带来的好处,有时还被迫主动对经济管理权限作出某些让步,结果造成发展中国家的经济活动受控于发达国家。

第二,经济全球化对发展中国家的产业结构的负面影响。在国际分工体系中,处于外围边缘地带的发展中国家,由于历史和现实原因,容易接受发达国家扩散的低层次产业,在垂直分工中处于底层,最终导致发展中国家产业结构的单一性、从属性及其环境破坏性,发展中国家经济的发展还受到发达国家经济发展周期的不良影响。

第三,经济全球化对发展中国家的市场占有的负面影响。随着发达国家跨国公司对发展中国家的"侵入",发展中国家的国内市场越来越多地被外资所占有,而国外市场早已被发达国家所瓜分,发展中国家凭目前的经济实力与发达国家重新分割国外市场绝非易事,发展中国家市场占有份额的减少,对其经济的进一步发展形成严重危害。

第四,经济全球化对发展中国家的金融市场的负面影响。在当前的国际金融体系状态下,金融市场动荡,金融丑闻不断,金融投机猖獗,金融风暴四起,国际货币合作的风险增大;发展中国家为了促进经济快速发展,在扩大利用外资规模的同时,还放松了对本国国际金融市场的监管,一旦国内经济出现问题,发达国家的投机资本便趁机而入,必定酿成金融市场的严重危机。

第五,经济全球化对发展中国家的经济制度的负面影响。发达国家假借经济全球化之名,力图把自己的经济模式强加于发展中国家,正如索罗斯公然宣称的"全球化经济就是全球化资本主义体系"。发展中国家也有一部分人认为,发展中国家参与经济全球化进程,必须在经济制度上与发达国家的市场体制保持同步,否则,无法正常地推进改革、发展经济,发展中国家的经济制度始终有可能被发达国家的市场体系所"兼并"。

针对种种负面影响,基于发展中国家政治经济的发展问题日益突出、发达国家与发展中国家间的矛盾不断深化的现实,20世纪50年代,拉丁美洲的一些经济学家首先提出依附论学说,其影响逐步扩展到非洲、亚洲等一些国家和发达资本主义国家。但在国际政治学和世界经济中,依附论尚未形成一种独立的、系统的理论。依附论主要有以下三种观点。

第一种是依附说。主要代表人物是阿根廷学者R.普雷维什、巴西学者D.桑托斯等。他们在回顾和总结拉美国家自19世纪初获得独立后的政治经济发展的基础上认为,发展中国家在世界经济中仅仅是原料和初级产品的供应者,本国的工业化严重依附于发达工业国家;发展中国家实施进口替代战略又因发达国家的关税壁垒和国内保守势力的阻挠而难有成效,以致在政治上、经济上受制于人。他们认为,解决依附现象的根本途径除了改变不合理的国际分工和贸易关系外,发展中国家还必须着力于内部的改革与调整,实现国内经济的良性循环。从现实表现看,历史上有三种依附形式:宗主国-卫星国间的殖民依附,金融-工业依附,新技术-工业依附。

第二种是"中心-外围"说。主要代表人物有拉美学者 A.G.弗兰克、埃及的 S.阿明等。他们认为,随着资本主义世界经济的形成,整个世界被一条联结中心与外围的"剥削链条"联在一起。发达工业国家是世界经济的中心,发展中国家则是外围或"乡村"。前者凭借强大的经济实力控制和剥削后者;后者则因经济的畸形发展和资金、技术的不足而在政治、经济上依附于前者。结果是富者愈富,穷者愈穷。他们把这种现象归因于资本主义的存在,主张只有推翻资本主义制度,才能从根本上解决南北矛盾,建立国际经济新秩序。

第三种是世界体系说。主要代表人物是美国社会学家 I.沃勒斯坦。他提出,16 世纪以后,由过去的"世界帝国体系"转变为"世界经济体系",整个世界因国际分工而分成中心、外围和半外围三种类型。这种现象的出现,同主权国家体制下的国际社会功能密切相关,强大的国家因拥有根据自己的利益而组织国际分工的能力处于中心地位。他还认为只要现存的国际体系不发生变化,世界上的各类国家间的支配、依附和半依附关系就难以改变。各国只能根据各自的情况,不断调整相互关系,力求和谐发展。

除了以上三种主要观点外,西方一些国际关系理论家也从各种不同角度论述过依附问题,特别是在相互依存理论方面有诸多著述。

鉴于经济全球化是一种非一国政府所能绝对控制的进程和潮流,经济的极端自由主义和全球化并没有给发展中国家带来相应的利益。相反,发达国家与发展中国家之间的差距不断扩大,两者之间受益不平衡现象非常突出地显示出来。作为技术主人的发达国家利用发展中国家廉价的劳动力,利用产品的技术含量优势,使得发展中国家在竞争中处于严重的不利地位。互联网作为全球化的最普遍的利用工具,带来的结果却是那些从这个体系中得到好处的与那些"只是被动接受它的影响"的人之间"怪异而危险的两极分化"。这些都使发展中国家面对的挑战明显多于机遇。

从体制根源上讲,经济全球化的结构是一个存在着多种不平衡的结构。一是决策权的不平等,发达国家是全球化规则的制定者,而发展中国家只是规则的接受者。二是地位不平等,在全球化经济中的主导产业,包括高科技产业、信息产业和现代金融业都来自发达国家。三是后果不平等,全球化的不利后果大都集中在发展中国家,全球化作为"双刃剑"更多的是就发展中国家而言的。据此,广大发展中国家一再提出要建立起国际经济新秩序,以改变这种不平等状况。

第九章 经济全球化对国际关系的影响

目前,以利为本的全球化使许多发展中国家没能平等地分享到成果,相反却付出了代价。但是,从长远来看,全球化的发展使世界各国经济的相互依存度与日俱增。没有发展中国家的充分发展,发达国家的繁荣也终将会受到影响。因为全球化意味着所有的人都在一条船上。全球化这一柄双刃剑,当务之急是如何铸剑为犁,使利润至上、贫富不均的全球化变成为一场以人为本、共同繁荣、持续发展的革命。这正是新世纪里的一个世界性课题。

全球化意味着融合和一体化,同时也意味着冲突和分裂,它正在逐步推翻旧的传统,对文化、宗教和信仰体系提出挑战;全球化的新现实意味着一个国家经济和政治的自治权取决于它在世界经济中成功地进行经济竞争的能力。这就是在全球化背景下,发展中国家与发达国家关系所面临的客观事实。

(三) 国际金融市场的管理

经济全球化,尤其是金融全球化与自由化,使国际金融秩序跌宕起伏,许多国家内部金融体系险象环生。

二战后,国际金融市场在联系美元固定汇率这一制度安排下度过了相对平稳的30年。但是随着布雷顿森林体系的解体,国际金融市场一直是跌宕起伏、危机不断。20世纪80年代,发展中国家普遍经历了高通胀和由此引发的金融危机问题。因此,从80年代后期起,控制通货膨胀已成为发展中国家货币政策的主要目标。进入20世纪90年代,随着经济全球化进程的加快和国际资本流动的迅速增长,各国之间的经济联系更加紧密了。这段时期,国际金融市场也更加动荡不安。在短短不到3年的时间内,发展中国家爆发了两次区域性的国际金融危机。1994—1995年的墨西哥金融危机爆发后,墨一蹶不振,沉重的外债负担使其经济在几年内难有起色;而曾一度创出令世人瞩目的"东亚奇迹"的泰国,在经历了1997年的东南亚金融危机后,也元气大伤。

最近几年,除了在资金流动方面,其他任何方面都缺乏全面而合理的管理的问题越来越明显。1999年年初巴西又爆发严重的金融危机,"桑巴舞"效应使这些问题再次变得尖锐起来。种种危机造成了一些讲求实际但并不健全的反应:以美国为首的货币扩张势力的加强,国际货币基金组织的资金扩张和各种新的信贷措施的创立,旨在改善金融体制的调节和监督进程的启动,等等。但是,2008年爆发的美国金融危机迅速扩散到全球,并从金融领域扩展到实体经济领域,把对金融创新的监管、防止金融风险扩散以及国际金融体系改革的问题更尖锐地摆在世界面前。

国际金融危机是经济全球化进程中金融自由化的产物。国际金融自由化成为我们时代的显著特征之一。从时间上看,国际金融自由化以20世纪50年代末、60年代初出现的欧洲货币市场为开端,并不断在实践中形成了打破各国金融市场相互分割的局面,出现了金融全球一体化的萌芽。70年代,这一趋势逐渐明显,但发展十分缓慢。80年代,金融自由化、全球化和证券化的进程大大加速,国际金融创新日新月异。20世纪90年代以来,这些趋势进一步加强。

从内容上看,国际金融自由化主要包括利率自由化、汇率自由化、银行业务自由化、金融市场自由化、资本流动自由化等。此处仅以汇率自由化和金融市场自由化为例来加以说明。

汇率是国与国之间相互依存的标志,2019年的全球外汇日均成交量约为6.6万亿美元。技术使外汇交易得以瞬间实现,并几乎使国家主权有名无实。正如墨西哥在1994年12月得到的教训一样,若汇率失控的话,几十亿美元的资金可以在几小时内被他人卷走。

金融市场自由化是指各国金融市场不再互相分割,而是跨出国界,开设离岸金融市场,形成国际金融中心,全球金融市场趋向一体化。国际金融中心和离岸金融市场的形成,促进了资金交易自由化、利率自由化和资本流动自由化,加速了金融全球化和一体化的步伐。1995年全球多边金融服务贸易谈判的成果,使得全球90%的金融市场获得开放,自由化的进程加快了。

金融自由化导致资金流动、经济交易空前迅猛。世界上无数笔突如其来的经济交易,其规模之大,速度之快,令人眼花缭乱,完全超出政府的控制能力——全球外汇市场平均每天交易额已超过6.6万亿美元,按250天计算,一年达1 650万亿美元,其中98%主要是从事各种形式的投机性炒作;单是国际商品贸易的价值就从1950年的3 090亿美元骤然上升到1993年的3.8万亿美元。主要是300家大型跨国公司的国际贸易和投资活动——而不是在政府驱使下的贸易和投资活动,全球化趋势大大增加了国家关系的复杂性。

金融自由化一方面加快了国际金融一体化,增加了金融市场的竞争性,加快了金融信息的快速流通,满足了各种金融需求;另一方面又增大了风险、加剧了损失,削弱了货币政策的自主性,降低了金融市场效率,使得金融机构的利润率趋于下降,增加了金融市场的脆弱性等。

金融管制的放松是国际金融自由化的原因之一,但也正是在这一趋势下,人们才更意识到金融监管的重要性。国际金融自由化好比是一把双刃剑,一方面,放松金融管制加速了金融全球化的进程,人们因此获益;另一方面,由于放松管制而导致金融风险和金融危机,人们又尝到了国际金融自由化的苦果。

国际金融危机主要是源于国际金融体制的内部缺陷。但是缺乏有效的国际金融监管机构和监管措施,尤其是对于国际资本融资和其他金融衍生工具的投机行为与负面影响缺乏有效的管制能力,也是导致、加剧国际金融危机的重要层面。金融危机的导火索往往是金融风险(包括潜在和显性的金融风险)。最近的事实就表明,没有强烈的风险防范意识,没有严格的金融监管机制是2008年美国金融危机爆发的主要原因之一。因此,加强金融风险的监督管理,保障金融市场的稳健运行,就成为必然的选择。

就国际金融市场而言,首先,布雷顿森林货币体系的崩溃使得市场波动性加大。在浮动汇率制度下,利率相应地更加剧烈变动,增大了金融市场上汇率和利率的风险,也加快了金融产品创新。其次,金融机构的非中介化交易。自20世纪90年代以来,随着借款者、存款者和投资者对金融市场、金融产品的认识加深,开始直接参与融资过程,使得很多金融机构被挤出自己传统的市场,不再扮演直接融资者这一角色,减少了收益和利润。为了生存和发展,这些金融机构便迫不得已地开辟新的市场,在更复杂、更有风险的产品和市场中寻找业务,即金融机构的非中介化。最后,金融市场全球化进程加快,瞬息万变的金融信息、变幻莫测的交易技术、高度独立的金融制度,使得"运筹于帷幄之中,决胜于千里之外"的理想成了资金操作的现实,也加剧了金融风险的跨国界扩散,增加了金融风险的复杂性。

(四)国际经济合作

国际经济合作是指不同国家和不同地区的经济主体为了在经济上达到一个共同目标和为了取得某种经济效益,进行相互协调的有效机制;是指各个国家的企业间以其占有优势的生产要素(如资源、土地、资本、劳动力、技术、设备和管理技能的)侧重于生产领域和生产与交换、分配、消费等领域的相互配合和合作,并根据一定的协议章程或合同分担一定的义务和风险,共同分享合作的收益。

当代国际经济合作是二战后,尤其是20世纪60年代以来出现的新事物。不同主权国家政府、国际金融组织和超越国家间的自然人与法人为了共同的利益,在生产领域中以生产要素的移动与重新组合配置为主要内容而进行的较长期的经济协作活动。

国际经济合作的宗旨和目的在于加强国家间的协调,为世界各国经济发展提供良好的外部条件;加速生产要素的跨国流动,对公共和私人经济主体带来规模经济效益和比较利益。

国家间的经济协调,是经济大国间经济合作的重要内容。发达国家加强经济合作的主要方式,一是建立跨国组织,如经济合作与发展组织;二是召开国际会议,如始于1975年的西方七国首脑会议,始于1985年的西方七国财长和中央银行行长会议。发展中国家联合起来,为建立国际经济新秩序而进行合作,如始于1961年的不结盟运动,始于1964年的七十七国集团会议。发达国家与发展中国家之间也致力于加强经济合作,如20世纪80年代南北对话,北美自由贸易区和亚洲太平洋经济合作组织,1999年由八国集团成员国、欧盟以及中国、巴西、印度、阿根廷、墨西哥、韩国、印度尼西亚、澳大利亚、沙特阿拉伯、南非、土耳其组成的二十国集团。国家间的经济协调活动,已经大大改善了国际经济合作的环境,使世界经济全球化有了很大发展。在新形势下,世界主题由战争与革命转变为和平与发展,极大地改善了各国经济发展的外部环境。因此,加强国际经济协调,是国际经济合作的首要目的。

国际经济合作的目的主要在于如下三个方面。(1)国际经济合作促进了生产要素在国家间的互通有无。生产要素互通有无,既表现在不同生产要素在国家间的直接移动,也表现在同类生产要素在数量、质量和结构的互补上。(2)国际经济合作推动了生产要素在国家间的合理配置。它不仅可以实现生产要素的互通有无,更重要的还在于进行生产要素的跨国合理配置,提高生产要素的利用率,取得比较经济利益。(3)国际经济合作带来规模经济效益。通过国际合作,一个国家可以从其他国家获得稀缺的生产要素,将自己所拥有的优势生产要素与其他国家的优势生产要素相结合,扩大产品的生产规模,可以抑制密集使用一种要素而带来的经济收益递减,带来规模经济效益。国际经济合作可以扩大产品的销售市场,降低销售成本。这样,生产过程中生产要素的最佳配置与销售过程中的最佳市场容量有机结合在一起,产生完整意义上的全球规模经济效应,推动了经济全球化的发展,而经济全球化的进一步加深使国际经济合作更加紧密。

国际经济合作的基本特征,主要体现在国际经济合作的基本内容、结合方式、层次结构、国家间关系诸方面,另外在整个国际合作过程中还具有斗争与合作并存的特征。具体来说,这些特征有下列四种。

第一,国际经济合作采取直接结合的方式实现生产要素的国际移动和国际经济协调。生产要素的国际移动和国际经济协调,往往都是采取直接结合的方式,而不同于一般制成品和货币那样,以一定的商品、货币为媒介实现间接结合。因此,一般制成品和货币的国际移动,仅仅是生产要素转移的中介和经济效果。随着经济全球化的推进,国际经济已经形成了一个完整的国际经济合作体系,这是二战前所无法比拟的。

第二,国际经济合作形成了一个多层次结构。国际经济合作的领域由第一、第二产业发展到第三产业,延伸到国际经济关系的各个领域,形成了一个多层次结构。国际经济合作的领域正在继续扩大,几乎包括了国际经济关系的每一个领域。从产业角度看,第三产业的国际经济合作蓬勃发展,大有超过第一、第二产业国际经济合作之势,尤其表现在高科技领域的合作,为了争夺21世纪国际经济的制高点,各国纷纷制定本国高科技发展战略,积极参与国际科技合作。从国际经济关系角度看,国际经济合作已经渗透到国际贸易、国际金融、国际投资的各个方面,并且延伸到国际经济政策协调,尤其是国际经济协调已经成为影响整个国际经济合作体系和格局的重要领域。

第三,经济合作反映出一种新型的国家间关系。国际经济合作是主权国家间的经济协调,当前国际经济合作的一个必要前提和基本原则是相互尊重国家主权,坚持平等互利,这也是判断主权国家间经济合作的重要标志。要在平等的基础上,双方根据自己的需要和可能,独立自主决定合作的方式与内容,在合作过程中要兼顾对方的利益,各自以自己占优势的生产要素参加合作,按照国际惯例和有关法律规定协调各方面的利益和解决各种矛盾和纠纷。只有作为独立的主权国家,广大发展中国家才有可能与西方发达国家平等地探讨经济合作问题,发展互利的经济关系。当然,这种平等关系的发展还有赖于广大发展中国家的共同努力和斗争,有赖于旧的国际经济秩序的彻底打破和新的国际经济秩序的牢固确立。因此,在经济全球化进程中,国际经济合作的性质是一种平等互利的新型国家间关系。

第四,斗争和竞争是国际经济合作的基本特征。在国际经济合作的整个过程中,无论是宏观国际经济合作还是微观国际经济合作,始终处于竞争、矛盾、协调、合作的错综复杂状态中。在宏观国际经济合作中,主权国家在追求特定的价值利益和目标中,难免会发生矛盾和冲突。尽管矛盾与冲突是客观存在的,但并不排除国家间的和平共处和开展经济合作的可能性。国家间在某些问题上会有利益冲突,目标不一致,而在另一些问题上可能会存在共同的利益和目标,进行某种形式的合作。另一方面,合作与矛盾冲突也不是一成不变的,合作可能会转化为矛盾和冲突,冲突也可能导致新的合作。宏观国际经济合作和微观国际经济合作中的这种合作与斗争的关系,可以总结为"4C 规律":竞争(competition)——矛盾(contradiction)——协调(coordination)——合作(cooperation)。随着经济全球化的加速,国际经济合作内部的斗争与竞争变得更为频繁和激烈。

(五)经济全球化与转型中的国际关系

迅猛发展的经济全球化浪潮,对当代国际关系的理论与实践产生了重大的影响。全球化带来的不仅仅只是我们熟悉的、耳闻目睹的那些全球问题,从更深层次上讲,它使当代国际关系处于急剧的变革和转型之中,对传统的国际关系模式提出严峻的考验,它需要我们在新的世纪中在理论和政策上作出恰当的回应。

1. 全球化与国家主权。经济全球化对当代国际关系最严峻的挑战,莫过于对国家主权的影响了。自 1648 年的威斯特伐利亚和会以来,主权原则成为构建近代以来国际关系的基石,在无政府状态的国际现实中,主权原则也是各国保护自己的独立和安全的最重要的法律武器。超越民族国家经济之上的全球化经济的发展,正在对传统的主权内涵形成巨大的冲击,主权问题因此而成为当代国际关系发展中最突出也是争议最大的一个问题。

在全球化进程中,我们必须严肃而又认真地对待主权的地位和作用问题。今天最重要的,不是要不要否定主权,而是面对全球化这一客观事实,

第九章 经济全球化对国际关系的影响

对主权在新的形势下应该做怎样的解释和调整。国家为了实现和扩大自己的利益,在不违背国家根本利益的前提下,在适当的情况下对主权进行自主限制是必要的,也是符合主权的历史发展趋势的。今天,在许多问题领域,各国已经而且必将还会将更多的传统主权属下的权力让渡到更高的国际政治经济组织手中,这种基于实现更大国家利益而作出的主权的自主限制和让渡,并不违背主权的本质精神,也不构成对主权本质精神的伤害。在全球化的进程中,应该反对的是那种片面的、绝对的否定主权和宣扬主权过时的思潮,如果任随这种思潮泛滥,并以其指导未来国际关系的实践,必将使国际关系处于巨大的混乱和失序状态。

2. 全球化与本土化。全球化过程中的另一个独特现象是本土化倾向的发展。正如前面所指出的,全球化的发展对各国都带来巨大的挑战和机遇。但是在既有的不平等国际政治经济秩序中,不同国家在全球化的挑战和机遇面前,拥有的选择手段和行动空间是不同的,那些实力雄厚的国家在这一过程中往往能够迅速作出政策上的反应,从而积聚更多的财富,而实力弱小的国家在这一过程中往往处于被动应付的状态,极有可能在新一轮的全球竞争中落入更加边缘的境地。由此带来的一个严重后果是,在以西方价值观念、贸易和金融准则、民主和市场制度为基础的全球化过程中,处于弱势地位的国家和地区,面对这些西方的、所谓"具有普世意义的价值和准则"的全球扩张,如何从政治、经济、文化层面上作出抉择和行动,是走向"世界"还是退回"本土",是抵抗还是接受,这是当今国际关系中的一个重大问题。

因此,在全球化的进程中,本土化的现象是不可避免的,那些弱势的国家,面对主要以强势国家的价值观念和行为准则为基础的全球化冲击,必然会本能地考虑如何在这一冲击下守护自己的本土文化和社会秩序。后者的行为说明了全球化对当代国际关系发展提出的一个尖锐的道德和伦理问题:即谁的全球化,谁"化"谁?实际上,全球化与本土化是一对辩证关系,是一致性与多样性的辩证统一。

3. 全球化与国内政治。传统上,我们习惯而且主要从国内政治角度寻找国际问题的国内根源,相比之下,对国内问题的国际根源则重视得远远不够。全球化的发展对国内政治的影响,一方面表现在国内问题的国际化上,即本属一国管辖的事务因为关涉周边国家利益而被置于国际的协调和谈判之中。例如一国的环境保护政策就越来越深刻地被纳入全球或地区环保政策的范畴。另一方面体现在国际问题的国内化上,即跨国政治运动、国际经济的繁荣或者萧条、前面提到的国际金融市场的稳定或者动荡等国际因素对国内政治的反作用上,这是一种超越民族国家之上的国际力量,往往是单个国家所无法阻挡或对付得了的。

这是两个互相作用的过程,是一个问题的两个方面。在全球化加速发展的今天,超越民族国家经济之上的全球经济的发展,各种用以协调乃至管制各国内部经济政治政策的超国际组织的涌现,跨国政治、经济、文化相互依存关系的加深,使得民族国家愈来愈被包容在一个全球化的网络之中,今天,没有一个国家的经济发展可以脱离全球范围之外,也没有一个国家的内部问题不受到全球因素的影响。美国经济的增长可能因为亚洲国家的经济危机而放慢,巴西的债务问题可能因为美国联邦储备利率的变动而趋于恶化,日本国内的政局兴许因为中东的一场战争而发生动荡,而印度新的工业发展政策在过去完全是国内主权的问题,现在则可能因为会威胁到邻国的环境状况而遭到这些国家的抗议,更不用说美国的长臂管辖了。凡此种种,无不说明国家内部的问题愈来愈受到外部因素的制约和压力,带有很强的外部痕迹。这从客观上迫使我们必须在观念上纠正对国际关系和国内政治的一些传统看法,既要看到国际问题的国内因素,但更要注意国内问题的国际因素。

思考题

1. 经济全球化的主要表现有哪些?
2. 经济全球化对发展中国家的负面作用表现在哪些方面?
3. 金融全球化为什么会潜伏着巨大风险,常常引发全球性或地区性金融危机?

第十章 全球问题与全球治理

在整个20世纪,经济、人口、发展、生态开始成为涉及所有国家和各种文明,即关系到整个地球的问题,人们把它们称作"全球性问题"或"全球性危机"。从当前大众传媒的报道中,人们听腻了诸如人口、贫穷、军事化、浪费与环境恶化、气候变化、食物与能源短缺等问题的报道,但是人们对这些问题的真正范围或相互的密切关系却没有充分的了解。这些问题以及与其紧紧联系在一起的全球性紧张综合征,是我们时代正在出现的现实,应该更被受到关注。冷战结束后,尤以贫困(poverty)、人口(population)、污染(pollution)和核扩散(proliferation)这四个问题最为突出,简称"四P"。进入21世纪后,国际恐怖主义、气候变暖、全球疫情大流行和国际金融风暴四大问题震惊了世界,连索马里"海盗产业"也乘国际金融风暴之机日益坐大,成为世界面临的一个新问题。21世纪人类命运共同体建设成了全球议事日程上的头号议题。

一、全球问题概述

全球问题是在20世纪中期伴随着全球化而出现的,其要点是全球社会在政治、经济、文化、科技等各方面都深深地交织在一起,既相互促进也相互牵制。一般来讲,全球问题是全球化的消极效应,或者干脆称之为"全球化问题",罗马俱乐部称之为"全球危机"或"人的困境"。他们是这样来描述全球问题的:"人类好像在一夜之间突然发现自己正面临着史无前例的大量危机:人口危机、环境危机、粮食危机、能源危机、原料危机,等等。旧的危机已波及全球尚未消除,新的危机又接踵而至。这些危机是难以克服的,人们企图孤立地克服其中任何一个的各种尝试都只能取得暂时的效果,并且往往顾此失彼……人类必须正视现实,大量的危机已经构成世界发展中遇到的一种'危机综合征',应该把这些危机作为一个整体,进而采取互相协调的多种措施加以解决。"

所谓的全球问题是指在世界范围内普遍存在的社会性问题。就其空间范围讲,它不是各个国家存在的个别问题,而是关系到整个人类利益的重大问题,具有全世界性和全人类性;就其严重程度来讲,它不是世界范围内存在的一般问题,而是严重威胁人类社会生存和发展的一系列重大问题,具有相当的严重性和紧迫性;就其解决的方式而言,全球问题的解决不是仅仅依靠某些国家或地区的努力就可以做到,必须通过世界各国共同努力才能解决,具有全球的协调一致性和相互合作性。

概括起来,全球问题包括三个层次的内涵,第一,国际社会方面的全球性问题,它们与诸如社会经济体系、国家等这样一些社会共同体之间的相互作用有关(如和平问题和裁军问题、全球社会经济发展问题以及克服某些国家和地区的落后状态等问题);第二,社会人类学方面的全球性问题,它们与人同社会的关系有关(科学技术进步问题、教育和文化问题、人口增长问题、保健问题、人的生物适应性问题以及人的未来问题);第三,自然—社会方面的全球性问题,它们存在于人与社会同自然的相互作用之中(资源问题、能源问题、粮食问题、环境问题)。

现代的全球问题是作为一个完整的体系而存在的,它们相互依赖,并且在这种统一和相互作用之中表现出其社会性。正是这一点使它们成为人类文明和人本身未来的一切发展方案的必要的组成部分。

总之,人类不仅带着已知的旧问题,而且是带着众多的新问题艰难地步入21世纪的。主要的新旧问题包括人口问题、粮食问题、能源问题、生态问题、国际恐怖主义问题、疾病流行问题以及经济安全、社会安全、集团犯罪、毒品走私等问题。这些问题将对未来全球性危机的规模与性质、构成与内容及其表现形式产生巨大影响。它要求国际社会必须具有全新的理念和共同寻求解决此类问题的办法。

(一)人口、资源与全球问题

在全球军事威胁程度下降的情况下,人口变化成了全球问题中最表层的问题。诸如资源保障程度、地球生态环境状况、世界社会环境与政治环境等重要参数，都与地球上人口数量、区域分布及其经济活动规模息息相关。

世界人口的增长。在人类的长期发展历史中，由于高出生率和高死亡率相互抵消，世界人口几千年来处于缓慢增长状况。1804年，全世界人口只有10亿。近代以来，由于死亡率不断下降，世界人口的增长速度逐渐加快，目前，全球人口以每年8 000万的速度增长，人口迅猛增长成为当今世界发展的一大特点。世界人口1927年达到20亿，1960年增至30亿，1974年增至40亿，1987年突破50亿，1999年达到60亿，2010年为70亿，2020年年底预计为75亿。总的看来，非洲、西南亚、拉美的出生率为4%；东南亚、南亚为2%—2.9%；欧洲、北美、俄罗斯、澳大利亚为1.4%—2%；东亚的中、日、韩低于1.3%。从如上数据中可以发现，发展中国家占人口增长的最大份额。从地域分布来分析，高出生率集中在低纬度地带，低出生率则集中在中高纬度地带。

人口增长曾经是一个膨胀速度越来越快的过程。10万年前人类总共只有3万多人，而今已超过70亿，特别值得注意的是，从60亿到70亿仅仅用了10年！联合国预计，世界人口2025年将达80亿，2050年将达91亿，第100亿人口将出现在2100年前。

人口爆炸给世界经济、政治及社会发展造成极大的压力，特别是一些发展中国家的人口激增对这些国家带来了灾难性的后果，加剧了耕地、森林、淡水等一系列危机，使许多人面临着饥饿和失业的威胁，甚至成为诱发社会动乱的重要因素。

尽管全球人口总量仍将继续增长，但从20世纪60年代以来，年增长速度明显减缓，特别是近年来，世界人口出生率明显下降，2018年世界人口增长率仅为1.16%，从而使得人们对过去盛行的"人口爆炸"会使人类走向毁灭的悲观理论产生了动摇。有学者根据目前生育率下降的趋势甚至推算世界将面临人口减少的危机并突出表现为发展中国家人口年轻化和发达国家人口老龄化。因此，不应该孤立地看待人口变化进程，而应将其置于社会、文化和政治的总体发展背景中。人口引起众多的尖锐问题。

1. 老龄化。人类的平均寿命从20岁延长到40岁经历了2 000多年的漫长岁月，而从40岁延长到62岁，只用了最近的200年。寿命延长导致人口老龄化。这是当代世界人口问题最重要的变化和特征，即总人口中年轻人口相对减少、老年人口相应增加。在20世纪以前的漫长岁月中，全世界老年人口占总人口比重从未超过6%,到1950年上升到8%,2000年为10%,预计2050年将达到21%,老年人口将超过10亿,其中70%在发展中国家和地区,也就是说,无论是在发达国家还是发展中国家,老年人口的比例持续增长,不可逆转。全球人口发展呈现严重的老龄化趋势,人类社会将由老龄社会向高龄社会过渡。

老龄化发展呈现出两个明显趋势:(1)老龄人口的分布已由北方转向南方,以往人口老龄化主要发生在工业化国家,今后人口老龄化将主要发生在发展中国家,维持一个多世纪的老龄化区域格局被打破;(2)21世纪不仅老龄化速度加快,而且向高龄化发展。增长最快的是80岁及以上的年龄组,每年增长约4%,到21世纪中期将占老年人口的20%。特别是发展中国家和地区,高龄老年人口比老年人口的增长速度快一倍。

人口老龄化成为今后几十年的主要问题。人口老龄化将使世界政治、经济、社会发生深刻变化,将使国家降低革新能力,劳动生产率下降,社会负担加重,经济失去活力,生活水平下降,对综合国力产生潜在影响。

2. 城市化。城市化也称为城镇化,是指随着一个国家或地区社会生产力的发展、科技进步及产业结构的调整,其社会从以农业为主的传统乡村型社会,向工业(第二产业)和服务业(第三产业)等非农业为主的现代城市型社会逐渐转变的历史过程。农业发展是城市化的初始动力,工业化是城市发展的根本动力,市场化是城市发展的直接动力。

1950年世界人口主要还在农村,因而比较分散,居住在城市里的人口大约只有6亿,但到2020年超过一半的人口居住在城市里,约40亿。从整个世界看,城市化速度不断加快。1900年城市人口占比为13.6%,1950年为28.2%,1960年为33%,1970年为38.6%,1980年为41.3%,2014年增加到54%,预计2050年将增长到66%。

城市化具有明显的不平衡性。目前,发达国家城市人口占比平均为75%,而发展中国家仅为43%,其中不少国家低于20%,中国已超过60%。同时,城市人口的增长比总人口的增长快得多,而发展中国家城市人口增长最快,未来三分之二的城市人口将属于发展中国家。贫困、饥饿和营养不良是发展中国家农村人口加速流入城市的主要原因,结果带来了严重的城市病,产生了难以解决的社会和环境问题,大量的贫民窟缺乏安全的饮用水,甚至没厕所可用。都市化的速度及其造成的后果,已经成为21世纪世界发展面临的主要挑战之一。

3. 移民。国际移民组织与全球化智库联合发布的《世界移民报告2018》指出全球移民新趋势：数量大幅上升。1990年为1.53亿，2015年升至2.44亿，已占世界总人口的3.3%。移民主体是劳工（20—64岁），占移民总数72%。三分之二的移民生活在高收入国家，欧洲和亚洲接收移民最多，占全球移民总数的62%，而美国是最大的移民目的国，2015年有4 600万移民，印度则是最大的移民输出国，移民超过1 500万。移民促进了技术、知识和劳动力的流动，也改善了自身的状况，巨额侨汇对母国作出了重要贡献。

不同区域移民的显著特征差异明显。非洲存在大量非传统移民，包括大批涌向欧洲的非法移民。各种冲突、政治动荡和自然灾害，造成非洲大量民众流离失所，其中数千万人失去国籍，在撒哈拉沙漠以南的非洲到处流浪。亚洲境内迁徙的移民数量最为显著，其次才是离开亚洲的移民数量。中国和印度是移民数量最多的两个国家，而2015年科威特人口中移民占74%，阿联酋则占88%。劳工移民是亚洲境内移民的重要特征。欧洲接收了全球过半的移民，区域内移民尤其活跃。德国、俄罗斯和英国拥有欧洲居多的迁入移民数量，但瑞士、奥地利、瑞典和爱尔兰移民占比居高。德国是接收难民和寻求庇护者最多的国家。拉美移民的重要特征是大量人口迁往北美，墨西哥是世界范围内迁出移民仅次于印度的国家。拉美地区一些国家长期战乱，也造成了大量流离失所者。北美移民的主要特征是有大量人口迁入，大部来自拉美及加勒比地区，其后是亚欧两洲。大洋洲也吸引了大量来自欧亚的移民群体。

4. 资源短缺。资源短缺是指相对于人类需求的日益增长，包括生产资料（主要是能源）和生活资料（主要指粮食）在内的资源出现短缺问题。一方面，人口在急剧增长，对资源的需求不断增加；另一方面，经济的发展与科技进步导致对资源的过度消耗，由此产生、加剧着资源短缺问题。人口的急剧增长给自然资源带来了巨大的压力，导致所谓的"能源危机"和"水危机"，并正在吞掉"绿色革命"所增产的粮食。赫尔曼·戴利在世界银行担任环境经济学家期间曾经指出，整个世界在很短的时间内经历了一个历史性转折。他说，人类经济已从人力资源制约经济发展的时代转入"剩余的自然资源成为经济发展的限制性因素"的历史时期，这种演变是由于世界人口从相对缺乏变得相对膨胀而引起的。95个国家的1 360名科学家发表生态报告警告人类：2/3地球资源快用光了。

5. 能源危机。在过去的200年里,地球上的人已经用掉世界矿物能源总储量的一半左右——相当于3亿年太阳辐射产生的能量。仅仅在20世纪,人类社会用掉的能源就超过了有史以来所消费掉的能源总和。总能源消费的曲线虽然在变平,但不能完全变平:人类追求发展和舒适的渴望过于强烈,现在很难采取有效的措施来削减总的生产定额。面对传统的矿物燃料短缺的威胁,人类不得不转向开发利用非矿物能源技术。但是,非矿物能源技术不是那么容易就能大规模利用的,必须具备相应的技术和环境等条件,例如太阳能和风能具有自身的局限性,于是人们纷纷求助于核能,但是1986年苏联切尔诺贝利事故又向核能的发展提出了严峻的挑战,人类的发展总是充满了矛盾,现在全球都寄希望于核聚变的突破。

而且,能源消耗的不平衡分布始终是一个问题。美国人口只占世界人口4.3%,却消耗世界石油产量的1/3。现在,工业化国家每人每年消耗的商业性能量超过7.5千瓦,而在不发达国家,平均每人消耗的能量不超过1.1千瓦。如果12太瓦(即120亿千瓦)的能量平均分配,世界上平均每人就只能消耗2千瓦。在工业化国家,要求降低到这种水平是极不可能的。因此,如果今天全世界所有的人都使用安全和持久的能源,并按今天"富裕国家"的物质标准生活,就必须有18太瓦左右非矿物和非核能源。由于这一点几乎是做不到的,在能源的使用方面,不平衡的状况很大程度上可能持续到21世纪末。

展望未来,世界能源危机已不是传统意义上的世界能源的绝对短缺,但是要使人类能源问题不成为问题,依然存在困难。其根本原因在于:第一,矿物原料开采的自然地理条件普遍恶化,能源的勘探、开采及远距离运输的开支大幅度增加。石油和天然气开采地离主要需求中心越来越远。第二,目前在很大程度上是采取粗放的方式来满足迅速增长的燃料需求。第三,随着能源需求范围的扩大,环境污染越来越严重。第四,世界上能源供货国数量的增加,石油输出国组织的地位被削弱,20世纪80年代初石油就成了交易所的商品,这一切加剧了世界石油市场的不稳定性。第五,目前的生产力和技术进步水平不利于保障使用可供选择的能源,首先是用核能代替传统能源时的安全。

6. 粮食危机。20世纪80年代末至90年代初,世界粮食产量增长速度开始放慢,但需求却继续增长。需求增长不仅与地球总人数增加有关,而且与大批发展中国家——特别是亚洲国家——实行广泛工业化这一新的因素密不可分。联合国粮农组织提供的新数字显示,自 1990 年以来,世界粮食产量只增加了 2.3%,而人口增长了 10%。世界上许多国家和地区依然一再发生粮食危机,饥荒竟成为头号杀手,动辄夺去数千万人的生命。因此,必须大力增产粮食。据该组织估计,到 2025 年,世界粮食产量必须增长 75% 才能满足人口增长的需要。目前,农业的发展已远远落后于世界粮食需求数量与结构的变化。如果这种趋势得不到彻底扭转,则今后二三十年内,短缺食品的进口量将增加好几倍。粮食危机的主要驱动因素包括冲突、极端天气和经济动荡。

世界粮食短缺导致世界粮食价格大幅上涨,2006 年上涨 12%,2007 年上涨 24%,2008 年粮食危机席卷全球,前 8 个月涨幅则超过了 50%,受影响的人口很可能超过 10 亿。截至 2019 年年底,55 个国家和地区的 1.35 亿人经历了严重粮食不安全状况,其中超过一半(7 500 万人)生活在非洲,4 300 万人生活在中东和亚洲,1 850 万人生活在拉美及加勒比地区。从根本上说,这将有助于刺激增加对农业的投入。但这样做所能产生的效果却是有限的。

第一,农用土壤退化。现在,世界上至少有 15% 的耕地不宜农用或需巨资恢复。

第二,农用水资源储备减少。灌溉系统的推广在使农业大幅增产的同时,也使河床干枯或水位下降,从而导致水资源短缺。

第三,无机肥料使用过多,采取增施肥料的办法已无法进一步提高产量。换言之,已不再具有过去几十年的"绿色革命"所具有的毋庸置疑的优势。

1996 年 11 月 13 日至 17 日,186 个国家的领导人云集意大利首都罗马,举行世界粮食首脑会议。以此为标志,粮食问题可以说第一次被赋予了一种世界历史性的意义。联合国粮农组织总干事迪乌夫惊呼:"我们陷入危机之中。"第三世界(它已经变成粮食净进口地区)则清楚地认识到:"当前,饥饿与贫困已成为阻碍世界各国特别是发展中国家经济发展的严重障碍,构成了对全球和平与稳定的严重威胁,是世界各国共同面临的严峻挑战。"会议闭幕期间,喀麦隆一位非政府组织领导人指出世界历史处在这样一种十字路口:在"少数人获利和每一个人获得粮食"之间作出选择。

罗马世界粮食首脑会议虽然表明人们在克服饥饿的斗争方面取得了进

步,但同时我们要看到,在某些地区粮食生产也出现了严重的歉收。造成歉收的原因是多方面的:有政治动荡、自然灾害、草原荒漠化、人口增长和贸易壁垒等,世界粮食首脑会议行动计划进而提出在2015年前将长期处于饥饿状态和营养不良的人数减少到目前人数(8.4亿)的一半。这有赖于在人口得到有效控制的前提下,大力推进采用生物工程、信息技术等高新技术的第二次绿色革命。国际社会可谓任重而道远。但是,2006年联合国世界粮食计划署不得不宣布建立全球人道主义应急反应网络,在非洲、欧洲、中东、亚洲和拉丁美洲分别设立战略合作中心,以应对近年全球各地越来越多的自然和人为突发事件。

(二)贫困与饥荒

1996年,世界粮食首脑会议通过的《世界粮食安全罗马宣言》指出:"贫困是粮食不安全的一个主要根源,在消除贫困方面取得可持续的进展是增加获得粮食机会的关键所在。冲突、恐怖主义,腐败和环境退化也使粮食不安全大大加剧。"

我们看到,当代世界的紧张因素不只是人口统计的曲线,在发展中国家,人口与贫困常常被称为"一对孪生兄弟"。

根据世界银行保守的估计,20世纪80年代初期,有5亿人生活在绝对贫困线以下,即年均收入不足370美元,到1990年增至10亿人。有15亿人甚至得不到最基本的医疗条件,大约20亿人没有安全饮水条件。90年代,除传统因素外,气候灾害、苏联地区的动荡、新兴市场国家的经济衰退(金融危机)、艾滋病在非洲的蔓延,又将成千上万的人抛进了贫困的队伍。由于贫困,全世界有8亿人患营养不良症。1999年的世界银行《世界发展报告》表明,世界上的绝对贫困人口已增至15亿。2013年世界银行的《世界发展指标》显示,根据最新制定的每天1.25美元生活费的贫困线标准,2005年全世界贫困人口仍有14亿,仅撒哈拉沙漠以南非洲地区就有3.84亿,占当地人口的50.4%。2016年联合国发布首份《可持续发展目标报告》指出,减贫方面取得了巨大成就,生活在极度贫困线以下的人口比例在2002—2012年下降了一半,但仍面临巨大挑战,全世界还有13%的人口生活在极度贫困之中,800万人忍饥挨饿,24亿人没能用上改善过的厕所。2020年新型冠状病毒肺炎疫情将使世界新增4亿—6

亿贫困人口,再加上全球旱情,这个数字还会继续扩大。正如世界银行副行长、首席经济学家约瑟夫·斯蒂格利茨所说的:"我们正在输掉与贫困之间的斗争。"

严重贫困国家的数量也相应地增加了。1964年,被列入联合国最不发达国家名单中的国家有24个,1980年为31个,而到1990年则达42个——26年内增加了75%。2015年联合国批准48个最不发达国家,2018年降为47个,其中非洲34个,亚洲9个,大洋洲3个,北美洲1个,这些国家人口总和超过10亿,全球占比13%,但GDP全球占比仅为1.3%,外贸总额全球占比也只占1.1%。

从另一角度说来,贫富之间的差距也在不断扩大。在1970年至1985年期间,世界上最贫穷国家的人均收入已经从占富裕国家人均收入的3.1%下降到了1.9%。少数发达国家的人口约占世界总人口的1/7,却生产4/5的世界产品,人均收入是发展中国家人均收入的20倍。相应地,这些发达国家用于医疗保健、教育和环保的总开支水平都大大高于发展中国家,由此导致的结果是,发达国家的人均寿命也大大高于发展中国家。

贫富差距不仅表现在国与国之间,更表现于一国内部,即使在发达国家内贫富差距也持续拉大。美国在西方国家中贫富分化最为严重,2018年基尼系数攀升至0.485,贫富差距创50年来新高。最富有的10%家庭,占有全部家庭净资产的近75%;最富有的5%的人比最贫穷的5%的人,在收入增长方面高出24倍。据美联储统计,1989年以来,1%最富有的人的财富增加了21万亿美元,而占人口半数的中下层收入群体的净财富总和却下降了9 000亿美元;400位顶级富豪的财富,超过该国1.5亿中下层成年人的全部财富。美国是目前唯一有数百万人处于饥饿状态的发达国家。

1972年,联合国人类环境会议首次明确把贫困定为地球的重要污染物。会议指出,由贫困产生的对生命维持系统的压力,和由工业、技术及富人过度消费造成的污染一样重要;两者都会导致基本自然资源的迅速耗尽。不难想象,事实也一再表明,发展中国家过度贫困,必然导致他们过度地使用有限的自然资源,进一步破坏生态环境,甚至导致出现内乱并波及其他国家和地区,从而使人类面临的种种问题更为严重。

于是,人们认识到,如果说20世纪是人类社会根除殖民主义的世纪,那么21世纪就应该成为消除贫困的世纪。

中国 70 年来累计减少贫困人口 8 亿余人。2013—2018 年,每年有 1 200 多万人稳定脱贫。中国的贫困发生率从 10.2% 快速下降到 1.7%,2020 年年初已降至 0.6%,到 2020 年年底将消除现行标准下的绝对贫困,建成小康社会。中国由此成为全球最早实现联合国千年发展目标的发展中国家,减贫成就最为显著,对全球减贫的贡献率超过 70%。联合国秘书长古特雷斯称赞"中国是为全球减贫作出最大贡献的国家"。

与贫困相关的另一个问题是饥荒问题。饥饿和无粮食保障已波及全球,而且在一些地区有日益严重的趋势。联合国下属的世界粮食计划署执行干事詹姆斯·莫里斯于 2007 年 2 月指出,虽然全球面临饥饿问题的人口比例已经从 1/5 改善到 1/6,但由于世界总人口在不断增加,全球饥饿人口的绝对数量仍然在上升。他强调,全世界有 8.5 亿人处于饥饿或者营养不良状态,其中半数以上是儿童。全球每天有大约 1.8 万名儿童因为饥饿和营养不良而死亡。目前,印度国内处于饥饿或者营养不良状态的儿童超过 1 亿,居世界之首。在非洲地区和拉丁美洲地区,分别有约 1 亿和 3 千万儿童处于饥饿状态。该署总干事雅克·迪乌夫指出,由于粮食价格上涨,截至 2008 年年初,全球受饥饿困扰的人口从 8.5 亿增至 9.25 亿,一年净增 7 500 万。许多发展中国家的政府报告表明,预期寿命在下降,婴儿死亡率上升,经常发生饥荒。

联合国人权委员会指出:"饥饿是对人的尊严的侮辱和践踏。因此,必须采取各种国家、地区和国际性的紧急措施来消除饥饿。"因此,有必要积极地、最大限度地调动并利用各方面的技术和资金,其中包括减轻发展中国家外债等,以鼓励这些国家采取政策,确保食品持续供应。只有大力推动农业生产的发展和改善分配体系,才会带来根本的转折。其中,生物技术和基因技术将会成为提高粮食生产的一大潜力。但是,即使取得了所有的进步,消除饥饿与营养不良在今后几十年内仍是对人类的一大挑战。

自 2015 年以来,全球饥饿人口持续上升,到 2018 年超过 8.2 亿人营养不良。战乱、蝗灾、暴雨、洪水、大旱加上新冠疫情,加剧了全球饥饿问题。非洲的饥饿率持续上升之势尤其令人不安,东非是世界上饥饿率最高的地区,约有 30.8% 的人口营养不良。在亚洲也有约 12% 的人口面临饥饿。如果将营养不良和受粮食不安全威胁(不能保证日常食物供应)的人数加起来,高达 20 亿。

第十章　全球问题与全球治理

（三）环境污染

全球环境问题,是指超越主权国家国界和管辖范围的全球性环境污染和生态平衡破坏问题。

20世纪中期,各种全球问题泛起并不断演化,其中最为核心的便是关系人类自身能否继续生存与可持续发展的环境问题。

从1969年埃尔利希宣布海洋的死亡到1972年梅多斯应罗马俱乐部要求所作的报告,生态危机已绝不是过去如人们所认为的那样,是危言耸听。联合国《千年生态体系评估》报告指出,60%的生态体系已严重恶化。

目前,全球八大类环境问题十分引人注目。

1. 物种灭绝加剧,生物多样性消失。由于环境破坏的原因,地球上的生物多样性面临十分严峻的形势,目前许多野生动物和植物处于灭绝的边缘。联合国环境规划署1995年11月4日发表报告说,如果不采取得力措施的话,那么成千上万的物种肯定将无可挽回地走向灭绝。据估计,世界上每年至少有5万种生物物种灭绝,平均每天有140个物种消失。

2. 臭氧层耗损,亦即作为生命在地球上生存保护的屏障的臭氧层,由于大气污染而逐渐变薄,有的部位已出现臭氧洞。世界气象组织1995年11月13日发出警告,由于臭氧层受到破坏,南极臭氧洞的面积已达2 400万平方千米,覆盖了南极大陆及远至南极圈的周围海洋。南极上空的臭氧层是在20亿年里形成的,可是在20世纪里就被破坏了60%,欧洲和北美的臭氧层也减少了10%—15%,西伯利亚甚至减少了35%。科学家们估计,如按现行速度推算,到2075年,地球上空的臭氧量将比1985年减少40%,将对人类造成更加严重的后果。

3. 温室效应与全球变暖。"厄尔尼诺现象"(EL NINO)便与此密切相关。地球的气温在上升,从20世纪70年代起,每年平均上升0.1℃。南极和北极的冰层在融化,海平面平均每年都在上升。海平面上升对小岛国家是生死存亡的问题。植物的光合作用也将失去平衡。大气中二氧化碳浓度在增加,由1700年的2.80‰增加到目前的3.87‰,2050年将达5.50‰。

4. 被称为"空中死神"的酸雨危害加重。除了发达国家普遍发现酸雨外,在拉丁美洲、东亚、东南亚、西亚和北非形成了新的酸雨中心。酸雨能使湖泊、河流酸化,还严重损害森林、农田、建筑,并危害人体健康。目前,酸雨已发展成为世界性危害,连地球最偏僻的北极地区也有发现。

5. 森林锐减,水土流失。森林被称为"地球的绿色之肺",然而它正在萎缩,以每年平均40万公顷的速度消失。1980年联合国粮农组织和联合国环境规划署进行了首次对热带森林资源的评估。计算发现,热带森林正以每年1 130万公顷的速度被砍伐。据联合国粮农组织统计,世界在1980年至1995年失去了1.8亿公顷的森林,其面积相当于一个墨西哥。

6. 草原退化,土地荒漠化。土地荒漠化日益严峻。目前,全球荒漠化的面积已达3 600万平方千米,占整个地球陆地面积的1/4。全世界受荒漠化影响的国家有100多个,受影响的人口约占全球人口的1/6,尤其在非洲,约9亿人受到荒漠化的影响和威胁。世界在近20年内丧失的耕地相当于整个美国的耕地面积。每年约有1 200万公顷的森林从地球上消失,600余万公顷土地变为沙漠。

7. 大气、水质、土壤污染。已知的大气污染物有100多种,主要是人为因素造成的,且在不断增加中,有害人类身体健康。其中,PM2.5浓度是空气污染的一个重要指标,它是指每立方米空气中直径小于2.5微米的污染颗粒含量,可以直接进入肺泡,对人体危害极大,平均浓度小于10是安全值,达到35则导致人类死亡率约增加15%。从2008年至2013年,全球城市空气污染的严重程度增加了8%,95%城市的PM2.5浓度在上升。

水污染包括城市水资源污染、江湖水资源污染和海洋污染等。这必然导致淡水危机。地球水资源中,只有不到3%为淡水,但其中2%封存于极地冰川之中。在仅有的1%淡水中,25%为工业用水,70%为农业用水,只有5%可供饮用及其他生活用途。目前,世界上100多个国家和地区缺水,其中28个严重缺水。位于沙漠极度缺少水源的迪拜,必须花费大量能源来淡化海水,因此迪拜的水比油贵,每种植一棵树的代价在3 000美元以上。

工业和生活污水排放严重污染了江河湖海,入海口变成巨大的"死亡区域",光是每年进入全球洋流运动的塑料垃圾可能超过800万吨,从而汇成海洋垃圾场,在夏威夷与加州之间的东太平洋上,就出现了一个被称为"塑料旋涡"的"垃圾岛",重达350万吨,面积超过100万平方千米,更为严重的是,这并非唯一的一个,而且也不是其中面积最大的一个。迄今为止,人类大约生产了83亿吨塑料,到2050年有可能达到120亿吨,而塑料是最具代表性的垃圾,且材质寿命特别长,并在海洋环境中会逐渐破碎成小于5毫米的微塑料。塑料废弃物被海洋生物吞食后,或造成它们的死亡,或体内产生大量毒素,它们在向人类食物链转移的过程中,毒性还会不断浓缩,微塑料也会通过食物进入人体,拥塞在五脏六腑及各种器官之中,严重危害人类身体健康。因此,塑料尤其是微塑料污染已经成为重大环境问题。

联合国开发计划署的一项全球性调查显示,在世界最贫穷的国家中,1/3以上的人无法获得安全的饮用水。联合国前秘书长加利曾警告,"下个世纪的战争将是由水"而不是由石油或政治引起的。千年之交,以色列和约旦打起了"水仗"。由于连续干旱,以色列要求将给约旦的供水量减少一半,约旦当即作出强烈反应,指责以色列转嫁水危机。美国不得不派特派员从中斡旋。以色列与约旦的水危机拉开了21世纪为水争斗的序幕。如果人类不能杜绝滥伐森林和浪费水资源的行为,中东地区滴水贵如油的状况将是全人类的明天。

土壤污染影响我们摄入的食物、饮用水源、空气和生态系统的安全。大多数土壤污染都是人类活动导致的。2019年第六个世界土壤日的主题是"防止土壤侵蚀 拯救人类未来"。健康土壤是全球粮食生产的关键。地球表面形成1厘米厚的土壤大约需要300年或更长时间。因此,土壤对人类而言,是一种极其宝贵的资源,它为人类提供了95%的食物。

2018年5月,联合国粮农组织召开了全球首次土壤污染问题研讨会,发布了令人震惊的数据:7勺铅就会污染1公顷土地和20吨水。2012年全球城市固体废弃物的年产量约为13亿吨,60%—80%的垃圾尚未循环利用。2015年欧洲产生的化学污染物达3.19亿吨,其中1.17亿吨被认为对环境构成了危险。2016年全球粪肥产量1.24亿吨,其中可能含有大量重金属、病原体和抗生素。同时,约有1.1亿个地雷或其他未爆炸物散落在64个国家,随着其逐渐被侵蚀会释放出重金属。此外,北半球几乎所有土壤中所含放射性核素的浓度都高于基准水平,原因是核试验和核事故产生的放射性尘埃。与问题的严重性相悖的是,世界从未对全球土壤污染状况进行过系统评估。

8. 有毒、有害物质的随意处置与越境转移,垃圾污染。人类是唯一能够改变地球环境的物种。人类活动产生了巨量不可化解的毒害物质和垃圾积累,在城市周围堆积如山,在大江大河中流毒千里,在海洋中漂浮成"岛"。从2018年开始,人类制造垃圾的速度是人口增长速度的2倍多。美国是头号垃圾制造者,以占全球4%的人口,生产全球12%的固体垃圾。发达国家为了自身不受危险废弃物的侵害,将其跨境转移到发展中国家,从而对发展中国家造成严重污染。虽然《控制危险废物越境转移的巴塞尔公约》体系对此作出很大贡献,但该体系未被广泛接受,缺乏实际执行的保障机制,尤其是废弃物出口大国——美国,拒绝批准《责任与赔偿议定书》,以及旨在禁止向发展中国家转移危险废物的《巴塞尔禁运修正案》。垃圾正在毁掉人类的地球家园,垃圾处理已经成为全球性难题。世界各国只有坚持垃圾处理减量化、无害化、资源化、高效化的基本方向,走垃圾处理法规化、技术化的开放之路、合作之路,实现共谋、共建、共享,才能有效应对垃圾处理面临的严峻形势,维持地球生命,人类的未来才有希望。

所有这些问题都严重影响着人类的生存与发展。例如,争夺稀有资源往往成为国家冲突、社会动乱的原因,如咸海的日益干涸已成为乌兹别克斯坦和哈萨克斯坦的争执点,美国和加拿大则为大马哈鱼资源而翻脸。印度尼西亚的森林大火波及邻国,引起新加坡和马来西亚的不满;博帕尔毒气弥散,造成2 500人死亡,数万人失明,20万人中毒,联合国为此下半旗志哀。印度最高法院要求美国联合碳化物公司赔偿4.7亿美元;困扰世界的难民问题在很大程度上是环境问题,许多难民实际上是在逃避环境灾难,约有1.73亿人是由于气候改变而被迫移居他国。

正是由于环境问题的日益严重,自1972年联合国人类环境大会召开以来,国际社会对环境问题给予了广泛的关注,促进了人类对环境问题认识的深化。1972年的联合国环境会议正式把环境问题确定为全球性问题,标志着人类环境意识的全面觉醒。继这次会议后,1992年的联合国环境与发展大会提出"可持续发展观",并把环境问题作为可持续发展观的中心,倡导各国推行可持续发展战略,表明环境问题成为人类生存、发展方式的综合组成部分而具有了整体性、长远性与本质性内涵。

人与环境,如毛之与皮,皮之不存,毛将焉附?目前,环境问题已纳入经济发展、政治斗争、国际合作等领域,并越来越被视为人类社会的安全问题,成为国际安全冲突与合作的重要主题,而且从以往人类生存状态的稳定与维持层面上升到社会生产力的协调发展高度。这是与整个全球性危机深入影响人类社会生存与发展这一时代特征密不可分的,环境危机则成为全球性危机的核心。

(四)全球公共卫生危机等其他全球问题

冷战结束后,战争之神尚未被人类降服,而各种灾难的"魔鬼"又把手伸向地球各个角落。全人类正面临生存与毁灭的威胁,大自然在毁灭人类,而人类也在毁灭自己,造成一幕幕人间悲剧,其中包括全球公共卫生危机、难民问题、毒品问题、跨国犯罪问题以及人类自身畸形发展所导致的妇女问题等。

1. 全球公共卫生危机。从世界瘟疫或流行病史来看,20 世纪之前的黑死病和梅毒导致的死亡人数都是上亿级别的,20 世纪的两大流行病西班牙流感(1918 年)和艾滋病(1981 年)导致的死亡人数则在千万级别,21 世纪初几次流行病如 SARS、猪流感、埃博拉等,死亡人数均未超过 2 万人,而 2020 年突如其来的新冠疫情大暴发,席卷全球 210 多个国家和地区,影响 70 多亿人口,逾千万人感染,数十万人死亡,其惨烈之程度震惊了整个世界。

新冠肺炎大流行是百年来最严重的公共卫生危机,首次人类与人类敌人的"全球大战",它对人类生命的摧残,远远超过一场局部战争;它在短时间内就在东亚、西欧、北美三大经济中心相继暴发,形成三个"震中",不久又出现了南美、南亚新"震中";它对世界经济的荼毒,远远超过 2008 年金融危机。这也是 21 世纪继 2001 年"9·11"事件和 2008 年金融危机两次重大国际危机后,所发生的一次重大全球安全危机。

早有专家指出,21 世纪人类安全的最大威胁是微生物。新型病毒可能与人类对地球生态的破坏有着某种联系。新冠疫情与之前的大型疫情不同,它是在世界各国高度相互依存的全球化条件下暴发的,疫情极易传播,动荡极易扩散,造成难以预测的"蝴蝶效应"。这次危机不仅是国家和国际危机,更是作为一个整体的人类所面临的危机,或者说史无前例的首次全球危机,但绝不会是最后一次。此次新冠疫情防控,实质上是未来可能引发的各种全球重大危机的一次预演,将在很大程度上决定人类未来能否有效应对其他全球危机,从而决定自身的生存繁衍是否能够延续下去,人类处在何去何从的十字路口。

病毒没有国界,疫情不分种族。新冠疫情凸显人类是一个休戚与共的命运共同体。全球危机需要全球凝聚合力,合作应对。事实已经证明,没有任何一个国家,可以独善其身或单独赢得这场全球危机,哪怕是超级大国也不行。但在这场全球疫情的大考中,出现了两个具有代表性的大国,两种不同的理念与主张,两种不同的作为与担当,两种不同的治理体系与能力,对全球抗疫的时代之问,交出了截然不同的两份答卷。

在这场全球抗疫大行动中,中国向世界发出携手抗疫的倡议,共克时艰,共同书写共建人类命运共同体的战"疫"篇章。面对严峻的防控形势,中国政府以壮士断腕的决心,发挥制度优势和治理效能,通过大规模的举国动员,采取严格防控措施,在最短时间里切断了病毒的传播途径,有效阻止了疫情快速蔓延,为此付出巨大代价,承担了重大牺牲,成功地进行了一场以人为本、生命至上的病毒抗击战,为全球疫情防控赢得了时间,注入了信心,并从构建人类命运共同体的高度,本着公开、透明、负责任的态度,秉持携手努力、开放合作、团结一致的精神,及时向国内外发布疫情信息,分享防疫经验,加强抗病毒药物及疫苗研发的国际合作,向150多个国家和4个国际组织提供急需的医疗物资援助,向世卫组织捐赠5 000万美元,中国地方政府通过国际友好城市等渠道,向50多个国家捐赠医疗物资,中国企业向100多个国家和国际组织捐赠了医疗物资。中国为积极推动疫情防控以及药物和疫苗研发国际合作、守护全人类生命安全,作出了贡献,树立了榜样,充分展现中华传统文化的天下情怀,体现负责任大国的历史担当。世界三大学术期刊《自然》、《科学》、《柳叶刀》积极评价了中国抗疫措施取得的成效,为全球抗疫赢得了宝贵的时间"窗口"。

习近平主席在第七十三届世界卫生大会视频会议上,秉持构建人类命运共同体理念,提出全球合作抗疫,构建人类卫生健康共同体,宣布支持全球抗疫五项举措:(1)中国将在两年内提供20亿美元国际援助,用于支持受疫情影响的国家特别是发展中国家抗疫斗争以及经济社会恢复发展;(2)中国将同联合国合作,在华设立全球人道主义应急仓库和枢纽,努力确保抗疫物资供应链,并建立运输和清关绿色通道;(3)中国将建立30个中非对口医院合作机制,加快建设非洲疾控中心总部,助力非洲提升疾病防控能力;(4)中国新冠疫苗研发完成并投入使用后,将作为全球公共产品,为实现疫苗在发展中国家的可及性和可负担性作出中国贡献;(5)中国将同二十国集团成员一道落实"暂缓最贫穷国家债务偿付倡议",并愿同国际社会一道,加大对疫情特别重、压力特别大的国家的支持力度,帮助其克服当前困难。

美国作为一个超级大国,本来可以而且应该在国内抗疫和国际合作抗疫中发挥表率作用。可是,面对无形和非传统的强大敌人,美国坚持以大国战略竞争为优先考量的霸权模式,不愿承担全球化之下新型的大国责任,反而把这场人类与病毒之间的对抗,变成大国与大国之间的对抗。其结果正如美国《一周》杂志网站标题所称:"美国政府的新冠肺炎疫情应对是一场史诗级失败。"美国是世界上实力最强的国家,却把国内抗疫搞砸,白白浪费了两个月时间,成为全球新冠疫情最严重的国家,确诊人数和死亡人数在全球双双"夺冠",以至于纽约时报广场出现了一个巨大的"特朗普死亡时钟"。同时,财政赤字、债务水平和失业率达二战以来最高水平,美股4次熔断,美联储无限量、无底线量化宽松,特朗普政府还要不计后果地强行重启经济。此外,特朗普政府还按照其既定思路方针,拒绝发挥全球领导能力,不仅拒绝参与国际抗疫合作,还给国际抗疫添乱。它以"狂野西部"的手段从盟友手里抢夺医疗物资,给世卫组织"断供",用政治化、污名化的方式,甩锅奥巴马政府、民主党、媒体、世卫组织特别是中国,接二连三地向中国释放"政治病毒",或明或暗广泛支持向中国追责索赔的滥诉。连美国法学家都深感忧心:"我们会被起诉吗?"毕竟西班牙流感、艾滋病、2008年金融危机都源自美国。从短期目标来看,大选逼近,压力骤增,恐将毁掉总统连任,特朗普急需将反华情绪纳入大选话语体系,把中国当成他没法辩解的抗疫失败的替罪羊,用"反华阴谋论"来转移话题和视线,制造所谓"民意"与捞取选票。从长期目标来看,美国只关心与中国进行战略竞争,以免其世界主导地位被中国取而代之。新冠战"疫"中,中美两国的成败得失,被华盛顿视为战略竞争关系的重要因素。

特别值得警惕的是新加坡学者郑永年所指出的"比病毒本身更严重的是病毒引起的社会恐慌",西方国家对社会恐慌的控制能力是很低的,而社会恐慌需要振臂高呼的"无知无畏领袖",来带领大家走向"死亡陷阱"。本来美国的民粹主义已经很强烈了,现在"无知无畏"的邪恶之人又利用疫情煽风点火,把社会恐慌之火引向中国,引向世界,还颇受民众"拥戴"。这种事态发展,无论是对中国与美国,还是对世界,都是十分危险的。

显然,无论是2008年金融危机还是此次新冠疫情,中国的应对都比美国更胜一筹。新冠疫情危机的历史终将由胜利者而非失败者书写。美国在最容易发挥其领导优势、最容易也最应该进行国际合作的领域,做了最恶的逆行者,也让不少世人对世界唯一超级大国的能力产生怀疑,导致其国际地位的快速下降与公信力的彻底崩塌。

这场疫情远远超出了卫生危机的范畴,是一次超级非传统全球安全危机,在全球产生了广泛而深刻的影响,前所未有地改变了世界。它不仅导致2020年东京奥运会被推迟举办,美军甚至在印太无航母可用,更重要的是严重冲击全球经济,预计 2020 年全球经济将萎缩 3.2%,美国等发达国家可能翻倍,整个世界将可能损失 9 万亿美元,全球贸易可能缩水 13%—32%,这是 1929—1933 年大萧条以后最大的全球经济危机。

虽然全球化带来的好处远大于风险,但某种程度上人们还是感受到,技术时代人类普遍和大规模交往带来的巨大风险,以及疫情中出现的经济安全问题,于是各种逆全球化、去全球化和反全球化声音在世界各地响起,"加固"了狭隘的国家利益和民粹主义,并采取种种逆反举措,这无疑助长了单边主义,有可能导致一些国家走向自我封闭的民粹主义道路,从而引发全球性动荡。美国等一些西方国家企图动用行政手段,强行改变全球工业产业链供应链的布局,美国政府还为此筹建一个名为"经济繁荣网络"、实为针对中国的"信任联盟"。

世界各国政府和企业会对供应链风险与大规模、集中而廉价的供应来源的生产成本效率之间进行权衡,并做出抉择。也许大国会倾向于拥有比较完善的产业链和比较优势,在此基础上进行全球贸易,小国则可能抱团,趋向于本地化和区域化,从而使得每一个国家内部经济社会取得相对均衡发展。因此,全球产业链供应链重组已难以避免,如何打造开放、稳定、安全、共赢的全球产业新格局,世界经济秩序如何大规模重组,成了全球化进程调整和重组无法回避的核心难题。

这场疫情关系到全球化的未来命运。疫情让人看到了全球化给个人、社会、国家、世界带来的负面影响,原先的全球化之路已经走不通了。全球化很难走向世界政府,但疫情以近乎残酷的方式,显示出人类命运共同体理念的前瞻性,全球化创造的一些共同价值观会与普遍的差异性共存,寻求民族国家与全球化之间新的平衡点,全球化会加速重构,未来可能加快以三大经济区域为中心的建设,重视安全全球化,从而走向新型全球化。"人与健康"、"自然与生态"将成为全球治理体系中突出的主题与环节,纳入新的全球化进程。这将改变国内及国际生态,导致大多数国家强化政府治理,推动全球合作治理尽快完善,加强重要国际组织的权威性和专业性,使其发挥全球治理中的领导和协调作用。在 2020 年 5 月 4 日召开的国际视频峰会上,强烈的多边主义成为会议的基调。疫情不必然导致全球化逆向发展,不会改变全球经济方向。由于东亚国家成功地合作应对疫情,比其他国家更快、更好地重启经济,全球经济和权力会加速向东转移。在疫情之下,全球化并未死亡,反而摆脱了以美国为中心,获得了新生。人流阻断,货流阻不断,产业链、供应链、价值链阻不断,人工智能和生物技术将因疫情而加速发展,网络世界和数字经济向前迈出了一大步,从疫情防控、远程办公、网络教学到直播带货,开辟了新的生活方式,也带来了很多新的商机,各国在疫情的"试炼"中,发现新的生存状态。人类在重大灾难之后会有重大进步。全球化的基本逻辑没有改变,只是进入一个新阶段,展现一个新版本,以经济增长为中心的全球化,将转向以人的健康与幸福为中心的新型全球化。世界各国的命运恐怕将取决于能否适应全球化的新特征。

这场危机以一种前所未有的方式,将国际权力结构重新改写,世界格局也因这场全球危机而出现重大裂变。全球公共危机将主导国际事务总体议程,区域乃至全球相关治理机制的完善,将成为世界格局重塑是否成功的重要衡量标尺。去意识形态化与国际协调合作,很可能成为应对全球危机的普遍行为准则。疫情中霸权和军事联盟狭隘的自我封闭和损人害己,正促使相关方进行再思考。抗疫表现及其国际行为的正当性,成为世界引领者的考核标准。美国政府的自私与无能,使之失去国际行动的权威与声望,不再被视为国际领导者,美国似乎也不再愿意承担其传统的全球领导者角色,领导能力确已被大大削弱。而且,美国在疫情中的所作所为,使得当前的中美关系变得更紧张,大国战略竞争将进入更加严峻的新阶段。这场21世纪迄今为止最大的全球危机,永久性地改变了世人所认知的国际体系与力量平衡,也永远改变了世界秩序,促使百年大变局加速演进。

2. 难民问题。"有家不能回,有病不能医,流浪在外,何日是尽头……"这曾是流落在泰国东北部边境帐篷里的柬埔寨难民的呼声。而历次中东战争也曾使200多万巴勒斯坦人沦为难民。1991年海湾战争结束后,300多万库尔德人举家逃亡到伊朗和土耳其边境地区,成为难民。1999年的科索沃战争造成大约80万平民流离失所。2007年为躲避冲突和迫害而逃到其他国家的难民人数上升至1 140万。叙利亚危机又迫使逾百万难民逃往他国,境内还有200多万人流离失所。

在这个越来越缺乏安全感的全球化世界上,贫穷国家的人口激增,数百万经济和环境难民因一贫如洗而远走高飞。过去60年来,超过7 500万人被迫离家出走。而目前世界上仍有2 600万难民,其中仅0.5%在其他国家得到安置。有人形象地把他们称作"第四世界",没有权利,没有住所,最常见的是没有回家的希望。此外,仅2014年以来,约1.9万人因试图登陆欧洲而死亡或失踪。

随着各国人口剧增,难民现象现在已经遍及全球。难民危机的现实是,回流的难民几乎没有一个人永久性地安顿下来。

难民的成因是多方面的。首先是对别国的侵略和占领是当今难民问题产生的重要原因,其次是一些国家内部政治、经济、社会矛盾激化造成的战争、冲突和宗教、民族压迫等,这是就社会环境而言的。此外,还有源于自然环境的恶劣而造成的难民,这就是数以千万计的"环境难民"(environmental refugee)。

解决难民问题的途径,除了依靠联合国难民机构的不懈努力和国际社会的人道主义援助外,更重要的是,要根除产生难民问题的国际、国内的政治、经济和社会根源,增进对全体人类的人权及基本自由的关注,逐步消除社会动乱和不平等,发展经济,提高人民生活水平;反对霸权主义、种族主义,缓解民族矛盾和宗教矛盾,逐步建立新的世界经济新秩序和政治新秩序。

3. 毒品问题。自1803年德国化学家彻特诺首次从鸦片中提炼出吗啡以来,毒品这一孽种就开始侵入人的神经,毒害人的灵魂。传统毒品为鸦片、大麻和古柯及其衍生物,第二代毒品是新型合成毒品,如冰毒、摇头丸、麻古等,21世纪以来流行于全球的第三代毒品为新精神活性物质。《2019年世界毒品问题报告》显示,世界毒品问题日趋严峻,当年生产的可卡因达1 976吨,创历史新高,比上年暴增25%。2000—2015年,与毒品相关的死亡增加了60%。2016年全球约有2.71亿人使用过毒品,阿片类药物使用者增加了56%,超过5 300万人。2017年美国共有4.7万人死于阿片类药物滥用。同年估计全球约1.88亿人使用过大麻。全世界毒品年交易额达5 000亿美元,占世界贸易额的10%。毒品成为仅次于军火的第二大产业。毒品的全球性泛滥,造成了集毒品种植、加工、走私、销售、消费为一体的强大的全球地下经济网络,冲击了正常的国际经济生活。根据有关资料统计,目前,经过"洗钱"的毒资超过1万亿美元,大部分变成流动性很大的投机资本,渗透投资领域,破坏金融市场的稳定性。

贩毒正深入到国际政治领域,影响着国际关系。大麻、政治与武器三位一体。一位专家在评论麻醉品与战争的关系时说:"麻醉品的生产在人们需要购买武器的地方繁荣起来,阿富汗和黎巴嫩的战争正是通过大麻和鸦片得到它所需要的金钱"。居住在巴基斯坦与阿富汗边境之间、海贝尔走廊南面的自由区部落,不受两国法律约束,以贩卖武器、大麻和海洛因为生。

在达拉城,10公斤大麻换1支手枪,1公斤海洛因换1支冲锋枪。美国国内海洛因的90%来自海贝尔走廊。毒品全球性泛滥破坏了国际稳定,特别是加剧了毒品生产国和消费国之间的矛盾和冲突。美国是毒品消费大国,它的政策重点是从源头入手,禁绝毒品的种植和加工;拉丁美洲国家则认为,没有消费和市场,就没有毒品的生产和贩运。它们指责美国执行"枪口对外"政策,过多干预别国。美国总以缉毒、扫毒为名,干涉别国内政,监督和评价他国政策和行动,以决定继续或取消援助,还动辄予以制裁,甚至派特工到他国逮捕毒犯,派兵把巴拿马总统诺列加抓到美国,以贩毒的罪名对他审讯判刑,还曾指控哥伦比亚总统与毒品集团有染,取消他的赴美签证。

毒品危害各国人民,尤其是30岁以下的青少年,使整个民族体质下降。毒品与民族矛盾、宗教纠纷、领土争端、反政府武装、恐怖主义活动密切相关,加剧了各国社会的矛盾、暴力与犯罪,黑社会活动猖獗。毒品集团在有些国家成了独立王国,拥有强大的经济实力和武装力量,实行地方割据。毒品集团往往收买政府、军警要人,影响国家的决策,造成政府的腐败。根据联合国国际麻醉品委员会的调查,阿富汗等8国严重依附于毒品经济。在玻利维亚,官方统计的国民生产总值约40亿美元,毒品交易额则达30亿美元,据估计,玻利维亚近50%的经济受到毒品经济的控制。

毒品问题已成为21世纪国际社会和各国面临的巨大威胁。1988年,第42届联大确定,每年6月26日为"反对麻醉品滥用和非法贩运国际日"。同年12月,联合国在维也纳召开"世界禁止毒品大会",通过《禁止非法贩运麻醉品和精神药物公约》。1990年2月,150多个国家和地区的代表参加"联合国禁毒特别大会",一致通过《政治宣言》和《全球行动纲领》。联合国反毒基金还向110项反毒计划提供了6 250万美元。总之,根治毒品需要全社会的行动。

4. 跨国犯罪。国际社会朝着民主、捍卫人权和人的基本自由、改善人民生活的经济和社会条件迈出了一大步,但是国际社会却没能防止有形形色色表现形式的暴力,也包括犯罪形式的暴力。世界上的犯罪率在逐年增加。

目前犯罪的特点是团伙犯罪多。策划和实施犯罪的往往是组织严密的犯罪集团,它们拥有最新式的武器、通信和交通工具等。同时跨国犯罪迅速增加。这种犯罪的表现形式是形成了有几个国家公民参加的犯罪团伙,在两国或更多国家境内进行犯罪活动。

跨国犯罪是指犯罪行为、犯罪交易违反一个以上国家的法律。为打击跨国犯罪,第55届联大于2000年11月15日通过了《联合国打击跨国有组织犯罪公约》。跨国犯罪可分为17大类:

(1) 洗钱。把靠非法手段特别是靠走私武器、贩毒等赚取的黑钱,通过多次国际汇款等方式洗白,然后进行合法投资,从而变为合法资金,使得犯罪集团得以控制大量企业。

(2) 恐怖行动。这是最危险、最恐怖、最普遍的犯罪现象之一。20世纪90年代初,全世界已经有大约500个恐怖主义组织,10年间进行了6 500起国际恐怖活动,有11 000多人受害。

(3) 盗窃艺术品。平均每月被盗艺术品约2 000件,每年在国际市场上售卖的被偷盗艺术品价值45亿美元。

(4) 侵犯知识产权。包括侵犯版权以及非法使用保护版权的标志和商标,非法复制受保护的作品并低价售卖,仅非法使用软件一项,每年就造成75亿美元损失。

(5) 买卖武器。非法制造、非法跨境买卖武器非常隐匿,世界各地的武装冲突背后都有其活动身影。

(6) 劫机。时有发生,偶尔为索取赎金,但一般是为满足其政治诉求。

(7) 海盗。20世纪70年代死灰复燃,用快艇或渔船从中南美洲向美国非法贩运毒品,或用快艇抢劫海上往来商船,以索马里海盗最为典型。

(8) 抢劫长途货车。随着世界经济的发展,从东欧到西欧,从中亚到波罗的海沿岸国,长途跋涉的货车失踪事件的发案率与货运量增长成正比。

(9) 骗保。犯罪集团通过联合保险领域的一些小型经营者,或打入保险界的途径,参与保险业诈骗,世界各国蒙受的损失难以估量,美国每年为此损失1 000亿美元。

(10) 计算机犯罪。每年因计算机犯罪而造成的损失达80亿美元。

(11) 生态犯罪。忽视生态标准、官商勾结是此类犯罪的主要肇事者,尤其是当生产、垃圾转移到发展中国家时最为明显。

第十章 全球问题与全球治理

（12）贩卖人口。犯罪集团为牟取暴利,组织、贩运非法移民、难民,其中包括劳工、儿童、卖淫者等,途中经常发生群体死亡的悲惨事件。

（13）器官交易。器官移植是一个庞大的市场,非法提供移植器官带来高额利润,穷人被迫出售自己的器官,犯罪分子甚至为此不惜杀害无辜。

（14）贩卖毒品。毒品的跨国交易几乎蔓延到世界各国,在全世界流通的毒品价值高达 3 000 亿—5 000 亿美元,仅美国黑手党走私毒品的年收入就超过 10 亿美元,高于一些国家的预算。

（15）虚假破产。抽样调查表明,黑手党在购买企业后使其破产,获益颇丰。虚假破产已从局部犯罪变成国际性犯罪。

（16）受贿行贿。打着代理费、咨询费、中介费和法律咨询等幌子大肆行贿,使得行贿受贿在世界各地无处不在。

（17）非法交易。在边境进行计算机、通信设备,以及其他昂贵的科学密集型技术设备的非法交易,是跨国犯罪的新形式。甚至核材料、核设备也难逃厄运。

5. 妇女问题。性别不平等是人类社会的主要不平等。妇女问题集中表现为不平等,首先是男女不平等,从家庭、社会、经济、文化领域的权利不平等,到政治领域的权利不平等。尽管这种不平等一直在缩小,然而新的不平等又在不断出现。妇女问题的解决,必须兼顾"应该原则"与"差异性原则",也不能忽视权利与义务相对称的原则,最终将是全球社会进步的结果。和其他全球问题不同的是,妇女问题涉及人类自身的发展,关系全球问题的方方面面、整体甚至根本。这是因为,人的发展和人素质的提高是可持续发展的重要前提与希望所在;而人类发展的关键在于妇女的发展和两性关系的改善。

全球化发展至今,妇女问题已从一国内部的社会问题演变为全球性的制约人类可持续发展的一个关键性问题。妇女问题是全球问题的重要组成部分,某种程度上导致和制约了种种全球问题（不论是战争、人口、粮食问题还是广泛的社会问题）的产生与演变。妇女是人类的一半组成,也是全球性危机的最大受害者。危及人类生存与发展的全球问题,从某种程度上说正是忽视妇女权益所导致的人的本质力量与整体性原则畸形发展的结果。可以说,全球问题的产生与激化相当程度上是现代文明建立在女性权益被剥夺的基础上和忽视女性力量、价值与原则的结果,是两性关系发展失衡而形成的人-社会-自然系统畸形发展的综合产物与历史积淀。因此,全球问题的解决必将孕育于两性关系的最终协调以及人类全面、自由与和谐的发展。

二、全球问题的治理

以环境问题为核心的全球问题的深入发展和全球性危机的蔓延,推动着国际社会携起手来加强全球行动与国际合作,促使着国际制度的变革与创新,为创造适应未来人-社会-自然关系和谐发展的现代文明而努力。

(一)全球行动与国际合作

回顾历史,人类对环境问题的认识经历了从地区性、国家性问题上升为国际性乃至全球性问题的飞跃;人们解决环境问题的措施也经历了从局部地调整、补偿与保护,局限于环境问题自身,到实行战略性、全球性规划,将环境问题纳入人类社会整体发展模式革新的演变,经历了从变革国内政治经济体制到改变世界秩序,诉诸国际制度变革与创新的视角转移。

环境问题的日益突出,致使"昔日泾渭分明的一国对外与内部政策的界限已模糊不清,迫使政府到国际舞台中去设法对付即便在其国内也足以引起争议的问题"。于是,围绕生态环境问题的环境合作与斗争已经发展成为外交领域的重要内容。实际上,1972年联合国人类环境会议的召开就可以认为是环境外交活动的开端。

由于环境问题是各国所面临的共同问题,环境保护的对象从宏观上说是指人类赖以生存的整个地球环境;由于污染不受国界限制,迁徙动物的保护需要有关国家共同努力,一个国家和一个地区的生态破坏必然影响邻近国家和地区;由于公海、南极圈、北极圈、外层空间等人类环境的保护需要世界各国协作进行,因此,环境保护方面的国际合作,在近几十年间得到了迅速发展。其主要方式有双边合作、区域性合作及非区域性的

mult边合作。

　　双边合作如邻国之间就保护边界水域及其鱼类资源、防止污染和自然灾害等问题签订协定,以及非邻国之间签订环境保护合作协定。在环境保护条约中,双边条约出现得最早,早在1939年就产生了英国和法国关于采挖英法沿海牡蛎和渔业的公约。从数量上说,双边条约在环保条约总数中占比最大。世界上180多个国家和许多国际组织大都签订有或多或少的双边环保条约;区域性合作主要是通过区域性的国际组织(如欧盟、非洲联盟)和签订区域性的国际公约进行。区域性环境保护条约不仅早于全球性环境保护条约,而且发展得快,数量多。其保护对象是一定区域范围内的自然环境体,已覆盖世界各地。有关南极、海洋、水和空气的区域性环境保护条约也属此类,其他如1940年的《西半球自然保护和野生生物保存公约》、1974年的《丹麦、芬兰、挪威、瑞典环境保护条约》等;非区域性的多边合作主要是通过联合国及其有关组织进行的,并签订国际公约,它是所有条约中参加国家最多、调整范围最广、影响最大的一种。

　　经济全球化导致环境问题成为全球问题,而在解决这一全球问题中,国际社会无政府状态促成了"治理"这一脆弱概念的兴起;环境问题的弥散性与超国界性和国家的狭隘与政府能力的不足,促使国际社会将环境问题作为一整体来加以治理,实现所谓"全球环境治理"。

　　治理概念的提出是对传统主权概念的超越,表明全球问题的复杂性和政府作用的局限性,国际社会因此进而提出"没有政府的治理"概念,表明除政府外的其他组织在全球性问题的解决中所发挥的独特作用。正是在人类对环境进行全球治理的过程中,各种组织与条约纷纷建立起来,国际社会在此基础上逐步建立起一整套国际环境保护制度,也就是在朝向建立起环境领域内的全球集体安全机制而努力。

　　由各种国际环境决议、宣言、公约及国际环境法构成的软件系统和由国际环境保护组织与机构构成的硬件系统,共同构成国际环境保护制度的综合体系。

　　就硬件系统而言,保护环境的机构首先是从民间广泛兴起的,各种非政府组织首先扮演起了先导性角色。事实上,自从1972年斯德哥尔摩人类环境会议召开以来,非政府组织对世界环境事务的关注就达到前所未有的高度。跨国界的非政府组织在全球市民社会(world civil society)中起到了政治性的作用,为全球环境治理提供一种重要的补充性资源。在解决全球性问题方面,国际环境合作日益发展,成为国际合作的热点。不仅如此,国际合作不断"绿化",也就是环境问题广泛影响到国际合作的各个领域。外交文书、国际条约中有关环境方面的条款日益增多。

(二) 完善国际制度

从实际层面讲,解决环境问题的制度安排有市场机制、一国机制及国际机制等。从国际环境问题来讲,通过世界市场机制的运作,能够在一定程度上为环境问题的解决提供一种国际途径。通过国际商品贸易,比如粮食贸易,市场机制可以在不同国家间调剂余缺,避免不具比较优势的国家为获得该种商品而过度使用环境资源。通过国际技术贸易,特别是环保技术和设备的国际贸易,技术落后的国家可以因此提高其治理环境的能力。同理,通过资本的国际流动,资本匮乏国家能够获得为治理环境所必需的资本增量。然而,"自由放任以及无形的手并不能解决人口增长和流动、环境破坏、饥饿和流行病以及'商业文明'(在国家之间及国家内部)造成的分配作用这类问题"。由于市场失灵的存在,为了解决环境问题,人们不得不求助于更加严厉的国家干预,这就是环境问题的一国解决机制。

毫无疑问,一国机制能疏解以至解决部分国际环境问题。但是,同样确凿无疑的是,一国机制的失灵也普遍存在。究其原因,有意愿缺乏、能力缺乏及私利倾向等。

于是,为了弥补一国机制的失灵,各种各样的国际机制被发展出来,用来规范、协调各国的环境行为,共同解决国际环境问题。国际机制是所有那些涉及国际合作的解决机制,它既包括国家之间直接的合作解决机制,也包括那些国家之间通过建立国际组织和订立国际条约、协定和规则所形成的国际合作解决机制。前者包括大量的国家之间的双边合作机制,涉及人员培训、技术的无偿或优惠转让、资金援助、环保体制的建立等合作方式,并覆盖自然保护、动物保护、森林保护、水资源保护、海洋环境保护、大气污染防治、动植物检验、环境监测等各个问题领域。

国际关系的发展对环境问题产生深入的影响,导致新的国际环境问题的产生,如国际垃圾转移等,为环境问题的解决注入了国际因素,也从反面推动了国际环境保护制度的发展。

20世纪70年代以来,国际社会已经签署了152项资源与环境的保护公约。如今,几乎在所有的国际环境问题领域都发展出了以国际条约为基础的国际体制。除了正式的国际条约、协定、公约和议定书之外,许多非正式的、不对参与国具有约束力的规则、指针、行动计划和宣言等,也是特定环境问题领域中的国际体制的重要组成部分,并且成为国际环境合作的重要方式之一。

于是,1974年召开的联合国世界人口会议、1976年召开的联合国环境—人类居住区会议、1977年召开的联合国沙漠化问题会议、水源会议、1958年以来召开的3次联合国海洋法会议、1977年召开的国际教育大会等通过的宣言、决议或纲领,尤其是1972年、1982年及1992年三次联合国环境会议所通过的《人类环境宣言》、《内罗毕全球环境状况宣言》与《关于环境与发展的里约宣言》一起,共同构成国际环境保护制度的意识形态基础。

然而,构成国际环境保护制度基石的却是调整人与自然的关系,以及调整国际自然环境保护中的国家间相互关系的法律规范——国内、国际环境法。环境法的迅速发展,是从20世纪五六十年代开始的。从国际层面讲,环境保护方面的国际合作,除了必须遵守公认的一般国际法原则外,已经提出了一些新问题、新原则。环境保护方面的国际法问题,已成为国际法的重要内容。"国际环境法"于是应运而生。

国际环境法包括在其他国际法部门里的有关环境保护的条文、单行的环境保护国际条约、综合性的环境保护国际法律文献以及各国有关国际环境保护的国内法规(经国际认可的部分)。国际环境法把国际社会的、经济的、海洋的、宇宙的、卫生的等法规中关于保护自然环境方面的内容结成了一个新的整体。按保护的对象来分组,国际环境法可分为保护国际河流、国际海域、大气和宇宙空间、海洋生物资源和陆上野生动植物等规范。

然而,现有的国际环境法律制度、规章、规范在保护环境的效果、规范的力度等方面有很大差距,有的措施比较得力、法律比较健全、环境的保护力度和效果较好,而很多旨在解决全球性环境问题的国际立法,还处于很初级的发展阶段。很多公约只是形成了框架性的结构,作出一些很原则性的规定(国际环境法中大量"软法"的存在,是国际环境法的一大特点),还远未达到从根本上治理该项环境问题,作出具体的可操作的法律规定的水平。尽管如此,它们所代表的国际社会达成的种种共识仍然是来之不易的,是发达国家与发展中国家相互讨价还价,作出妥协的结果。除了立法以外,国际环境法的执行问题、环境损害责任问题就更为薄弱了。

在国际环境法迅速发展的同时,保护环境的国际机构也纷纷成立,至今已有100多个。如1948年成立的国际自然和自然资源保护联合会,1972年成立的联合国环境规划署等。尤其是鉴于世界范围内的环境污染和破坏日益危及人类的生存和经济发展,联合国设立的四个相互关联的机构:环境规划理事会、环境基金、环境协调委员会和环境规划署(环境规划秘书长),来协调各国环境保护工作。

除此,各种名目繁多的区域性和全球性国际环境保护组织,尤其是非政府组织纷纷建立,增进人们的环境意识,推动各国政府及国际社会的环境决策与立法,探讨解决国际环境问题的途径。在区域一级,联合国附属的区域组织和其他区域一体化组织都将环境保护作为其职能扩张的主要领域。例如,联合国欧洲经济委员会推动了长程陆基污染国际公约的签订。

国际组织(联合国及其机构、政府间国际组织和民间国际组织)在国际环境法形成和发展过程中的作用特别重大。它们是国际环境保护事业的重要参与者,是环保事业和环保科研的组织者,在国际环境立法中是主要组织者,在法律实施上是许多国际公约的执法者、执法监督者。在一定意义上,没有国际组织就没有今天的国际环境法。国际组织在国际环境法发展中的重大的、关键的作用,是国际环境法的突出特点之一。

由各种国际环境决议、宣言、公约及国际环境法构成的软件系统和由国际环境保护组织与机构构成的硬件系统,共同构成国际环境保护制度的综合体系。

华盛顿世界观察研究所所长莱斯特·布朗指出:"生态危机不仅仅是自然环境的恶化,它也是引起和加快经济衰退和社会解体的一个决定性因素。"环境问题对一国的深刻影响由此可略见一斑。不仅如此,环境问题的正面与负面影响早已超出了国界,对国际关系的方方面面甚至广泛的国际制度产生了广泛而深远的影响,催促和推动着国际制度的变迁与创新。

(三)全球问题治理展望

1969年时任联合国秘书长吴丹指出:"我不愿意显得过于危言耸听,可是,根据我作为秘书长所能掌握的资料,我只能得出结论说:联合国的成员们也许还可以有10年的时间,在此期间内大家必须权衡轻重,放弃以往的争执,开展一种全球性的合伙关系运动,抑制武器竞赛,改善人类环境,遏止人口剧增,并为促使人们致力于事业发展提供必要的契机。如果这样的全球性合伙关系在今后10年内不能形成,我很担心我所提到的那些问题势将发展到惊人的程度,致使我们无法控制。"

吴丹提到的问题——武器竞赛、环境恶化、人口激增和经济停滞——人们常常提出来作为现代人类的中心的、长期的问题。人类社会的未来发展,甚至人类社会的继续存在,取决于这个世界对这些问题作出反应的速度和效力。就在吴丹讲话的同年,美苏双方开始了限制战略核武器的谈判,并于3年后签订了《限制反弹道导弹系统条约》(ABM条约),也就是在签订这一条约的那一年,联合国第一次人口环境大会在斯德哥尔摩召开,1974年联合国在布加勒斯特召开了第一次世界人口会议,同年,第六届特别联大通过《关于建立新的国际经济秩序的宣言》和《行动纲领》,等等。

40年后的今天,吴丹提出的问题一个也没有得到解决,但是我们应该看到,这些问题在严重程度、影响次序上有所变化,这应归功于人类的技术革新、制度创新和观念更新。

技术革新。全球问题是全球化进程中人类社会所面临的最大挑战,而战后新技术革命与全球问题的产生和激化有着独特的关系。阿·贝切依认为,全球问题产生的根本原因之一,在于人对科技的依赖,他们"把自己的命运越来越多地托付给自己的大脑,即是说,托付给自己的技术能力,并通过这种能力来改变环境"。在当今以个体经济利益为基础的社会中,对物质财富的无限追逐造成了对技术的片面追求。其结果是,科学技术在某种程度上变得无法预测和不可控制;科学技术的目标与人的发展目标,即人的全面、自由、和谐的发展产生了偏离,导致所谓"技术的异化"。正如赫曼·康恩所说:"文明已卖身于科学、技术和工业———一项可称为'浮士德式'的交易。"因而,对科学技术的重新认识就与对现行全球社会经济体制的深刻反思联系在一起,成为我们全面深入地理解当今全球危机的关键。

"科学应该是人的婢女。"俄国思想家车尔尼雪夫斯基于19世纪末说的这句话集中反映了近代以来直至二战前夕人类的自信、天真和对科学所抱有的无限信心与希望。然而,20世纪中期由科学技术的发展而导致的全球性危机的凸显表明,科学技术的非人文式发展已使它走向自身的反面,这种非人文式发展源于科学技术自身的内在属性:科技进步的非均衡性,科技进步的短期效应与长期效应的矛盾性,科技进步的福利二重性,科技的高成本化,科技的政治军事化等。

应该说,全球问题归根到底是人的问题,不仅仅是由于人是整个社会最基本也是终极性因素,而且还因为人创造了科技文明,是科学技术的主体。但是,人对科学的认识并不是充分的和一致的,科技进步与人的发展日益形成目标上的分离,这正是全球问题的实质。因此,人和人类社会与科技进步之间的互动关系,为我们提供了一个分析全球问题产生和发展的基本视角。

当然,解铃还须系铃人,全球问题的解决仍寄希望于科学技术的人文式发展。针对科学技术发展的特点,加强科技管理是必要的,这尤其依赖于社会制度的创新。

制度创新。除了纯粹由自然力产生的自然灾害以外,环境问题都是伴随着国民经济和社会发展而发生的,特别是与人类各种经济活动有着十分密切的和不可分割的联系。因此,环境问题实质上是个经济问题和社会问题,是人类自然的而且是自觉的建设人类文明问题。环境问题的解决因而有赖于社会的整体变革与制度创新。

但是,事物发展是不平衡的。国家参与环境规则都是从本国利益出发,进行理性化比较、选择的结果。这说明,保护全球环境虽是一种人类的集体理性行为,但参与制定国际环境保护规则并按规则行事则是各个国家的个体理性行为,环境机制的创立即是将各个孤立甚至是矛盾的个体理性结合为集体理性的努力。国际环境机制建立后,国家的个体理性行为便须纳入集体理性的范畴,受到集体理性的引导和限制,而失去某种独立性。

环境机制建立起来后便反过来对国际环保事业起到极大的促进作用,包括规范国际行为、缓和冲突的稳固形式;促成达成协议来增进了解,扩大共同的利益认同,汇集一项新的政策。

当然,机制的作用仍然是有条件的,机制只有当它发展出一体化的行为系统时才真正起作用,这种一体化系统成功地增加了透明度,提供了有效与可信的制裁手段,通过建立一定的措施,防止而不是阻碍违犯机制的行为,为政府减少实施的费用。另外,机制还必须适应国家可行的法律、政策与计划。

如果不能满足这些要求,或者因为实践本身的复杂性因素,往往会出现有国际机制却产生国际环境规则不被遵从的问题。不遵从的原因很广泛,包括缺少制度、资金与人力资源,以及对于特定职责的意义或要求的不同解释。

这说明,制度创新和科技进步一样也不是万能的,孤立地看它们本身都充满了"悖论"。这种"悖论"反过来推动着我们的观念更新。

事实上,全球问题之间相互关联、相互作用,任何一个问题的解决都离不开其他方面危机的消除。正如联合国人口基金 1994 年 8 月 17 日公布的《世界人口状况》报告所指出的:人们越来越认识到,"贫穷、就业、缺乏粮食、水和能源、过分消耗、环境破坏和社会分崩离析这些全球问题互相纠缠在一起,不是一种办法就能解决的"。这是人类非可持续发展所带来的必然结局。从发展趋势看,全球问题的解决必将是文化革命与体制创新的结果;而所谓"文化革命"主要就是指要变革导致人与自然以及人与社会间失衡式发展的现代文明,创立以观念更新为标志的以协调人-社会-自然关系为内涵的新型精神文明。

观念更新。全球问题关系到全人类的生存与发展,体现了全人类的共同利益,它的解决既需要国际社会的协调与合作,更需要各国采取适当的经济发展战略和政策。目前,当务之急是各国政府能够认识到,在发展经济的同时,必须处理好人、自然界、社会、国家间的关系。做到这一点的关键在于转变人们的思维方式和观念,使人们从传统的发展思维方式的羁绊中解放出来,树立符合现代社会发展需要的新的思维方式。

首先,从片面的科技观转为全面的科技观。对于现代科学技术的作用,有两种截然不同的观点。一种是"科技万能论",认为依靠科学技术可以解决目前人类面临的所有问题,而忽视技术的负面社会效应;另一种是反科学主义的态度,即把目前世界发展中出现的所有问题都归咎于科学技术的发展,夸大其负面社会效应。我们应确立一种全面的、科学的科技观,这种科技观既充分肯定现代科学技术在社会发展中的巨大能动作用,又能够正视现代科学技术带来的负面社会效应。为此,一是要更好地发挥科学技术的社会功能,充分利用现有的科学技术或是通过开发新的科技领域和科学技术,为解决人类面临的全球问题服务。二是逐步建立和完善科技效应评价体系,更好地发挥其正面社会效应,克服其负面社会效应。三是强化科学技术的社会调控体系,建立社会制约机制,加强国际和国家科学立法,规范科学研究和技术运用。四是大力提倡符合人类基本价值的科学道德观,谴责那些只为追求少数人和少数国家的利益不惜从事危害人类共同利益的科学活动。

其次,从人与自然对立的思维方式转向追求人与自然和谐发展的思维方式。长期以来,在人与自然的关系上一直存在着种种认识误区。一是将两者的关系截然对立起来,认为人类与自然间的关系就是征服与被征服、改造与被改造的关系。实际上,人和自然界作为社会自然系统的两个因素,既具有相互对立的一面,又有相互依存的一面,处于对立的统一之中。人类为了自身发展的需要,要改造自然界,但同时应积极地适应自然界,把改造和适应自然界有机地统一起来,使自然界可以承受人类的改造活动,从而将改造活动限制在对生态环境危害最小的合理范围内,使之可持续发展。二是未能辩证地看待自然界的利用和保护、索取与补偿,认为自然界能够提供给人类的资源取之不尽、用之不竭,实际上人类可利用的资源是有限的。在人类社会同自然界的交换中,自然界因把物质和能量贡献给人类社会而逐渐贫乏和枯竭,为了保持人与自然界的和谐,人类必须设法补偿自然界的消耗,为此要确立资源的有限和无限对立统一的科学资源观。三是将人的价值同自然界和环境的价值背离起来,认为人是自然界的中心和主宰,世界上的一切事物都以对人的功利关系而决定取舍,形成了以牺牲生态环境为代价单纯追求经济增长的传统发展观,将社会发展仅仅理解为经济增长,并把国民生产总值作为衡量社会进步和发展的唯一指标,违背了科学发展观。

再次,从国家间相互对立、矛盾、冲突的思维方式转向彼此间相互合作、求同存异的思维方式。长期以来,特别是在两极格局的国际背景条件下,不同的国家集团之间,不同的社会制度之间,国与国之间,矛盾的斗争性占主导地位,它以国家间意识形态的尖锐对立、政治上的激烈对抗、经济上的相互封锁为表现形态,将人类有限的物质资源投入到疯狂的军备竞赛之中。这不仅加剧了国家间的矛盾和冲突,将人类拖入了战争的边缘,而且对生态环境造成严重的破坏,威胁到整个人类的安全。今天,和平与发展已成为世界的主题,世界一体化的进程呈现逐步加速的趋势。为适应客观环境的变化和要求,应建立一种新的思维方式,既承认阶级和民族矛盾,承认各国的国家利益,又必须注意到国家之间的相互依存性和矛盾的同一性,承认人类有着共同的利益。特别是要解决人类面临的全球问题,各国政府只有求同存异、加强合作,才能为人类营造一个美好的家园。

最后,从人与人之间的对立、两性之间的冲突转向人与人间的平等、合作与协调发展。全球问题的解决有赖于人类自身的发展,更有赖于人类两性间平等、和谐关系的真正与有效的建立。从全球问题三个层次内涵来看,女性力量、因素与原则的发掘、凸显与倡导,妇女自身的发展,两性和谐、平等、协调关系的真正确立,是推动人-社会-自然系统和谐、有序、持续发展的关键,也是解决全球问题的必然要求与希望所在。可以预见,全球问题的解决离不开妇女的参与,而且相当程度上是女性力量、原则与价值得以真正显现的过程。全球问题的解决之道——"文化革命"和体制创新——的一个应有之义就是要建立起以两性协调一致和突出女性作用与价值的新体制。认识到这一点,本身就是人类社会的巨大进步。

思考题

1. 人类迈入 21 世纪初的今天,全球问题已经严重到何种地步?
2. 全球问题的形成和发展对国际关系有何影响?
3. 如何进行全球治理?

第十一章　国际关系的发展趋势

正如我们在第一章所提及的,国际关系是一个历史过程,有其过去、现在和未来。自以威斯特伐利亚和会为肇始的民族国家体系诞生以来,国际关系就随着工业文明的步伐、全球化的潮流不断深化其内涵,拓展其外延,从近代文明发达的欧洲扩张到全世界,从较为单纯的主权国家关系演进成国家、国际组织和跨国利益集团等行为主体之间的多层次关系,从战争与和平的高级国际政治领域渗透到福利、合作和环境保护等低级国际政治领域。如果说,17、18世纪是国际关系的生育期,19世纪是国际关系的成长期,那么,20世纪特别是70年代以来,似乎可以说,国际关系开始进入它的成熟期。自1919年参加巴黎和会的各国政治家们决定设立专门研究国际关系的学科与学术机构以来,国际关系在百年发展中,特别是在二战后70多年里,经历着种种多角度、多层次、多维度的深刻复杂的演变,并日益走向成熟。这些变化我们已经在第二章和第三章中作了较为详细的陈述。透过这些变化,展望未来,我们可以预见国际关系的未来发展趋势。总的说来,当代国际关系可以归纳为一个主流趋势和三个重要趋势。国际关系的主流趋势是和平与发展。国际关系的三个重要趋势是:国际关系日益多极化,但超级大国的单极追求将长期存在(这在第一章已论及);国际关系日趋组织化,民族国家仍将是国际关系的基石;国际关系日渐民主化,但非民主因素还在顽抗。

一、和平与发展

(一)两种不同的和平观

自古以来,和平与发展既是人类孜孜以求的目标,又是实现幸福的手

第十一章 国际关系的发展趋势

段。不论是东方人崇尚"和为贵"和"非攻"思想,还是西方人相信上帝给他们的福音是和平,都说明了人们对和平的向往。但丁在他的名著《论世界帝国》中指出,整个人类文明的目的是实现人类发展智力的能力,而达到这一目标的最好的方法是实现世界和平。但是,在世界历史的长河中,战争的此起彼伏使得和平异常稀缺,科技文明的非均衡进程导致了经济发展在绝大多数国家和地区步履维艰。直到人类进入20世纪中期,国际关系开始发生一系列根本性变化后,缔造世界长期和平的曙光才完全跃出地平线,人类的全面、均衡发展才获得了前所未有的机会和条件。随着经济相互依存和经济全球化的进展,和平与发展越来越成为世界的两大主题。正如邓小平所说的:"现在世界上真正大的问题,带全球性的战略问题,一个是和平问题,一个是经济问题或者说发展问题。"和平与发展成为当代世界的两大主题,不仅因为它从根本上关乎世界人民的共同利益和整个人类的前途,反映了一切热爱和平、追求幸福的良好愿望,还在于它体现了一种历史进程,因为国际关系已经发展到一个崭新的阶段,"战争与革命"不再反映时代的要求,科技革命、大战悲剧、相互依存和理性进步逐渐促使人类将自己的行为约束到和平、和谐与丰裕的轨道上来。

把握住和平与发展这个主流趋势,就等于掌握了当代世界的脉动,为管理内政外交提供较为合理、科学的时代背景判断,但要真正地全面地理解和平与发展大势,而不是将之仅仅解读为"天下太平"、"繁荣昌盛"、"无战争时代已经到来",就必须较为深入地了解不同的和平观与发展观。

二战以来,人类享受到半个多世纪的长期和平,没有爆发超出地区性局部战争的大规模战争,关于"世界大战不可避免"、"和平只是两次战争的间歇"的判断和关于资本主义矛盾激化必然导致无产阶级世界革命的预言都没有成为现实。特别是苏联解体、两极体系瓦解和冷战终结,使得国际关系总体缓和的趋势得以增强。但是,对于实现和平的目的和缔造和平的手段或方式,以美国为首的发达国家和包括中国在内的发展中国家有着不同的理解和态度,从而形成两种不同的和平观。

首先,在国际和平的目的上,美国和发展中国家有着不同的利益追求。对于美国来说,(1)国际和平就是确保美国在世界经济中的垄断地位和垄断利润。所以,美国所理解的和平、秩序和稳定,与其主导的世界经济的稳定,垄断资本的自由出入,世界原材料市场不发生动乱,以及旧的金融-贸易-投资三位一体的世界经济秩序的不受挑战紧紧地联系在一起。1991

年,以美国为首的、以西方国家为主的多国部队在海湾战争中打伊救科,与其说为了世界正义,不如说为了石油利益和世界市场秩序。(2)国际和平就是确保美国单极霸权。在美国看来,霸权既是目的,又是手段。霸权可以带来霸权治下的和平,而一旦霸权确立,这种和平又被作为维持霸权的手段,因为这时的霸权已经深深地纳入了美国的核心国家利益。任何真正追求和平的努力,按照美国战略家的解释,尽管可能造成局部的和平与稳定,但危及地区的或全球性的国际稳定,也就是说,直接或间接地挑战了美国霸权,而美国的霸权就是世界和平。美国的这种和平—霸权观念实质上反映了"美国中心主义"和霸权心态,体现了美国的国家利益要求。作为世界上唯一的超级大国来说,美国最大的国家利益就是确保其世界领导地位不被动摇。在美国人的观念里,霸权或言"领导地位",与和平、秩序是同义语。任何不利于"美国霸权治下的和平"的国际变化,即使是自然而然的变化,都被视为对美国霸权有意的挑战,美国所做的第一件事情便是尽最大可能地防止这种事态的进一步发展。在这一点上,不论是中国、日本,还是俄罗斯、德国,都在它的战略遏制视野之内。虽然美国从外交语言和理论掩饰上对于霸权与和平相关性的表达不如20世纪五六十年代那样赤裸裸,但从其实践上看,无论是通过北约东扩来防范俄罗斯,还是用深化美日同盟来遏制中国,都是对"和平秩序"一词的同一注解。(3)国际和平就是确保美国价值观在全球畅行无阻,使世界美国化。美国认为,美国式自由民主制度是通往人类解放的唯一的金光大道,美国要捍卫的和平秩序,就是美国所遵循的自由民主秩序,也就是"人权充分实现的国际秩序",只有借助这条"和平之舟"才能达到自由的彼岸。被指责为"非自由民主政体"的国家是必须加以改造和防范的对象。冷战后美国推行的"人权外交"、"人权高于主权"的"新干涉主义",印上了美国的"自由秩序至上"的标记,其最终目的就是实现美国一统天下。

对于中国等发展中国家来说,国际和平的目的则与美国大相径庭。(1)和平就是维护主权。广大发展中国家倾向于将和平宗旨等同于主权与领土完整、社会稳定与人民安居乐业。与发达国家不同,广大发展中国家过去曾是西方国家的殖民地,长期以来遭受殖民主义的政治压迫,没有主权,独立后的数十年岁月里,美苏两个超级大国争夺世界霸权,竞相介入"中间地带",致使发展中国家内乱不止,冲突不断,国家主权与领土完整屡受侵害,人民生活秩序难以得到保证。亚非拉的许多地区,像东南亚、中西非、海湾地区、中东、南亚、中美洲等地区,差不多是"十年一大战,五年一小战,无

第十一章 国际关系的发展趋势

时不备战",这些地区的国家和人民最渴望和平。冷战后,对发展中国家来说,虽然来自美苏两极对抗的安全威胁消失了,但发展中国家的战略地位却相对下降,超级大国干预内政的可能性大大提高了,捍卫主权不受侵犯的任务似乎更严重了,要时刻应付新干涉主义对其主权的干涉。(2)和平是为发展民族经济营造一个有利的、安定的周边环境和国际秩序。以中国为代表的发展中国家几乎毫无例外地将发展国民经济、消除贫困、提高人民生活水平视为最紧迫的国家战略任务,外交的头等大事也就是尽最大可能为国家经济建设创造一个良好而和谐的国际环境,尤其是周边安全环境。一些非洲国家常常为邻国因饥荒、内乱引起的难民潮而大伤脑筋,中东的石油输出国则十分关注国际交通航道的畅通无阻,东亚贸易立国的外向型经济国家几乎无时不担心世界任何一次局部战争的可能发生,而几乎所有的发展中国家都担心霸权主义的霸道行径。

其次,以美国为首的发达国家与发展中国家对于和平的缔造手段也认识迥异。总体而言,美国等西方国家倾向于通过某种强制力实现"消极和平",而发展中国家则更加愿意通过政治和外交方式,说服冲突当事国放弃武力,并专注于以发展求和平的"积极和平"方式。具体地讲,在美国看来,和平可以源于如下三个方面。(1)霸权的存在和维持。美国认为,在一个没有世界政府管辖的国际社会中,这种无政府状态是导致战争连续不断的根本原因,要解决这一个问题,在建设一个世界政府之前,一个"很好"的途径是有一个"世界警察"的存在。国内社会里警察可以维持社会秩序,国际社会里"世界警察"也可以担负类似的任务,这个"世界警察"显然不是选出来的或任命的,只能由世界上实力最为强大的霸权国担任。冷战后,美国成为唯一的超级大国,似乎更有条件也有可能去创造这种"霸权治下的和平"。美国推行霸权主义,除了在一些热点地区发动先发制人战争、强制介入、"维持和平"外,最主要的方式就是对有可能挑战其霸权地位的国家或国家集团进行政治孤立、军事威胁和经济遏制。(2)"民主扩展"也可创造国际和平。这也就是西方国家最为盛行的"民主和平论"。它认为,从历史上看,特别是从战后国际关系史来考察,尽管民主国家常常同非民主国家大开战事,民主国家之间却没有或很少发生战争,它认为有两个因素在起作用:一是民主国家的民主参与机制可以完美地将人民群众的和平意愿较充分地上升为国家意志,而其三权分立的权力制衡机制则能够对领导人非理性的战争冲动和不计后果的对外行动加以牵制;二是因为民主国家的政治文化背景与制度规范环境都趋于相似,这也会使得民主国家之间的战争行为不可能发生。按照这种观点,只要将世界上的所有国家都改造为西方式的民主国家,世界和平就有保证了。老布什政府对苏联和东欧的"和平演变",以及克林顿政府的"民主扩展"战略都是这种观点的具体实践。"颜色革命"是美国屡试不爽的制胜法宝。(3)均势的形成。接受政治现实主义理论的美国政治家、外交家们认为,通往世界和平的道路主要有两条,除了霸权,就是均势。所谓均势,就是权力均衡,即以恶制恶,以强权对抗强权,以实力对抗实力,在他们看来,世界的无政府状态和世界资源的有限性决定了各主权民族国家只能求助于自助体系才能生存,它们不得不将民族国家利益和国家安全置于对外政策的首位,从而导致了国家关系的冲突和竞争;国际政治的本质是权力政治,每一个国家都致力于最大限度地保持权力、显示权力和增加权力。世界的本质与其说是合作的,不如说是冲突的,世界和平在没有世界政府和霸权秩序的情况下,只有通过以权力制衡权力才有可能真正取得。正如市场经济下产生平均价格一样,无政府状态下产生均势是国际政治的一种内在本性,因为国家间权力对比变化无常,当一个新的权力中心出现或正在出现时,其他国家就产生某种联合制约的本能行动,均势往往因此发挥保护中小国家安全、维持国际秩序的功能。美国战略家认为,无论是实力对抗强权或联盟对抗强权的传统均势模式还是核均势,都有助于维护地区稳定与世界和平。冷战后,美国为了维持现有的"全球霸权",不惜在欧洲、亚洲、中东等地区驻扎重兵,且采取北约东扩、加强美日同盟等方式维持各个大陆的地区均势,以防任何大国的迅速崛起,对其"霸权"构成潜在挑战。因此,说"中国崛起将打破地区平衡,对邻国安全产生威胁",都是美国从自身的霸权利益出发发动的预防性外交攻势。实际上,美国是在追求其霸权主导下的均势,借均势策略达到谋取和巩固霸权的战略目标。

中国等发展中国家坚决反对"霸权稳定论"、"民主和平论",反对霸权主义、"新干涉主义"真战争、假和平的本质。霸权主义除了在个别地区实现了一些强制的、不稳固的"和平"外,在世界各地留下了不灭的硝烟;西方民主不能确保和平的实现,不仅两次大战证明不了"民主国家"不开战的论点,就是战后欧洲长期和平也不能简单归因于西欧社会制度的同一性,美苏核均势等因素不能忽视。同时,发展中国家并不一般地反对均势和相互依存对于和平的推动作用,只是反对任何大国为了维持地区均势而诉诸武力,入侵和控制中小国家,或进行常规军备和核军备竞赛,以及反对经济大国利

第十一章 国际关系的发展趋势

用经济相互依存关系中的不对称性而企图控制、要挟处于劣势地位的发展中国家。

相比之下,发展中国家更重视以下因素在维护世界和平中的作用。(1)国际法。只有尊重和严格遵守以《联合国宪章》为代表的国际关系基本准则,世界和平才能得以维持。必须坚持反对寻找借口对《联合国宪章》宗旨和原则进行不负责任的解释或篡改,以强权偷换国际法,破坏主权平等原则,恣意干涉别国内政,直至武力施压,利用"人权高于主权"及"人道主义干预"侵犯独立国家的主权。全球霸权主义与地区霸权主义是世界和平与地区稳定的主要危险。(2)世界和平力量。战后以来,世界上主要出现了四股和平力量,一是新获独立的发展中国家。它们摆脱了殖民体系的统治,将发展民族经济争取和平环境作为重要任务,在国际舞台上奉行"和平、中立、不结盟"政策,以维护世界和平为己任。1955 年在印尼万隆召开的"亚非会议",1961 年在原南斯拉夫创立的不结盟运动,都对第三世界反对霸权主义、争取世界和平起到了积极作用。二是以西方国家人民为主体的世界范围内的和平运动,如 20 世纪 60 年代美国的反战运动、欧洲的绿党和绿色和平运动以及 1986 年的"国际和平年活动"。正如康德所认为的,人民的天性是爱好和平的。20 世纪两次世界大战的惨痛教训,促使全世界爱好和平的人民,特别是欧洲人民最终联合起来,相互支持,通过示威、集会、抗议和议会游说等各种合法方式,反对扩军备战、进行核试验、研制太空武器和缔结军事集团,这对于防止世界大战的爆发起到了不可低估的作用。三是中国在维持世界和平方面发挥了中流砥柱的作用,坚持将"互相尊重主权和领土完整,互不侵犯,互不干涉内政,平等互利,和平共处"五项原则作为外交政策的基本准则,在反对霸权主义、强权政治和保卫地区与世界和平方面作出了重要贡献。四是热爱和平的广大中小发达国家,以及超级大国外交决策集团中的鸽派人士。他们受和平运动与和平主义思想影响很深,往往作出有利于地区和世界和平的决定。(3)国际新秩序。发展中国家倾向于认为,局部战争、国际冲突这些国际暴力现象的根源在于国际社会中,无论是社会产品还是社会价值,都存在着强烈的分配不公,尤其表现为处于世界体系中心支配地位的发达国家与处于边缘从属地位的发展中国家存在着较大的非对称关系,发达国家在国际生产扩张、国际贸易条件、国际金融地位诸方面都压迫着发展中国家,这种国际经济结构的失衡是导致战后第三世界战事不断的根本原因。只有改变这种不均衡的国际经济结构,或国际经济旧秩序,建立起南北国家之间平等互利的新秩序,推动发展中国家的经济发展,才能从根本上消除发展中国家的内部动乱因素,也才能缓和南北之间的严重对立。(4) 国际组织。发展中国家认为,国际组织在促进战后和平方面功不可没。一些专门性国际组织如国际奥委会、国际气象组织可以加强各国的人员沟通和相互了解,一些地区性的国际组织如欧盟可以协调其内部各种矛盾,一些重要的国际经济组织在纠正世界经济发展不平衡,缓解金融危机方面颇有建树,如世界贸易组织(WTO)在贸易政策方面对发展中国家的特殊照顾,又如 IMF 多次积极促成债务重议,缓和了发展中国家的债务负担。在缔造和平方面最重要的国际组织当属联合国。以联合国为核心的全球性集体安全与维持和平机制,有利于建立稳定有效的集体安全保障体系,以集体的优势实力制止侵略和战争行为。冷战后,该组织在对付地区性冲突、打击国际恐怖主义和防止大规模杀伤性武器特别是核武器的扩散等方面,在监督西撒哈拉各方执行停火协议,以及于1991 年制止伊拉克对科威特的侵略,帮助柬埔寨重建民选政权与国内秩序,解决 1998 年 2 月和 11 月两次伊拉克危机等方面,都发挥了积极的作用。目前,最重要的优先努力是维护联合国安理会在维持地区和平方面的主导作用,通过联合国改革强化其权威和作用,使其在维护国际和平与安全方面真正负起首要责任,在任何情况下其地位和作用都不应受到质疑和削弱,也决不允许任何国家绕开它擅自行动。

不难看出,以美国为首的发达国家与包括中国在内的广大发展中国家,在和平的内涵与实现手段的理解上既有共同点,又有巨大的不同。共同的和平观是推动国际关系总体缓和的主要因素,也是南北合作、人类进步的动力与标志。不同的和平观从根本上反映出处于世界秩序中不同地位的国家具有不同的利益需求。这说明,发达国家和发展中国家之间的霸权控制与反对霸权主义,维护国际旧秩序与要求建立国际新秩序的斗争不会停止,国际冲突仍会在大缓和的总体框架下此起彼伏。1999 年北约空袭原南联盟和 2003 年美国发动伊拉克战争,并没有改变大缓和的主流趋势,只是和平观的冲突在国际政治实践中的极端外化而已。

(二) 全球共同发展是大势所趋

自 20 世纪 70 年代的石油危机以来,人们越来越意识到国际关系中的根本问题是发展问题,而发展问题又不是纯粹单个国家的事务或国家集团的区域事务,而是关乎所有国家的全球问题,既包括发达国家的发展,也涉及发展中国家的发展,以及与这两类国家紧密相连的全球经济发展,实际上,也就是全球共同发展问题。在经济全球化和相互依存的时代,各国的经济发展已经水乳交融,息息相关。发展中国家离不开发达国家,后者的经济健康发展是世界经济的火车头,也是前者的主要市场、投资者;发达国家也离不开发展中国家,因为后者为前者提供重要的原材料、廉价的劳动力和重要的经济环境。发达国家的每一个经济危机都引发了世界性的经济危机,同样,发展中国家的金融危机、石油危机、债务危机照样可以震动西方的经济体系,甚至导致经济衰退,如1982年的墨西哥债务危机、1997年的亚洲金融危机就是从发展中国家开始的,最后波及了美国、日本等发达国家。目前,全球共同发展有以下几个问题亟待解决。

一是南北问题成为制约世界健康发展的"毒瘤"。南北问题,也就是发展中国家与发达国家经济发展不平衡、经济关系不平等的问题,是目前最大的发展问题。如果这个问题解决得不好,即使发达国家经济水平进一步提高,世界总量有较大的增长,世界经济总是处于极端不均衡状态,全球社会的经济、社会、政治危机随时都可能爆发。发达国家与发展中国家的经济差距有多大?南北问题的紧迫性有多强?让我们看看几个比较数字吧。如果你生活在发展中国家,那么

——你的蛋白质营养状况只有在发达国家的58%;
——如果你到了上小学的年龄,你上学的机会比在发达国家少200%,等你长大成人,你成为文盲的可能性比在发达国家大9倍;
——你的收入只相当于发达国家公民收入的8%;
——你拥有的人均医生人数和医院床位数只相当于发达国家所拥有的9%和18%;
——你的婴儿在5岁前夭折的可能性比在发达国家大8倍;
——你比生活在发达国家少活14年。

反映在总体数字上,2018年发展中国家的人口占世界总人口的86%,国内总产值(GDP)却仅占全球总GDP的39.7%。很明显,南北问题不解决,南北贫富差距将越来越悬殊,必然加深南北矛盾,加剧南北对抗,严重影响整个世界经济的健康发展。

解决南北问题,促进南方国家的经济发展,看似发展中国家亟须解决资

金、投资、外援等问题,实际上也涉及内外一系列的配套改革与合作问题。就单个国家而言,必须在尽可能争取外援的同时,致力于自身建设,根据自己的国情制定发展战略,调整经济结构,加大教育和科技投入,加强对外出口,建立市场经济体制,并相应地改善政治体制;就发展中国家整体而言,改变目前的"发展困境"不外三条道路:南南合作、南北对话和推动建立国际经济新秩序。第一条道路是最为现实的,1955年在印尼万隆召开的亚非会议开启了南南合作的先河,20世纪60年代被称为"穷人工会"的"77国集团"建立,它在70年代以"第三世界国家经济合作委员会"为协调机构,为促进南南合作做了大量工作,自20世纪60年代到80年代初,发展中国家共建立起包括石油输出国组织、中美洲共同市场等各种经济合作组织60余个,内部贸易额由近百亿美元增加到1500亿美元。目前,南南合作的重点还是发展中国家之间建立各种区域性的自由贸易区和共同市场。第二条道路是南北对话,目前,由于发展中国家之间经济的两极分化、发达国家对发展中国家原料的替代制品越来越多,以及两极体系的崩溃导致发展中国家作为"中间地带"的地位有所下降等原因,南北对话陷入僵局。但是像墨西哥等国却在探寻南北合作的新途径,1994年,美国、加拿大、墨西哥成立北美自由贸易区,这是历史上第一个由发达国家和发展中国家共同筹建的经济合作组织,具有特殊的意义。至于第三条道路,它是必需的。发展中国家就整体而言要尽快缩小同发达国家的经济差距,在现有的国际政治经济条件下几乎是不可能的,其合理的逻辑是,必须改变不合理国际分工基础上的国际生产体系、以不平等交换为基础的国际贸易体系,以及以垄断资本为基础的国际金融体系。建立国际经济新秩序,这是一项长期而艰巨的任务。

二是加强世界经济的协调机制,规范各国政策行为,对国际经济生活中的突发事件采取共同干预行动,以保证世界经济及各国经济的持续发展。目前,各国对外开放日趋发展,经济全球化加速进行,国际经济的互动性日益扩展,这就要求相关国家采取相匹配的经济措施,争取实现共同的经济内外均衡,避免在冲突的经济调节中形成对各自均衡的破坏力量,同时,通过对各国经济政策进行国际协调,克服过度竞争和市场进入障碍,特别是要向发展中国家提供更多的市场准入机会。在世界经济的协调发展中,要充分照顾发展中国家的利益。

三是共同应付"全球性问题"的挑战。如果说,20世纪80年代以来,美国等西方国家可以凭其经济的优势和利用对发展中国家原料依赖的减少,

第十一章　国际关系的发展趋势

而对广大发展中国家的发展需求和南北对话怠慢冷漠的话,那么,在层出不穷的"全球性问题"面前,它们再也不能不采取合作的态度。世界人口问题、粮食危机问题、世界能源问题、世界资源问题以及世界生态问题等已经不是哪一个国家单独造成的,也不是只针对哪一个国家的,更不是仅靠哪一个国家的"单干"能够解决得了的。关于这五大危机的数字说明,我们也许并不陌生。我们在这里需要指出的是,这些危机相互联系,已经形成了一种恶性循环,其中人口问题是全球性危机的核心,它必然导致粮食、能源、自然资源和生态环境的危机,而生态环境和自然资源的破坏又反过来使得"靠山吃山,靠水吃水"的发展中国家,进一步丧失了发展农业经济的自然基础,必然发生粮食问题,并更加不计后果地开采弥足珍贵的国家自然资源。值得注意的是,这种问题不仅在发展中国家存在,发达国家在制造"全球性问题"方面更是难辞其咎,二氧化碳等废气排放量的 2/3 来自工业发达国家,发达国家还把数不尽的污染工厂转移到发展中国家,把许多核废料、工业垃圾和污染物输送到发展中国家,把发展中国家作为其能源和初级产品的加工厂。正是发达国家在近代史上对发展中国家能源和自然资源的掠夺性开采,以及对殖民地人民的经济压迫和政治迫害,才造成了今天世界生态环境的严重恶化,并由此导致了发展中国家的集体贫困和人口危机。同时,技术进步的负面效应带来了全球危机,这在"罗马俱乐部"的两份报告——《增长的极限》(1972年)和《人类处在转折点上》(1974年)中得到深刻的阐明:"如果缺乏更为恰当的词语,我们仍然必须把所有这一切称作危机。这是一种压倒一切的、划时代的危机。它贯穿于人的生活的各个方面。罗马俱乐部把它称为人类的'困境'。"这种困境是人类生存与发展的困境。

(三)和平与发展的相互关系

和平与发展既是各有特点的不同趋势,又是相生相伴的统一进程。发展离不开和平,和平也离不开发展,两者互为因果,相互促进。

"和平是发展的保护神",是促进经济发展的基本条件。对任何一个国家而言,周边环境动荡不安、战乱频仍,都会影响其正常的经济建设、社会发展,不但对外贸易难以顺利开展,连起码的国际交流也难以持续。就世界范围而言,如果国际局势严重不稳,军备竞赛不断升级,军费开支日益庞大,就会大大消耗世界各国宝贵的资金、人力和自然资源,严重制约世界各国经济的发展。如果爆发核大战,连人类生存都成问题,发展问题更无从谈起。这方面的例子不胜枚举。原南斯拉夫在20世纪80年代初还是中等发达国家经济水平的巴尔干强国,被誉为"社会主义国家的购物天堂",但进入90年代后政局不稳,国家分裂,战事不断,从波黑内战到北约空袭科索沃,几十年来的建设成就毁于一旦,原南联盟经济已倒退到第二次世界大战前水平。伊拉克也是如此,本来在20世纪70年代已是中东地区较为富裕的国家,但因后来打了8年的两伊战争导致其综合国力和经济实力不断下降,到1991年,又发动了吞噬科威特的战争,结果被以美国为首的多国部队击败,经济制裁已近10载,沦落到连起码的卫生保健用品、食品都难以维持的地步,经过伊拉克战争,更是百废待兴。另外,40多年的冷战给人类经济发展带来了巨大的灾难。1949年世界军费约2 000亿美元,1980年达到4 000亿美元,至1986年已高达1万亿美元,2018年增至1.82万亿美元,2020年突破2万亿美元。20世纪80年代中期,美国的军费开支接近全世界军费开支的30%,而如今已超过30%。据世界银行统计,1986年发展中国家1万亿美元的外债中,1/4源于武器购买。如果把世界军费的1/5用于解决世界饥荒,那么在短时间内就能基本解决这一世界性难题。如果20世纪80年代世界军备裁减25%,90年代再裁减15%,并将它用于发展世界经济,那么发展中国家的GNP至少可以提高3.7个百分点。

发展是稳固和平的"诺亚方舟",是积极和平的"助推器"。和平从来不是抽象的、绝对的,而是具体的、相对的。和平有稳固和平、脆弱和平,积极和平、消极和平之分。从操作层面讲,霸权可以带来"强制下的和平",均势可以导致"两强对峙下的稳定",核大国的"相互确保摧毁"可以营造"核威慑的恐怖和平",但从根本上讲,这些和平都是消极的、不稳固的和平,因为它们源于对直接暴力的强制约束,是利用了人们对于战争的恐惧而不是对和平的向往。积极和平或稳固和平的缔造,本质上与经济发展息息相关,发展对于和平的贡献主要分布在两个层面。第一个层面是,经济全球化带来的经济高度相互依存有助于和平营建。战后世界各国的贸易、金融和投资相互依存大幅度增加,1996年,世界商品贸易额是1950年的16倍,而同期世界各国GDP增长不足5倍,世界出口总额占世界GDP的比重从7%增加到15%,2018年全球贸易总额高达39.342万亿美元;全球范围内金融市场已经从支离分割的状态,进入了一个相互联结的统一市场,资本的越界流动已接近天文数字;投资相互依存更是不可忽视,以美欧为例,美国在欧洲的投资额高达1 750亿美元,而欧洲在美国的投资额也超过2 350亿美元。各国经济的这种相互依存,导致不少外向型经济国家某种程度上结成了"一荣俱荣"、"一损俱损"的命运共同体,一个开放的大国如果发生经济危机,就会极大地影响到其他国家的经济健康发展,甚至会引发全球性经济危机,更不要说诉诸武力挑起世界大战给国民经济和世界经济可能带来的毁灭性灾难了。

发展推动和平的第二个也是更为根本的层面是,巩固的和平必须通过消除国内社会和国际社会的社会产品分配不均和经济结构的严重失衡才能获得。即是说,和平只有建立在一个均衡发展、相对富裕、分配公正的盛世基础之上,才能根深蒂固,才能与人类的天性相符;相反,在贫困、饥荒、两极分化和经济危机之上筑起的和平,只能是沙滩上的城堡,经不起风吹雨打,结构性矛盾积累到一定程度,必然会以次国家形式、国家形式或国家集团形式爆发冲突与战争。二战后之所以没有发生大战,世界经济的健康发展功不可没,一方面,世界各国积极发展对外贸易,国际依存度加深,战争成本加大,从而制约了战争的动机;另一方面,发达国家充分利用第三次技术革命,迅速发展社会生产力,缓和了社会矛盾和维持了社会稳定。战后局部战争大多发生在发展中国家之间,与这些国家经济危机、发展缓慢也不无关联。可以肯定,经济发展,特别是发展中国家的经济发展,是维护世界和平的强有力保证,邓小平指出的"世界和平能否维护,归根到底是第三世界发展的程度如何",就是这个含义。发展中国家从人口到地域都占世界的大部分,又处于经济发展的不利地位,所以,世界的发展归根到底是指发展中国家的发展。发展中国家是维护世界和平的主力军,其发展程度将很大程度上决定21世纪人类和平的前途。

二、民族国家和国际关系的组织化

(一)国际关系的组织化趋势

正如我们在前面所专门陈述过的那样,当代国际关系发展的最显著特征之一,就是国际组织的蓬勃发展。20世纪六七十年代以来,随着第三次科技革命的到来,交通工具、通信设备及宇宙、海洋等科学技术的巨大进步,地球上的空间距离相对缩小,各国之间的相互交流、沟通进一步加深,整个国际社会的联系日益密切,国际关系行为主体之间多渠道、多形式的联系更加频繁,世界由此进入了一个相互依存的新时代。国际制度、国际规则、国际法及其载体国际组织,以前所未有的速度蓬勃发展。20世纪初,世界有200多个国际组织,到50年代发展到1 000余个,70年代末增至8 200余个,1990年约为2.7万个,1998年为4.8万余个。21世纪初超过5.8万个,截至2016年高达6.2万余个,其中,政府间国际组织(IGO)占少数,绝大多数为非政府间国际组织(INGO),这些INGO的90%以上是20世纪50年代之后发展起来的,所以人们常说,"18世纪国际战争多,19世纪国际会议多,20世纪国际组织多"。国际组织在20世纪后期的爆炸性增长,深刻地反映了国际关系的巨大变化,这种变化可以称为国际关系组织化。

国际关系日益组织化,主要有几个表现形式。

第一,国际组织已经向国际社会各种议程、国家间各种关系领域全面、深入、多方位渗透,已经找不出哪个国际领域没有国际组织的"插手"。6万多个国际组织,包罗万象,从地理上讲,上至太空开发,下到海底资源共管,中间是大气层的环境保护;从国际事务上讲,大到战争与和平,小到邮电、气象,还有数不清的各类经济活动。仅就国际经济组织而言,有WTO、IMF、WB等全球性的有影响的专业性机构,也有区域经济合作的各种机构,包括各种原材料生产国组织,涉及如石油、铜、铝土、木材、天然橡胶、可可、咖啡、香蕉等各个领域,只要有人的地方就有国际组织的影子,可以说,在国际组织大发展的今天,世界上的大事小事,都"在劫难逃"了。

第二,国际组织及其制定的法规的"全球网络",将近200个国家或地区紧紧地"捆绑"起来,国际关系的整体性、协调性由此大为加强。我们知道,国际组织的发展,是缘于全球化下经济相互依存的影响,不同的国家为了相同的利益或解决"全球性问题"才进行跨国协调。如果没有国际分工、国际贸易、国际投资和国际金融的开展,没有人类共同面对的许多"全球性危机",国家就不会摆脱"光荣的孤立",走出国门去共做一块"国际蛋糕"。但是,国际组织和国际法的发展,反过来又规范组成国际组织的主权国家或实体,促使它们通过加强国际合作把蛋糕做得更大,所以,国际组织迎合了主权国家的"结社"偏好,在各个领域依据有关国际法将各国紧紧地"组织"在一起,国际关系由此在各个领域呈现出明显的整体性和协调性。同时,不

第十一章 国际关系的发展趋势

同的国际组织之间都有着一定的、有机的联系,总体上存在着一个以联合国为中心的联系网。联合国不但在其宪章中规定了它协调各国行动和各类国际组织的功能,而且实践上也确实如此。联合国安理会有权对任何全球性和地区性安全问题进行调查、调停和强制解决,对安全、裁军或军控组织无疑有着不言而喻的权威;联合国拥有包括世界知识产权组织、国际劳工组织、国际货币基金组织等在内的 16 个专门机构,这些专门机构在 16 个国际领域发挥着重要影响;联合国经社理事会按地区下设了亚太、西亚、非洲、拉丁美洲和欧洲 5 个区域委员会,它们与各个地区的国际经济与社会组织联系密切。另外,绝大多数的 NGO 都与联合国建立了直接或间接的联系,如仅在经社理事会取得咨询地位的 NGO 就达 600 多个。除了联合国这个网络中心外,还有其他地区性的子网络,每个子网络又都有一个小中心。如欧盟是欧洲地区各种地区性国际组织的协调中心,它与欧共体、欧洲煤钢联营、欧洲原子能共同体、欧洲法院、西欧联盟、欧洲自由贸易区、欧洲人权组织、欧洲议会等都或有着隶属关系,或有着合作联系。而阿拉伯联盟则是阿拉伯世界和西亚北非一带国际组织的协调中心,它对海湾合作委员会、阿拉伯石油输出国组织、伊斯兰国家会议等地区性国际组织具有不可忽视的影响力。实际上,几乎所有的国际组织在其章程中都明确规定,将发展与联合国和其他国际组织的合作关系作为重要任务。几万个国际组织叠加在一起,将国际关系联结成了一个整体,国际关系不再是以 19 世纪式的条块分割式、区域性、分散地发展,而是呈现出强烈的密切联动性和有机性。

第三,国际关系组织化是指,处在国际制度、国际规则和国际法约束和介入下的主权国家间关系,日渐显示出不断加强的"组织性",或称有序性。从国际制度起源上讲,不同的国家为了共同需要,订立了共同合作的契约。这些契约即使其监督机构和措施不能强有力地操作,至少也可以在约定的领域内,在成员国之间,有助于避免混乱、无序状态,使国际关系具有一定的可预测性和规范性。从国际制度的功能上讲,由于制度安排能够提供国际交往的信息,降低国际合作的成本,增加合作与交流的可信度,加大成员国对其他成员国未来行为的稳定预期,从而使得国际关系行为主体和国际社会处于一种可循的、有序的状态。每个成员国即便受到巨大的利益诱惑,有意对其他成员国采取背信弃义的态度,也要三思而行,因为其他成员国将来有可能在其他领域对它进行报复,而且,一次的背信弃义给自身造成的不良国际声誉,会长久地影响国家的对外交往。所以,它们往往为了长远利益而不得不牺牲眼前利益,从而采取守法与合作的策略。另外,从国际制度的发展趋势看,对单个国家而言,加入的国际组织和国际法越多,它对国际社会的联系和依赖性也越强,冲破国际制度网络、挑战国际秩序的成本也就越大;与此同时,国际组织的功能也在不断强化,特别在安全、经济等领域有的已经达到较为强有力的水平。例如,在联合国,"安全理事会关于维持国际和平和安全的主要责任和权力,不仅扩展到强制执行行动……而且为将来发展成为一个有效的制裁体系提供了各种可能性"。可以预见,随着国际组织、国际制度的网络化发展,国际关系的组织性日益强化,无政府状态将逐渐为有序状态所代替,一个全球治理的时代正在到来。

(二)国际关系组织化对民族国家的挑战

国际组织、国际制度及国际法的发展,国际关系组织化的现实与趋势,给国际关系的发展带来了一场"革命",这场革命的重要后果之一就是,主权的民族国家在国际关系中拥有的几个世纪恒久不变的稳固地位开始发生深刻变化。具体地讲,国际关系组织化浪潮中的民族国家面临着至少以下五个方面的挑战。

第一,国际关系行为主体多样化,民族国家不再是唯一的国际关系行为主体。国际关系行为主体是指能够独立参与国际事务,并能独立行使国际权利,承担国际责任与义务的实体。国际关系就是各行为主体之间的关系。在17世纪至19世纪的绝大部分时间内,国际关系基本上表现为主权的民族国家之间的关系。20世纪前期,国际组织有了一定的发展,但数量有限,局限于安全、军事和一些功能性部门,国际关系组织化程度不高。到了战后特别是70年代,随着全球化进程的加速,国际组织的出现如雨后春笋,许多国际组织实力强大,具有自己特殊的利益、目标和相对独立性,显示出令人刮目相看的独立参与国际事务的行为能力,无论是作为IGO的联合国,还是NGO的国际红十字会,以及像通用汽车公司之类的跨国公司,莫不如此。联合国虽然一度受到超级大国的操纵,但在很多情况下还是能够采取有利于世界经济、地区安全和国际稳定的举措。联合国在推动综合裁军、核裁军、全面禁止核试验、制止核扩散、建立无核区、禁止使用大规模杀伤性武器、防止外层空间军备竞赛方面;在促进发展中国家经济和社会发展,呼吁建立国际政治经济新秩序,以及援助非洲经济等方面;在促进国际人权方

第十一章 国际关系的发展趋势

面;在协调世界经济和平息国际金融危机方面;在刚果、黎巴嫩、克什米尔地区、海地、柬埔寨等地的维持和平行动,以及在其他危机地区的外交斡旋,等等,都充分证明了自身具有完全的"独立的国际行为能力"。跨国公司在国际关系中的角色也十分耀眼夺目,4万多个跨国公司,拥有强大的实力和雄心勃勃的全球行动战略。通用汽车公司(General Motors)曾是1991年世界最大的跨国公司,该年度公司总产值(GCP)竟达1 238亿美元,与瑞典1 327亿美元的GDP相差不远。大型跨国公司在几乎所有重要的国家和地区都派有"常驻大使"——公司分部或办事处,对东道国的经济乃至政治事务发挥着重大影响,并对世界经济的发展举足轻重。总之,国际组织与跨国公司对国际关系的"积极介入",使得国际关系行为角色呈现出以国家行为主体为主、以国际组织与跨国公司为重要补充的多元化格局,后者在国际舞台上大展拳脚,必然挤占民族国家的国际活动空间。

第二,公民对国家忠诚的转移。民族国家的政治基石之一就是公民对国家的绝对效忠。从理论上讲,尽管国家拥有"至高无上的、不可分割的、永恒的排他性主权",但这个主权却来自人民,人民将权力交付给政府,并保留随时收回的权利,人民对国家和政府的信任与效忠程度,对于国家主权、国家权威和国家合法性至关重要。所以,每个民族国家都强调爱国主义、国家利益至上和民族自豪感。如果说,这对于具体的政府、单个国家甚至某些地区来说在长期内具有必然性和有效性的话,那么,在全球化和国际关系组织化时代,公民对国家忠诚的转移同样具有必然性,体现出一种客观的、渐变的进程。在国际关系组织化十分发达的地区,如欧盟,一体化程度和相互依存程度较高,该地区在政治、经济、军事、法律、文化等领域高度融合,在经济依存、社会沟通、民间交往、文化整合、共同治理的基础上,逐步形成了共同的意识、心态、形象和认同,各国的公民上到国家首脑,下至平民百姓,都将忠诚、期待和信任开始转向共同体,人们往往不是以英国人、德国人自居,而是自称为欧洲人。另外,一些NGO如绿色和平组织、女权主义组织、大赦国际、国际红十字会等,它们无论从思想上还是从实践上,都致力于将人类关怀作为其最终归宿,而不是从国家利益出发看待问题,它们常常表现出"没有祖国,只有人类",反对任何国家破坏全球生态环境,进行性别歧视和性别压迫,践踏基本的国际人权,主张全世界人民联合起来,为拯救面临严重生存危机、自由危机、发展危机与战争危机的地球,共同努力。这些数目繁多、成员广杂的NGO,无疑正在将越来越多"世界公民"的忠诚从国家转移到地球上来。迅速增长的国际公务员和跨国公司的雇员都具有"世界公民"的强烈意识。跨国公司也是侵蚀国家忠诚的一支重要国际力量,跨国公司总体上是归属不同国家的,但按其本性却是无限地追求垄断利润的,所以,当其利润考虑与国家身份发生冲突时,在当代情况下,公司往往倾向于选择前者而弃后者于不顾,"公司忠诚代替国家忠诚"的现象在美国等国司空见惯:当议会讨论一项政府重大动议时,数以百计的大公司支持通过,同时也有众多的大公司反对通过,这时现实中的国家利益只有一个。1987年,一家美国跨国公司驻英国的分公司,为巨额利润所诱使,不顾政府的禁令向苏联出售了一种核技术原料,结果置美国政府于外交被动之中。可见,普通民众从个人忠诚、跨国公司从公司忠诚、一体化组织从地区忠诚、非政府组织从人类忠诚出发,对根深蒂固的国家忠诚提出了巨大挑战。

第三,政府间国际组织与国际法对国家主权的限制。国家主权是民族国家的立国之本,也是其对外交往的最有效工具。主权至高无上、不可分割、不可侵犯,"庇护"着民族国家由幼年状态走向成熟期。在20世纪后半期,国家主权遭遇到了从未有过的挑战。这种挑战来自两个基本方面:一是客观挑战,它基本上是个历史进程,主要源于经济全球化和国际关系组织化的发展,不依人的意志为转移,不同类型的国家只能积极主动地、渐进地适应它,而不能视而不见,置之不理,甚至螳臂当车;二是主观挑战,主要是指享尽了几个世纪主权好处的发达国家,为了更好地满足当代垄断资本对外扩张的战略需要,利用其支配的国际秩序和国际规范(包括 IMF、WTO、WB 以及国际法、人权标准等),屡屡限制广大发展中国家的主权,因而出现了发展中国家与发达国家围绕着主权而展开的尖锐斗争,这是目前国际政治斗争的重要方面,也是发展中国家在主权问题上须臾不可忘记的出发点。但值得注意的是,这两个方面相互交织,难以截然厘清,需要认真分析和区别对待,否则,就会陷入理论上和实践中的被动。

了解对国家主权的客观挑战,首先要认识到,主权是历史的产物,国家主权是应民族国家利益需要而产生、发展的,也必然会随着民族国家的变化而变化,挑战具有必然性。这方面欧盟成员国走得最远。它们作为最早诞生的民族国家,似乎过度成熟了,生产力发展的巨大冲动,要超越民族国家的疆界,它们在当代所处的特殊处境,也要求它们走紧密的国际一体化之路,为此,它们正在把以货币主权为典型的许多极其重要的主权权力让渡给欧盟。其次,也要承认,在世界民族国家体制仍然富有生命活力的今天,国

第十一章　国际关系的发展趋势

家是主权的并不意味着主权国家可以为所欲为,在一定的世界秩序下,国家主权的行使总会受到一定的限制。国际组织与国际法就是对国家主权的主要限制因素。随着经济全球化和国际关系组织化的进展,越来越多的国家加入众多的国际组织,遵守各种国际规则和日益完善的国际法,都是出于维护和实现国家利益的需要,但是,它们在享受利益与权利的同时,也必须按规定承担一定的责任和义务,后者可能会涉及某种主权约束。如《联合国宪章》第 49 条规定,联合国会员国为执行安理会的决议,必要时应当提供联合国军暂时的过境权。在经济全球化和相互依存程度日益加深的进程中,这种利益与成本的对立统一也日渐明显,加入国际经济组织得到的合作利益越多,付出的主权成本也越大:加入 WTO 可以获得巨大的贸易好处,但之前必须公开本国的贸易政策、经济发展状况等;申请 WB 和 IMF 的贷款,也得将本国的经济结构、经济政策、金融状况和国家预算写入申报书中;请求国际原子能机构给予技术指导,要以同意接受该组织对本国各地的核设施进行核检查为巨大代价。最为明显的例子要数 IMF 对各国主权的侵蚀。这个以监督国际货币体系运行为己任的国际组织,目前将触角伸向了与被援助国经济有关的各个重要领域,它不仅监督波兰等东欧国家的预算制订,还研究东亚一些国家市场化过程中的问题并提供改进的意见,甚至直言不讳地批评某些发展中国家军费开支过大的现象,声称它将根据裁军方面的举措决定其援助的数额,似乎它就是一个超越于国家主权之上的"世界政府"!了解这一点,有助于我们在制订对外政策、参与经济全球化时,充分考虑到国际合作中的主权限制问题,在有利于国家根本的、长远的利益的前提下,做到主权权力的自主限制或自主让渡,更好地为经济现代化服务。

　　了解对国家主权的主观挑战,对于认识当代条件下发展中国家运用国家主权这个最有用的资源,去反抗外来的政治压迫和国际干涉,反对霸权主义和强权政治,具有重大现实意义。众所周知,国家主权原则是民族国家的主要理论基础,几百年来发达国家享尽了主权原则对于政治独立和经济发展的种种好处。19 世纪末,随着资本主义的发展、世界体系的形成以及经济全球化的演进,一些西方学者和政治家从发达国家的利益出发,提出了限制主权的建议,到 20 世纪后期,这种要求日益强烈。但是,这种要求在一定程度上源于西方国家对权力政治扩张和海外市场追求的图谋,与不公正、不合理的国际旧秩序紧密联系,也与盎格鲁撒克逊意识形态的全球扩张不无干系,并有意针对这样的国际背景:发展中国家紧紧背靠主权原则,努力维护政治自主、民族经济独立和反对外来干涉,主张建立公正、合理的国际新秩序,拒绝如发达国家所强制的那样,不顾本国民族经济的安危、存亡,最大限度地开放国内市场,降低关税、非关税壁垒和金融、投资等方面的限制,为国际垄断资本的市场准入创造各种有利条件。长期深受殖民主义、帝国主义和霸权主义压迫的广大发展中国家始终在追求、争取和维护主权,它们对主权问题的敏感和谨慎,与其受国际压迫的民族经历有关,不论是20世纪50年代维护政治主权,还是70年代维护经济主权,或当下反对霸权主义和新干涉主义,维护文化主权,都是与发展中国家的民族经历、经济水平和国内政治,以及国际秩序的不民主、不公正、不平等密切相关。中国作为发展中国家中的重要一员,必然从其国际身份和根本的国家利益出发,将维护国家主权作为一项长期和主要的外交任务。

第四,NGO对国家地位的冲击。NGO是国际社会中的独特成员,一般是指非官方的、非营利的、与政府部门和商业组织保持一定距离的专业组织,通常围绕特定的领域或问题结成团体,有自己的利益或主张,代表社会某些集团或阶层的愿望或要求。由于它们在国际社会中扮演的角色与国内社会中的市民社会有相似之处,故有时被称为"跨国市民社会"或"全球市民社会"(Global Civil Society)。随着全球经济市场化的潮流,"全球市民社会"的发育较快,按"国际组织联盟"1993年的统计,1909年全球范围内的NGO为176个,1972年达到2 173个,1992年达到27 190个,而至2020年已有5万多个。这些国际组织中,既有全球影响颇大的大赦国际、国际劳工联合会,也有地区性的论坛如亚洲人权观察,还有绿色和平组织及各种反核运动、保护妇女组织,等等。应当说,NGO在美化人类生存环境,维护世界和平和促进全球共同发展的各个领域都起着不可替代的作用。如在1992年巴西首都里约热内卢召开的举世瞩目的联合国环境与发展大会上,有1 400个NGO的4 000人出席了会议,另有来自167个国家代表不同NGO观点的25 000名个人,在环发大会会场附近召开了与环发大会同一主旨的"全球论坛",NGO的这次重大行动无疑极大地推动了世界各国对世界环境与发展问题的强烈关注,增强了各国政府环境保护工程的合法性和国际道义。但是,它们的活动也对国家权威产生了冲击:一是NGO往往以本集团利益或人类利益为终极关怀,而不是充当民族国家利益的代言人,因此,无论是对个别国家内部的人权问题的介入与关注,还是对一些国家在处理全球性问题上措施不力的批评,都会对国家的权威产生负面影响;二是NGO的所作所为较为迅速地反映了国际关系的最新形势,他们具体关注的是国家来不及处理或无法处理的事务,无形中它们获得一种相对独立于国家力量的国际权力;三是全球市民社会的发育,给予个人、团体、利益群体以更多的自我表达的机会,使政府对国内社会的调控及整合能力受到形式不一的挑战。

第五,民族国家在应对全球化方面面临重大挑战。经济全球化主要是指在世界范围内顺应市场自由扩张的逻辑,广泛而深入地在全球范围内最合理地配置经济资源,客观上将促进经济相互依存,并最终走向经济一体化。经济全球化导致经济不可避免地跨越国界,在一定程度上超越主权,如由于国际贸易相互依存度的增加,资本大量流动,没有一个国家能够对自己国家的外资、金融和货币政策拥有百分之百的自主权。而数以万计实力雄厚的跨国公司在各个地区执行其雄心勃勃的"全球战略",东道国是否能够推行自主的产业政策和区域经济合作政策,其能力也大打折扣。推崇全球化的西方学者甚至以上述国家能力的削弱而预言"4个I"加在一起意味着"民族国家"的终结,即investment(投资)冲破了地域限制,industry(产业)走向国际分工,information technology(信息技术)推动了投资和产业的跨国行动,individual consumers(个人消费)发展得具有全球指向,这些因素使得民族国家无法行使宏观调整国民经济的传统功能。在经济全球化进展迅速的欧洲,自由贸易推动了欧洲统一市场、欧洲统一货币和欧洲经济区的建立,特别是人员自由流动和欧元的面世,标志着欧盟各国已经将经济主权及与之相关的政治主权中的重大权力,大量地转移到欧盟这个一体化程度最高的区域性经济组织。经济全球化的这种严重挑战,迫使民族国家必须加强国际合作,自主地转移一部分经济主权权力给强有力的国际组织,依靠跨国界经济合作而不是单个主权国家的力量去发展市场经济。

(三)民族国家仍将是国际关系的基石

首先,民族国家仍然体现着国际关系的本质规定。面对纷杂多彩、层出不穷、影响渐隆的非国家行为主体,我们仍然可以从"乱云飞渡"的国际关系中辨别出究竟"谁主沉浮"。从根本上讲,作为国际关系体系的"细胞"或"元素"的近200个民族国家,无论从全球层次上,还是在地区层次上,甚至在环境保护、反对国际恐怖主义等全球问题的解决上,都处于国际事务中的中心位置,是国际关系角色多样性的统一基础,这是因为,民族国家是国际关系中唯一享有充分主权的行为主体,是最有实力和国际法地位的角色,主权是国家作为国际关系行为主体的根本特征,为非国家行为主体所望尘莫及;国际关系基本上还是以大国关系为主导内容的国家间关系,不论是安全冲突、和平努力,还是经济竞争、金融合作,不论是人权斗争、政治对话,还是体育比赛、教育交流,其主体都是清一色的民族国家;非国家行为主体大都是国家的派生物,特别是政府间国际组织,根本就是由不同国家为某些共同的国家利益缔建而成的,其前途就像"放筝人放出的风筝",国家就是放筝人,国际组织就是风筝,风筝来自放筝人,其样式、功能和飞行高度也取决于放筝人。民族国家在国际关系中的支配地位,要求我们在研究具体的国际问题时,必须从国家着手,从国家间的利益冲突与合作这个基本点来研究。

其次,在全球化形势下,国家的有关功能得到强化。全球化对民族国家来说不啻是一柄"双刃剑":一方面,它通过国际关系的组织化,对国家主权构成了越来越多的限制和侵蚀;另一方面,全球化的真正实施也必然导致国家弘扬相关的功能。那种简单地认为全球化导致国家功能弱化的观念,不仅在理论上也在实证上难圆其说。从理论上讲,经济全球化客观上强化了自由市场的力量,但同时政府干预的需求也在加强,有学者将之归纳为政府面临着"保护弱点"、"扶持强点"和"填补白点"三大任务。"保护弱点",就是保护国内相对薄弱但有关国计民生的重要部门免受外来跨国公司的控制和国际经济变动的冲击,如农业、纺织业和钢铁制造业等。"扶持强点",就是为使本国不至于在新一轮经济全球化和信息革命及其带动的国际竞争中落后被动,而重点扶持一些对国家发展战略至关重要的经济部门,主要涉及一些高新科技产业,如生物产业、材料产业、海洋产业、航空航天产业、计算机产业和信息技术产业,等等。"填补白点",就是继续关注那些任何国内或国外公司不愿投资的,但具有长期国民福利效应的基础设施建设,如修筑落后地区的公路或铁路,建立普及性而非营利性的文化教育中心,在贫困地区实施多方位的扶贫工程,重建被毁坏的森林和遏制沙漠化扩张,等等。这些远离市场力量的边缘公共领域的众多"白点",只能由政府去关注和填补。从实证看,战后经济全球化的发展与国家干预的寡弱之间,没有明显的反比关系。1978年,美国学者戴维·卡莫隆作了一项相关性研究,他将全球化程度设定为一个国家的对外开放程度,用贸易量占GNP的比重表示,将国家干预力度设定为政府预算开支的数量,用预算额占 GNP 的份额表示。研究结果发现,不断增大的贸易份额同样增大了一个国家面对外来经济危机冲击的脆弱性,相反,较为健全有力的公共部门却能够抵消外来经济冲击的影响。1996 年,另一位美国学者但尼·劳德里克采用当时收集的、横跨 20 年的数据,以 100 多个国家为研究对象,重复了卡莫隆的全球化与政府干预的相关研究,得出的结论是:"外贸依赖度高的国家,其政府也相应强大",其中经合组织(OECD)国家的政府开支占 GNP 的比重是 30 年前的 2 倍。对不少国家而言,"60 年代早期对外开放的程度,直接决定了从那以后 30 年里政府扩张的规模"。可见,国家干预并未因经济全球化与相互依存的增强而减少。另外,东亚经济的高速增长也有力地证明,那种认为对经济全球化的最有效参与源于限制政府干预经济事务的观点并不正确;相反,对全球市场的成功融入,必须通过强有力的政府作用来实现,这对于一些中小国家尤其重要。为了确保民族产业政策的顺利实施、本国工人工资的提高以及对这些跨国公司利润的合理征税,一个强有力的政府对于顺利展开与跨国公司的谈判至关重要。

最后,对于刚刚拥有国家主权平均不到 50 年的广大发展中国家来说,对主权的需求和认可程度显然与发达国家不可同日而语。发展中国家坚持主权原则有几个方面的因素。一是大多数发展中国家摆脱世界殖民主义体系进而建立民族国家的时间不长,尚处于民族国家发展的初期,内有社会动荡、政治不稳之虞,外有强权和霸权干涉之患,要确保独立自主,巩固长期斗争换来的胜利成果,国家主权显然是最强大的政治武器。二是大多数发展中国家的经济基础较为薄弱,民族工业十分幼稚,出口产品相对单一,集中在自然资源和经济作物上,本来就并不丰富的能源、资源在经济建设重任下弥足珍贵,因此,维护经济主权不受侵害,保证民族工业不被跨国公司控制和冲毁,适当地减缓经济全球化对国内市场的冲击具有非常重要的意义。三是作为一个整体,发展中国家为了建立国际政治经济新秩序,加强南北对话和全球合作,也必须紧紧抓住主权这个最重要的政治资源,以《联合国宪章》为法律武器,以国际法基本准则为道义依托,与发达国家进行理性的而又坚决的斗争。占世界人口 4/5、国家数目 8/9 的广大发展中国家坚持主权的行动,毫无疑问促使全球化中民族国家的历史命运问题成为一个不能不辩证对待的课题,否则,就不能全面把握全球化的进程,也不能正确考察民族国家的历史地位。保罗·肯尼迪的一段话颇耐人寻味:"跨国公司……只不过是按照自由资本主义的规则行事而已。重要的一点是,发达国家的地方社区和发展中国家的整个社会将难以接受全球市场的逻辑,如果这样的逻辑对它们不利的话。经济和技术趋势不会导致'包罗万象的活动单位',即没有边界的世界,而可能引起《经济学家》周刊1930年就谈到的商业冲突与社会动乱。"经济全球化并未因其必然的发展趋势就足以动摇民族国家的主权地位,当代国际社会仍然是主权国家林立的世界,当代国际规范的主流也是以主权原则为核心的联合国国际法体系,在民族国家完全失去其存在价值,以及世界性民族国家体制没有发生根本变化之前,主权原则仍是国际社会最主要的认同。

三、国际关系民主化

如同"人生来本是而且始终是自由平等的"一样,世界政治中的主权国家也十分珍视国家"生来的自由与平等"。自1648年威斯特伐利亚和约面世以来的一部近400年的国际关系史,就是各主权国家追求主权平等、独立自主的历史。但是缔造国际民主的难度远远大于国内民主的构建,当不少国内社会已进入民主政治状态后,缺乏世界政府的国际社会基本上还处于充满强权政治与霸权主义的"热带丛林"中:大国之间霸权战争频仍,中小国家受尽压迫,国际关系处于强权专制之下,全球事务为少数几个大国所垄断,国际通行的是弱肉强食的"自然法则",整个国际关系基本上是支配与被支配这样一种极不平等的权力关系。因此,国际公正、平等和民主成为绝大多数国家所追求的理想。国际关系民主化,就是以统治和服从为特征的强权型国际关系,向以独立自主、平等参与和互利合作为特征的民主型国际关系的转化过程。习近平主席2013年3月23日在莫斯科国际关系学院的演讲中指出,"世界的命运必须由各国人民共同掌握","世界上的事情应该由各国政府和人民共同商量来办"。国际关系民主化是与殖民体系的瓦解、国际法的强化、强权政治的式微、科学技术的进步、经济全球化的拓展和经济相互依存的加深相依而行的。如果说,17—19世纪是强权政治占绝对统治地位的时代,20世纪则是强权政治相对衰落,国际关系民主化曙光大现的时代,而21世纪必将是国际关系民主化加速发展的时代。

第十一章 国际关系的发展趋势

（一）国际法基本准则：国际关系民主化的基本内容

国际关系民主化与国内政治中的民主化概念有关。理解国际关系民主化,首先要了解国内政治中民主的含义。民主可能是政治学里最难定义的概念,它的基本表现形式至少有如下四个方面。一是,民主表现为每个个体有基本的自由权利,可以自由地决定各自的事务。二是,民主还表现在每个个体之间的权利是平等的,无论个体差异如何,都享有平等的权利,不允许任何特权存在。三是,民主还遵循多数裁决原则,民主意味着全体个体对公共事务的自主自决,对于一些需要作决定的公共问题,每个个体都有权平等地参与决定,并在自由讨论的基础上,依照一定程序,将各种不同意见付诸表决,按"每个个体一票,少数服从多数"的原则,按照多数人的意见作出决定。四是,民主涉及平等原则,平等不是平均主义,它尊重每个个体的性格特征,肯定每个个体都有平等的自由发展的条件和机会,提倡公平竞争,并承认公平竞争下由于能力、水平上的差异而造成的结果上的不平等。不难发现,国家间的民主平等大多含有国内民主的延伸意义和比照意义。

国际关系民主化就是国际关系法治化。它的主要目标与内容都体现在国际法基本准则里。这些普遍原则既是世界各主权国家对平等、民主的向往,也是国际社会反抗强权政治的历史成果。20世纪以来,被压迫民族、中小国家以及具有进步精神的新兴大国,不断与旧式的强权政治作斗争,特别是二战中,世界各民主力量联合反对法西斯势力的侵略取得了伟大胜利,这是世界绝大多数主权国家民主团结的胜利,它直接推动了国际关系民主化的发展,其成果是《联合国宪章》等一系列国际法文件的诞生。这些文件规定了国际法基本准则,用以规范国家间的平等、民主、合作与和平相处。到20世纪70年代,发展中国家最终完全摆脱西方殖民统治获得独立,都加入主权国家行列,进而要求发展平等互利的南北关系和建立公正、公平的世界政治经济新秩序,进一步推动了国际关系民主化的进展,并将其斗争成果载入联合国大会通过的多个文件中,从而丰富、充实了国际法的基本准则,使之成为国际关系民主化的主要目标与基本内容,其具体体现如下。

1. 主权平等原则。联合国在其宪章中将主权平等列为首要原则,并在以后的有关会议文件加以明确阐述,"各国一律享有主权平等。各国不问经济、社会、政治或其他性质有何不同,均有平等权利与责任,并为国际社会之平等会员国"。各国在国际法面前一律平等是指,在就国际公共事务进行表决时,每一个国家都有一个投票权,最弱小的国家的投票和最强大国家的投票具有同等分量;在国际政治中,没有一个国家可以对另一个国家主张管辖权。这是国际关系民主化的基本前提。

2. 和平共处五项原则。由中国、印度与缅甸于20世纪50年代共同倡导,主要包括互相尊重主权和领土完整、互不侵犯、互不干涉内政、平等互利、和平共处。和平共处五项原则构成了一个密切相关的统一整体。主权是国家固有的本质属性,互相尊重主权和领土完整是五项原则的核心,以此引申出其他四项原则:在国际关系中不得以武力或武力威胁以及以任何借口侵犯他国,这是建立在尊重他国平等拥有的自卫权的基础上的;不得以任何形式直接或间接地干涉他国属于主权范围内的事项,这是主权原则中的独立权的推论,反映了社会制度、价值观念和意识形态多样性的世界各国对独立处理本国事务的独立权力的强烈愿望;大小国家在互利基础上实现真正的平等。实现主权平等原则的终极目标是实现世界各国的和平相处。和平共处五项原则高度概括了国际关系中最主要的、最核心的原则,是中国对国际法和国际关系民主化事业作出的杰出贡献。

3. 民族自决权。是指各民族有权按照本民族的意志和愿望来决定自己的事情。这是一切被压迫民族反对民族压迫的彻底表现。它既表现为一种独立权、政治分离权,成立单独的民族国家的权利,也表现为自愿与其他民族组成国家的权利,两者不可偏废。民族自决权已成为国际社会普遍公认的基本准则,但它不能简单地解释为可以让所有的多民族国家解体。如果让各民族都分离,建立成千上万个小国,世界就会陷入无休止的对抗与战争,陷入四分五裂。坚持民族自决权的目的是反对民族压迫,实现民族平等,而没有分离自由,就不可能达到各民族自愿的、平等的联合。对冷战后民族分离倾向的判断,必须根据各国的历史、国情、民族特点与民族关系以及对国际关系的影响来进行。当然,民族自决作为一项公认的、不可动摇的国际集体人权,只要存在被压迫民族,就永远不会过时。排除民族压迫是人类健康和自由发展的基本条件,是国际关系民主化的必要前提。

4. 反对霸权主义原则。这是国际关系中的新原则,由中国在20世纪60年代率先提出,到70年代反对霸权主义原则作为一项国际法基本准则被最终确立。霸权主义是强权政治的孪生姊妹,是国际关系民主化的最大障碍。反对霸权主义,就是要消除国际关系中的专制压迫、内政干涉,因而成为国际关系民主化的基本任务之一。

可以说,国际关系民主化的内在要求就是国际关系合理化。国际关系基本准则凝聚了现代条件下公认的世界民主、平等、正义和国际道德,它们能否被遵循以及在多大程度上被遵循,是衡量和判断国际关系民主化进程的基本参照系。

(二) 两项主要制度建设途径

国际关系民主化是个长期的历史进程,从根本上有赖于世界政治经济的均衡发展,中小国家反对强权政治的条件与力度,以及国际法基本准则的渐进落实。但这个长期进程的外在形式表现和阶段性成果却反映在制度变迁上。改革联合国安理会与变革国际旧秩序是目前国际关系民主化最现实也是最紧迫的两项制度建设途径。

改革联合国安理会。联合国是最大也是最有影响的全球性国际组织,几乎囊括了所有主权国家,各国对于主权平等、互利合作、和平共处的政治诉求,往往通过联合国这一最主要的全球论坛,引起国际社会的广泛关注和道义支持;安理会又是联合国的核心职能部门,是联合国最重要的权力机构,只有它作出的决议具有强制性,联合国全体会员国都有义务接受并执行。在许多国家看来,要对国际事务具有较大的发言权,并在事实上参与国际民主,关键是要进入安理会,特别是要占有常任理事国席位。所以,改革安理会成为改革联合国、推动国际关系民主化的焦点问题。应该说,联合国及其安理会的产生与发展,是历史进步的积极成果,因为它成功地超越了国际联盟,特别是它规定的许多国际关系准则显然是人类文明和国际道义的进步;同时,它本质上是雅尔塔体制的产物,是美、英、苏三个大国讨价还价、政治妥协的结果。随着第三世界的崛起,两极格局的瓦解,世界多极化的发展,联合国已面临着与1945年旧金山会议时完全不同的情况。联合国成员国由成立时的51个会员国增加到目前的193个,发展中国家已成为这个国际组织中最庞大的力量,二战中的战败国德、意、日等都已是联合国的成员。广大发展中国家希望通过改革,增加其在联合国安理会及其常任理事国的席位,加大对世界事务的参与程度,使之更好地服务于建设一个"和平、平等、公正、合理"的世界。一些世界经济强国如德国、日本也希望改革联合国,特别是希望挤入安理会常任理事国的行列,因此,安理会的改革势在必行。1945年联合国成立时,安理会有11个成员国,其中包括5个常任理事国和6个非常任理事国,共占联合国成员国总数(51个)的21%;20世纪60年代,大批亚非拉国家独立后加入联合国,为适应这个巨大变化,安理会于1965年将非常任理事国数目增加到10个,常任理事国数目不变,这个比例一直维持到现在。目前,联合国会员国已增加到193个,15个安理会成员国所占会员国的总数不足8%,这说明安理会的代表性已大大下降,必须进行改革。可见,扩大安理会的组成,以适应不断增多的成员国数目这个现实,让更多的地区和国家拥有联合国安理会的席位权,已是众望所归,成为不可转移的发展趋势。

国际社会已就改革联合国安理会的必然性和必要性达成了共识,但在改革原则和方案上却意见相左,互不相让,反映出发达国家与发展中国家、霸权主义国家与反霸权主义国家之间的巨大利益冲突。发展中国家从国际关系民主化的考虑出发,本着"平等正义"的精神,就扩大安理会组成提出了两条原则:一是国家不分大小、强弱,一律平等,反对只接纳一两个大国作为常任理事国而把发展中国家排除在外的做法;二是安理会成员国的扩大要实行平等的地区分配。美国则认为,扩大安理会主要应从"均衡正义"的精神出发,将能否对维护国际和平与安全作出实质性贡献,以及能否担负完成《联合国宪章》规定的各项任务,如提供政治、军事和财政上的有力支持为标准,地理分配原则并非唯一标准。实际上,这是为发达国家代言,也是为其扩大在安理会主导优势制造依据。中国认为,总体上要支持安理会的扩大,包括常任理事国的有限扩大;支持广大发展中国家在新扩大的席位中占有与其数目与地位相适应的比例,这是国际关系民主化的必要前提;反对对过去的侵略战争历史不作彻底忏悔的任何大国成为常任理事国;反对具有地区霸权主义倾向的大国加入常任理事国。总之,合理的、经过深思熟虑的联合国改革应有助于加强其在世界上的权威和作用,以便在国际事务中发挥主导作用,安理会在维护国际和平与安全方面负有的首要责任、具有的地位和作用,不仅不应受到任何置疑和削弱,反而应该得到加强,保持《联合国宪章》赋予安理会现常任理事国的权力不变,是保证联合国效能和稳定的必要条件。

变革国际旧秩序、建立国际新秩序是推动国际关系民主化的另一项重要制度变迁途径。冷战结束后,两极格局和平地向多极格局过渡,世界秩序的重构为世人关注,也给国际关系的民主化带来了重大契机。不少国家提出了建立国际新秩序的主张,应该说,除美国极力谋取世界领导地位的新秩序概念与国际关系民主化格格不入、背道而驰外,广大发达国家的战略主张有其合理的一面,以中国为代表的广大发展中国家的建议,则从根本上反映了国际关系民主化的要求。日本从自己的国家利益出发,希望解决自己的"大国身份"问题,一方面,它主张建立一个由日、美、欧组成的三极世界来主导世界;另一方面,它又企图排斥广大发展中国家参与国际秩序的构建。以法、德为首的欧洲各国提出了不同于美国的新秩序主张,提倡加强欧洲联合,建立与美国平起平坐的伙伴关系,由欧洲与美国共同支配世界事务,反对由美国独霸世界。尽管日本与欧洲都在一定程度上不满美国的国际专制主义,要求参与主导世界事务,但在本质上属于国际社会"上层社会"内部的斗争,对于广大发展中国家来说,发达国家享受的民主已经够多的了。中国的新秩序主张是国际关系民主化方面最为彻底的变革纲领。中国认为,建立国际新秩序的指导原则应当是互相尊重主权和领土完整、互不侵犯、互不干涉内政、平等互利、和平共处五项原则。新秩序应当包括政治秩序和经济秩序两个方面,后者是前者的基础。中国主张在平等互利的基础上建立国际经济新秩序。国际社会无法像国内社会那样,可以通过政府的再分配政策来促进民主、平等,所以发达国家应该为改善国际经济环境,特别是解决南方国家的巨额外债问题和资金不足问题作出贡献。国际关系中的政治新秩序应该体现出有别于霸权主义和强权政治的新型国际关系,其核心内容应该包括:各国不分大小、强弱和贫富,都是独立自主的,都应平等相待,不能有任何歧视;不得以大欺小、以强凌弱、以富欺贫,国际事务应由世界各国平等参与、协商处理,不能由一个或几个大国越俎代庖或垄断;任何国家都不应在世界或某个地区谋求霸权或推行强权。这种新秩序必须尊重各国人民自己决定自己命运的权利。世界各国都有权按照本国的国情,选择其社会制度、意识形态、经济模式和发展道路,任何国家都不得将自己的意志强加于别国,以"人权"、"人道主义"等各种借口干涉别国内政;各国应该相互尊重主权和领土完整。国际争端和冲突应由有关各方通过政治途径和平谈判,合理解决,反对诉诸武力或以武力相威胁,反对武装入侵和用战争手段解决国际争端。

建立国际新秩序并非一蹴而就的易事,若要真正实现,至少要注意处理好几个问题:要反对霸权主义,不但要反对全球霸权主义,也要反对地区霸权主义,既要反对单极霸权主义,也要反对合作霸权主义或制度霸权主义;采取原则性与灵活性相结合的方式建立国际新秩序,要充分利用目前旧秩序中的一切可以利用的资源为新秩序的建立服务,要尽可能地融入旧秩序的"合理部分",先获得制订规则的机会,不能一味地对现存秩序说"不",渐进地而不是激进地变革旧秩序;国际社会是由各个"次区域社会"和"区域社会"组合起来的,可以先从地区事务的民主化做起,对于中国来说,首先要推进东亚地区国际关系的民主化,主要是协调好与美国、日本和俄罗斯的关系;要处理好程序民主与实质民主的关系,实质民主更多地依赖于实力,在实质民主一时难以有重大突破性进展的情况下,努力争取程序民主,并以国际法和国际机制的形式固定下来,为以后建设实质民主准备重要的理论和道义基础。

(三) 国际关系民主化新趋势

国际关系民主化是一个长期演进、不断进步的历史过程。长期以来,整个国际关系呈一种等级结构,几个主要大国争夺世界霸权,霸权国家压迫中小国家,国际社会盛行弱肉强食,根本无民主可言。一战后,世界上第一个社会主义国家苏联奉行和平、民主的外交政策,这为国际关系民主化带来了希望和机会。但威尔逊总统的《十四点和平纲领》和国际联盟的最终失败说明,在广大被压迫民族和国家没有形成重要的国际力量之前,国际关系中的民主只能是大国游戏时玩弄的美妙辞令。二战后,世界殖民主义体系土崩瓦解,占世界国家总数 2/3 以上的发展中国家获得独立,奉行不结盟政策,坚持独立自主的和平外交政策,积极参与国际事务,反对不平等的国际秩序,成为推进国际关系民主化的主力军。当然,不少中小发达资本主义国家也对国际关系民主化作出了积极贡献。中国是最大的发展中国家,又是安理会常任理事国,一直为国际关系民主化作出自己的重大贡献。

进入 20 世纪 70 年代特别是 90 年代以来,随着国际关系的深刻变化,国际关系民主化的内涵在不断丰富,涵盖国家、政府间国际组织、非政府间国际组织、跨国集团及跨国运动等各种国际角色之间错综复杂的关系,也牵涉国际关系的所有领域,包括政治、经济、军事、社会、文化等领域。同时,推动国际关系民主化的因素大为增多,至少有以下几个。

第十一章　国际关系的发展趋势

一是国际关系的多极化。世界多极化是当代国际关系民主化的最基本也是首要的基础和前提。在霸权体系或单极体系下，国际权力分布呈等级结构，霸权国与其他国家的关系属自上而下的支配与被支配关系，"国际大事由一国做主或少数几个大国操纵"，国际关系处于专制统治或近似专制统治之下，国家间的公正与平等无从谈起。如在冷战时期，在两极体系下，美苏共同控制世界事务，两大集团之外的国家不是被当作"幕后交易"的牺牲品，就是成为两个超级大国激烈争夺的"中间地带"，难以与大国同堂论事，集团内部国家的国际空间也不甚广阔，在外交上要处处服从集团利益，不可能真正做到自由、平等地参加与其自身实力或愿望相符的国际活动，稍有越轨，便会遭到惩戒甚至入侵。只有在多极化迅速发展的今天，国际权力分散化和均等化程度日益加深的情况下，霸权主义干预广大发展中国家的能力日益下降，国际压迫者、剥削者与被压迫者、被剥削者的力量对比逐渐发生有利于后者的变化，越来越多的国家才有可能真正加入国际社会的各种议事日程。二战后，美国往往是国际政治的"独行侠"，后来盛行美苏首脑会晤，从20世纪70年代起，又定期召开"西方七国首脑会议"，90年代"七国会议"扩大为包括俄罗斯参加的"八国会议"，1999年12月16日由上述八国集团、欧盟以及一些有代表性的亚洲、非洲、拉丁美洲和大洋洲国家组成的二十国集团在柏林创始，成员囊括中国及世界主要的发达国家和发展中国家，这些国家的人口将近世界总人口的2/3，GNP约占全世界GNP总量的85%，该组织的目的是就国际经济、货币政策举行非正式对话，促进国际金融和货币体系的稳定，以应付经济全球化的挑战。这说明越来越多的国家可以较以前更有机会进行平等对话，参与国际事务。在全球化与相互依存的新的历史条件下，出现了走向合作与和谐多极化的现实可能性。

二是国际关系的整体性发展趋势。所谓整体性发展，是指在科技革命及经济全球化的作用下，国际关系不是以传统的条块分割式、区域性、分散地发展，而是表现出相互依存、全球性、密切联动的演化态势。具体地讲，在一轮又一轮科技革命的推动下，世界生产力在20世纪得到迅猛进展，将越来越多的国家纳入世界性市场经济体系之中，国际分工的深度、广度和水平不断加强，世界贸易自由化、金融国际化和生产一体化速度加快，使得世界各国对国际资源和国际市场的依赖性也大为增加，国内经济与国际经济的界限日益模糊，总体上各国经济连接成了一个密切联动的有机整体。国际关系的整体性发展昭示,世界各国的共同利益领域不断扩大,发达国家与发展中国家、大国与小国、强国与弱国都因经济全球化和"全球性问题"而形成了一个相互依存的命运共同体,即使是最强大的国家也不能不在有关领域与其他国家进行合作,从而使得过去很少参与国际事务的国家,也广泛地投入到愈来愈多样化的国际议事日程中去。70 年代的石油危机是以美国为首的西方大国自冷战以来遇到的、来自第三世界的最大安全挑战,阿拉伯石油输出国组织的广大成员国团结斗争,提高油价,沉重打击了西方各国经济,也引发了严重的世界经济危机,迫使它们调整在中东问题上的立场,答应了广大阿拉伯国家的合理、正义的要求,提高了发展中国家在国际事务中的地位。20 世纪 80 年代的第三世界债务危机、90 年代的墨西哥金融危机和亚洲金融危机,都引起了美国等西方国家的严重关注,并不止一次地拿出数以百亿计的美元来"消灭"危机,与发展中国家共同寻求解决办法。此外,在环境保护、国际恐怖主义、国际贩毒、核扩散等领域,发达国家必须与有关中小国家进行合作,才能找到真正有效的解决途径。这一切只有在国际民主的基础上才能有效地进行。

　　三是国际组织特别是政府间国际组织(IGO)的空前发展。以联合国为代表的数以千计的国际组织,已经成为国际社会从制度上保障国际关系民主化的一支重要力量,它们在促进世界经济发展,维护国际和平与安全,制订、监督与执行国际法,以及提供国际公正与道义的论坛等方面,作出了应有的贡献。联合国大会是国际社会的"民主"讲坛,在那里各成员国不论大小、强弱,都拥有平等的发言权,各国代表可以利用它来申明本国政府的政策和对国际事务的主张,特别是那些弱者、被压迫者都能在联合国得到申诉和发言的机会,并寻求国际社会的支持。虽然国际组织和国际制度目前很大程度上仍由强国支配,未能充分发挥其有效功能,但强国绝对操纵的时代已经一去不复返了。

　　四是"全球市民社会"的兴起。在国际关系民主化的当代进程中,一个不可忽视的重要现象是,雨后春笋般出现的非政府性的跨国利益集团和国际组织,正在成为"加速国际关系分化的一支重要力量,它同其他非国家行为体一起,培育着全球的民间社会领域"。这些国际组织和跨国利益集团种类繁多,数量庞大,已达 5 万多个,在贸易往来、文化交流、人权保障、环境保护、军备控制等领域十分活跃,不但能够影响各国政府的对外政策,而且在运作规范、组织管理上自成体系,正在形成一个独立于国家体系的全球市民社会。一些新闻组织常常扮演了为全球市民社会代言的角色,它们往往与传统权力、传统观念以及强权政治保持较大的距离,甚至发生正面冲突。据国际新闻工作者联合会和国际新闻学会调查显示,1999年全世界共有86名记者遇害,其中包括中国记者在内的25人在原南联盟殉职。国际新闻工作者联合会秘书长艾丹·怀特严厉批评1999年4月北约对贝尔格莱德的新闻机构悍然发动袭击,在对塞尔维亚电视大楼的轰炸中有16人死亡,他称这是"错误和轻率的行为"。他强调指出,在冲突地区,某些组织出于政治和军事策略,总将新闻工作者作为首要攻击目标。在对原南联盟长达两个多月的轰炸中,北约曾多次攻击电视发射塔和新闻传播设施。然而,形势比人强。NGO在国际社会的影响力越来越大,似乎已形成不可阻遏之势。自1992年以来,NGO成功地与联合国共同举办了里约热内卢世界环境与发展会议、开罗世界人口会议、哥本哈根社会发展会议和北京世界妇女大会等。这表明,NGO参与世界事务的能力和影响力都远远超过了某些国家和国家集团,难怪当时的联合国秘书长加利曾言及,NGO是当今世界上一种"人民代表制的基本形式",联合国将"提高和加深"同NGO的关系,并将其活动纳入联合国日常工作中来。此外,在世界经济中举足轻重的近4万个跨国公司对世界事务的决策力和影响力也在增加,已有学者建议允许跨国公司作为一个整体参与联合国事务。看来,在主权国家层面进行得并不顺利的国际关系民主化进程,却在超国家层面和跨国家层面取得了明显的进展。可以说,国际社会从此呈现出一分为三的权力结构景观,即主权国家、政府间国际组织体系与日渐形成的全球市民社会。

国际关系民主化作为一种趋势,它是不可逆转的;作为一种历史进程,它是长期演进的;作为世界爱好和平、民主、自由的国家的奋斗目标,则任重道远。由于它与国际霸权主义和强权政治格格不入,针锋相对,所以在强权政治凸显的时代里,在超级大国竭力追求世界霸权和维持制度霸权的今天,它遇到的困难可想而知。在世纪转换的几年里,美国在海地、索马里、波黑、海湾、原南联盟以及伊拉克等地的战争行为,明白无误地表明,国际关系中的非民主化势力还"顽强"存在,强权、实力、战争、专制还将继续在21世纪里扮演它们在过去的4个世纪里所扮演的一切角色。但是,理性使我们有理由坚信,科技的进步、世界生产力的发展、全球化的开拓、相互依存的深化和人类的良知,最终必将拂去历史的尘埃,塑造一个民主化的新世界。

思考题

1. 为什么和平与发展成为世界的主题？
2. 国际关系组织化有哪些主要表现形式与影响？
3. 试分析国际关系民主化的基本内容、制度建设途径和发展趋势。

第十二章　中国与世界

在中世纪结束以前,中国曾经是世界上文明程度最高的国家之一,其对外交往也达到了较高的水平,中国使者的足迹远至亚非欧,中国在西亚、南亚、东南亚和东北亚等地区的国际影响非常之大,并在东亚建立起较为完善的国际体系——封贡体系。中世纪末期以后,中国落伍了,没有及时向现代社会转型,生产力停滞不前,国势江河日下,积贫积弱,山河破碎,任人宰割。鸦片战争的失败,标志着中国开始步入落后国家的行列,清王朝、北洋军阀和国民党政府的外交是屈辱的外交。自19世纪中期至20世纪中期,中国历经百年磨难,才迎来新中国的曙光。中华人民共和国的成立,向世人宣告,中国要重铸辉煌,自豪地屹立于世界先进民族之林,从此,在国际舞台的聚光灯下又多了一个耀眼的角色。

1949年10月1日,中华人民共和国成立,开启了新中国外交波澜壮阔的历史征程,也开启了中国与世界关系的新纪元,深刻改变了中华民族的前途和命运,也深刻改变了世界的格局和趋势。

一、新中国对外关系的历程

(一)"一边倒"时期的中国外交(20世纪50年代)

从新中国建立到20世纪50年代中期,是中国奉行联苏抗美的"一边倒"外交战略的时期。这个时期,中国外交面临的最紧要的中心任务是巩固来之不易的政治独立,为社会主义和平建设争取一个有利的周边环境和国际环境,并在此基础上加强与世界各国的交往与合作,尽快地融入国际社会。当时国际形势和国际格局的基本情况是:美国凭借在二战中急剧膨胀起来的超强力量企图独霸世界,在世界各地以"国际警察"自居,但受到了以苏联为首的社会主义阵营的顽强反击,国际格局呈现出明显的两极特征;亚非拉等地的民族解放运动不断发展,越来越有力地冲击着几百年的世界殖民主义体系;新中国的周边环境受到以美国为首的反华势力的直接或间接威胁,中美关系成为影响中国国家安全的主要问题,美国企图挽回在中国内战中的失败,采取军事威胁、政治包围、经济封锁等种种手段对新中国进行遏制。面对这种局势,中国政府认为,为了完成新中国外交的中心任务,需要坚决反对美国的侵略政策和战争政策,着重加强同苏联和其他社会主义国家的联合,并积极争取同亚非拉民族独立国家建立和发展友好合作关系。为此,中国政府在独立自主的基础上,采取了"一边倒"的外交战略,进行了一系列的外交努力,并取得了巨大成功。

首先,新中国将三大外交方针确定为指导外交工作的基本依据。早在1949年春夏之交,毛泽东就提出了"另起炉灶"、"打扫干净屋子再请客"、"一边倒"的三大外交方针,后经《共同纲领》加以法律化,成为新中国建国初期指导对外政策的基本规范。"另起炉灶",就是对国民党政府同各国建立的旧的外交关系一律不承认,将驻在旧中国的各国使节只当作普通侨民对待而不是当作外交代表看待,对旧中国同外国签订的一切条约和协定要重新审查处理;"打扫干净屋子再请客",就是不急于去解决帝国主义国家对中国的承认问题,把帝国主义国家在中国的势力和特权逐步加以肃清,在互相尊重领土主权和平等互利的基础上,同世界各国建立新的外交关系;"一边倒",就是从一开始就坚定地站在社会主义和世界民主阵营一边,坚定支持各国人民的正义斗争,坚持独立自主的和平外交政策。不难看出,"另起炉灶"的方针,向全国人民和世界人民表明了新中国外交的基本立场,也彻底解决了自晚清到新中国成立前各届中国政府在废除不平等条约这个最基本的外交立场上面临的大难题;"打扫干净屋子再请客"的做法,则是回答了如何处理同帝国主义国家的关系问题;而"一边倒"战略的面世,不但阐明了对待苏联和其他社会主义国家的关系原则,而且也确定了建国初期新中国外交的基本战略,即联苏反美。"一边倒"外交战略的确定,在新中国外交奠基者们看来,是中、美、苏三方关系合乎逻辑的发展:解放战争期间,美国支持国民党政府反共打内战,而苏联则给予中共许多战略性的支援;1947年冷战全面爆发,以美苏对抗为核心的两大阵营对立格局已经形成。1948年几乎同时发生了两个危机,第一个是柏林危机,美苏剑拔弩张;第二个是苏南危机,原南斯拉夫被开除出社会主义阵营。在这种险恶的国际形势下,美国坚持敌视中共及其即将诞生的新中国的政策,两者关系已无改善的余地。所以,"一边倒"是新中国的必然选择。有人认为,实行了近10年的"一边倒"外交战略有三大功绩:一是结束了国民党在中国大陆的反动统治,驱逐了帝国主义在中国的势力,实现了中华民族的独立;二是夺取了抗美援朝斗争的胜利,打破了美国从东北亚、台湾海峡和印度支那等三个战略方向对中国国家安全的严重威胁,巩固了中国的独立与主权;三是获得了苏联等社会主义国家对中国非常可贵的经济援助,特别是156个援建项目奠定了中国工业化的初步基础。

其次,开始了融入国际社会的初步努力。"新中国外交面临的第一个问题,就是同世界各国建立外交关系,走向国际社会。"获得其他国家和国际组织的外交承认,建立正常的外交关系,是融入国际社会的前提之一。开国之初,新中国经过卓越的外交努力,迅速打开了外交局面。具体讲来,新中国区别对待各种情况,决定不经谈判就同社会主义国家迅速建交,自1949年10月2日起,先后与苏联、保加利亚、匈牙利、朝鲜民主主义人民共和国、原捷克斯洛伐克、波兰、蒙古、阿尔巴尼亚、越南和德意志民主共和国等国互派大使,与苏联缔结了《中苏友好同盟互助条约》,这对巩固新中国的独立,维护国家安全和发展国民经济意义重大。对于非社会主义国家,新中国基本上采取了先谈判、后建交的方法,以承认中华人民共和国为唯一代表中国的合法政府和放弃支持国民党集团或制造"两个中国"作为谈判条件。1949年年末至1950年年初,周边地区的缅甸、印度、巴基斯坦、锡兰、阿富汗等国相继承认中国。印度尼西亚联邦政府成立后很快承认中国,尼泊尔政府也采取了友好态度。英国、挪威、丹麦、芬兰、瑞典、瑞士和荷兰等国于1950年1—3月先后承认中国。对这些非社会主义国家,中国按照不同情况,用不同方式加以灵活处理,对其中极少数国家也采取了不经谈判即行建交的做法。另外,中国同印度和缅甸共同倡议和平共处五项原则,作为处理国际关系的基本原则,还于1955年积极参加在印尼万隆召开的意义重大的亚非会议,中国代表团奉行的"求同存异"的外交方针以及对万隆十项原则的支持,大大增进了世界对中国的了解和友谊,为进一步开展与亚非等国的友好合作关系创造了条件,使中国成为世界大家庭中受尊重的一员。

中国融入国际社会的最大障碍来自美国。战后初期,美国凭借超强的政治、经济、军事实力成为霸权国家,不但牢牢控制其盟国,而且绝大多数有影响的国际组织也被其玩弄于股掌之中。美国对新中国政府奉行不承认主义,阻挠中国恢复在联合国和其他国际组织中的合法席位以及参加新的国际组织。新中国建立后不久,中国政府就多次致电联合国,要求恢复在联合国的合法席位,驱逐国民党的"代表",并先后向国际电信联盟、国际红十字会、万国邮政联盟、联合国粮农组织、联合国教科文组织、世界卫生组织、世界气象组织、国际民用航空组织、国际劳工组织、国际货币基金组织和国际复兴开发银行等国际组织提出了类似的要求,但由于以美国为首的一些国家的阻挠,上述国际组织中仅万国邮政联盟一度承认新中国外,无一组织表示同意恢复新中国的合法席位。

最后,维护国家安全和主权与领土完整。在国内,开展了肃清帝国主义在中国特权与势力的各项斗争。众所周知,鸦片战争以后的百年间,西方列强通过强加于中国人民头上的不平等条约体系,攫取了包括驻军权、自由经营权、内河航运权、海关管理权以及治外法权等大量特权,严重损害了中国的独立和主权完整,尽管当时在某种程度上也进行了"废约"努力,但由于政策的妥协性和不彻底性,旧中国仍是一个主权被分割的国家。新中国建立后,为彻底地废除不平等条约,一洗百年耻辱,采取了一系列坚决的措施,包括果断地肃清帝国主义在中国的驻军权等各种特权,维护了中国的政治主权,及时处理了外国人在华拥有的企业和房地产,将其收归国有或进行改造,掌握了经济主权,清理了外国政府、私人和团体在中国开办的文教事业,维护了中国的文化主权,这一切从根本的意义上巩固了新中国的独立自主,为新中国与世界各国在平等互利的基础上建立和发展政治、经济和文化关系开辟了道路。在周边地区,中国主要在东北亚、台湾海峡和印支半岛三个战略方向顶住了美国对中国安全的军事威胁和政治孤立。在东北亚地区,1950年朝鲜战争爆发后,为了揭露美国的战争政策,中国政府多次表态,支持苏联等社会主义国家旨在确保朝鲜独立的"五国提案",反对由美国授意企图控制朝鲜的"八国提案"。中国人民志愿军入朝作战后,中国政府努力阐明抗美援朝的正义性,推动缔造和平的停战谈判,积极参加日内瓦会议,为恢复地区和平与制止美国的霸权主义政策起到了不可磨灭的作用。中国政府还围绕台湾问题与美国进行了不懈的外交斗争。台湾自古以来就是中国领土不可分割的一部分,1943年12月1日的《开罗宣言》明确规定,要"使日本所窃取于中国人民之领土,例如满洲、台湾、澎湖列岛等归还中国",1945年的《波茨坦公告》又加以确认。朝鲜战争爆发后,美国杜鲁门政府为其全球战略和遏制中国考虑,一改常态,于1950年6月27日声称"台湾未来地位的决定,必须等待太平洋安全的恢复,对日和约的签订,或经由联合国的考虑",这种"台湾地位未定论"引起了中国政府的强烈抗议,特别是杜鲁门政府派遣第七舰队和空军进入台湾海峡和台湾岛,企图阻止中国"解放台湾",已对中国主权完整和国家安全构成了最严重的现实威胁。8月,中国政府向联合国提出了控诉美国侵略案,并于10月任命伍修权为大使级特别代表,专门出席安理会讨论中国对美国的控诉。1954年12月2日,美国为了长期控制台湾,与台湾当局签订了"共同防御条约",规定"缔约国的领土"受到"武装攻击"时,双方应采取"共同行动"。8日,针对此所谓的"条约",周恩来外长发表严正声明,进一步揭露了美国的侵略本质,并将之视为对中国和中国人民的"一个严重的战争挑衅"。为配合外交斗争,1955年年初,中国人民解放军解放了一江山岛,引发了西方所谓的"第一次台海危机"。之后,中国政府在继续与美国进行斗争的同时,没有关上中美对话的大门,不断通过中美大使级会谈和亚非会议等各种场合直接或间接表明,中国不要同美国打仗,中国愿意同美国坐下来谈判,缓和紧张局势,解决双方的分歧,以最终推动实现两国关系的正常化。中国政府在这个时期维护国家安全的另一项举措是,支持印度支那国家争取独立、反抗法国殖民主义者的斗争,并积极筹划和参加关于印度支那问题的日内瓦国际会议,制止了美国企图对印度支那进行直接武装干涉的计划,巩固了中国南方边陲的安全。总之,在新中国建国之初,中国不得不在朝鲜半岛、台湾地区、印度支那三条战线上同美国进行严肃的较量,保卫了自己的独立、主权和安全,也充分显示了中国通过谈判解决国际争端的诚意和努力。

(二)"两个拳头打人"时期的中国外交(20世纪60年代)

20世纪50年代后期,由于国际形势的巨大变化,"一边倒"外交战略面临着如下三个方面的挑战。一是美苏两个超级大国由于其综合国力的相对均衡发展和全球战略的某些调整,开始在共同主宰世界方面找到共同利益,由冷战初期的僵硬对抗开始向又妥协、又对抗的方向转化,中国联合苏联反抗美国的国际战略背景开始消失。二是世界开始进入一个大分化、大动荡、大改组的变动时期,东西方阵营中独立自主的倾向有所发展,西方阵营中西欧走向联合和法国推行独立外交政策,特别是东方阵营的波匈事件和中苏分歧,都推动了两大阵营的分化。更重要的是,越来越多的殖民地赢得了独立,并奉行不结盟的和平、中立外交路线,开始在国际政治中形成一支重要的政治力量。总之,世界多极化的进程已经启动,"一边倒"的对外战略显然不能适应急剧变化了的国际格局。三是中苏的结盟关系不断出现裂痕并走向破裂。苏联自20世纪50年代末起为推行与美国共同主宰世界的全球战略,不断向中国施压,恶化中苏关系,直至在中国北部施加军事压力,中苏对抗使得新中国建国初期的"一边倒"战略的基础不复存在。因此,中国的外交战略格局发生了重大变化:一方面,中国要在东面应付美军在台湾海峡造成的巨大军事压力,以及在南方处理因美国推行侵越政策而带来的安全威胁;另一方面,又要在西北和北部边境时刻准备迎击苏联的武力挑衅。中国外交进入了一个新中国建国以来最为困难的历史时期,不得不奉行"两个拳头打人"的对外战略,即"两条线"政策,在国际舞台上同时反对两个超级大国的霸权主义政策。中国坚持独立自主的外交原则,努力捍卫国家主权不受侵犯和国家尊严不受侮辱,经受住了严峻的考验,在两霸挤压的外交困境中,努力从两霸之间的广阔"中间地带"探寻外交空间。

第一,顶住苏联的各种压力,坚决捍卫国家主权。苏联不但对中苏两党的思想分歧耿耿于怀,而且还不断向中国提出损害中国主权的无理要求。1958年,苏联先是提出要在中国建立两国共管的大功率长波电台,后又建议两国建立一支共同潜艇部队,对于前者,中国本着中苏友好的考虑同意建设,条件是一切费用由中国支付,所有权归中国,建成后共用;对于后者,则以涉及主权为由而明确拒绝。实际上,影响中苏关系的最主要因素在于两国对外战略存在着巨大差异和严重矛盾:对于当时的苏联来说,实现苏美合作主宰世界,推动苏美缓和,是苏联最重要的外交任务和全球战略;而对于中国而言,反对美国的战争威胁仍然是中国外交的一项主要任务。一个和美,一个反美,天壤之别。1958年8月"第二次台海危机"期间,中国人民解放军炮打金门、马祖,苏联领导人深恐此举导致美苏冲突。1959年赫鲁晓夫访美前夕,苏联于6月单方面撕毁了中苏于1957年10月签订的关于国防新技术的协议,拒绝向中国提供原子弹样品和有关技术资料。9月9日,塔斯社发表了关于中印边境事件的声明,公然袒护印度扩张主义。9月赫鲁晓夫访美后来华期间,甚至希望中国政府放弃对台湾地区使用武力,并暗示中国政府可以考虑暂时让台湾地区"独立"。中国政府断然予以拒绝。

第十二章 中国与世界

1960年,苏联采取了一系列旨在恶化中苏关系的步骤,6月策划了"布加勒斯特会议",指责中国共产党是"疯子"、"要发动战争",在中印边界问题上是"纯粹民族主义";7月宣布召回在华工作的全部专家,撕毁两国协议;7、8月间又在新疆挑起边境纠纷。尽管中国政府多次声明不要把两党分歧扩大到国家关系上,真诚希望中苏关系能好转起来,但仍无济于事。1964年中苏两党高级会谈失败,赫鲁晓夫的继任者勃列日涅夫继续将美苏合作反华作为其既定外交方针,在边界沿线部署100万大军,严重恶化中苏关系。1969年,苏联悍然发动对中国领土珍宝岛的入侵,中苏关系进入了一个前所未有的困难时期,中国政府坚持"有理、有利、有节"的外交斗争,顶住了苏联的巨大压力,捍卫了国家主权和国家安全,经受了严峻考验。

第二,继续反对美国对中国国家安全的主要威胁。如果说,"一边倒时期"中美两国的斗争是"战场加谈判桌"的话,这个时期中国反对美国侵略的斗争则主要是在外交舞台上。中国政府除了给予越南大量军事援助以抗击美国侵略外,还投入很大精力支持越南、老挝和柬埔寨等国的和平、中立和独立,凭借中美大使级会谈等渠道对美国进行外交折冲。中美大使级会谈源于1954年日内瓦国际会议期间中美两国代表就侨民问题进行的会谈,后来发展为中美两国政府沟通的主要渠道。自1955年起,中国驻波兰大使王炳南和美国驻原捷克斯洛伐克大使约翰逊正式举行大使级会谈,至1970年2月,双方共举行了136次会谈,但因双方立场相去甚远,没有取得实质性进展,只是在1955年9月就平民问题达成协议,规定双方承认在各自国家内的对方平民享有返回的权利,并宣布已经采取且将继续采取适当措施,使他们能够尽速行使其返回的权利。会谈在禁运问题和台湾问题上毫无进展,原因在于美国执意将中国承诺"放弃使用武力"作为讨论禁运问题的先决条件,而对于台湾问题,美国则要求在两国联合声明草案中写上:一般来说,并特别对于台湾地区来说,"除了单独和集体的自卫外",中美放弃使用武力。这些主张是中国政府所不能接受的。中国政府认为,美国的建议的本质在于企图维持台湾地区现状,承认美台"共同防御条约"的合法化,继续推行"两个中国"的政策。王炳南大使在中美大使级会谈中再三指出,台湾问题有国际方面和国内方面两个层次,美国侵占台湾已构成了国际争端,美国应放弃对华使用武力,从台湾地区撤出所有武装力量,这是台湾问题的国际方面;中国用什么方式实现台湾与大陆的统一,属中国内政,美国无权干涉,这是台湾问题的国内方面。除了大使级会谈外,中国政府还利用印支问题日内瓦会议的国际舞台同美国进行了较量,旗帜鲜明地站在印支人民一边。1960年,美国一改过去的"代理人战争"手法,对越南发动了赤裸裸的侵略战争,严重威胁到中国南方边陲的安全,中国政府除向越南提供大量军事物资援助和后勤部队协助外,在外交场合多次严正声明,谴责美国的侵略政策。另外,中国政府在日内瓦会议等各种国际场合,坚决反对并及时揭露美国在老挝、柬埔寨策动亲美势力,扩大"东南亚条约组织",破坏日内瓦协议,挑起内战甚至军事入侵等一系列非法行径,大力支持老挝、柬埔寨成为一个和平、中立、独立的国家。

第三,争取两个"中间地带",成功地拓展同亚非拉国家和人民的团结合作,并发展与其他发达国家的外交关系。面对美苏双重挤压的国际环境,中国政府抓住20世纪50年代中期至60年代末期亚非拉民族解放运动蓬勃发展的有利时机,大力拓展了同这些发展中国家的友好合作关系,这不但有助于化解"美苏共同反华"带来的外交困难,而且有利于进一步确立和增强中国在发展中国家中的重要影响力,进而为恢复联合国的合法席位打下了坚实的基础。从50年代后半期起,周恩来总理三次出访亚非国家,密切了中国与访问国的关系,访问期间,他提出了中国同阿拉伯国家和非洲国家相互间关系的五项原则:支持阿拉伯和非洲国家反帝、反殖和独立;支持它们奉行不结盟政策;支持它们用自己的方式实现团结和统一;支持它们和平协商解决彼此之间的争端;支持它们要求主权应当受到他国的尊重。五项原则实际上为成功地开展对亚非拉国家的外交提供了思想指导,也促进了各国对中国外交思想与外交政策的了解。在具体的外交实践中,中国政府始终支持阿拉伯国家反对帝国主义和以色列扩张主义的斗争,在埃及维护苏伊士运河主权的斗争中,在伊拉克推翻费萨尔王朝的革命中,在阿尔及利亚的独立战争中,以及第三次阿以战争中,中国政府都站在正义的阿拉伯人民一边。中国政府还对非洲独立高潮给予了充分的道义支持,及时承认了所有脱离殖民主义体系的新独立国家,还对于南非人民反对种族主义统治的斗争予以深切的同情和坚决的支援。另外,中国还坚决支持拉丁美洲人民的抗美斗争,声援古巴革命,关注巴拿马人民收回运河主权,谴责美国对多米尼加的入侵。中国政府还大力支持不结盟运动的正义主张和行动。这一切外交活动不但反击了美国等国的强权政治和霸权主义行径,而且铸造了中国良好的国际形象,还促成了第二次建交高潮,促进了与周边发展中国家的睦邻关系。1955年年底,同中国建交的国家只有23个,到1965年年底,与中国建交的国家数量增加了1倍多,中国外交的国际空间并没有因美苏的合压而缩小,反而扩大了。中国本着和平共处五项原则和协商互谅的方针,公平、合理地先后解决了与缅甸、老挝、尼泊尔、蒙古、巴基斯坦、阿富汗的边界问题,解决了与印度尼西亚的华侨双重国籍问题,虽然与印度发生了边境冲突,但为了用实际行动表示中国主张通过和谈而不是通过武力解决边界问题的诚意,中国政府不失时机地宣布全线停火和主动后撤,赢得了印度人民和世界人民的好评。

针对美苏从两个方面对中国施加压力和国际力量分化组合的双重背景,中国除了致力于加强同亚非拉国家的友好合作外,还试图发展与其他发达国家的关系,以图逐步突破美国对中国的政治孤立。1964 年,毛泽东正式明确提出了"两个中间地带论",将亚非拉称为美苏之间的"第一中间地带",将西欧、日本、加拿大、澳大利亚、新西兰等作为"第二中间地带",提出了要在巩固与"第一中间地带"团结的同时,争取发展与"第二个中间地带"的友好关系。这方面一个重大外交突破就是 1964 年与法国建立了正式外交关系。中法建交意义重大,因为法国是西方阵营的主要国家之一,也是联合国五大常任理事国之一,拥有重要的国际影响。中法建交至少意味着,西方大国一致孤立中国的局面终结了,多极化必将给中国外交带来新的契机。

(三)"一条线、一大片"时期的中国外交(20 世纪 70 年代)

20 世纪 70 年代初,随着国际关系进入一个新的转型期,中国摆脱外交困境的重大契机终于到来。这时候,国际政治中的各种力量加速分化组合,挑战两极格局的多极化趋势日益明显,西欧国家联合自强、独立自主的势头更加猛烈,第三世界开始以集体的力量强有力地登上政治舞台,以石油等原料为武器,以消除不平等贸易条件为突破口,为建立国际政治经济新秩序,向世界旧秩序与霸权主义、强权政治提出挑战,两个超级大国控制世界事务的能力相对下降;即使在两极格局内部,情况也在发生战略性变化:苏联的综合国力特别是军事力量大幅度提高,双方军力对比朝着有利于苏联的方向发展,这刺激了苏联的大国主义思想和霸权主义野心,它采取了咄咄逼人的战略进攻态势,而相形之下,美国因越南战争大伤元气,不但需要从越南"脱身",而且也迫切寻求中国这个战略力量来抵制苏联对其"霸权"地位的直接挑战,20 世纪 60 年代末,总统尼克松和基辛格等美国政要就多次发表了不愿孤立中国的言论。中国因苏联陈兵百万于中苏、中蒙边境,支持越南侵柬反华,出兵占领阿富汗等因素而受到苏联的来自北、南、西三个方向的巨大安全威胁,实际上,1969年苏联对中国领土珍宝岛的入侵,标志着苏联成为中国安全最大的威胁。这样,出现了中美战略合作的绝好契机。中国政府及时地抓住时机,采取了毛泽东提出的"一条线、一大片"的对外战略,即按照大致的纬度划一条连接从美国到日本、中国、巴基斯坦、伊朗、土耳其和欧洲的战略线(一条线),团结这条战略线以外的国家(一大片),即执行联合美欧日和第三世界国家的"一条线"政策,抗衡侵略野心最大、严重威胁中国安全的苏联。

总体上讲,以联美抗苏为中心内容的"一条线"战略,有助于中国改变昔日"两只拳头打人"、"腹背受敌"的被动局面,以重拳集中迎击苏联,而将另一只手腾出来实现与美国及其盟国外交关系的正常化,加强与第三世界的团结合作及修复与东欧国家的友好合作关系,努力利用联合国这个广阔的国际舞台进行外交斗争。应该说,这三方面外交努力,除了上述国际形势转化这个主要因素外,在国内还存在着至少三个方面的有利条件:一是中国综合国力有了一定的恢复和提高,特别是核武器的试验成功并装备部队,大大增强了中国反对霸权主义、维护世界和平的力量。二是由于广大发展中国家的支持,1971年10月25日,二十六届联大以多数票通过了关于恢复中华人民共和国在联合国的合法席位并立即将蒋介石集团的代表驱逐出去的决议案,这样中国恢复了安理会常任理事国的合法席位,从法律上正式成为少数几个对世界安全负有主要责任的大国之一,极大地提升了中国在国际事务中的发言权,中国开始全方位大踏步走向国际舞台。三是中国领导人改变过去在国际上以意识形态画线、以阶级画线的做法,及时实现中国国际政治角色的转换,从国家利益等新的思维角度考虑问题,将外交思想和实践建立在较为现实的基础之上,尤其是毛泽东于1974年提出的"三个世界"划分理论,无论从理论上还是从实践上都使中国坚定地站在第三世界立场上,团结日本、欧洲、加拿大、澳大利亚等国,集中力量进行反对苏美霸权主义特别是苏联霸权主义的斗争。

在上述国际、国内条件的积极推动下,中国外交在三个领域取得重大进展,其中首屈一指的成就莫过于中美友好关系大门的开启。美国是最大的发达国家,也是世界上最强大的超级大国,而中国是最大的发展中国家,是第三世界中最具有国际影响的大国,中美和好不仅有利于两国的根本国家利益,而且对于促进地区稳定和维护世界和平意义极大,实现与美国关系的

第十二章 中国与世界

正常化,始终是中国政府的最重要的外交任务之一。当然,这主要取决于美国政府对新中国的逐渐了解与和平诚意。20世纪60年代末、70年代初,美国政府开始显示出与中国和好的诚意。尼克松总统通过法国、罗马尼亚和巴基斯坦等联系渠道,不断向中国传出加强接触的试探信号,不但恢复了在华沙举行的中美大使级会谈,而且一再放松对华贸易限制,1970年10月,尼克松总统甚至在一次宴会上有意地使用了"中华人民共和国"一词;而中国政府也默契配合,遥相呼应,先是邀请了著有《红星照耀中国》的美国作家埃德加·斯诺与毛泽东同登天安门城楼,后又通过有关渠道表示欢迎尼克松总统访华。一个脍炙人口的佳话是,1971年4月,中国政府支持正在日本名古屋参加第31届世界乒乓球锦标赛的中国运动员邀请美国运动员访问中国,启动并促进两国的民间交往和相互了解的进程,"乒乓外交"获得极大成功,在外交史上有以"小球转动大球"的美谈。之后,中美关系迅速发展。同年7月,美国国务卿基辛格秘密访华;次年2月21日至28日,尼克松访华,成为历史上踏上中国国土的第一位美国总统,揭开了中美关系的新篇章。尼克松访华期间,中美双方本着求同存异的现实态度,发表了《上海公报》,双方郑重声明:任何一方都不应该在亚洲——太平洋地区谋求霸权,每一方都反对任何其他国家或国家集团建立这种霸权的努力。这对中国消除来自苏联霸权主义的威胁具有重大意义。美方表示,它认识到在台湾海峡两边的所有中国人都认为只有一个中国,台湾是中国的一部分,美国对这一立场不提出异议。这无疑从杜鲁门的"台湾地位未定"论向前大大迈进了一步,有助于台湾问题的解决向着正确的方向发展。尼克松访华后,因他在"水门事件"中去职和美国亲台势力的阻挠等原因,中国政府提出的根据"断交、废约、撤军"三原则尽快建交的主张,没有在福特政府任期内被采纳。但中美关系正常化的趋势已不可阻挡,1977年卡特政府上台后,为应付苏联的挑战,将对华外交作为"美国对外政策的中心因素",并于1978年4月宣布:美国政府承认一个中国的概念,同中国建立正式的外交关系符合美国的最大利益。中国政府积极回应,双方通过谈判达成建交协议:(1)美国承认中国关于只有一个中国、台湾是中国的一部分的立场,承认中华人民共和国是中国的唯一合法政府,在此范围内,美国人民将同台湾人民保持文化、商务和其他非官方关系;(2)在中美关系正常化之际,美国政府宣布立即断绝同台湾的"外交关系",在1979年4月1日以前从台湾和台湾海峡完全撤出美国军事力量和军事设施,并通知台湾当局终止"共同防御条约";(3)从1979年1月1日起,中美双方互相承认并建立外交关系。这些谈判成果反映在1978年12月16日的《建交公报》中。中美虽未解决台湾问题上所有的重要分歧,却在"断交、废约、撤军"三原则上达成一致,承认中华人民共和国为中国唯一合法政府,这比《上海公报》大大前进了一步。中国与美国建交是两国关系中具有历史意义的重大转折,形成了中美苏大三角战略格局,有力地维护了国际战略平衡和世界和平稳定,对于中国外交来说至少有几个方面的作用:由"联苏抗美"转向"联美抗苏",极大地减轻了美国对中国国家安全的重压,部分化解了苏联对中国西部和北部的军事压力,基本上结束了过去几十年以美国为首的西方世界对中国的封锁和孤立政策,排除了中国融入国际社会的主要障碍,从此,出现了对中国改革开放较为有利的国际环境,外交工作也开创了新局面。

在中美关系正常化的过程中,中日关系取得突破性进展。1972年田中角荣首相访华,中日两国政府在1972年9月29日签署了《联合声明》,宣布结束不正常状态,日本对过去的战争作深刻反省,中国放弃对日本的战争赔偿要求;日本承认中华人民共和国政府是中国的唯一合法政府;中华人民共和国政府重申:台湾是中华人民共和国领土不可分割的一部分,日本政府表示充分理解和尊重中国政府的这一立场,并坚持遵循《波茨坦公告》第八条关于"开罗宣言之条件必将实施,而日本之主权必将限于本州、北海道、九州、四国及吾人所决定其他小岛之内"的规定。1978年,中日两国在北京签署《中日和平友好条约》,决心以和平共处五项原则为基础发展两国的持久和平友好关系,这进一步巩固了中日邦交正常化以来中日关系的积极成果,推动了双方在贸易、技术等各个领域全面关系的发展。同样由于中美建交的推动,中国与西欧、加拿大、澳大利亚、新西兰的关系也得到全面发展。1970—1972年,中国迎来了同西欧国家的建交高潮,中国先后同意大利、奥地利、比利时、冰岛、马耳他、希腊、德意志联邦共和国和卢森堡建立了外交关系,中英和中荷外交关系由代办级升为大使级,还于1973年和1979年先后与西班牙和葡萄牙、爱尔兰建立了外交关系,基本上完成了同西欧国家的建交过程。

除与美国及其他发达国家的外交关系取得突破性进展外,中国政府还认真处理同苏东国家的关系,进一步加强同第三世界的真诚团结与合作。中国政府着重巩固和发展同罗马尼亚、原南斯拉夫的友好关系,注重修复与波兰、民主德国、原捷克斯洛伐克、匈牙利和保加利亚等国的原有友好关系。

对于苏联,中国政府坚决地反对它的大国主义和霸权主义,并于1979年终止了《中苏友好同盟互助条约》,本着中苏友好的过去和未来,中国政府倡议边界问题谈判和国家关系谈判。但由于苏联始终不承认中苏边界存在争议地区这一现实,以及以"在谈判中不得涉及第三国"为借口,拒绝进行合作,使谈判无果而终。与此同时,中国同发展中国家的关系取得令人满意的发展,出现了建国以来第三波建交热潮,自1970年到1982年,又有56个发展中国家同中国建立了外交关系,包括5个东南亚和南亚国家,13个拉丁美洲国家,5个大洋洲国家,26个非洲国家和7个西亚国家,外交关系的这一新成就,不但强化了周边和平环境,巩固了同亚非拉国家的友好关系,而且在具有战略意义的中东地区有了更多的朋友,为中国的经济发展和国际交往提供了更多的资源。

这个时期中国外交的另一大特色是,中国充分利用联合国安理会常任理事国这个权威的国际身份,开展维护国家利益和促进世界和平的外交斗争。在重返联合国的最初十年里,中国政府在这个广阔的国际舞台上的活动有以下几个基本特点。一是在有关第三世界利益的世界事务中,特别是在朝鲜问题、苏军入侵阿富汗、阿以争端、南非、中美洲等国际热点问题上,坚定地与发展中国家站在一起;在联合国中支持增加第三世界的发言权,积极参加促进发展中国家利益的南南合作、南北会谈以及旨在建立国际经济新秩序的一切努力。二是将裁军作为一项重要活动议程,从第三世界唯一的核国家这个特殊身份出发,积极参加国际裁军大会,并提出既不同于苏美,也不同于英法等国的裁军6项原则:裁军应同反对霸权主义、反侵略、维护世界和平的努力相结合,拥有最大核武库的两个超级大国应率先裁军,核裁军应与常规裁军相结合,一切中小国家有权保持为防御侵略、捍卫独立所必需的国防力量,应规定严格有效的国际核查措施,各国应有权以平等地位参加裁军问题的审议、谈判和监督。三是以联合国为中心,积极参加联合国的专门机构,投入到经济、社会、文化领域的国际合作中去。四是以呼吁建立国际经济、政治新秩序作为倡导国际道义的主要途径。邓小平曾以副总理身份于1974年率团出席了第六届特别联大,提出了中国关于建立国际经济新秩序的明确主张:国家之间的政治经济关系都应该建立在和平共处五项原则基础之上;国际经济事务应该由世界各国包括广大第三世界国家共同管理;发展中国家对自己的自然资源享有永久主权;发达国家对发展中国家的经济援助不应附带任何政治条件。

（四）"大调整"时期的中国外交（20世纪80年代）

20世纪70年代的"一条线"的外交战略，为维护中国的国家安全和国家利益作出了重大贡献。但是以联美抗苏、战略结盟为核心特征的对外战略，到80年代初已不再完全适合国内外形势发展的需要。国内以经济建设为中心，国际上多极化的迅猛发展和美苏的全面缓和，都要求中国外交进行新的战略调整。这次调整幅度空前，涉及许多方面，打开了外交工作的新局面，因此，习惯上称为"大调整"。邓小平是这次外交政策调整的总设计师，他洞悉世界大势，把握时代特征，高瞻远瞩，抓住机遇，及时作出一系列重大调整。"大调整"主要涉及以下五个方面。一是在战争与和平问题上作出新的判断，改变了以前"战争不可避免"、"战争引起革命"、"准备早打、大打、打核大战"等强调战争危险性的观点，明确提出"和平与发展"是时代主题，世界大战打不起来，中国应该抓住时机发展自己，作出了把党和国家工作重心转移到经济建设上来、实行改革开放的历史性决策，及时调整了内外政策，开启了建设中国特色社会主义的新时期。这为我国集中精力搞经济建设提供了根本依据，也为外交战略调整提供了重要条件。二是不以社会制度和意识形态的异同论亲疏，明确地将国家利益原则作为中国外交的最高原则，更加坚定、灵活地处理国与国的关系，在此基础上，将加强同发展中国家的团结与合作定为外交工作的基本立足点。三是实行对外开放，加速社会主义现代化建设，纠正了把自力更生同对外开放对立起来的片面认识，自力更生不等于闭关自守，也不是将西方社会的文明成果拒之门外，要依靠国际经济的合作和相互依存，在当代发展中，已不存在一个国家生产其所有必需产品的可能性和必要性，对外开放是每一个现代化国家的必然选择。四是在坚持主权原则的前提下，创造性地以"一国两制"、"共同开发"等方针解决有国际背景的国家统一问题、与邻国的领土争端问题。五是不同任何大国结盟，改善和发展同主要大国的关系，对于一切国际问题，根据其本身的是非曲直和中国人民及世界人民的根本利益，按照是否有利于维护世界和平、发展各国友好关系、促进共同发展的标准，独立自主地做出判断，决定自己的态度和政策，这是最能体现这次外交战略转型特点的举措。这次战略大调整与前三次战略调整有着根本的不同。过去的对外战略长期是以进行革命斗争和建立国际统一战线为指导思想，即通过结盟等方式来对抗最主要的敌人,而今以改革开放的需要为出发点,采取不与任何大国结盟的独立自主的对外战略,全面发展同世界各国的友好关系,为改革开放和社会主义现代化建设创造了良好外部环境。

"大调整"的 10 年,是中美关系的"蜜月"时期。继续发展中美友好关系,无论对于中国的国家安全还是对外开放或祖国统一,都具有至关重要的意义,符合中国的根本国家利益。自 1979 年中美建交至 1989 年"八九风波"之前的 10 年间,中美关系基本上是在较平稳的水平上前行。这既是中美两国政府理性选择的结果,也是中国政府外交斗争的成果。1979 年年底,美国国会通过了《与台湾关系法》,声称"以非和平方式包括抵制或禁运来决定台湾前途的任何努力,是对太平洋地区的和平与安全的威胁,并为美国严重关切之事",确定了美国将向台湾继续提供所谓的"防御物资"和"防御服务",实质上是变相地维护美台"共同防御条约"和制造"两个中国",引起了中国政府与中国人民的强烈谴责。中美经过艰巨的谈判,于 1982 年 8 月 17 日发表了《联合公报》,又称"八·一七公报",重申了建交公报中的各项原则,美国承诺,它向台湾出售的武器,在性能和数量上将不超过中美建交后近几年供应的水平,它准备逐步减少其对台湾的武器销售,经过一段时间导致这一问题的最后解决。公报的签署是中国外交的一大胜利,使得中美双方在解决建交时遗留下来的美国售台武器问题上,迈出重要一步。公报签署后,中美关系稳定发展,虽然经历了如 1983 年美国国会通过的"台湾问题"决议案、1987 年的"中华人民共和国在西藏侵犯人权案"以及 1987 年所谓中国向伊朗出售"蚕式"导弹事件,但都因两国政府的努力而未影响两国关系的大局。自 1979 年至 1989 年,双方高层互访频繁,中国向美国派出了由国家主席、副主席,军委副主席,国务院总理、副总理,人大委员长等几乎所有国家与政府领导人率领的 20 多个高级代表团,同期美国也向中国派出了由总统里根和布什,前总统尼克松、福特及卡特,国务卿黑格和舒尔茨,国防部长温伯格等为首的近 50 个高级代表团,这意味着,10 年间平均每年有 7 个代表团来往于北京与华盛顿之间,每隔一个月中美高层就要就重大问题进行沟通。

"大调整"的 10 年,也是中苏关系重返正常化轨道的 10 年。20 世纪 70 年代中苏的僵冷对峙,直到 1982 年勃列日涅夫发表愿意"就改善苏中关系的措施达成协议"的塔什干讲话,才稍见暖意。自 1982 年 10 月至 1988 年 6 月,中苏进行了 12 轮政治磋商,就中方提出的中苏关系正常化的三大障碍进行讨论。中方认为,苏联支持越南入侵柬埔寨,在中苏边境和蒙古驻扎重兵,武装占领阿富汗,对中国南部、北部和西部的安全构成严重威胁,是实现中苏关系正常化的三大障碍。直到1985年戈尔巴乔夫出任苏共中央总书记后,苏联才首次表示认真考虑中国的三个先决条件,到第12轮磋商结束前,苏联已制定了从阿富汗、蒙古撤军的时间表,并表示愿意帮助越南从柬埔寨撤军,这样,中苏关系正常化的所有主要障碍得以排除。1989年5月,苏共中央总书记戈尔巴乔夫在中苏高层往来中断数十年后访问中国,与邓小平等中国领导人举行了历史性会谈,并签署了具有历史意义的《中苏联合公报》,两国决心"结束过去,开辟未来",实现关系的正常化,两国将在和平共处五项原则的基础上发展相互间的关系。

这个时期,中国与西欧、东欧和发展中国家的外交关系也有了长足进步。20世纪80年代是中国同民主德国、波兰、匈牙利、原捷克斯洛伐克和保加利亚实现关系正常化的10年,自1982年起,中国政府本着"独立自主、完全平等、互相尊重、互不干涉内部事务"四项原则处理党与党的关系,以"相互谅解、相互尊重、求同存异、平等互利"的原则指导国与国的关系,先后与五国领导人实现了互访,推动了双边关系进入全面发展时期。中国与西欧各国的关系也有较为实质性的进展。如果说,"一条线"时期是双方建交高潮的话,那么,20世纪80年代则是中国与西欧各国从战略高度和经济利益出发全面发展关系的崭新时期。1983年11月,继1975年同欧共体建交后,中国政府又与欧洲煤钢联营、原子能共同体建立了正式关系,从而实现了同欧共体的全面建交。1984年,中国总理首次访问了英国、法国、意大利、联邦德国等西欧诸国。之后,中国与西欧各国领导人的互访增加,关系日益密切。政治关系的发展推动了经济技术合作。中国从西欧国家引进技术的总金额由1985年的9亿美元上升到1988年的30亿美元,1988年获得的政府优惠贷款和发展援助达到26亿美元。这个时期中国与西欧关系发展的另外一个重要成果是,中国政府本着"求同存异、相互尊重、互不干涉内政和平等互利"的精神,考虑到历史与现实,照顾各方面的合理利益,创造性地提出了"一个国家,两种制度"的构想,自1982年、1986年起,分别与英国政府、葡萄牙政府经过多次谈判,先后于1984年、1987年达成协议,中国恢复对香港、澳门行使主权,从而洗雪了中华民族的百年耻辱,极大地推动了祖国的和平统一大业,也为国际社会通过和平手段解决历史争端提供了新的思路,标志着中国外交日臻成熟。中日关系也稳步发展。中日两国领导人频繁互访,"和平友好、平等互利、长期稳定、互相信任"成为指导中日关系的四原则,中日关系进入了新中国建国以来最好的时期。第三世界是中国外交工作的立足点,20世纪80年代中国与第三世界的友好关系又有新的发展。中国进一步巩固了与朝鲜、泰国、马来西亚、菲律宾、缅甸、孟加拉国、尼泊尔、斯里兰卡和马尔代夫等国的友好关系,还于1989年恢复了与蒙古、老挝和越南的传统关系,并于1988年以拉吉夫·甘地访华为标志,与印度结束了长期冷漠的状态,妥善处理同邻国的历史遗留问题,加强了与周边国家的睦邻关系;中国还以"平等互利、讲求实效、形式多样、共同发展"等四项原则,拓展了中国与广大发展中国家的经济合作,从战略高度切实发展同西亚北非的友好关系,与巴勒斯坦、卡塔尔、阿拉伯联合酋长国、巴林建立了外交关系。另外,中国与拉丁美洲的关系也有了新的发展,先后与厄瓜多尔、哥伦比亚、安提瓜和巴布达、玻利维亚、乌拉圭等国建立了外交关系,1981年10月,中国总理访问墨西哥,这是中国政府首脑首次访问拉美国家,1985年中国总理又访问了哥伦比亚、巴西、阿根廷、委内瑞拉等4个南美国家,使得中拉关系又迈上了一个新台阶。

在这种独立自主与不结盟战略的指导下,中国还日益广泛地参与了联合国等组织的多边事务和全球性活动。中国先后参加了联合国下属的几乎所有国际组织,出席了各种国际会议。这次战略大调整为中国全面融入国际社会并迅速崛起,奠定了坚实的基础。

(五)"大融入"时期的中国外交(20世纪90年代至21世纪初)

东欧剧变和苏联解体形成了巨大冲击波,"八九风波"后,西方对中国实行全面的集体制裁,中国面临严峻的国际形势。在这历史紧要关头,邓小平面对国际风云变幻,提出了对外工作必须坚持的战略方针,坚持走社会主义道路,同时坚持深化改革、扩大开放,确保了中国这艘巨轮的正确航向。对此,邓小平提出要冷静观察,稳住阵脚,沉着应付,善于守拙,决不当头,韬光养晦,有所作为,强调要冷静、冷静、再冷静,埋头实干,做好每一件事,我们自己的事。在邓小平"南方谈话"的指引下,中国的改革开放取得了举世瞩目的成就,国民经济持续、高速增长,高科技取得重大突破,"神舟"号宇宙飞船直指苍穹,中国的国际战略地位空前提高,香港、澳门顺利回归,西方国家的集体制裁被打破,中国同独联体国家和东欧国家发展了友好关系,特别是重视与周边国家发展睦邻友好关系，塑造了建国以来比较好的周边环境，中国外交工作取得新的成就。在这种情况下，如何进一步拓展国际空间，为中国的现代化建设创造更加有利的国际环境，争取更多的国际资源，使中国发挥重大的国际作用和作出更大的国际贡献，就成为一个十分紧迫而重要的任务。这就是中国必须尽快顺应世界多极化、经济全球化趋势，全面融入国际社会。中国进入了"大融入"时期。融入国际社会并非始自20世纪90年代，实际上，自新中国建立起，融入国际社会就是中国政府始终不渝的目标。20世纪80年代多边主义外交的开展，极大地加速了中国融入国际社会的步伐，中国以联合国为主要国际舞台，广泛参与多边外交领域，从政治、安全逐步扩大到经济、裁军、军控、社会发展、人权和环境等各个领域，共加入了105个国际多边条约，比70年代的42个增加了近2倍，为90年代开始全面融入打下了良好的基础。但只有在90年代，全面融入国际社会才有更大的紧迫性和可能性。首先，中国要深入推进市场经济，意味着国内经济必将与国际经济融为一体，国家对外开放空前加大，外交必须为中国经济融入国际经济服务，在各个领域与世界接轨。从现实的意义看，中国经济也发展到了这样一个地步，在一个信息时代到来、经济相互依存和经济全球化不断深化的世界里，如果不与世界接轨，就可能被历史再一次抛弃。以WTO为例，作为最大的发展中国家和世界十大贸易国之一的中国，若长期游离于这个最有权威性的多边贸易机制之外，无疑对外贸出口和经济开放十分不利，对世界贸易的健康发展也不利。因此，整个20世纪90年代，中国外交的一个重要努力方向就是，为尽快加入WTO而与世界各国特别是以美国为首的西方大国进行贸易谈判，结果"黑头发谈成白头发"，终于在1999年底与美国等16个世贸组织成员结束谈判。其次，中国国内政治与社会形势的变化，如公民意识的提高、民主政治的完善与法治原则的弘扬，从国内的意义上推动了中国加入《公民权利与政治权利国际公约》；国际互联网在国内的引入与日益普及，使得广大网民借助高技术通信手段参与讨论，就事关国家利益的国际问题发表看法，提高民间外交的广度和深度，越来越成为可能和有影响力；国内环境问题、艾滋病问题、贩毒吸毒问题日益严重，它们与世界其他国家息息相关，也促使中国政府求助于国际合作……这一切，也为中国进一步融入国际社会创造了更大的机会。最后，20世纪90年代前半期中美关系的严重倒退，西方国家的集体制裁，迫使中国作出新的选择，加速全面融入国际社会，充分利用国际规则和机制，寻求中国外

第十二章 中国与世界

交更广阔的活动空间,免受美国等国不时地施加的种种压力和限制,同时,积极推动建立公正合理的国际政治经济新秩序,参与各种国际新机制的创建,打破西方国家的垄断,使之充分反映中国和广大发展中国家的利益。这从某种程度上反映了中国加速全面融入国际社会势在必行,也标志着中国外交正在进入一个更为崭新的时代。

"大融入"初期的中国外交,主要有五个方面的举措:一是加深融入国际制度的力度,二是建立对外伙伴关系网络,三是进一步拓展建交国家的覆盖面,四是与美国建立建设性关系,五是确立新安全观与合作安全模式。

就融入国际制度来说,中国于1996年签署并批准了《国际海洋法公约》,不但使中国海域扩大到近300万平方千米,而且还为利用这个公认的国际海洋法律机制解决中国与东亚或东盟国家之间的争端,提供了某种有益的法律手段,有利于改善国际形象,提高大国地位。中国积极而有保留地加入由《核不扩散条约》、《导弹技术控制制度》和《全面禁止核试验条约》等组成的国际核控制机制,并于1996年7月29日发表声明暂停核武器爆炸试验,不仅促进了国际裁军事业和世界和平,提高了国际形象,更重要的是从长远角度维护了中国周边安全不受潜在的核威胁。中国加入核控制机制顺应了国际潮流,增进了与美国等大国的战略认同,也从长远角度维护了国家安全。20世纪90年代,中国政府还认识到,人权已成为当代国际社会的普遍信念与认同,因此需要积极地向国际人权机制靠拢,至1998年10月,中国已签署了约19个国际人权公约,包括居于核心地位的《社会、经济、文化权利国际公约》和《公民权利与政治权利国际公约》,在坚持集体人权、经济权和发展权的基础上,尊重国际人权的普遍性原则,增加了中国与美国等西方国家开展外交的灵活性,大大提高了中国的国际形象,从此,人权外交不再是西方国家的专利品。加入WTO,积极参与新一轮多边贸易谈判,则是中国在今后相当时期内全面融入国际社会的主要举措。全面融入国际社会,开拓了中国外交的全球空间。

在建立对外伙伴关系方面,中国外交成绩显著。冷战后,国际关系中掀起了一股"伙伴外交"的浪潮,中国也积极加入这个"伙伴关系热潮",中国与东盟国家决定建立"睦邻互信伙伴关系",与加拿大、墨西哥决定建立"跨世纪的全面合作伙伴关系",1996年4月中俄建立"战略协作伙伴关系",1997年5月中法建立"全面伙伴关系",1997年10月中美致力于建设面向21世纪的"建设性战略伙伴关系",以及1998年,中国与欧盟建立"建设性伙伴关系",与日本建立"友好合作伙伴关系"。这预示着一种新型的大国关系取向和框架,它以和平、合作、不结盟为宗旨,以大国间的共同利益和对人类的共同责任为主要基础,不但极大地优化了中国的安全环境和综合国际环境,而且对于推动国际关系的总体缓和与良性互动,均产生了重大国际影响。其中,1996年中国、俄罗斯、哈萨克斯坦、吉尔吉斯斯坦、塔吉克斯坦五国元首在上海举行首次会晤,确立了"上海五国"会晤机制。2001年"上海五国"与乌兹别克斯坦六国元首在上海会晤,共同签署了《"上海合作组织"成立宣言》和《打击恐怖主义、分裂主义和极端主义上海公约》,从此,上合组织六国的关系进入了最好的历史时期,对于稳定中亚局势起了重大的作用。

中国融入国际社会的另一重要内容是,中国与一些长期对中国不理解或因种种原因尚未建交的发展中国家正式建立了外交关系。1990年,中国恢复了与印尼中断长达23年的外交关系,并与新加坡、沙特阿拉伯建交,1991年与文莱建交。自1991年始,中国外长应邀参加东盟外长会议并与各外长进行磋商,使中国与东盟国家关系进入了历史上最好的时期。1992年1月,中国与以色列建交,从而扩大了对中东事务的影响力。同年8月,中国还与重要的海上邻国韩国建立了大使级关系,这对于中国继续发挥在朝鲜半岛的传统影响意义重大。1995年4月中国与波黑建交。1998年1月1日,中国与南部非洲最强大的国家南非共和国建立了正式的外交关系,这不但有利于中国在非洲事务中发挥更加实质性的作用,更重要的是,它沉重打击了台湾当局的"外交努力",从此与台湾"建交"的国家中再没有地区性大国了,仅限于中美洲、中西非和大洋中的小岛国家。1998年中国还恢复了与几内亚比绍、中非的外交关系,并与汤加正式建交。此外,20世纪90年代中国还较好地解决了与独联体各国的关系。苏联解体后,中国政府本着不干涉别国内政和尊重各国人民选择的原则立场,同独立后的前苏联各国适时地建立了新的国家关系。进入21世纪后,中国的外交关系又有所拓展。

在当代国际社会中,美国在国际机制的创建和运行方面发挥着主导性作用,因此,拓展与美国的合作,防止中美关系的恶性下滑,是中国外交的重中之重,但也是难中之难。20世纪90年代前半期,中美关系严重倒退,美国对华全面制裁,从人权到知识产权,从地区安全到核不扩散,从西藏问题到台湾问题,摩擦不断,一波数折,几次下滑。美国总统继1989年6月宣布

第十二章 中国与世界

暂停武器出售、官员互访和金融援助等多项制裁措施后,又于 1991 年 6 月以中国从事导弹技术扩散为由,宣布对中国进行 3 项高技术制裁,1992 年又宣布决定向台湾出售 150 架 F-16 型战斗机。1993 年克林顿总统上台后继续了对华不友好政策,将对华贸易最惠国待遇附加了 7 项人权条件。中国政府理所当然地加以拒绝,两国关系在人权问题上陷入僵局。1993 年秋,克林顿政府逐渐认识到中美在经贸和国际安全方面的共同点,开始对华"全面接触",11 月在西雅图举行的亚太经合组织领导人非正式会议,实现了冷战结束后中美两国元首的首次会晤。1994 年 5 月,克林顿总统宣布人权问题与最惠国待遇"脱钩",并专门撰文强调中国因素在美国外交中的作用,这意味着"八九风波"后中美关系的紧张和恶化基本告一段落。1994 年秋,中美关系在短暂缓和后,由于美国内反华势力膨胀和国内中期选举等因素,又进入了以台湾问题为核心的新一轮低潮期。继 1994 年 9 月实施了一系列对台关系升格措施后,1995 年 5 月 22 日,美国政府出尔反尔,竟准许台湾当局领导人李登辉以所谓的"私人身份"访问美国,严重违背了中美三个联合公报的基本原则,助长了"台独"势力,直接威胁到中国的和平统一大业,遭到了中国政府最为强烈的抗议。5 月 23 日,中国外长召见美国驻华大使提出强烈抗议,外交部也发表措词严厉的声明,中国政府中止和推迟了政府与军队高官访美,并召回驻美大使,6 月 16 日,两国关系出现了自 1979 年建交以来第一次双方无大使的局面。为配合对美斗争和反对"台独",中国军队于 7 月 21—26 日和 8 月 15—25 日,两度在东海海域进行导弹发射演习和导弹火炮实弹射击演习,显示了中国政府和中国人民解放军统一祖国、反对"台独"的坚强决心和信心,出现了海峡两岸关系和中美关系史上又一严峻局面,被称为"第四次台海危机"。8 月 1 日,中美两国外长在文莱举行了会晤,预示着两国关系出现了转机。10 月 24 日,两国元首在纽约出席联合国成立 50 周年特别纪念会议期间,举行了正式会晤,中方重申了"增加信任、减少麻烦、发展合作、不搞对抗"仍是中国处理中美关系的基本政策,强调台湾问题是影响中美关系最重要、最敏感的问题。这次会晤"显示出中美关系雨过天晴的好迹象"。但是,台海危机并未过去,1996 年 3 月,台湾地区领导人选举前夕,我军在台湾海峡进行例行导弹发射训练和海空实战演习,美国却向台出售武器,并于 3 月中旬向台湾海峡附近派遣"独立号"、"尼米兹号"两支航空母舰特混编队,严重加剧了台海紧张局势。4 月 17 日,美国还将日美安保范围扩大到包括台湾在内的所谓日本"周边地区"。中国政府对此作了坚决斗争,还于4月26日与俄罗斯在上海签署了以反对单极世界为主要内容的《联合声明》。5月,美国务卿克里斯托弗提出"对华三原则",即支持中国成为一个稳定的、开放和成功的国家,支持中国全面融入国际社会,通过对话与接触处理双方分歧,美国国会异常顺利地批准关于无条件延长对华最惠国待遇的决定。7月,美国总统国家安全事务助理莱克访华。11月,克里斯托弗访华,他在复旦大学美国研究中心发表了题为"美国与中国:21世纪的合作"的政策性演讲,为改善中美关系作准备。1997年至1998年,中美关系总体上出现了明显的改善势头,中美两国首脑实现世纪性互访,标志着中美关系终于结束了近8年的困难时期,实现了"第二次正常化"。但是,中美关系不会一帆风顺,1998年克林顿从中国返回美国不久,中美关系就因所谓的"李文和间谍案"、美国拉台湾加入"战区导弹防御系统"(TMD)和中国加入WTO等重大问题而不断下滑,尽管1999年4月中国总理访美竭力改善中美关系,但仍然没有阻遏住这种下滑趋势。1999年5月,以美国为首的北约军队悍然轰炸中国驻原南联盟大使馆,中美关系又陷入新的危机。1999年9月,两国元首在新西兰奥克兰亚太经合组织领导人非正式会议上举行会晤,又一次推动了中美关系的向前发展,及至11月两国就中国加入WTO达成了协议,取得了双赢的成果,排除了中国加入WTO的主要障碍,这在中美友好关系史上又留下了光彩的一笔。2001年发生"9·11"事件后,两国关系有了新的发展,在反恐和其他领域的合作得到加强。

从20世纪90年代中期起,中国逐渐形成了自己的新安全观。这种新安全观以合作安全和相互安全为核心,以合作方法谋求共同安全,要求树立互信、互利、平等和协作的安全观,通过对话和合作解决争端,而不应诉诸武力或以武力相威胁。新安全观是一种综合性的安全观,它显示安全新观念,即突破传统的政治、军事安全的局限,全面涵盖经济、社会安全。

到世纪之交时,中国已逐步建立起全方位、多层次的对外关系新格局。

进入21世纪以来,国际形势处于深刻变化之中。中国顺应求和平、谋发展、促合作的时代潮流,统筹国内国际两个大局,奉行互利共赢的开放战略,紧紧抓住重要战略机遇期,迅速崛起。至2007年,中国的国内生产总值已达3.7万亿美元,成为世界第三大经济体、第三大贸易体、第一大制造业大国,进出口总额位居世界第三,外汇储备居世界第一位,仅仅过了3年,中国又跃居世界第二大经济体。在这种情势下,尤其是在2008年国际金融风暴爆发后,中国的国际影响迅速提升。中国高举和平、发展、合作的旗帜,外交工作取得新的重大进展。

第一,推动与各大国关系稳定发展。中美全面推进21世纪建设性合作关系。中俄关系进入历史最好时期,战略协作伙伴关系全面深入快速发展。中国同欧盟及其主要大国建立了全面战略伙伴关系。中日开创了战略互惠关系新局面。

第二,进一步扩大和深化睦邻友好合作关系。在周边国家中,中国同印度、印尼等越来越多的国家建立不同形式的战略伙伴关系,同哈萨克斯坦等国签订友好合作条约,推动上合组织成员国缔结长期睦邻友好合作条约,使该组织进入全面务实合作阶段。中国作为首个东盟外国家加入了《东南亚友好合作条约》,东盟同中国及中日韩的10+1、10+3机制合作成果显著。中国推动东海、南海共同开发迈出新步伐。

第三,同发展中国家的关系取得重大进展。2004年,"中阿合作论坛"成立。中国同拉丁美洲、加勒比和南太平洋地区国家的互利合作不断深化,加强了同发展中大国的协调合作。2006年,中国成功地主办了"中非合作论坛"北京峰会,这是中国外交史上主办的规模最大、高层领导人出席最多的国际会议,对中非友好关系的巩固和发展具有重大意义。

第四,多边外交进入了一个新阶段。中国领导人活跃在联合国、G8+5、G20等多边舞台上,宣示我重大理念及主张,维护我形象与利益,拓展与各方关系。中国发挥负责任大国的作用,积极参与全球和地区热点问题的解决,迄今已成为联合国第二大出资国和五个常任理事国中派出维和人员最多的国家,还推动形成朝核问题"六方会谈"机制,为推动该问题和平解决、确保东北亚和平与稳定发挥了重要而独特的作用。

第五,继续大力倡导互信互利、平等协作的新安全观,积极开展安全外交,深化传统领域及非传统领域的国际合作,在国际上与"台独"、"藏独"、"东突"等分裂活动进行坚决斗争,取得了明显成效,捍卫了国家主权及领土安全。

第六,全面的经济外交成果显著。中国与有关国家和地区在建的自由贸易区达12个,促成一批重大合作项目,承认中国完全市场经济地位的国家已达77个。中国还积极开展能源资源外交,为中国企业实施"走出去"战略提供服务。

第七,公共外交和文化外交初见成效。"文化年"、"文化节"、海外文化中心、北京奥运会、上海世博会等多层次、多领域的公共外交及文化活动,增进了国外公众对中国的了解和友好,也进一步树立了和平、民主、文明、进步的中国国家形象。

第八,坚持以人为本、外交为民,切实维护中国公民和法人在国外的合法权益。建立了相应的部际联席会议制度,健全海外安全风险评估和防范预警机制,成功实施多起大规模撤侨行动,妥善处置海外遇袭事件。为此,外交部设立了领事保护中心,不断加强领事保护的机制建设。

(六) 新时代中国特色大国外交(21 世纪 10 年代至今)

21 世纪 10 年代世界呈现沧桑之变。中国立足国家发展新的历史定位,着眼世界百年未有之大变局,提出"两个一百年"奋斗目标和中华民族伟大复兴的中国梦,推动中国特色社会主义进入新时代。

习近平外交思想,反映了新时代中国对外工作一系列重大理论和实践创新,具有十分重要的指导意义。服务民族复兴、促进人类进步是其主线。

中国对外工作攻坚克难、砥砺奋进,坚定维护国家主权、安全、发展利益,积极拓展全方位外交布局,全面开创中国特色大国外交新局面。中国推动构建人类命运共同体,倡导共建"一带一路",引领全球治理体系变革,体现了全人类共同价值追求,指明了国际社会的前进方向,对中国和平发展、对世界繁荣进步都具有重大而深远的意义。中国的国际影响力、感召力、塑造力进一步提高,成为国际社会公认的世界和平的建设者、全球发展的贡献者、国际秩序的维护者。

中国特色大国外交新路,统筹推进"五位一体"总体布局,协调推进"四个全面"战略布局,提出了一系列新理念新主张新倡议。中国就当今世界重大问题提出中国主张,在国际事务中体现大国担当;充分发挥元首外交战略引领作用,成功举办一系列重大主场外交活动;主客场、双多边、点线面相结合,实现了对重要地区、重要国家、重要机制、重要领域全覆盖,完善和拓展了对外工作战略布局;加强顶层设计、策略运筹和底线思维,形成一整套行之有效的战略思想和策略方法,不断增强对外工作的战略性、策略性、协调性。新时代对外工作坚持以优良传统和时代特征相结合为方向,塑造中国外交独特风范,展现出鲜明的中国特色、中国风格、中国气派,取得了一系列历史性、全方位、开创性的重大成就。

第一,坚持以维护党中央权威为统领,加强党对对外工作的集中统一领导。外交是国家意志的集中体现,必须坚持外交大权在党中央。在中央全面深化改革总体部署下,中央外事工作领导小组改为中央外事工作委员会,加强党中央对各领域各部门各地方对外工作的统筹协调,在更高层次、更高水平上加强相互配合、协同发力、形成合力,确保国内国际两个大局,确保对外大政方针和战略部署得到有力贯彻执行,确保令行禁止、步调统一、提质增效,不断增强对外工作"一盘棋"意识,形成党中央总揽全局、协调各方的对外工作大协同、大发展局面。

第二,坚持以实现中华民族伟大复兴为使命,推进中国特色大国外交。中国准确把握新时代中国和世界发展大势,牢牢掌握世界百年未有之大变局。这场大变局的核心是"变"。世界多极化、经济全球化加速发展,第四次工业革命初露端倪,国际力量对比正在发生历史性变化,新兴市场国家和广大发展中国家群体性崛起,中国正处于百年以来最好的发展时期,不断为人类社会发展作出巨大贡献,塑造和引领这场大变局,成为推动世界大变局的重要力量。这深刻揭示了世界潮流所向和中华民族伟大复兴的光明前景,深刻揭示了国际体系转型过渡期与中国重要战略机遇期相互交汇的阶段性特征,为我们准确把握世界大势,统筹国内国际两个大局,推进大国外交,争取良好外部环境,抓住用好重要战略机遇期,指明了大步前进的方向,坚定了民族复兴的信心。

第三,坚持以维护世界和平、促进共同发展为宗旨,推动构建人类命运共同体。国家主席习近平2015年出席联合国大会和2017年访问联合国日内瓦总部期间发表重要讲话,明确指出:人类生活在同一个地球村里,越来越成为你中有我、我中有你的命运共同体,没有哪个国家能够独立应对人类面临的各种挑战,世界各国要开展全球性协作,共同构建人类命运共同体。要实现这一目标,世界各国应该共同走和平发展道路,共同推动建设相互尊重、公平正义、合作共赢的新型国际关系,建设持久和平、普遍安全、共同繁荣、开放包容、清洁美丽的世界。这一重大倡议,为人类社会实现共同发展、持续繁荣、长治久安指明了方向和途径,受到国际社会的高度评价和热烈响应。中国是构建人类命运共同体的倡导者,也是积极践行者,坚持把中国发展与世界共同发展相结合,坚持把中国梦与世界梦相结合,为实现中国人民和世界人民对美好生活的向往而奋斗。推动构建人类命运共同体,已经成为中国特色大国外交的鲜明标志、新时代对外工作的目标方向,得到国际社会的广泛认同,为实现"两个一百年"奋斗目标,实现中华民族伟大复兴的中国梦,争取了更多理解支持。加强同世界各国交流互鉴,牢牢占据世界舆论和国际道义制高点。中国既不"输入"外国模式,也不"输出"中国模式,不会要求别国"复制"中国的做法。中国历来尊重人类文明多样性,倡导平等对话、交流互鉴、开放包容、共同发展,为亚洲命运共同体和人类命运共同体建设提供了重要的思想引领和正能量。

第四,坚持以相互尊重、合作共赢为基础,走和平发展道路。中国准确把握对外开放和国际合作的新需求,传承和弘扬"丝路精神",在2013年提出建设"丝绸之路经济带"和"21世纪海上丝绸之路"的合作倡议,作为我国今后相当长时期对外开放和对外合作的总规划,以及推动构建人类命运共同体的重要实践平台。中国以共商共建共享为原则,倡导和推进共建"一带一路",开创新时代全方位对外开放新模式和国际合作新平台。中国本着开放、绿色、廉洁理念,追求高标准、惠民生、可持续目标,共同推动共建"一带一路"合作高质量发展。合作启动七年来,中国已同160多个国家和国际组织签署相关合作文件,共同展开了2 000多个合作项目,中国与沿线国家货物贸易累计总额超过了7.8万亿美元,对沿线国家直接投资超过了1 100亿美元。政策沟通不断深化,资金融通不断扩大,设施联通不断加强,贸易畅通不断提升,民心相通不断发展,历史性地开创了中外国际合作的新局面。"一带一路"倡议源于中国,机会和成果属于全世界,不仅带动了沿线国家经济发展,而且促进了世界经济增长,成为真正意义上的全球共识、全球平台、全球行动,为经济全球化开辟新路径,为国际合作拓展新空间。

第五,坚持以深化拓展对外战略全方位布局为依托,打造全球伙伴关系网络。中国着眼各国相互依存日益加深的大趋势,协调推进与不同类型国家关系全面发展,扩大利益交汇点,完善对外战略布局。着力运筹与主要大国关系,深入发展中俄新时代全面战略协作伙伴关系,坚定推进以协调、合作、稳定为基调的中美关系,积极打造中欧和平、增长、改革、文明的伙伴关系,推动构建总体稳定、均衡发展的大国关系框架。按照亲诚惠容理念和与邻为善、以邻为伴周边外交方针,加强与周边国家睦邻友好关系,深化同东盟等地区组织的合作,同时大力支持和发展中非、中拉、中阿战略合作,增进团结合作,壮大和平发展的积极力量。坚定支持联合国及安理会、上合组织和金砖国家机制,发挥维护世界及地区和平安全、促进发展稳定的应有作用。中国已与110个国家和地区组织建立了不同形式的伙伴关系,其中全面战略伙伴关系达60对,形成全方位、多层次、立体化的全球伙伴关系网络,打造了遍及全球的"朋友圈"。

第六,坚持以公平正义为理念,深入引领全球治理体系改革。积极提供中国智慧和中国方案,提出一系列攸关人类发展和世界前途命运的重大倡议和主张,引领塑造全球治理体系变革方向,积极参与全球治理进程,包括应对气候变化和全球公共卫生危机、反恐、维护网络安全等领域国际合作,认真履行相关国际责任与义务,为应对全球共同挑战作出了巨大贡献。中国大力倡导多边主义,反对单边主义和保护主义,坚定维护多边贸易体制,推动建设开放型世界经济,为经济全球化注入强劲动力。中国负责任大国的作用更加彰显,国际制度性权力和全球影响力全面提升。

第七,坚持以国家核心利益为底线,坚定捍卫国家主权、安全、发展利益,为改革发展和民族复兴保驾护航。中国的总体国家安全观,坚持底线思维,增强风险忧患意识,发扬敢于斗争精神,加强战略谋划、讲究策略运筹,坚决维护国家核心和重大利益,坚决防范化解外部环境中的风险挑战,全面维护各领域国家安全。坚决维护政治制度,坚定维护一个中国原则,坚决遏制和打击一切形式的分裂行径,绝不允许外部势力干涉中国内政;在南海等问题上坚持原则,坚决捍卫领土主权和海洋权益;妥善应对经贸摩擦,有力维护发展空间和长远利益;贯彻"外交为民"宗旨,不断完善海外利益保护体系,切实保障中国公民和企业的海外合法利益。总之,中国在这些涉及国家核心和重大利益问题上,原则坚定,立场鲜明,敢于碰硬,善于斗争,赢得了国际社会的广泛尊重,为改革发展和民族复兴提供了坚强保障。我们要增强战略自信,立足于自身实力不断发展壮大,把自己的事情做好,就一定能实现百年"中国梦"。

二、中国外交的基本经验

新中国成立70年来,中华民族经历了从站起来、富起来到强起来的伟大飞跃,中国外交历经风雨、披荆斩棘,参与和见证了国家发展和民族复兴的历史进程,并为此作出了重要贡献,走出了一条中国特色大国外交之路,形成了一整套具有中国特色、顺应时代潮流、促进人类进步的原则、方针和政策,积累了丰富的宝贵经验。

(一) 始终坚持党的领导、坚持走社会主义道路

70年来,不管国际风云如何变幻,哪怕苏东剧变、"八九风波",我们一直坚持这一原则,顶住压力,毫不动摇,这是中国外交的根本底色和最大优势,能使我们立于不败之地。

(二) 始终奉行独立自主的和平外交政策

中国既不依附,也不胁迫。新中国成立之初,我们就全面收回了国家主权,实现了外交的独立自主,根据事情本身的是非曲直决定自己的立场和政策,中国的事情中国自己做主,世界的事情各国商量着办。中国秉持公道、伸张正义,强调尊重各国人民自主选择发展道路的权利,绝不把自己的意志强加于人,也绝不允许任何人把他们的意志强加于中国。中国的外交政策,建立在五千年优秀文明的传统之上,从来不会主动欺凌别人,但是,对于蓄意挑衅,一定会做出有力回击。

(三) 始终倡导以和平共处五项原则为核心的国际关系基本准则

20世纪50年代,中国首创和平共处五项原则,得到亚非发展中国家的热烈响应,以及越来越多国家的赞同和支持,成为世界公认的国际关系基本准则,在国际社会中发挥了积极建设性作用,成为建立国际政治经济新秩序的原则基础。中国身体力行,成为维护国际准则和多边主义、推动国际体系变革的中流砥柱。

(四) 始终反对霸权主义和强权政治

新中国成立以来,中国不畏强权,不惧压力,坚决反对各种形式的霸权霸道霸凌,坚决反对以大欺小、以强凌弱,倡导国际关系民主化,坚持国家不

分大小、强弱、贫富,一律平等,坚持共商共建共享,坚持通过对话协商和平解决国家间分歧和争端,反对霸凌主义,反对动辄诉诸武力或以武力相威胁,不认同国强必霸的陈旧逻辑,中国无论发展到什么程度,坚持永不称霸、永不扩张、永不谋求势力范围,坚持平等待人,坚持与世界各国共同走和平发展道路。

(五)始终坚定地同广大发展中国家站在一起

中国的国家身份决定了自身定位和角色。一直以来,中国坚定支持广大发展中国家争取民族独立和解放、谋求和平与发展,积极促进南南合作和南北对话,支持发展中国家在国际事务中发挥更大的作用,维护发展中国家在国际体系中的正当权利,推动国际秩序朝着更加公正合理的方向发展。随着国力的增强,中国不断加大对发展中国家的援助力度,通过互利合作,带动更多发展中国家实现共同发展。

(六)始终坚持维护国家主权、安全、发展利益

以人民为中心、国家利益至上,是对外工作始终如一的出发点和落脚点。从新中国成立初期到改革开放,我们坚决捍卫国家主权安全和民族独立,坚决捍卫国家利益和民族尊严,巩固和发展了社会主义制度,维护了国家发展稳定大局,用"一国两制"方案,成功地收回了香港、澳门主权,在涉台、涉港、涉疆、涉藏,以及涉海和经贸摩擦等一系列问题上,展现了铁一般的意志和决心。

(七)始终坚持将维护自身利益与促进人类共同发展相结合

中国一贯坚持从中国人民和世界人民的根本利益出发,把中国的前途命运与世界的前途命运紧密联系在一起,秉承维护世界和平、促进共同发展、追求合作共赢的宗旨,极力推动构建开放型世界经济,尊重并推动世界文明多样化,积极倡导和推动构建人类命运共同体,与世界各国一道建设持久和平、普遍安全、共同繁荣、开放包容、清洁美丽的世界,共同开创人类美好未来。不论国际风云如何变幻,中国都将高举和平、发展、合作、共赢的旗

帜,同各国开展友好合作,把为人类作出新的更大贡献作为神圣使命。新中国 70 年是不断融入世界、作出贡献的 70 年。中国已经成为世界和平的重要稳定器和全球发展的主要动力源。中国是联合国会费和维和经费的第二大出资国,也是安理会常任理事国中派遣维和军事人员最多的国家,连续十几年对全球经济增长的贡献率位居世界首位,给世界带来"中国机遇"。

(八) 始终坚持实事求是、与时俱进、开拓创新

实事求是,一切从实际出发,在实践中检验和发展,是中国对外工作的根本原则。新中国建立初期,从本国实际出发,独立自主,自力更生,开拓进取,使中国从一个落后的东方大国,快速发展成为在世界上有重要影响的大国;解放思想,实事求是,中国实现了由封闭落后到全方位开放的历史转变,闯出了一条改革开放的新路,中国经济开始快速崛起;承前启后,继往开来,中国走出了一条中国特色社会主义强国之路,开创中国特色大国外交新局面,对当代中国与世界的发展进程产生了深远影响。

70 年来中国发展的辉煌成就和中国外交的光辉历程,充分证明中国有智慧、有勇气、有能力改变自身的命运,实现中华民族伟大复兴,并为世界作出卓越贡献,推动构建人类命运共同体,前景光明灿烂。

思考题

1. 新中国成立以来对外关系经历了哪几个发展阶段?
2. 中国外交的基本经验是什么?哪些方面值得反思?
3. 试述新时代中国特色大国外交的意义和作用。

主要参考文献

1. 习近平:《习近平谈治国理政》,外文出版社 2014 年版。
2. 习近平:《习近平谈治国理政》第二卷,外文出版社 2017 年版。
3. 习近平:《习近平谈治国理政》第三卷,外文出版社 2020 年版。
4. 习近平:《习近平关于中国特色大国外交论述摘编》,中央文献出版社 2019 年版。
5. 俞正樑:《国际关系与全球政治——21 世纪国际关系学导论》,复旦大学出版社 2007 年版。
6. 俞正樑:《大国战略研究——未来世界的美、俄、日、欧(盟)和中国》,中央编译出版社 1998 年版。
7. 俞正樑、陈玉刚、苏长和:《21 世纪全球政治范式》,复旦大学出版社 2005 年版。
8. 郑永年:《大格局:中国崛起应该超越情感和意识形态》,东方出版社 2014 年版。
9. 赵汀阳:《天下体系:世界制度哲学导论》,江苏教育出版社 2005 年版。
10. 黄琪轩:《大国权力转移与技术变迁》,上海交通大学出版社 2013 年版。
11. [美]亨利·基辛格:《世界秩序》,胡利平、林华、曹爱菊译,中信出版社 2015 年版。
12. [美]亨利·基辛格:《大外交》,顾淑馨、林添贵译,海南出版社 2012 年版。
13. [美]兹比格涅夫·布热津斯基:《战略远见:美国与全球权力危机》,洪漫、于卉芹、何卫宁译,新华出版社 2012 年版。
14. [美]弗朗西斯·福山:《历史的终结及最后之人》,黄胜强、许铭原译,中国社会科学出版社 2003 年版。
15. [美]弗朗西斯·福山:《政治秩序与政治衰败:从工业革命到民主全

球化》,毛俊杰译,广西师范大学出版社 2015 年版。

16. [法]托马斯·皮凯蒂:《21 世纪资本论》,巴曙松、陈剑、余江、周大昕、李清彬、汤铎铎译,中信出版社 2014 年版。

17. [美]罗伯特·基欧汉:《霸权之后:世界政治经济中的合作与纷争》,苏长和等译,上海人民出版社 2001 年版。

18. [美]罗伯特·基欧汉、[美]约瑟夫·奈:《权力与相互依赖》,门洪华译,北京大学出版社 2002 年版。

19. [美]塞缪尔·亨廷顿:《文明的冲突与世界秩序的重建》,周琪等译,新华出版社 1999 年版。

20. [德]奥斯瓦尔德·斯宾格勒:《西方的没落》,齐世荣、田农等译,商务印书馆 2001 年版。

21. [瑞典]英瓦尔·卡尔松、[圭]什里达特·兰法尔:《天涯成比邻——全球治理委员会的报告》,中国对外翻译出版公司组织翻译,中国对外翻译出版公司 1995 年版。

22. [美]汉斯·摩根索:《国际纵横策论——争强权,求和平》,卢明华等译,上海译文出版社 1995 年版。

23. [美]亚历山大·温特:《国际政治的社会理论》,秦亚青译,上海人民出版社 2000 年版。

24. [美]约翰·米尔斯海默:《大国政治的悲剧》,王义桅、唐小松译,上海人民出版社 2003 年版。

25. [美]阿诺尔德·汤因比:《历史研究》,曹未风等译,上海人民出版社 1997 年版。

26. [美]卡伦·明斯特:《国际关系精要》(第 3 版),潘忠岐译,上海人民出版社 2007 年版。

27. 杨洁篪:《在习近平外交思想指引下奋力推进中国特色大国外交》,《求是》2019 年第 17 期。

28. 杨洁篪:《以习近平外交思想为指导 深入推进新时代对外工作》,《求是》2018 年第 15 期。

29. 王毅:《七十年岁月峥嵘 新时代接续奋斗》,《人民日报》,2019 年 12 月 24 日。

30. 王毅:《乘风破浪,坚定前行》,《环球时报》,2019 年 12 月 14 日。

31. 蔡拓:《全球主义与国家主义》,《中国社会科学》2000 年第 3 期。

32. 俞正樑、陈玉刚：《全球共治理论初探》，《世界经济与政治》2005年第2期。
33. 俞正樑：《和谐世界：人道思想与世界秩序的综和》，《吉林大学社会科学学报》2007年第6期。
34. 俞正樑：《中国梦的三重国际内涵》，《国际展望》2013年第5期。
35. 俞正樑、张建辉：《人类文明之变与中美历史命运》，《毛泽东邓小平理论研究》2018年第10期。
36. 俞正樑、唐喜军：《新战略机遇期：中国引领世界大方向》，《毛泽东邓小平理论研究》2017年第8期。
37. 俞正樑：《建构中美新型大国关系的结构性障碍》，《毛泽东邓小平理论研究》2014年第6期。

第二版后记

《全球化时代的国际关系》初版至今将近十年,承蒙学界各位同仁及读者的厚爱,本书多次重印。由于各位作者当时就站在全球化新时代的高度来审视国际关系的发展,把握住新世纪国际关系的发展趋势,使得本书至今仍具有生命活力。但是毕竟将近十年过去了,凡事必须与时俱进,本书的再版提上了议事日程。世事变迁难料,当年全体作者都在复旦共事,今日已天各一方,有的甚至远在海外,已无可能共同修订,况且,受命修订的时间十分有限。因此,此次本书的再版修订由我一人承担。全书的架构基本未动,视点移至今天,有关资料作了力所能及的更新,纳入一些新的概念、新的事件和新的表述。本人对此次修订负责。

最后对本书其他几位作者致谢,并再次感谢学界各位同仁和广大读者,敬请批评指正。

俞正樑

2009年2月26日于莘庐

第三版后记

　　光阴荏苒,白驹过隙。《全球化时代的国际关系》出版已逾二十载,承蒙学界同人及广大读者厚爱,本书多次重印,其间还出过第二版。由于各位作者当时站在全球化新时代的高度,来审视国际关系的发展,把握住21世纪国际关系的发展趋势,使得本书至今仍具有生命力。但是,毕竟二十年过去了,日月沧桑,川无停流,凡事必须与时俱进,本书的新版提上了议事日程。

　　世事变迁,物是人非,当年作者都在复旦共事,少长咸集,如今天各一方,昔日的青年才俊均已成为学界翘楚,任重致远,奔忙于非常之事,已无可能参与修订。唯余归隐山林,闲云野鹤,虽年近八秩,仍念念不忘国际风云变幻,故在新冠病毒肆虐、"闷"在家中之时,潜心于修订。全书架构基本未动,视点移至当今,有关资料作了力所能及的更新,纳入一些新概念、新知识、新事件和新表述,特别是对百年未有之大变局,以及中国特色大国外交作了重点阐述。本人对此次修订负责。

　　最后,对本书其他几位作者致谢,并再次感谢学界同人和广大读者,敬请批评指正。谓天盖高,不敢不局;谓地盖厚,不敢不踏。

俞正樑
2020年5月22日于莘庐

图书在版编目(CIP)数据

全球化时代的国际关系/俞正樑等著. —3 版. —上海:复旦大学出版社,2020.8
(复旦博学. 国际政治与国际关系系列)
ISBN 978-7-309-15198-5

Ⅰ. ①全… Ⅱ. ①俞… Ⅲ. ①国际关系-研究 Ⅳ. ①D81

中国版本图书馆 CIP 数据核字(2020)第 134542 号

全球化时代的国际关系(第三版)
俞正樑 等 著
责任编辑/孙程姣

复旦大学出版社有限公司出版发行
上海市国权路 579 号　邮编:200433
网址:fupnet@fudanpress.com　http://www.fudanpress.com
门市零售:86-21-65102580　　团体订购:86-21-65104505
外埠邮购:86-21-65642846　　出版部电话:86-21-65642845
上海春秋印刷厂

开本 787×960　1/16　印张 19.5　字数 319 千
2020 年 8 月第 3 版第 1 次印刷

ISBN 978-7-309-15198-5/D·1049
定价:59.00 元

如有印装质量问题,请向复旦大学出版社有限公司出版部调换。
版权所有　侵权必究